奇思妙想
玩出创造力
野外大冒险

于秉正 著

中国和平出版社
China Peace Publishing House

目录

能告诉你时间的手表，也能告诉你方向吗？　2
通过一根缝衣针怎么能辨别方向呢？　4
小木棍如何辨别方向？　6
你知道哪些可以防止迷路的标记？　8
利用太阳的能量能烤红薯吗？　10
怎样用最简单的方法知道你周围的空气是否干净？　12
能防雨的塑料布能用来收集雨水吗？　14
怎样让脏水变干净？　16
小渔网能告诉你多少池塘里的秘密？　18
污染严重的水面上为什么会冒气泡呢？　20
树木比你高多少？　22
在森林里呼吸到的空气有什么不同？　24
树叶的面积有多大？　26
哪些动物藏在茂密的树叶中？　28
你会编草绳吗？　30
看看石头下面有什么？　32
怎样辨别毒蘑菇？　34
你认识哪些杂草？　36
哪种杂草遍布天下？　38
哪些树能当煮饭用的木柴呢？　40
枯树枝能当火柴用吗？　42
小松果能预报天气吗？　44
爬山时，为何越往高处呼吸越困难？　46

风的力量有多大？ 48
怎样测量降水量？ 50
如果户外手电没电了怎么办？ 52
有没有好方法，在野外造一个水龙头？ 54
该怎样处理在野外产生的垃圾呢？ 56
在哪里搭设炉灶比较合适呢？ 58
用加热过的石块能煮熟食物吗？ 60
大山里，哪些果子可以吃呢？ 62
在野外过夜，怎样让地面暖和起来？ 64
怎样采蘑菇？ 66
怎样躲避雷电呢？ 68
野外生的火用完后，怎样熄灭？ 70
透明的水杯怎样当放大镜用呢？ 72
怎样观察鸟类而不惊动它们？ 74
怎样能更快地将雪融化成水？ 76
在野外，如何简单测量距离？ 78
你能把花园搬进糖果瓶吗？ 80
你会将一株植物变成三株吗？ 82
怎样把动物的脚印保存下来？ 84
如何寻找动物活动时留下的痕迹？ 86

寄居蟹是怎么搬家的？ 88
珊瑚为何如此鲜艳美丽？ 90
你能在大海中自由自在地潜水吗？ 92
海浪退去后，海滩为什么会呈现"沙浪"形状？ 94
如何给小虫子制造一个陷阱？ 96
怎样收集贝壳？ 98
没有渔具时，怎样钓鱼？ 100
你会捉螃蟹吗？ 102
哪些昆虫喜欢吸树汁？哪些昆虫喜欢采花蜜？ 104
怎样测量树的直径和年龄？ 106
你会制作石头的标本吗？ 108
如何捕捉空中四处乱飞的昆虫？ 110
在海边，你会收集到哪些漂流物？ 112
你会将贝壳制成工艺品吗？ 114
你会制作木筏吗？ 116
你会用绳索打结吗？ 118
蚂蚁会迷路吗？ 120
你会制造恐龙骨骼的模型吗？ 122

喜欢野外冒险的孩子,一起玩科学,做个探险小达人吧!一百多个有趣的观察、实验就藏在本书中!

奇思妙想玩出创造力

能告诉你时间的手表，也能告诉你**方向**吗？

在野外，茂密的树林间或是幽深的山谷中，如果我们没有带指南针，那么还能用什么来判断方向呢？能告诉我们时间的手表，可以代替指南针使用吗？

实验工具

手表

接下来自己动手，来实现好创意吧！

准备一块带指针的手表。将手表平放在手上，使时针指向太阳的方向，这时表盘上的数字12刻度线和时针的角平分线方向就是正南方向。多试几次，看看会发生什么。值得注意的是，这种方法要采用当地的地方时间。

到底发生了什么？

多试几次后，你会发现这个规律很准。

原来是这么回事！

中午12时，太阳位于南方的最高点上，所以这一时刻手表的时针正好指向南方。在这之后，太阳"顺时针转"，开始渐渐落下，整个过程你可以借助手表跟踪。其实，这是因为我们的手表就是根据太阳的运动规律来设计的。有了这个常识，即使在野外迷了路，就算没有指南针，只要有太阳的天气，我们也可以借助手表来找到正确的方向。这个方法适用于北回归线以北地区，朋友们想想在南半球是怎样的状况。

沿顺时针方向转动的表

古时候，人们通过观测太阳的运动，来确定一天的时间。现在的钟表正是模仿了太阳的运动过程，即所有的钟表的指针都沿着顺时针的方向转动。所以，你完全可以将手表当成指南针来用。

奇思妙想玩出创造力

通过一根缝衣针怎么能辨别**方向**呢？

在野外，你有各种办法可以识别方向。比如夜晚依靠北斗七星，白天依靠太阳在木棍上投下的影子，或者依靠指南针、手表等。那么，你有没有听说过用一根缝衣针就能辨别方向的故事呢？

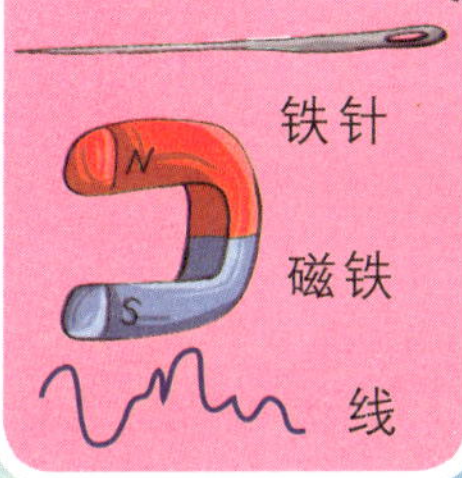

实验工具

铁针
磁铁
线

接下来自己动手，来实现好创意吧！

准备一根铁针，用磁铁的S极或N极一端在针上沿一个方向多次摩擦，使铁针磁化。接着用线将针悬挂起来。如果没有线，也可以把针放在漂浮在水面的薄纸或树皮上。

到底发生了什么？

针最后总会指向固定的方向。

原来是这么回事！

针被磁化后，内部带有磁性的分子在磁铁产生的磁场作用下，按同一方向排列，磁性分子的磁极统一指向外磁场的方向。磁铁离开针时，与靠近的那一端的磁极相反。这样带有磁性的针，就和指南针一样了，当它受到地球磁场的作用后，自然也就可以指出南北的方向。

航海罗盘

宋代，指南针被安放在圆形的方位盘里，制成罗盘。指南针和罗盘的发明有助于确定航船在海洋上的位置，及时调整航线。

奇思妙想玩出创造力

小木棍如何辨别方向？

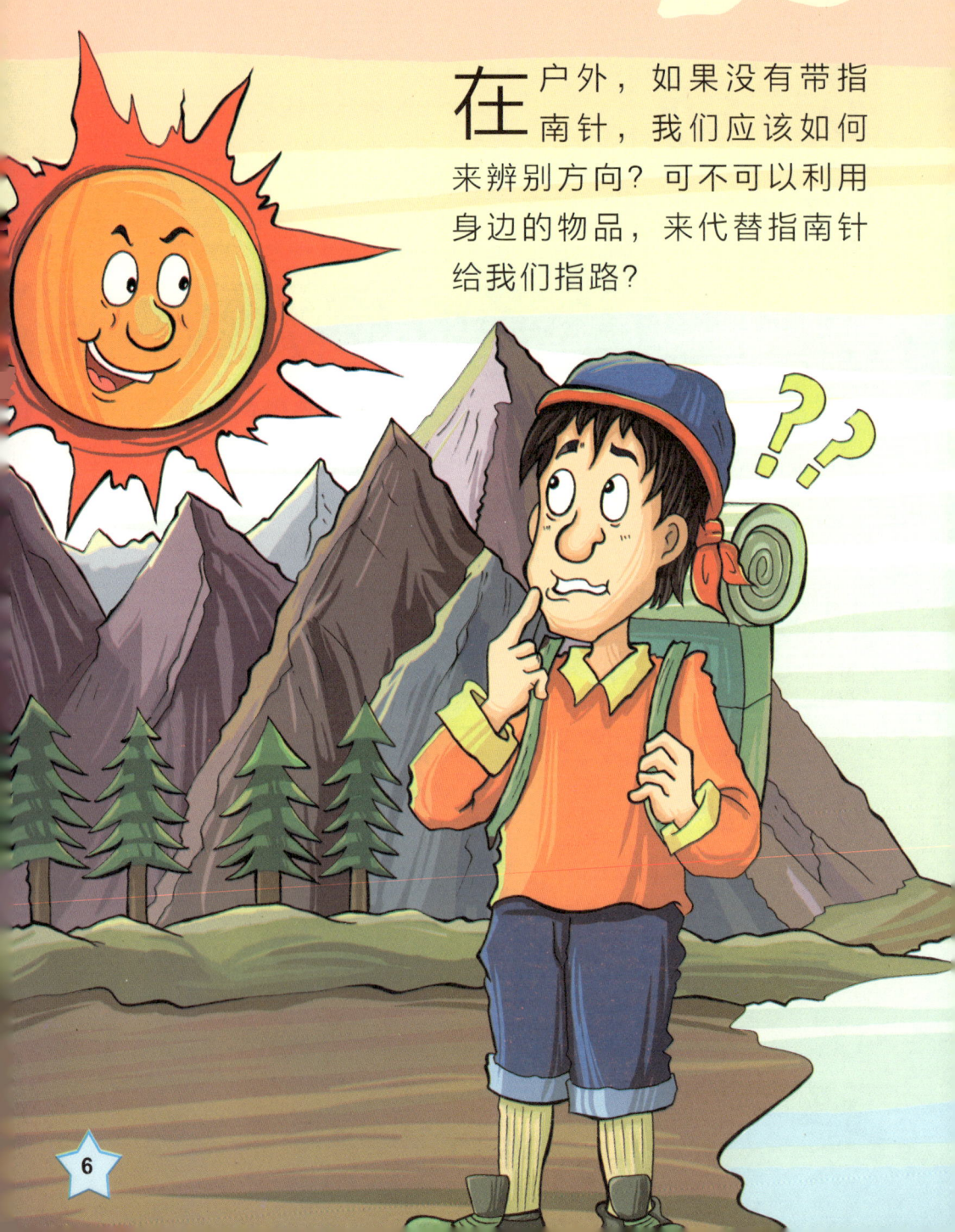

在户外，如果没有带指南针，我们应该如何来辨别方向？可不可以利用身边的物品，来代替指南针给我们指路？

★ 野外大冒险 ★

实验工具
木棍
石子

接下来自己动手，来实现好创意吧！

接近中午的时候，把木棍插进地面，使其与地面垂直。把一块石子放在木棍影子的顶点处。约20分钟后，再放一块石子在木棍影子的顶点处。

到底发生了什么？

将这两个点连成一条直线，这条直线就是东西方向，与这条直线垂直的方向就是南北方向，指向太阳的一端是南方，相反的则是北方。此时再依据"上北下南左西右东"便可分出东西南北来。（这个实验适合北半球的状况）

原来是这么回事！

接近中午时，太阳在正南方，所以我们选择这个时间进行实验。太阳每时每刻都处在变化中，由此产生的影子也是变化的。当太阳在东方时，影子在西，当太阳在正南时，影子在正北，我们可以依据物体的影子来辨别方向，就像实验中的小木棍一样。在很短的时间内，两块石头连线的垂直方向，就是太阳光在接近正午时的照射方向——南北方向。

其他辨别方向的小方法

如果我们在北半球探险，夜晚的天空中最容易看到的就是小熊星座（北斗七星）。它的样子像把勺子，勺柄上的北极星位于正北方。此时，面对北极星的方向为北，相反的方向为南，左面为西，右面为东。

7

奇思妙想玩出创造力

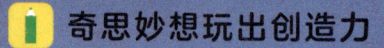

你知道哪些可以防止迷路的**标记**？

住在山里的人们，很早以前就学会使用一些标记，来防止进入深山时走丢。那么，你知道可以防止迷路的标记有哪些吗？

观察内容

观察山里会有哪些可以防止迷路的标记。

到底发现了什么？

山里有很多人们前进时留下的记号。比如，在树上你会发现一些被折断的小树枝，这些小树枝的尖端就是前进的方向。再比如在一些树的树干上，有被柴刀划开的切口，这些切口内侧的方向也是前进的方向。另外，在树枝和树枝之间，也会有所标记，有人会用胶带将这些枝叶连在一起，而枝叶的方向同样是前进的方向。

原来是这么回事！

林中、山间……这些地方因为树木众多，地势复杂，人们很难在里面辨认出正确的方向。除了使用指南针、地图、对讲机等工具，我们最好在行进的过程中，每隔一段路就做一个标记。这样，就算迷路了，也可以根据所做的标记找回原来的路。

国际通用的火光求救信号

国际通用的火光信号是指燃放三堆火焰。燃烧材料可用树木、植物或周围易找到的东西，等待过程中，要发信号的人应该确保预备燃料随时可以点燃。同时提高警觉，当远处出现了一些人类经过的信号，诸如天空中的飞机、海中的轮船等，一定要及时点燃求助。位置尽量选择在开阔地带。

奇思妙想玩出创造力

利用太阳的能量能**烤红薯**吗？

寒冷的冬天，街道上总会看到卖红薯的商贩的身影。吃着买来的热乎乎的红薯，你会不会想亲自烤一个呢？那么，接下来我们就一起动手做个烤红薯吧！

★ 野外大冒险 ★

实验工具

红薯　小竹篮
木棍　铝箔

接下来自己动手，来实现好创意吧！

准备好一小块红薯、一个小竹篮、一根木棍和一块铝箔。接着，将小竹篮和木棍用铝箔裹好，裹的时候，尽量让铝箔保持平整。然后把红薯块插到木棍上，将木棍固定在小竹篮的中央。再将小竹篮、木棍和红薯一起放到阳光下。

到底发生了什么？

红薯会渐渐变热、变软。

原来是这么回事！

这是因为裹着铝箔的小竹篮能产生类似镜子的作用，将太阳光的热量反射到红薯上。如果你不断地移动你的"太阳能灶"，让它始终朝着太阳的方向，那么小块的红薯就会被烤熟。

太阳光点燃的奥运圣火

希腊的奥运圣火，要在奥运会召开之前的几个月内被点燃。在那里，人们不是用打火机点燃圣火的，而是利用一个凹面镜来点燃它的！只依靠太阳的热量，就能让火炬熊熊地燃烧起来，是不是很神奇呢？

奇思妙想玩出创造力

怎样用最简单的方法知道你周围的空气是否**干净**？

空气看不见摸不着，我们经常感觉不到它的存在。事实上，它是不是干净无害呢？我们有没有什么好方法来检测一下它的质量状况？

实验工具

纸

白布

接下来自己动手，来实现好创意吧！

准备两块干净的白布，然后将颜色比它稍深的纸剪出两个图形，分别将它们粘贴在白布上。把其中的一块布挂在繁华的街道旁，把另一块布挂在公园或者花园里。过几天，将它们取回来，看看会发生什么。

到底发生了什么？

挂在繁华街道旁的布比挂在公园或者花园里的布要脏得多。

原来是这么回事！

实验说明我们周围的空气并不像我们看上去的那样干净，它们充满了被污染的小颗粒。遭到污染的空气会直接影响人们的生活质量，给人类的健康带来危害。所以人类应该高度重视环境保护，提高环保意识，减少汽车尾气排放和电器使用时间等，让易造成污染的废烟、废气等在地球上越来越少。

你知道空气污染源都有哪些吗？

空气污染源分为自然污染源和人为污染源两大类。自然污染源是由于自然原因（如火山爆发，森林火灾等）而形成的，人为污染源是由于人们从事生产和生活活动而形成的，包括车辆、船舶、飞机的尾气，工业企业生产排放的污染物，居民生活和取暖产生的垃圾等。

奇思妙想玩出创造力

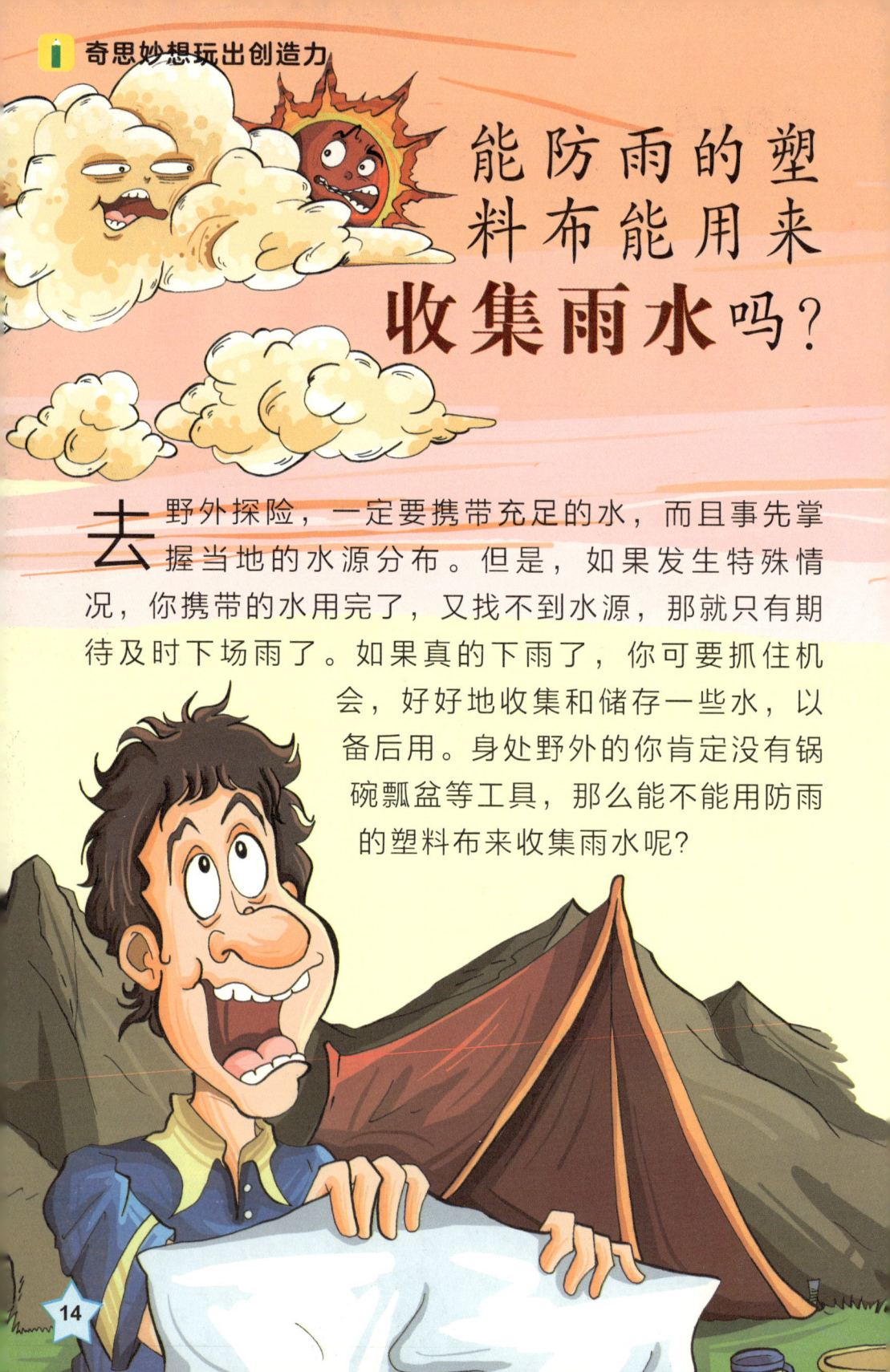

能防雨的塑料布能用来收集雨水吗？

去野外探险，一定要携带充足的水，而且事先掌握当地的水源分布。但是，如果发生特殊情况，你携带的水用完了，又找不到水源，那就只有期待及时下场雨了。如果真的下雨了，你可要抓住机会，好好地收集和储存一些水，以备后用。身处野外的你肯定没有锅碗瓢盆等工具，那么能不能用防雨的塑料布来收集雨水呢？

★ 野外大冒险 ★

接下来自己动手，来实现好创意吧！

将4根粗树枝按方形排开，插入土地并留出较长的部分在地面。将塑料布展开用绳子分别绑住4角，固定在4根粗树枝上。将几块小石子放在塑料布中心，在它的下面放上盛水容器。如果是草地，可以直接将塑料布铺上，4角压上石头固定，中心放上小石子，塑料布下方放上盛水容器。

实验工具

塑料布　小石子
盛水容器　粗树枝
绳子

到底发生了什么？

如果下雨了，降落的雨水会被收集在塑料布上。塑料布下面也聚集了很多水滴，水滴们被收集在盛水容器里。

原来是这么回事！

在林地和沙地，如果我们将塑料布拉高，塑料布就像漏斗一样，将雨水收集起来。雨水不会沾染上泥等脏东西而脏污。在草地上，雨水同样会聚集在塑料布中心，等到雨水积聚比较多的时候，再引入盛水容器中。

如何在野外寻找水源呢？

凭借听觉器官，多注意山脚、山涧、断崖、盆地、谷底等是否有山溪或瀑布的流水声，蛙叫声、鸣叫声等，如能听到，说明离水源不远了。

> 奇思妙想玩出创造力

怎样让脏水**变干净**？

在野外，当你想喝水时，发现没有带水，你会怎么做呢？饮用河流里面的水，还是收集的雨水？可是，这些水看上去并不干净，我们如何做，才能让这些水变成相对干净的水呢？

★ 野外大冒险 ★

实验工具

塑料袋　纸巾　脱脂棉　砂石　杯子　叶片

接下来自己动手，来实现好创意吧！

收集4个干净的塑料袋，将每个塑料袋底部的一角剪去，然后分别放入纸巾、脱脂棉、叶片和砂石。接着将浑浊的河水倒入里面，在每个角的出口处放上杯子。

到底发生了什么？

脏水分别经过这几样东西过滤后，变成了比较干净的水。

原来是这么回事！

脏水流过纸巾、脱脂棉、叶片、砂石这些东西时，水中的杂质会被它们之间细小的缝隙阻挡，只有水能够从这些极小的缝隙间通过。经过这些东西的过滤，流出来的水就会比较干净。

如何制作一个家用滤水器？

拿一个有盖的塑料瓶。将塑料瓶的底部剪去，然后将它整个倒过来。在它的底部放上棕榈的纤维或是纱布，接着依次放上木炭、沙子。接着在塑料瓶盖子的下面放上一个水杯，将脏水倒入瓶里后，打开塑料瓶盖子。用一个杯子接着，脏水中的大颗粒物质会很容易过滤掉，小颗粒需要花较久的时间。

17

奇思妙想玩出创造力

小渔网能告诉你多少池塘里的**秘密**？

池塘的水里生活着丰富多样的动植物。如果我们将渔网或者浮游生物网浸入水底的世界，你猜会发生什么？

你知道浮游生物吗？

浮游生物是指在水流运动的作用下被动地漂浮于水层中的生物群，其中包括浮游植物及浮游动物。浮游动物中包括一些体型微小的原生动物、某些甲壳类动物、软体动物和某些动物的幼体，它们没有或仅有微弱的游泳能力。

★ 野外大冒险 ★

实验工具
- 冰淇淋盒
- 渔网
- 水桶

接下来自己动手，来实现好创意吧！

去小河边，捕捉几只水中的小生物，比如鱼虾。然后用渔网或浮游生物网在水草丛中来回扫动若干次。将网中收到的东西倒入准备好的水桶中。

到底发生了什么？

很快你会发现盒子里和水桶中多了不少水生生物。仔细地挑出你所捕获到的生物，放进一个注满水的清洁的浅底盘或冰淇淋盒子中观察。你也可以将它们放入一个大的果酱瓶，或者水族箱中，辨认你捕获的物种，在笔记本上做好记录。

原来是这么回事！

水生生物是提供水体生态系统服务的主体。水生生物种类繁多，有微生物、藻类以及水生高等植物、无脊椎动物和脊椎动物。其生活方式也多种多样，有漂浮、浮游、固着和穴居等。

19

> 奇思妙想玩出创造力

污染严重的水面上为什么会**冒气泡**呢？

如果仔细观察，你会发现在一些脏的池塘表面，会经常地冒出小气泡。这些气泡到底是什么呢？为什么它们会从池塘里冒出？

什么是沼气？

沼气是各种有机物质，在隔绝空气、适宜的温度和酸碱值的条件下，经过微生物的发酵作用产生的一种可燃烧气体，在沼泽湿地、污水沟、脏池塘里经常产生。它的主要成分为甲烷，还含有二氧化碳、少量的氢气、氮气和硫化氢及其他碳氧化合物。

★ 野外大冒险 ★

实验工具
气球　玻璃管　棉线　火柴　铲子

接下来自己动手，来实现好创意吧！

在家长的协助下，挖个土坑，将果皮、菜叶等切碎捣烂后紧紧堆在一起。把一根玻璃管插在堆积物的中心，再把堆积物用土埋起来。将气球套在玻璃管口，用棉线扎紧。

到底发生了什么？

15天后，气球膨大。

原来是这么回事！

微生物分解有机物产生沼气的过程，叫做沼气发酵。池塘的水面之所以会冒出许多小气泡，就是因为池塘里正在进行沼气发酵。沼气比空气轻，可以燃烧。

奇思妙想玩出创造力

树木比你高多少？

树林中，一棵棵高大、挺拔的树整齐地站立着。每当有微风吹过，树叶会发出好听的沙沙声。站在高大的树下，我们总觉得自己好渺小。那么，你知道身后的树究竟比你高多少吗？

★ 野外大冒险 ★

实验工具
铅笔
长棍
笔记本
计算器

接下来自己动手，来实现好创意吧！

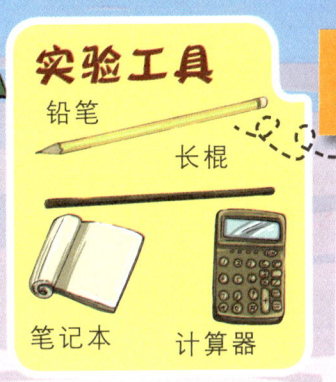

选择一棵树，离开树一段距离，面对树站好。请你的朋友拿着长棍站在树下。将你的手臂伸直，保持铅笔位置不变，如图1所示手握铅笔，将笔尖与树顶对齐，拇指下移与树的底部对齐。这样我们在铅笔上标记了一段距离。

如图2所示保持拇指的位置不变，将铅笔横放。以铅笔上标记的那段距离为准，请你的朋友离开树干向外走，走到与笔尖齐平的地方，用长棍在此处做标记。

图示1
铅笔尖与树顶齐平
手指尖与树的底部齐平

到底发生了什么？

如图2所示我们根据铅笔上标记的距离，得到了从树底到树顶的距离，并且用长棍在地面上做了记号。

图示2
这个距离就是树木的高度

原来是这么回事！

我们按比例测量的方法，用铅笔将树木的高度大致测量出来。用卷尺测量从长棍到树底的距离，这段距离就是树木的高度。再用卷尺量一下朋友的高度。然后将朋友的身高和树木的高度相对比，自然就知道树木比人高多少了。

23

在森林里呼吸到的 空气 有什么不同？

生活在地球上的我们，周围被无味无色的空气包围着，并且不停地吸入和呼出空气。绿色植物通过叶绿体，利用光能，把二氧化碳和水转化成储存能量的有机物，并且释放出氧气，这就是光合作用。而森林中空气的含氧量在不同的时间也是不一样的。

接下来自己动手,来实现好创意吧!

用玻璃杯往烧杯里倒入一些澄清的石灰水(不用太满),然后用嘴对着吸管向水里吹气,仔细观察石灰水的变化。

实验工具

烧杯
吸管
石灰水
打气筒

到底发生了什么?

通过观察实验结果你会看到,在我们吹气之后澄清的石灰水变浑浊,产生白色的沉淀物。

原来是这么回事!

澄清的石灰水遇到二氧化碳就会产生白色的不溶于水的沉淀物。实验中我们通过吸管吹气使石灰水变浑浊,就是这个原因。绿色植物在呼吸作用下会释放二氧化碳。白天绿色植物在光合作用下释放出氧气,夜晚则是呼吸作用将有机物分解成二氧化碳和水。上午太阳光照短,由于森林进行了一夜的呼吸作用,消耗了较多的氧气,制造氧气较少,空气中含氧量低。而到了傍晚,森林已经进行了一天的光合作用,制造的氧气最多,空气中含氧量高。

奇思妙想玩出创造力

树叶的面积有多大？

如果仔细观察树叶，你会发现它们有些呈手掌形，有些呈三角形，还有些呈扇形。那么，用什么方法可以测量出这些形状不一的树叶的面积呢？

★ 野外大冒险 ★

实验工具
铅笔
方格纸　树叶

接下来自己动手，来实现好创意吧！

取一片树叶。把叶子放在从商店买来的方格纸上（格子边长为1厘米），然后用铅笔沿着叶边画出叶子的形状。

到底发现了什么？

数叶片里完整的正方形的个数，乘以每个正方形的面积就是这部分的面积。不是整个正方形的部分，按照其面积是正方形格子的1/2、1/3、4/5等进行分类。比如每个格子的面积为1平方厘米，则面积是正方形1/2的格子，两个就是1平方厘米，3个1/3的格子是1平方厘米。按照这样的计算方法，把各种面积的总和算出来，就是整片叶子的面积了。

原来是这么回事！

植物的叶子多种多样，我们无法按常规方法来测量它的面积，但我们可以用方格纸来测量。将叶片分为一个个小格子，分别计算出这些小格子的面积，最后将这些小格子的面积加起来就是整个叶子的面积了。

叶子的类型

一个叶柄上只长有一张叶片时叫做单叶，如杨树、柳树、竹子等的叶子。一个叶柄上生有许多小叶的叫做复叶，如槐树、花生、蚕豆等的叶子。

奇思妙想玩出创造力

哪些动物藏在茂密的树叶中？

树林中，住着许多动物。有的躲在草丛间，有的藏在泥土、石缝中。但是，你知道哪些动物是藏在树叶下的吗？

★ 野外大冒险 ★

实验工具

纸　放大镜　树枝　瓶子　棍子

接下来自己动手，来实现好创意吧！

从树林中选择一枝粗大的树枝，在下面摊开一张纸或布片。用棍子轻轻敲打纸张上方的树枝，注意不要敲打得太用力，那样会折断树枝。

到底发现了什么？

昆虫或它们的幼虫会掉落在纸张或布片上。将这些昆虫收集到瓶中后，用放大镜观察。再将这些昆虫在笔记本上列一个名单。观察后记得将你捕获的昆虫放回原来的地方。

原来是这么回事！

许多昆虫都喜欢藏在树叶中。一是茂密的树叶可以作为它们的避难所，躲避天敌的追踪；二是树叶给它们以及它们的幼虫提供了食物来源。所以，许多昆虫会选择在树叶中安家、栖息。

在叶子上"画画"的虫子

有些种类的昆虫吃了植物的叶子后，会在上面留下一些花纹，尤其是钻进叶内吃叶肉的潜叶蝇和在柑橘叶内常见的潜叶蛾。被这些昆虫吃过的植物，表面都会留下一些痕迹。因此，这些虫子也被叫做"写字虫"和"绘图虫"。种类相同的虫子，吃的植物以及所留下的花纹，基本上都是固定的。这些叶片会逐渐枯黄，甚至脱落，所以这些虫子都是害虫。

奇思妙想玩出创造力

你会编草绳吗？

在野外，绳子是一件非常重要的工具。有时候，我们需要用植物的茎或叶子编织成绳子。你知道怎样利用野外的植物来编织绳子吗？

★ 野外大冒险 ★

接下来自己动手，来实现好创意吧！

先取些稻草捆成一束，用水淋湿。然后用木棒不断拍打稻草，使之变得柔软。再从稻草束里取出一些稻草，用脚压住稻草的中部，将其折起，然后用两手拇指压住稻草两端，左手在前，右手在后，用双手用力搓扭稻草，脚掌两边稻草就都扭成细绳了。将扭成细绳的稻草绳索，两者交叉，双手合并搓扭，将两者扭成一根绳子，最后一根结实的草绳就做好了。

实验工具

稻草

木棒

到底发生了什么？

这样揉搓后，用稻草做的草绳就做好了。你可以将做好的绳子盘绕成圈放置，这样便于使用，在需要时可以及时抽出它。

原来是这么回事！

在水中浸泡过的植物的茎，被木棒或石头捶击后，茎内丰富的纤维会显露出来。这些纤维经过梳理和晾干后，就能作为编织草绳的原料进行编织了。因此，普通的稻草不能直接扭成草绳，只有经过水浸泡和拍打的草才可作为编织草绳的材料，利用它编织的草绳也特别的结实耐用。

奇思妙想玩出创造力

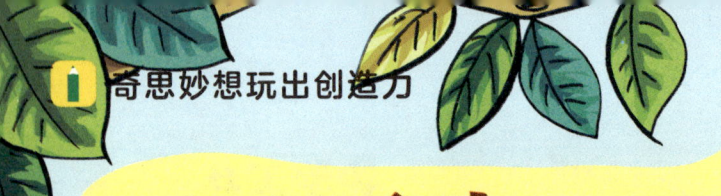

看看石头下面有什么？

在自然界，有很多非常有意思的地方，它们常常被忽略，比如石头下面，这里是常年见不到阳光、潮湿阴暗的环境，是许多生物喜欢待的地方。石头底下，到底有哪些住户呢？

居住在潮湿阴暗下的居民——鼠妇

鼠妇也被叫做潮虫、地虱婆，在"石头下的公寓"里，是比较常见的房客。它们之所以喜欢在潮湿的地方生活，是因为它们用来呼吸的部位是鳃，而鳃只能在湿润的环境中工作。

★ 野外大冒险 ★

实验工具
- 玻璃板
- 木板
- 石头

接下来自己动手,来实现好创意吧!

将玻璃板放在潮湿的土地上,在上面盖上大石头、木板或者一些小石头。

到底发现了什么?

几天之后,将石头和木板搬开,但不要移走玻璃板,这样你就可以观察到生活在玻璃板下面的小生物了,而且,这样不会因为掀开石头而破坏它们的生活环境。

原来是这么回事!

玻璃板下面有许多小生物,比如蜗牛、蚯蚓、鼠妇等。这些小生物之所以会来到这里,是因为它们都喜欢阴暗潮湿的环境,它们有些靠吃土壤里的腐殖质为生,有些则是为了躲避猛烈的阳光照射。另外,在潮湿阴暗的地方,天敌也不太容易发现它们,这样它们可以更好地保护自己。

奇思妙想玩出创造力

怎样辨别**毒蘑菇**？

到大山里玩，有时会在树林里发现各种漂亮的蘑菇。虽然蘑菇的外表很美丽，但是它们有的却是有毒的危险植物。那么，我们如何辨认出这些毒蘑菇呢？

观察内容

树林里各种各样的蘑菇，看看哪些是有毒的。

到底发现了什么？

树林里有可食用的蘑菇，也有毒蘑菇。常见的毒蘑菇有：半卵形斑褶菇、大青褶伞、臭黄菇、芥味滑锈伞、致命白毒伞等。

原来是这么回事！

在中国，毒蘑菇的种类非常多，分布也非常广泛。在广大山区、农村和乡镇，误食毒蘑菇后中毒的事例时有发生。在生活中，我们可以用肉眼识别毒蘑菇，因为大多数有毒的蘑菇都很艳丽，另外还可以从它们生长的地带，以及形状、分泌物、气味等方面进行鉴别。鉴别毒蘑菇并不容易，所以最好的办法是在野外不要轻易食用不认识的蘑菇。

"菌中皇后"——竹荪

竹荪是寄生在枯竹根部的一种隐花菌类，被人们称为"菌中皇后"。竹荪形状略似网状干白蛇皮，有深绿色的菌帽，雪白色圆柱状的菌柄，粉红色的蛋形菌托，在菌柄顶端有一圈细致洁白的网状裙从菌盖向下铺开。

> 奇思妙想玩出创造力

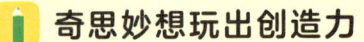

你认识哪些杂草？

杂草是生命力极强的植物，它们能最大限度地利用各种环境。草坪上满眼的绿色中，你能认出多少种杂草？它们有什么特点？

★ 野外大冒险 ★

观察内容

实验工具

笔记本

观察草坪或草地上有哪些杂草，在笔记本上将它们的特征记下来，对照植物图鉴，找出它们的名字。

到底发现了什么？

根系比较发达的"长寿"杂草有朱草、蒲公英、喇叭花、荨麻等。容易拔除的但繁殖力极强的"短命"杂草有车前草、千里光、醉浆草等。

原来是这么回事！

在我们生活中，有许多可以叫出名字的杂草，像喇叭花、三叶草等，它们因为具有特殊的特征而被我们记住了。其实，杂草的种类很多。我们将为了收获而特意栽培的植物叫做农作物。不是人类种植，生长在野外环境中的，就是我们通常所说的野草或杂草。

车前草是长在车前面吗？

车前草又名车轮菜，多年生草本植物，生长在山野、路旁、花圃、菜园以及池塘、河边等地。相传西汉时有一位叫马武的名将，他的军队在一次征战中，人和马都患了尿血症。就在马武焦急不堪时，他的马夫发现马在吃了一种草后，状况转好。当马武问他那种草在哪儿时，对方告诉他就在车的前面。此后，车前草的美名就传开了。

37

> 奇思妙想玩出创造力

哪种杂草遍布天下？

地球的生存空间是有限的，所以动植物们为了更好地生存，会相互争夺最优越的生存环境。在草地上生长的杂草，你知道哪种分布比较广泛吗？

哪种杂草"子孙遍天下"？

在野外，我们经常能够看到很多杂草丛生。仔细辨认，你会发现有种杂草是山靛。山靛不仅能够抗旱，生长能力也很强，因此它的分布比较广泛，可谓"子孙遍天下"。

★ 野外大冒险 ★

实验工具
- 园艺铲
- 笔记本
- 铅笔

接下来自己动手，来实现好创意吧！

选择一块宽阔的草地或草坪。用园艺锹或者园艺铲，将草丛中"长寿"的杂草，如蒲公英、荨麻、喇叭花等连同根部小心地挖出来。接着，再找到一些"短命"的杂草，如车前草、荠菜等，也将它们用铲子挖出来。将挖出的杂草整理好，放在笔记本上，观察它的茎、叶、根以及种子的特征，并记录下来。

到底发现了什么？

蒲公英、荨麻等杂草有着修长饱满的根系。

原来是这么回事！

"长寿"的杂草，如蒲公英等因为有着修长饱满的根系，所以只需要少量的空间就能迅速生长。像车前草这样"短命"的杂草，虽然可以轻易地被拔除，但是它们的繁殖与再生能力极强，只要成熟的种子落地了，就能很快地再度生长。所以，杂草是非常聪明的"占地专家"，它们可以最大限度地利用养料、水分、阳光和空间。

奇思妙想玩出创造力

哪些树能当煮饭用的**木柴**呢？

在户外，如果想要生火煮饭，第一件事是必须找到能够帮助煮饭的木柴。你知道户外的哪些树适合做煮饭的木柴吗？

★ 野外大冒险 ★

实验工具

松树枝

白蚁树枝

接下来自己动手,来实现好创意吧!

一定要在家长的带领下,在开阔的地面上,确认安全后,同时点燃松树的树枝、有白蚁的树枝。

到底发生了什么?

松树的树枝富含油脂,火力强,易燃耐烧。有白蚁的树枝,易点火,但不耐烧。

原来是这么回事!

松树或柏树等针叶树的枯叶,最易点火,是生火的好材料。干树叶着火后,得加些小树枝,然后再加一些较粗的树枝,火才会越烧越旺。因此,生火前必须收集好干树叶、小树枝以及较粗的树枝,以免生火后手忙脚乱。

找块石头帮你生火

燧石俗称"火石",质地坚硬,破碎后产生锋利的断口,燧石和铁器击打会产生火花。当火种开始冒烟时,缓缓地吹或扇,使它燃起明火。

41

奇思妙想玩出创造力

枯树枝能当火柴用吗？

在野外，火是大有用处的。它可以烧水、烹煮食物、传递信号等等。想要生起一堆火，使用火柴等取火工具是最便利的。但是，如果忘记带取火工具，或者取火工具都被用完了，我们该怎么办呢？有没有方法来生火呢？

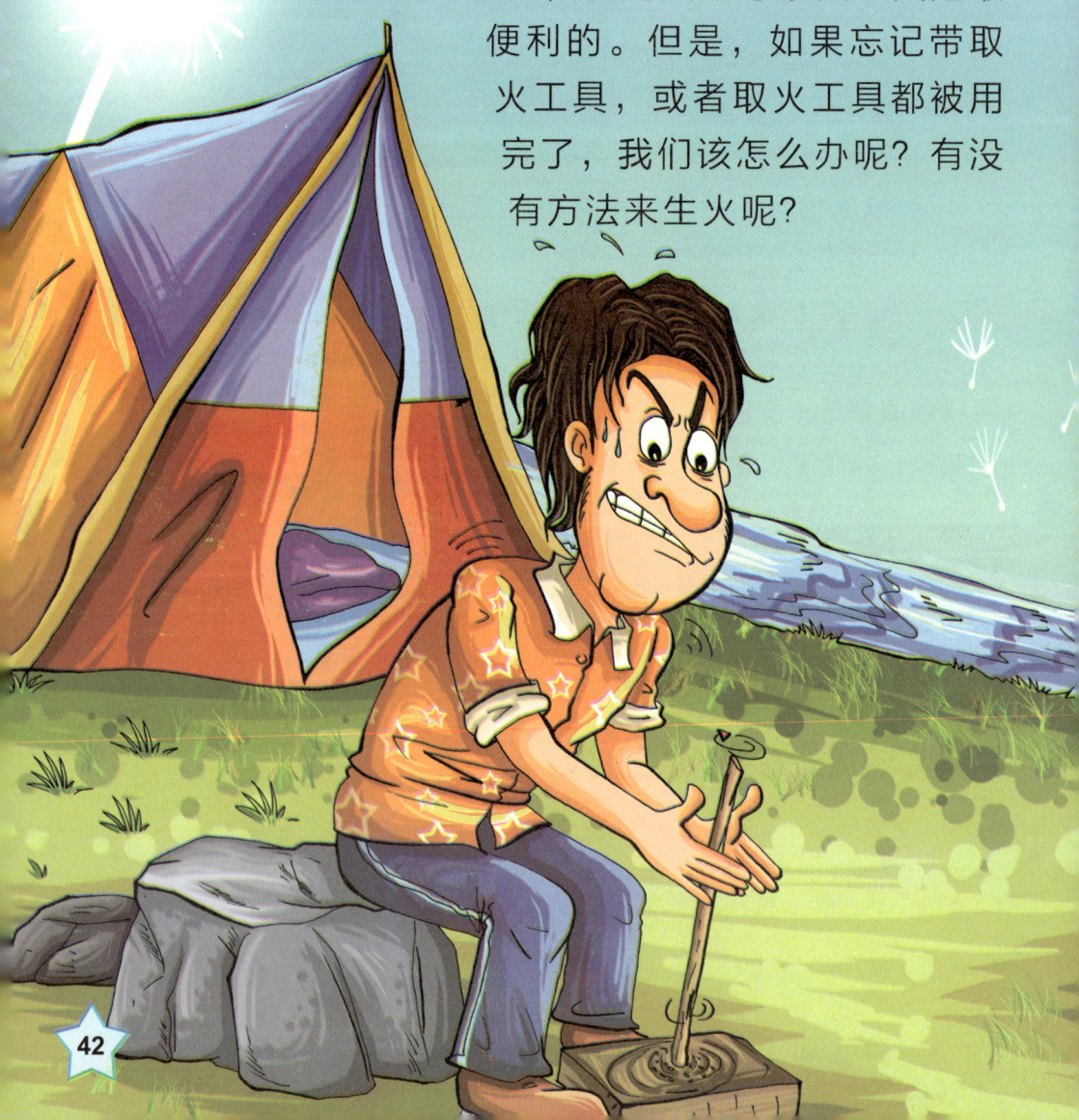

★ 野外大冒险 ★

接下来自己动手，来实现好创意吧！

先在一块干燥的木板上凿出一个洞，在洞里放入可以作为火种的易燃物：细木屑、鸟绒或棉花、干草等。再将树枝固定在洞里，用容易弯曲的树枝和细绳或鞋带制作简易的弓和弓弦，将弓弦缠绕住干燥的木棒，来回拉动弓身使木棒快速摩擦生热。

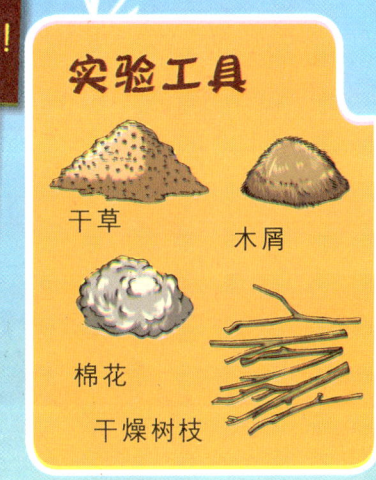

实验工具

干草　木屑　棉花　干燥树枝

原来是这么回事！

细木屑、鸟绒、棉花还有干草，这些被当做火种的易燃物仅仅需要一点热量就能被点燃，甚至只需要一个火星。利用摩擦产生热量的原理将易燃物点燃，然后再收集一些干燥的小树枝、质地松软的木材、干枯的桦树皮等容易燃烧的燃料，就可以迅速生起一小堆火。（注意不要让火堆很快燃烧殆尽，要适当添加大一些的干柴。）

到底发生了什么？

经过剧烈摩擦，细木屑、鸟绒、棉花还有干草很快冒出烟，轻轻吹一吹，可以让火星燃烧得更旺些。

如何选择可以燃烧的木柴？

山核桃木、山毛榉、栎树，它们的质地硬，燃烧得比较充分，释放出的热量也很大，还可以燃烧很长一段时间，能维持火堆一夜不灭。松树、栗树、柳树、杉树，它们的质地较软，燃烧速度快，可以很好地被火种引燃。从地面收集木材时要注意有些木材会含有较多的水分，如果它们的外表比较潮湿，可以刨去表面留下干燥易燃的中心部分。

43

> 奇思妙想玩出创造力

小松果能预报天气吗？

天气总是变幻无常，时而阳光普照，时而雷雨交加。除了听天气预报，我们还有没有其他的好方法来预测天气呢？

有哪些植物能预报天气呢？

我国有一种树木叫青冈树，它的树叶会随着天气的变化而变色。晴天，树叶是深绿色；久旱将要下雨前，树叶变成红色；雨过天晴，树叶又恢复原来的样子。

★ 野外大冒险 ★

实验工具

木板
木棍
小松果
硬纸板

接下来自己动手，来实现好创意吧！

将鳞片未张开的松果竖着放在木板上。然后拿一张硬纸板竖在它的后面，并固定住。接着把一根小木棍插入松果的鳞片间隙中，使它指向上方，在木棍所指的地方做个记号，观察几天。

到底发现了什么？

当空气湿度较大或者下雨时，小木棍指向上方；当天气晴朗，空气干燥时，小木棍指向旁边。它就像一个小小的气象站一样，随着天气变化而变化。

原来是这么回事！

当空气干燥时，松果的鳞片会张开，小木棍站不稳，就会向旁边倒去；当空气湿润时，鳞片会因为吸水而变得柔软，松果恢复原状，小木棍也自然朝上指了。松果鳞片之所以会张张合合，是因为它要保护自己的种子。它的种子藏在松果的鳞片中，在成熟之前，不能受到风吹雨淋，但它又需要阳光的照射。于是，在阴雨来临前，松果会关闭鳞片，等到天晴，鳞片又会重新打开。

奇思妙想玩出创造力

爬山时，为何越往高处**呼吸**越困难？

爬山时，如果越往高处爬，我们会觉得越难以呼吸。这是怎么回事呢？其实这和大气压有关。究竟大气压是如何对我们产生影响的，下面我们就做个实验来了解吧！

★ 野外大冒险 ★

实验工具

剪刀　气球　吸管　胶条　瓶子　硬纸　橡皮筋　牙签

接下来自己动手，来实现好创意吧！

用剪刀把气球剪掉1/4，把剪好的圆面尽可能地绷在平瓶口上，然后用橡皮筋固定住。用胶条把牙签粘在吸管的一端，把吸管的另一端粘在瓶子的胶皮面上。剪一条比瓶子高出10厘米的硬纸。向后折5厘米，使硬纸能够立起来。在硬纸上方画一个太阳，表示晴天，在中间的位置画一朵云彩，表示雨天。让牙签指在太阳与云彩之间。每天在牙签所指的位置上画一条线做标记。

到底发生了什么？

这就是一个可以预测天气的气压计。

原来是这么回事！

当冷空气下沉形成高压区时，通常天气晴朗无云。气压升高，牙签指针就向上抬。当暖空气上升形成低压区时，通常天气多云阴雨。气压降低，牙签指针下降。人们爬山时，所处的高度越高，离地球表面也就越远，气压也就越低，空气越稀薄，呼吸也就越困难。

能帮助钓鱼的气压计

大气压力对鱼的活性有一定影响，气压高的情况下，水里的溶氧量高，鱼的活性高，胃口就好；反之，鱼的活性很低，胃口就差。钓鱼气压计就是一款根据鱼的生活习性与气压、温度之间的密切关系设计出来的产品。

47

> 奇思妙想玩出创造力

风的 **力量** 有多大？

微风吹在脸上，轻轻柔柔的，像是妈妈的手在抚摸一般。但是不要以为它会一直有这样的好脾气，当它发怒的时候，任何人都会害怕。你知道风的力量到底有多大吗？

★ 野外大冒险 ★

实验工具

- 棉纸
- 信纸
- 锡箔
- 薄卡
- 厚卡纸

接下来自己动手，来实现好创意吧！

把棉纸、信纸、锡箔、薄卡片和厚卡片剪成长方形。在每张纸上剪一个孔，用绳子系起来。然后把这些纸全部拴在一根棍子上，从上到下按从轻到重的次序排列。把这个风力探测器放在室外。

原来是这么回事！

地球被一层很厚的大气层包围着，不断变化的大气状态会形成不同的天气。当暖空气上升时，较冷的空气会流入暖气流下面的空间。流动的空气形成了风。风力不强的风，对人类没有什么影响。但是风力超强的风，比如飓风，破坏力却是惊人的。房屋、树木、轿车都会被它卷起、摧毁。它对人类来说，就是一种灾难。

到底发生了什么？

轻风只能吹动棉纸，强风会把5种纸都吹起来。

风的级别划分

风力根据强度一般分为17级。0级称为无风，陆地上的特征是炊烟直上。然后是1级软风，2级轻风，3级微风，4级和风，5级清劲风，6级强风，7级疾风，8级大风，9级烈风，10级狂风，11级暴风，12级飓风。而12级的飓风，在陆地比较少见，当然它的摧毁力也是巨大的。在自然界中，风力实际上有时会超过一般分级中的12级，所以现有的最大风力级别为17级。

奇思妙想玩出创造力

怎样测量降水量？

天空中轰隆隆地下起了雨。看着那不断落下的雨滴，你是否想过气象台播报的降水量是如何测量出来的？我们能否用简单的工具来做一个关于降水量的估测呢？

实验工具

- 塑料瓶
- 直尺
- 剪刀
- 记号笔

接下来自己动手,来实现好创意吧!

将塑料瓶上部剪去,然后去掉瓶盖后倒过来嵌进瓶内。接着在瓶子外侧,用直尺从瓶子底部每隔1厘米做上记号,在这些记号处,分别贴上标签,并写上对应的刻度。然后将它放在室外,在下雨时收集雨水。

到底发现了什么?

收集到了雨水,可以通过它们对应的刻度,估测这次的降水量。

原来是这么回事!

气象站使用的是雨量器,它是筒口直径为20厘米的金属圆筒,分为上下两节。上节为漏斗状的承雨筒,下节为置放贮水器的圆筒,使用时应放置在四周没有障碍物的地方。根据这些,就可以大致地判断一个地区、一个时段内大概的降雨量了。

什么是梅雨季节?

每年6月中旬左右,我国的长江中下游地区会有一个时间较长、雨量比较集中的明显雨季,期间会出现持续阴天有雨的现象。而这一时节,正是江南梅子的成熟期,所以人们称这时的雨为"梅雨",此时段便被称作"梅雨季节"。

梅雨季节常是阴雨连绵,有时降大雨或暴雨,空气湿润,风力微和,云量多,日照少。梅雨除了在中国长江中下游地区出现,还会影响到中国台湾以及日本和韩国的局部地区。

> 奇思妙想玩出创造力

如果**户外手电**没电了怎么办？

野外活动时不能没有照明工具，最适合照明的工具就是户外手电，由于不能携带大量的电池，所以要选用有足够亮度和超长续航时间的高效率户外手电。可是万一户外手电没电了怎么办？我们可以用蜡烛做一个"防风手提灯"。

★ 野外大冒险 ★

实验工具

空罐子 蜡烛 铁丝 剪刀 白纸

接下来自己动手，来实现好创意吧！

将一个空罐子剪去底部和开口，在它的侧面多钻一些小孔，然后将蜡烛放进去，固定住。再用铁丝穿过空罐后打结。这样一个简易的灯笼就做好了。在这个灯笼的两侧分别用两张白纸粘上。

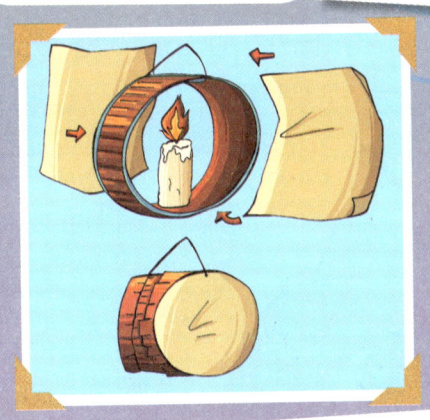

到底发生了什么？

风被灯笼外的纸张挡住了，里面的蜡烛没有受到影响，仍在燃烧。

原来是这么回事！

只要将风挡在外面，蜡烛就不会被吹灭，当然也要同时保证蜡烛是在一个有空气的空间内。实验中，白纸挡住了风，罐身侧面的小孔保证了蜡烛有充足的氧气可燃烧。这样它就能在一个不完全密闭的空间中，避免风的干扰了。

安全将火把熄灭的小方法

可以将一个空罐头盒剪去开口后，套在燃烧的火把上。空罐头盒减少了火把与空气的接触。当火把逐渐耗尽了罐头里的氧气后，它就会熄灭。

奇思妙想玩出创造力

有没有好方法，在**野外**造一个水龙头？

在野外游玩，总是会将身上弄得脏兮兮的。想洗澡时，却发现野外并没有水龙头。那么，我们能不能自己制作一个水龙头来洗澡呢？

★ 野外大冒险

实验工具
水桶
铁丝
吸水管

接下来自己动手，来实现好创意吧！

在一个大水桶里面装入水。用一根铁丝圈住吸水管的一端，将吸水管的另一端放置于水桶底部。最后将水桶吊在高处，用嘴将水吸出，当水吸出时，就把水管吊高，以铁丝固定在水桶边。要洗澡时，就将水管放低，看看会发生什么现象。

到底发生了什么？

水从放低的水管中流了出来。

原来是这么回事！

水往低处流，当水管放低时，上面的压力以及自身的重力，会促使低处水管里的水流出来。实验中，水之所以能从水管中流下来，就是利用了重力和压力的原理。

在野外建造一个人工温泉

在河岸边挖个大大的坑引入河水，然后在水中放入以火烧热的石头。不久之后，你就可以在这个人造的温泉里泡澡了。另外，你也可以利用太阳能来"制造"热水。将一大澡盆的水放在太阳下曝晒3小时后，水的温度就能达到40℃以上。

奇思妙想玩出创造力

该怎样处理在野外产生的**垃圾**呢？

野营或野餐时，常常会产生很多垃圾，如包装袋、吃剩的食物、果皮等。人们应该在野营或野餐后，带走塑料瓶等可以回收的垃圾，掩埋果皮等垃圾……不同垃圾有不同的处理方法，让我们一起来了解一下吧！

★ 野外大冒险 ★

接下来自己动手，来实现好创意吧！

实验工具
铁锹　石头　棒子　绳子

我们野营时，用过的包装袋、空水瓶等垃圾，应该主动带走。但这些空瓶子却很占空间，不方便带走。你可以先做一个简易石锤：在一根木棒的前端绑上石块。然后用这个石锤将空水瓶捶扁。这样就方便带走这些垃圾了。

对于野外产生的污水，你可先在地上挖一个坑，然后投入树枝以防污水溅起。接着将污水倒入里面。最后在坑里填入泥土。这样可以防止污水积存时滋生蚊蝇。

那些带不走的除去包装的食物或吃剩的食品，你可以把它们就地掩埋。

到底发生了什么？

这样垃圾就不会被暴露在外面，影响环境了。

原来是这么回事！

带走瓶子等垃圾，将它们扔进垃圾箱，这些垃圾一部分会被回收利用，既不破坏环境卫生还能产生对人们有用的东西；污水的处理方法和把吃剩的食物埋起来的方法一样，是简易的掩埋法，这种方法也不会影响环境卫生。

奇思妙想玩出创造力

在哪里搭设炉灶比较合适呢？

进行野外探险，有一大半的乐趣来源于在野外烹饪食物。可是，在烹饪食物之前，你总要找一个搭炉灶的地方吧。哪些地方比较适合我们搭炉灶呢？

如何用石头搭个炉灶？

搭设炉灶的第一步，应用落叶来观察风向，以风向来决定灶口的方向，搭炉灶的地方尽量选择上风处。接着在选好搭炉灶的地方，向下挖掘约20~30厘米深的坑洞。然后在坑洞内，排列数个大石头，这些干燥的石头可以帮助火苗燃烧，利于风的流通。最后，在除了灶口外的三面上，用石头堆成等高的灶壁。这样一来，用石头搭的炉灶就完成了。

★ 野外大冒险 ★

实验工具

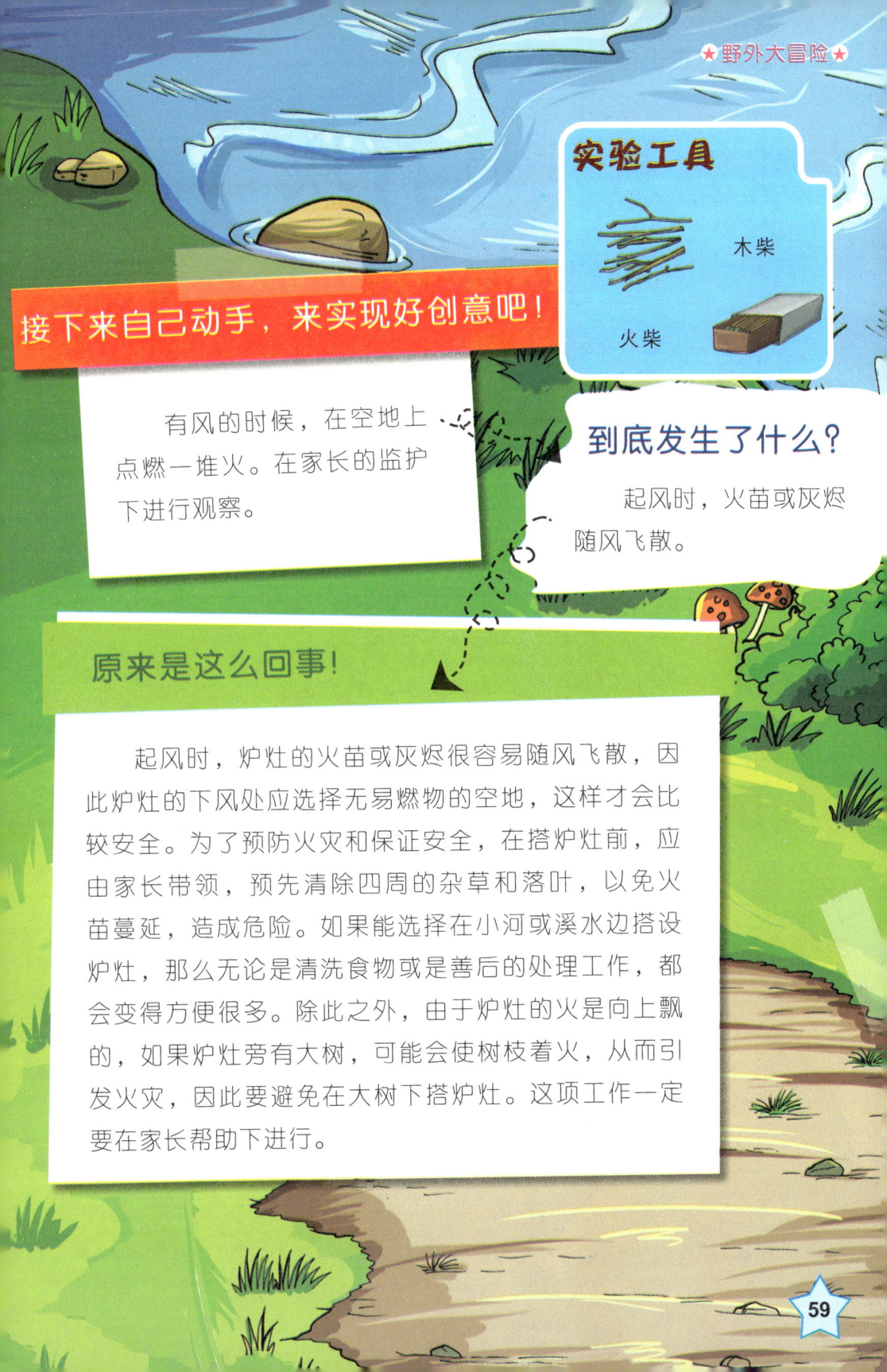

木柴

火柴

接下来自己动手，来实现好创意吧！

有风的时候，在空地上点燃一堆火。在家长的监护下进行观察。

到底发生了什么？

起风时，火苗或灰烬随风飞散。

原来是这么回事！

起风时，炉灶的火苗或灰烬很容易随风飞散，因此炉灶的下风处应选择无易燃物的空地，这样才会比较安全。为了预防火灾和保证安全，在搭炉灶前，应由家长带领，预先清除四周的杂草和落叶，以免火苗蔓延，造成危险。如果能选择在小河或溪水边搭设炉灶，那么无论是清洗食物或是善后的处理工作，都会变得方便很多。除此之外，由于炉灶的火是向上飘的，如果炉灶旁有大树，可能会使树枝着火，从而引发火灾，因此要避免在大树下搭炉灶。这项工作一定要在家长帮助下进行。

> 奇思妙想玩出创造力

用加热过的**石块**能煮熟食物吗？

　　提到煮东西，大家第一个想到的就是用锅烧。但是，在野外，携带大件的锅有时候并不是很方便。我们可不可以用其他东西来代替锅煮东西呢，比如加热过的石头？

★ 野外大冒险 ★

实验工具

铁桶　石头

接下来自己动手，来实现好创意吧！

在铁桶内放入一半的清水，然后放入加热过的石块。等到水沸腾后，放入鱼肉或野菜，再放入几颗热石块追加热度。

到底发生了什么？

不久之后，水里的鱼肉或野菜煮熟了。

原来是这么回事！

热量会从一个物体传导到另一个物体。比如将加热过的石头放入水中后，石头的热量就会传导到水中，水吸收了石头的热量后就会变热。当水吸收的热量越来越多后，它就会达到沸点，从而沸腾。同样的，放入水里的鱼肉或野菜，也是因为吸收了热水中的热量而变熟的。

让石头帮你在下雨天生火

下雨了，如果雨不是很大，我们可以在稍干燥的地面放上一堆石头。然后在石头的上面覆上一些用刀割细的木片和小树枝，再摆上粗大一点的木柴，最上面放上报纸或树叶就算完成了。这时候你只要用火柴或打火机来点火就行了。

奇思妙想玩出创造力

大山里，哪些果子可以吃呢？

去野外，总能见到各种各样的果子。它们中的一些颜色非常漂亮，看了让人垂涎欲滴。但是，到底它们中的哪些能吃，哪些不能吃呢？

野果在提供营养的同时还能帮你找到猎物

水果富含维生素A、维生素B_2和维生素C，可以提供人体必需的营养成分，同时它们也是动物和鸟类重要的食物来源之一。所以，在能够找到野果的地方，你也能发现动物的踪迹。

柿子　　百香果　　　　　　　　　　　　　　　★野外大冒险★

山葡萄

观察内容

观察大山里有哪些果实。

到底发现了什么？

不同地区的大山里有山葡萄、柿子、猕猴桃、山竹、桑葚、百香果、枸杞等果子。

原来是这么回事！

山葡萄直径为5~7毫米，隐藏在大树叶的后面，每年10月前后成熟，成熟的果实是黑色的，味道酸甜，可以做果汁、果酱和糖浆；柿子在每年10月前后成熟；猕猴桃的果实直径大约3厘米，每年的9~10月成熟，生吃时，味道甜中带涩，可以做成果酒；山竹，9月时结成紫红色的果实；桑葚，一般5~6月时结成黑紫色的成熟果实；百香果，夏天时结成紫色略带酸味的果实；枸杞，茎上披有绒毛带刺的植物，每年11月前后成熟，枸杞的果实可以做果酒，树枝和树叶可做枸杞茶。

桑葚　　　　　　　　　　　　　　猕猴桃

枸杞

奇思妙想玩出创造力

在野外过夜，怎样让地面**暖和**起来？

想想野外冰冷潮湿的地面，你一定担心得不得了。怎样才能有一个高质量的睡眠呢？其实，这并不算一件困难的事情，铺一张"热毯"就可以了。那么，这样的热毯到底是什么样子的呢？

★ 野外大冒险 ★

实验工具

石头

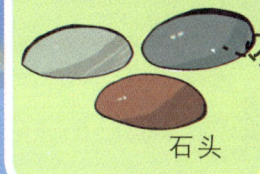

接下来自己动手，来实现好创意吧！

找来一些石头，将石头烧热，然后将热石埋入土中。

到底发生了什么？

寒冷的夜晚，就可以睡在这样的"热毯"上。你还可以用土的厚度来调节温度。

原来是这么回事！

热量会发散，也可以在物体间传导。烧热后的石头，会将热量发散到地面。睡在这样暖烘烘的地面上，就可以对抗野外的寒冷了。同时，你也可以通过改变石头上覆盖的泥土的厚度，来调节温度。如果你身处热带，你可以直接将床铺安置在高处，这样既可以远离潮湿的地面，也可以享受阵阵凉爽的微风。

在野外你也可以睡在木架床上

为了使床铺离开地面，你可以用木棒制作一个牢固的框架。做法是：先将两对木棒按照一定的角度插到地面上，二者间的距离要超过自己的身高，每两根木棒的顶部用绳索绑在一起，如果地面太坚硬，则要在每个框架的两脚及两个框架之间，都固定上横挡来加固。这样一个属于你的木架床就做好了。

奇思妙想玩出创造力

怎样采蘑菇？

山林中的蘑菇，来自大自然。那么，我们应该如何采集这些可爱的蘑菇呢？

看颜色可以识别毒蘑菇？

在生活中，我们识别毒蘑菇有一个最简单的方法，就是看蘑菇的颜色。因为大多数有毒的蘑菇的颜色都很艳丽，所以遇到颜色鲜艳的蘑菇，千万不能食用。但这也只是一个较为粗略的方法。

★ 野外大冒险 ★

实验工具

雨衣
帽子
笔记本
笔
篮子
报纸
小刀
蘑菇图册
手套

接下来自己动手，来实现好创意吧！

采蘑菇前，需要准备雨衣、帽子、笔记本和笔、篮子、报纸、小刀、手套、蘑菇图册。先确定采集蘑菇的地点。在腐烂的树根、公园的木桩，草坪、花园等地方仔细找找，很可能会发现蘑菇的身影。找到蘑菇后，用小刀将它们割下来，然后用报纸包住放进篮子里。同时，可参考蘑菇图册确定蘑菇的种类，用笔记录下来。

原来是这么回事！

蘑菇是真菌类，靠孢子繁殖。孢子散播在哪里，就会在哪里产生菌丝。菌丝吸收土壤里的养分和水分，然后长成新的蘑菇。如果想要采蘑菇，可以在下雨之后去寻找它们。因为大雨给蘑菇提供了丰富的水分。当它们喝足后，就会在很短的时间内伸展开来。于是，你就会发现雨后的蘑菇比雨前多得多。

奇思妙想玩出创造力

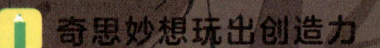

怎样躲避雷电呢？

每当天空聚集了大团的乌云时，我们就知道可能要下雨了。如果是在夏天，下雨的同时还可能伴随着电闪雷鸣。耀眼的闪电和轰隆隆的雷声，总是让人害怕。那么，在野外的我们，应该如何躲避那恐怖的雷电呢？

雷电容易击中什么地方？

雷电容易击中突出地面的、高大的树木和建筑物，雷电还易击中金属物体，比如雨伞的金属伞尖。所以，在旷野或者开阔的平原上，我们要避免使用带金属尖的雨伞。当然，如果我们不是在野外，而是在城市中的一块空地玩耍，那么我们就可以直接到附近的建筑物内避雨。

★ 野外大冒险 ★

到底发现了什么？

雷电经常击中树木和独自站在开阔地方的人。

观察内容

看看电视新闻中雷电经常击中的物体有哪些。

原来是这么回事！

在雷雨天，要远离山顶、高大的树木和四周没有任何东西的岩石，寻找一处低凹的地势或平地。另外，岩洞也是最好的屏蔽场所，但要注意不要藏身于岩洞的入口，至少应保持一米以上的距离。

奇思妙想玩出创造力

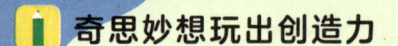

野外生的火用完后，怎样**熄灭**？

在野外生完的火，我们有各种方法可以灭掉，比如用水或者土、湿衣服等。那么，除了这几种方法以外，我们还可以采取其他的措施灭火吗？

挖沟也能灭火吗？

一时无法将火熄灭时，你也可以在火势的下风处，用铲子挖一条土沟，用挖出来的土堆，来防止火势的蔓延。所以，挖沟也是可以灭火的。

★ 野外大冒险 ★

实验工具

毛毯

篝火

接下来自己动手,来实现好创意吧!

在空阔的地上,用浸湿的毛毯盖在燃烧的火堆上。需家长陪同操作。

到底发生了什么?

火被熄灭了。

原来是这么回事!

只要隔绝火与空气的接触,让它没有氧气助燃,火自然就不会继续燃烧。利用这个原理,我们可以用水、土来灭火。所以,在野外生火时,为了以防万一,你可以预先将水桶里盛好水,放在火堆旁。除了这些,你也可以利用树枝来将火熄灭。比如,在附近的大树上,劈一根多叶的树枝,然后拿着这根树枝去拍打火堆。火堆被树枝拍打后,火势会因为高热被驱散而渐渐变小直至熄灭。在草原或是森林这些周围燃烧物很多的地方,你可以清空火堆周围的枯草、树枝等可燃物,让火周围留出空地,这样火焰找不到可以燃烧的东西,就会渐渐熄灭了。这是一种有效控制火势、让其不再蔓延的好办法。

奇思妙想玩出创造力

透明的水杯怎样当放大镜用呢？

进行户外观察的时候，放大镜可是一件必不可少的工具。如果缺少了放大镜，你一定会漏掉大自然中的很多乐趣。如果忘了带放大镜，那该怎么办呢？我们用什么来代替它呢？

冰也能当放大镜

早在1600多年前，我国晋代的学者张华就在《博物志》一书中记载了用冰取火的方法。后来，这种方法曾经拯救了一支南极探险队。这支探险队由于丢失了火种，全体队员面临着寒冷、饥饿和死亡的威胁。就在这危急关头，一个队员利用冰磨成的凸透镜，将阳光聚集了起来，点燃了引火物，从而拯救了全体队员。

★ 野外大冒险 ★

实验工具

- 保鲜膜
- 胶带
- 水杯
- 画片

接下来自己动手，来实现好创意吧!

将透明的圆柱形水杯盛满水，用保鲜膜平整地绷住杯口，然后用胶带缠住水杯边缘的保鲜膜，使水杯严密地封住，没有水流出来。将画片放在盛满水的透明水杯后面，仔细观察水杯上图像的变化。

到底发生了什么?

透过水杯看画片，图像被放大了。

原来是这么回事!

透明水杯使水形成一个弯曲的表面，就像是中间厚、边缘薄的放大镜一样，能使物体图像放大。水杯被密封起来，我们可以拿着它去观察大自然中容易被忽略的精彩细节啦!

> 奇思妙想玩出创造力

怎样观察鸟类而不惊动它们？

赏鸟的乐趣，在于身处鸟类栖息的环境中，亲自观察它们的生态。那么，我们如何做到在赏鸟的过程中，不惊动这些可爱的朋友呢？

实验工具

木棒　绳子

接下来自己动手，来实现好创意吧！

找3根细长的木棒，用绳索固定住它们的一端。然后将它们放置在准备观察鸟的位置。再取来带树叶的树枝，覆盖并固定在这样的支架上。接着你就可以藏在这掩蔽的支架中，靠近鸟类并加以观察了。

原来是这么回事！

用木棒和树枝搭起的遮蔽场所，和鸟类生活的环境很相似，使它们不易被惊动，你也就可以安心地观察它们的生存状态了。不过，在赏鸟之前，你也可以先熟知一下鸟类的生态环境、种类和生活习性。这样在做遮掩物的时候，能够更加贴近它们生活的环境。

到底发生了什么？

鸟类并没有注意到你的存在。你可以自由地观察它们而不被发现。

鸟类的双眼视觉

双眼视觉是指生物在双眼视野范围互相重叠下所产生的视觉。双眼视觉越发达，越容易判断物体的大小和距离。猫头鹰的眼睛长在头部前面，它有很好的双眼视觉。像知更鸟等大部分鸟类，双眼是长在头部两侧的，虽然这样能够轻易地发现周围的敌人，但它们的双眼视觉却很差。

> 奇思妙想玩出创造力

怎样能更快地将雪**融化**成水？

在野外，如果找不到水源，你也可以利用身边的东西"造水"，比如将下大雪时所降的雪收集起来融化成水。那么，有什么好办法可以将这些雪更快地融化呢？

★ 野外大冒险 ★

实验工具
报纸　黑塑料布

接下来自己动手，来实现好创意吧！

在有阳光的情况下，在地上先铺一层报纸，再铺上一层易吸热的黑色塑料布，然后撒上一些雪。

到底发生了什么？

雪很快地融化了。

原来是这么回事！

黑色的物体可以更多地吸收太阳的热量。实验中，就是利用黑色塑料布吸收的太阳能来融化雪水的。黑色塑料布底下铺的报纸是为了防止热气散去。另外，白色的雪容易将阳光反射，你可以在雪中丢入一些干净的小石头或沙子，来吸收这些被雪反射的阳光，以此来加快雪的融化速度。当然，最快捷的办法，是将它放在炉子上加热。加热的时候，记得一定要把盖子盖上，这样水蒸气才不会散失。

糖水与普通水相比，不容易结冰吗？

糖水是混合物，与不含糖的普通水相比，混合物（糖水）的凝固点要低于（纯净）水。液体变为固体的过程叫做凝固，凝固点就是液体凝结成固体的温度。每种液体的凝固点都不一样。水在0℃以下会凝结成冰，而糖水的凝固点比水要低，自然糖水与普通的水比起来，不容易结冰。

奇思妙想玩出创造力

在野外，如何**简单**测量距离？

在野外，如果我们想计算一下自己离下一个目标的距离，应该用什么样的方法呢？用尺子等工具显然是不方便的，有什么好的估算方法可以很准很快地算出来呢？

秦始皇统一度量衡

据史书记载，中国人很早就已经"布手知尺""身高为丈""迈步定亩"了。到了春秋战国时期，各国诸侯各自定义自己领土内的长度标准。这个王的手掌，那个王的小腿，纷纷上场，使得长度标准极为混乱，国与国之间的交流也因此变得极为不方便。到秦始皇统一度量衡时，王侯们用身体部位测量长度的办法才真正退出了历史舞台。

★ 野外大冒险 ★

观察内容

以自己脚的长度为单位,一步一步走到目标处,数数自己的脚行进了多少步。

到底发现了什么?

行进的步数乘以脚的单位长度,就是所在地到目标的距离。

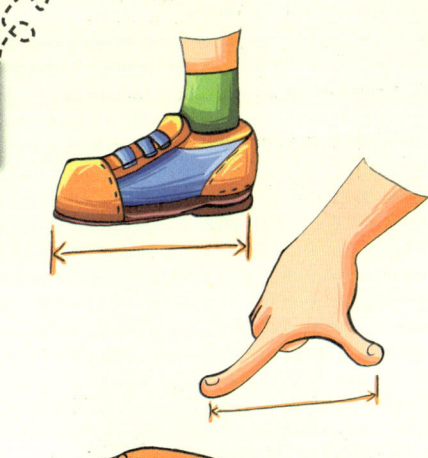

原来是这么回事!

当没有尺子等测量工具时,我们可以利用其他方法来估算距离。比如步测法,走一步的长度,乘以在两个地点之间走完的步数,就是两个地点之间的距离。再比如利用大拇指和食指之间张开的距离,可以大略估算出一个物体的长度或高度。这些都是利用我们身上的部位来估算数据的,既简单也方便。当然,你要熟知自己的脚长和大拇指与食指之间的大致数值。

奇思妙想玩出创造力

你能把花园**搬进**糖果瓶吗?

花园里,开着各种颜色的美丽花朵,它们在阳光的照射下熠熠生辉。你能将这样生机勃勃的花园搬进自己的糖果瓶中吗?

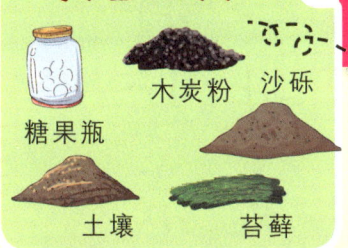

★ 野外大冒险 ★

实验工具
糖果瓶、木炭粉、沙砾、土壤、苔藓

接下来自己动手，来实现好创意吧！

将糖果瓶中的糖果取出来，然后在瓶子底部放上一层厚厚的沙砾，接着放入花盆堆肥（土壤），再在土壤中加上木炭粉，填到瓶子1/3处。将要种植的植物种进去，最后再加上一点苔藓，就大功告成了。记得最后要给刚种上的植物浇上充分的水哦。

到底发生了什么？

用瓶子做的花园就做好了。

原来是这么回事！

实验中瓶子里植物的生长环境就是一个迷你的小花园，有土壤，有沙砾，有其他植被，还有水。在这样一个完整的环境里，植物可以吸收水分和营养，像在花园里那样生长。

你知道糖果花园中的水循环方式吗？

糖果瓶中的水循环方式和地球大气层中的水循环方式基本相同。在瓶子里，水汽从土壤表面和植物身体中蒸发出来，但并不上升形成大气层中的云朵，而是聚集在玻璃的内壁，滑落下来，就像下雨一样，这样植物又得到了浇灌，水也进行了一次完整的循环。

81

奇思妙想玩出创造力

你会将一株植物变成三株吗?

我们怎样将多年生草本植物的一株变成三株呢?

★ 野外大冒险 ★

实验工具

手叉

接下来自己动手，来实现好创意吧！

将植物连土从花盆中取出，背靠背地把两把手叉插入植株中，一把在中间，另一把靠近边沿一点。小心地将它们拉开，轻轻地将植物分成两部分，一份大一些。将大份的植物再分一次，取出被破坏的根系，疏松其他完好的部分。把各份分种在花床中，间距约30厘米。彻底地浇一遍水。

到底发生了什么？

一段时间后，你会发现这三份都变成了独立的完整的植株，并且生长良好。

原来是这么回事！

多年生草本植物，一般为宿根、球根类植物，如百合、大丽花、芒草等。多年生草本植物的根一般比较粗壮，有的还长着块根、块茎、球茎、鳞茎等器官。它们中的多数可用播种繁殖，而应用最广的是分株繁殖。

百合名字的由来

百合因其茎有许多肉质鳞叶，片片紧紧地抱在一起，故得名"百合"，"百"是许多的意思。夏季开漏斗形花，有红、黄、白或淡红等色，鳞茎多为扁圆形，鳞片肉质肥厚、细腻，洁白如玉，醇甜清香，风味别致。

83

> 奇思妙想玩出创造力

怎样把动物的**脚印**保存下来？

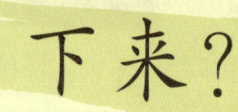

动物们常常在松软的泥地和沙地上留下自己的脚印。想不想将这些脚印保存下来？那么就让我们一起动手给这些脚印做一个石膏模型吧！

实验工具

- 卡纸
- 曲别针
- 小桶
- 熟石膏粉

接下来自己动手，来实现好创意吧！

在泥地和沙地上寻找动物留下的脚印。用卡纸将比较清晰的脚印围起来，用曲别针别好。将这小段卡纸轻轻向下插入泥土中。接着，在小桶中放入少量的水，加入熟石膏粉，搅拌均匀后，将调好的熟石膏倒入模型中，等待石膏定型。定型后，把脚印模挖出来，清除掉黏附的土壤和沙子。

到底发生了什么？

一个关于动物脚印的模型就做出来了。

原来是这么回事！

生石膏经过加热后得到的石膏，我们称为熟石膏。熟石膏粉在加水冷却后会由液体变为固体，因而在雕像、模型、建筑上发挥着重要的作用。

观察动物的足迹

当你看到脚印时，先数一数脚印上有几个脚趾，再查看有没有爪子的痕迹，还要观察脚印的形状。犬类动物前后脚印都有四个脚趾，例如狐狸和狼。松鼠和其他啮齿类动物的前脚有四个脚趾，后脚有五个脚趾。野兔的脚印很容易辨认，它的后脚比前脚长多了。

85

> 奇思妙想玩出创造力

如何寻找动物活动时留下的**痕迹**？

动物经过时，总是会留下一些痕迹。痕迹越明显，越容易发现。在户外，我们如何去寻找这些动物活动时留下的痕迹呢？

动物的活动痕迹都包括哪些？

动物活动的痕迹包括：足迹、爪痕、卧迹、游泳痕迹、粪便、毛、羽毛、鳞片、刺、窝、巢等。你可以通过辨别动物留下的不同痕迹，来判断动物的种类、年龄、生活习性。每一种动物都会留下一些特别的痕迹。通过这些痕迹，你可以更加清楚地认识这种动物以及它生活的环境。

★ 野外大冒险 ★

观察内容

在户外，寻找动物活动时留下的痕迹。

到底发现了什么？

发现了动物进食时留下的痕迹，以及动物的巢穴等。

原来是这么回事！

动物会在进食时留下痕迹，比如松鼠、老鼠等小动物会将啃过的松果、坚果以及水果等随处丢弃。许多动物会将洞穴选在空心树干的下面，比如狐狸。而啄木鸟等鸟类会将自己的巢穴建在树干中。树干上经常会出现许多小洞，这是啄木鸟寻找害虫时打的洞。至于树干中的虫洞，是许多昆虫和它们幼虫的家，比如天牛。另外，还有些动物会通过刮擦树干来捕捉树干中隐藏着的昆虫。通过这些痕迹，你就可以找到许多平常不太容易见到的动物或昆虫了。

奇思妙想玩出创造力

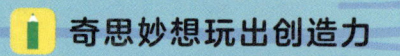

寄居蟹是怎么搬家的？

寄居蟹通常生活在礁石的坑穴里。它们的行动相对比较缓慢，而且一遇到危险就躲到自己的贝壳里一动不动。所以，捕捉它们轻而易举。那么，你知道它们是怎样搬家的吗？

螃蟹总是蜕壳，它会不会缺钙？

蟹在生长过程中需要数次蜕壳。刚换上的新壳，由于缺钙，并不坚硬。也因为如此，螃蟹会在蜕壳之后，将刚刚更换下的外壳全部吃掉，这样就能迅速补充因为蜕壳而流失的钙质了。

★ 野外大冒险 ★

接下来自己动手，来实现好创意吧！

用小石头敲击寄居蟹的外壳，将寄居蟹弄出来，然后把小沙石填进贝壳中。将填好沙石的贝壳放在寄居蟹的前面，看看会发生什么。

实验工具

寄居蟹 　小石头

到底发生了什么？

寄居蟹先是用钳子测量了贝壳的大小，然后又用钳子把贝壳里的小沙石清理了出来，这样它的下身就可以钻进贝壳里了。

原来是这么回事！

绝大部分的寄居蟹生活在海中，它们最大的特点是寄居在完全符合自己身体大小的螺壳内，并且随着身体的长大不断更换螺壳。在选择寄居处时，寄居蟹先用螯肢测量好空螺壳的入口大小，合适后，才将腹部放入壳内。当寄居蟹感受到危险时，会快速缩入螺壳内，并用坚硬的螯肢堵住螺壳口。

89

奇思妙想玩出创造力

珊瑚为何如此鲜艳美丽？

美丽的海底，除了有无数种海鱼以外，还有一种美丽的生物，那就是珊瑚。瑰丽的珊瑚有着鲜艳缤纷的颜色，你知道这是为什么吗？

观察内容

观察海里的珊瑚。

到底发现了什么？

海底有软珊瑚、石珊瑚、蓝珊瑚、红珊瑚等。它们不仅形状各异，就连颜色也不尽相同，比如石珊瑚的颜色是褐色的，而红珊瑚的颜色是红色的，蓝珊瑚的颜色更是很少见的蓝色。

原来是这么回事！

珊瑚的化学成分主要为碳酸钙，以微晶方解石集合体形式存在，成分中还有一定数量的有机质，所以颜色多呈白色。除此之外，也有其他颜色的珊瑚，比如，红珊瑚、蓝珊瑚和黑珊瑚。红珊瑚之所以为红色，是因为它在生长过程中吸收了海水中的氧化铁。而少数呈现黑色的珊瑚，是因为它里面含有大量的有机质。

海边捡到的珊瑚是活的，还是死的？

珊瑚是有生命的腔肠动物，通常称为珊瑚虫。珊瑚虫能固着在海底或一些岩石表面，然后从固着的根底发展出软管状身体。管状体外壁能分泌出石灰质，这些物质形成了包围软体的外骨骼。我们平时能看到的或是海边捡到的珊瑚，便是珊瑚虫死后留下的骨骼。

奇思妙想玩出创造力

你能在大海中自由自在地 潜水 吗？

大海波澜壮阔，里面蕴藏着无数宝藏。在这个神秘的海底世界里，你可以看见各种各样美丽的深海鱼，也可以看见颜色瑰丽的珊瑚。是不是迫不及待地想下去遨游一番呢？

你知道潜水病吗？

潜水病也叫潜水减压病，是由于潜水深度较深、潜水时间过长，或者是潜水运动者在潜水过程中，上浮时因压力的急速改变，致使溶解在身体组织和血液内的惰性气体由于减压而形成气泡，造成身体的不良反应或急性功能障碍。

★ 野外大冒险 ★

实验工具

水杯

管子

接下来自己动手,来实现好创意吧!

准备两根管子,将一根管子插入杯中的水里,一根管子不插入而是放在空气中,用嘴同时吸这两根管子。

到底发生了什么?

同时吸两根管子时我们会发现,由于一根管子吸到了空气,导致插入水里的管吸不到水,除非一口气用大力猛吸的方法才能把水吸出一点儿。

原来是这么回事!

通气管是让浮潜者在水中仍可呼吸的装备,主要由咬嘴和塑料弯管构成。弯管下端安装一个单向的排水阀。就像放在空气中管子能防止水中的管子吸水,排水阀可以防止吸气时有水涌入通气管中。潜水需要面罩、通气管和脚蹼三样工具。面罩分全面罩和半面罩,脚蹼大小必须合脚。初学者潜水时间以30秒为宜。

93

奇思妙想玩出创造力

海浪退去后，海滩为什么会呈现"**沙浪**"形状？

美丽的海边，洁白的沙滩上，你是不是很喜欢在那里散步，看自己在沙滩上留下的一串串脚印？不知你是否仔细观察过，当海浪刚刚退去，还没有人走过的沙滩上呈现的是一排排规则的"沙浪"。为什么海滩上的沙子会形成这样的图案呢？

★ 野外大冒险 ★

实验工具

水
秋千
沙子
盘子

接下来自己动手，来实现好创意吧!

将小秋千搭好（在家长的协助下完成），把盘子放在小秋千上，再往盘子里倒入一些水，倒入一些细沙。等盘子里的水和细沙都静止下来了，然后轻轻推动小秋千。

到底发生了什么？

慢慢地，盘子底部的沙子会呈现波浪状分布，形成规则的图案。

原来是这么回事！

细小的沙砾在水中以悬浮物或者移动的沙子形式存在，水流动时能携带这些沙子。秋千的摆动具有周期性特点，很有规律，放在秋千上面的盘子受到秋千影响，里面的水流波动也很有规律，在有规律的水波带动下，被水携带的细沙也形成了规则的波浪图案。

海滩上规则"沙浪"的形成与之相像，一波一波海浪冲刷到岸边，海水携带着沙子，沙子随着海水的波动，形成了规则的"沙浪"状。

海边的沙滩是怎样形成的？

海底的沙砾在地壳运动中露出海面，一些珊瑚礁与贝壳也随之露出，在海浪的冲击磨洗下变成微小的颗粒，形成海滩、沙滩。

奇思妙想玩出创造力

如何给小虫子制造一个陷阱？

在地面生活的小虫子，我们如何能更好地观察它们？我想首先要给它们设下一个陷阱吧，然后再用放大镜等仪器看看它们的真实模样。可是，这个陷阱该如何设置呢？

96

★ 野外大冒险 ★

实验工具
罐子　石头　水果

接下来自己动手，来实现好创意吧！

在地上挖一个洞，放一个干净的罐子进去。罐子里放些水果、果酱或肉，上面压一块石头，并在石头与罐子之间留出一点儿空隙。

到底发生了什么？

第二天早上，你会发现罐子里有许多小虫子，比如蚂蚁等。仔细观察后，将它们放回自然中去。

原来是这么回事！

用陷阱可以捕获那些沿地面滑行或爬行的小生物。就像实验中的那样，在罐子里放上它们喜欢吃的食物，引诱它们进来，你就可以观察它们了。

怎样给地面上的小虫子设置一个不危险的陷阱？

在林间的地面上挖一个浅浅的坑，上面放一些小虫喜欢吃的食物，比如糖水、面包屑等，最好气味明显。然后就等在坑边，有些小虫子会被坑中的食物所吸引，慢慢低着头进入你的"陷阱"中。这样，你就可以慢慢进行观察了！但要记住，千万别伤害它们。

97

> 奇思妙想玩出创造力

怎样**收集**贝壳？

去海边游玩，总是能在美丽的海滩上发现各种各样的贝壳。看着这些漂亮的贝壳，你一定很想将它们收集起来带回家吧！你知道怎样来收集这些贝壳吗？

海螺里的海浪声

到海滩游玩的时候，你可以找一个完整的大海螺放在耳边。你会从海螺里听到大海的声音。这是因为海螺接收并放大了你周围所有的背景声音。当你站在海边，将海螺放到耳边后，海螺就将周围大海的声音接收并放大给你听了。

★ 野外大冒险 ★

实验工具

- 网兜
- 改锥
- 水桶
- 小刀
- 镊子
- 箱子
- 脱脂棉
- 牙刷

接下来自己动手，来实现好创意吧！

先了解退潮的时间，在海水开始退潮前的1~2小时来到海滩，在礁石群等处采集贝壳。对于附着在岩石上容易掉落的贝壳，你可以用网兜将它们装起来。对于很紧地扒在岩石上的贝壳，你可以用小改锥将它们撬下来。采集下来的贝壳放入水桶里保存。等到贝壳采集完毕后，用小刀切开贝壳（在家长的帮助下完成），并用镊子将里面的肉夹出来。最后把箱子分成若干格子，铺上脱脂棉，放入用牙刷刷干净的贝壳。使用小刀、镊子时要小心，不要伤到自己。

到底发生了什么？

在贝壳旁边贴上相应的标签，标本就制作完成了！

原来是这么回事！

贝壳是一些软体动物的外壳，主要成分为95%的碳酸钙和少量的壳质素。贝壳可以用来观赏，也可以用来制成饰品。但是在加工贝壳或者制作贝壳标本时，一定要把里面的肉质部分除去，并且将它刷洗干净。

99

奇思妙想玩出创造力

没有渔具时，怎样**钓鱼**？

清澈的河水里，各种鱼儿游来游去。想钓鱼的你，却发现自己并没有带渔具。可千万不要沮丧哦，开动脑筋，仔细想一想，我们身边还有哪些物品能用来钓鱼？

鱼饵应该如何选择？

对于小型的鱼类，比如鲫鱼、鲢鱼等，你可以选择蚯蚓、螺蛳这样的鱼饵。对于较大型的鱼类，如青鱼、大马哈鱼等，你可以在饵料里添加沙蚕粉、虾粉，效果会更好。

★ 野外大冒险 ★

实验工具

回形针
线
竹竿
浮标

接下来自己动手,来实现好创意吧!

将回形针的一边去掉,留下有钩子的部分,并将头部磨尖,然后用线将它固定在一根竹竿上。或取一根有刺的木头,用线将它固定在竹竿上。或取两根有刺的木头,让有刺的面互相背着,捆绑在一起后,固定在竹竿上。或取一根上下都有刺的荆棘,用线将它固定在竹竿上。或取一根骨头,在头部绑上尖刺,将底部用线固定在竹竿上。注意不要扎到自己。

到底发生了什么?

这些就是各种各样的鱼钩做法。做好的鱼钩用线固定在竹竿上后,加上浮标就是一个简易的钓鱼竿了。

原来是这么回事!

鱼钩上挂上鱼饵,然后将它投入河里。鱼儿会顺着鱼饵的香气而来,当它吃鱼饵时,线上的浮标会产生浮动。这时候,只需要一提,鱼钩就会将鱼儿钩出水面。所以,鱼钩一定要弯弯的、尖尖的,能够钩住鱼儿的嘴才行。

奇思妙想玩出创造力

你会**捉**螃蟹吗？

如果你到海边玩耍，你会发现这样的一个家伙。它有着滴溜溜转的眼睛，厚厚的壳，以及一对大大的钳子。你一定猜到了，这个小家伙就是我们平常说的螃蟹。你知道如何抓住这个横着走路的家伙吗？

螃蟹长什么样？

螃蟹长着一双奇特的眼睛，像两个带把儿的小球，能自由转动。在它身体两侧各有五条腿，其中一对粗壮有钳的是伸向前方的螯足，它们是用于捕食和防御的，另外四对朝着左右两侧伸出的是用于步行的步足。

★ 野外大冒险 ★

实验工具

剪刀
饮水瓶
铲子

接下来自己动手,来实现好创意吧!

用剪刀将大号饮水瓶的中部剪断,底部开一些小孔,然后在里面放一些味儿大的诱饵(鱼或肉)。接着用小铲子在沙滩上挖一个小洞,大小正好能装进半截饮水瓶。之后把饮水瓶放进这个小洞中,将沙土埋到空瓶的边缘处。

到底发生了什么?

第二天早上,你会发现螃蟹在瓶子里面挣扎呢!想要抓住它们,要非常小心,千万别被它们的螯夹伤。你可以用大拇指和食指抓住它们壳的两边,也可以直接将它们倒进网中或桶里。但在离开时要将它们放回沙滩。

原来是这么回事!

螃蟹是甲壳类动物,它们的身体被硬壳保护着。螃蟹靠鳃呼吸。绝大多数种类的螃蟹生活在海里或靠近海洋,也有一些螃蟹栖于淡水或住在陆地。繁殖期母蟹都会产很多的卵,数量可达数百万粒以上。

> 奇思妙想玩出创造力

哪些昆虫喜欢吸树汁？
哪些昆虫喜欢**采花蜜**？

树林中、花园里，有许多昆虫飞来飞去。它们有的围绕着树枝打转，有的围绕着花朵飞舞。你知道昆虫中的哪些喜欢吸树汁，哪些喜欢采花蜜吗？

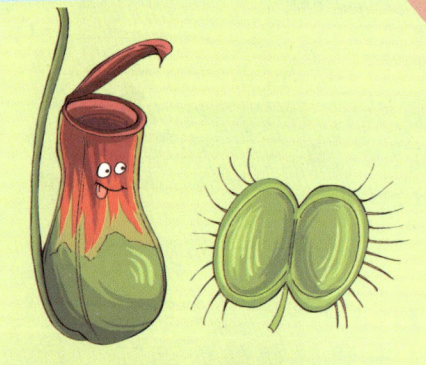

吃昆虫的植物

捕蝇草的叶子能溢出甘甜的蜜汁。当飞虫落在上面时，它的叶子就会在0.5秒之内合上。然后捕蝇草会从叶子里面分泌出消化液，将虫子消化，这个过程大约需要5~10天。然后它的叶子会重新张开，等待下一个昆虫的到来。

★ 野外大冒险 ★

实验工具

- 香蕉
- 绘图纸
- 温度计

接下来自己动手，来实现好创意吧！

找到能分泌树液的树木，如果没有找到，可将剥了皮的香蕉抹在树干表面。同时，选择周围的花作为考察对象。将一张绘图纸折叠成扩音器的形状，包住温度计，放在距离地面1.2米左右的地方测量气温。

到底发生了什么？

锹形虫、金龟子、蝴蝶、飞蛾等会飞来吸树汁和花蜜，如果是在温暖的上午，飞来的昆虫数量会多一点。

原来是这么回事！

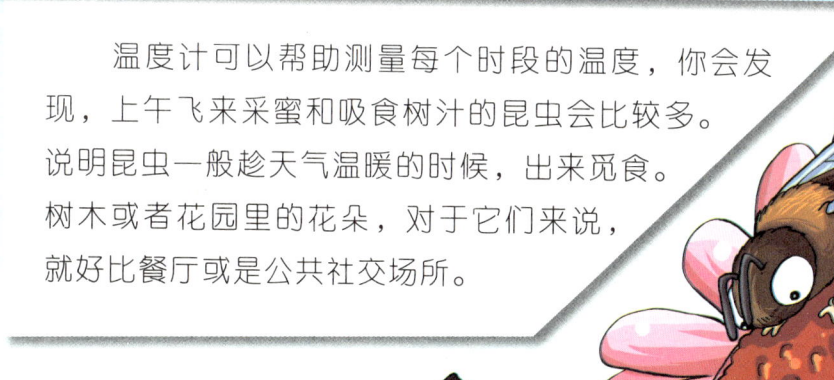

温度计可以帮助测量每个时段的温度，你会发现，上午飞来采蜜和吸食树汁的昆虫会比较多。说明昆虫一般趁天气温暖的时候，出来觅食。树木或者花园里的花朵，对于它们来说，就好比餐厅或是公共社交场所。

105

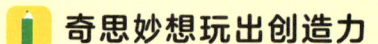

> 奇思妙想玩出创造力

怎样**测量**树的直径和年龄？

很多树木从外表看，并不能确定它们的直径和年龄。我们应该用什么方法来知道它们的直径和年龄呢？

★ 野外大冒险 ★

实验工具

绳子　直尺

到底发现了什么？

用绳子、尺子，就可以测算出树木的直径。用数年轮的方法，就可以知道树的年龄。

接下来自己动手，来实现好创意吧！

把绳子绕在树干上，手指卡住绳子交叉处。然后在平地上将绳子拉直，用尺子测量绳头到手指卡住部位的距离。这个距离就是树干外圈的距离（周长），用这个距离除以圆周率，可以算出树的粗细（直径）。另外，数一数砍倒后树桩上的年轮。年轮有多少圈，树就有多少岁。

原来是这么回事！

树干的维管束形成层在一个生长期中所产生的次生木质部，构成一个生长轮。一年只产生一个生长轮，就称为年轮。每一年，树干上长出一圈年轮。所以，通过数年轮的方式，可以知道树活了多少岁。比如，一棵树有100个年轮，那就说明它活了100年了，岁数也就是100岁。

观察树木的树皮

年轻树木的树皮比年老的薄且光滑，而且比较老的树干上到处都是裂缝，好像一张网。这是因为随着树的生长，它的树干会变得越来越粗，变粗的树干会将它的表皮撑裂。

> 奇思妙想玩出创造力

你会制作石头的标本吗？

如果蹲下身来，捡起一块石头观察，你会发现，这些不起眼的石头上面也会有许多小秘密。如何了解这些石头里的秘密呢？在这之前，让我们先学会制作石头的标本吧。

★ 野外大冒险 ★

实验工具

牙刷　放大镜　箱子　脱脂棉

接下来自己动手，来实现好创意吧！

采集石头时，尽量挑选比手掌心小的、表面粗糙有颗粒状的，并且颜色和形态各不相同的石头。如果石头表面附着了泥巴，要用牙刷或其他洗涤工具刷洗干净。用放大镜细心观察石头表面的颗粒以及颜色的分布。以观察到的石头的颗粒及颜色的分布为依据，从专业图鉴书籍中确定它们的名称。然后把箱子分隔成一个个小格子，铺上脱脂棉，放入石头，并在它们的旁边贴上写着石头名称、采集地点和日期的标签。

到底发生了什么？

石头标本就这样完成了。

原来是这么回事！

石头，一般是指那些因为外力从大岩石上脱落下来的小型岩体，它们多依附于大岩体表面，一般成块状或椭圆形，外表有的粗糙，有的光滑。不同的石头，来自不同的岩石。

化石的形成

生活在遥远过去的生物遗体或遗迹，会被泥沙埋起来。在随后的岁月中，这些生物遗体中的有机物质会被分解殆尽，坚硬的部分如外壳、骨骼等会和包围在周围的沉积物一起石化成石头。我们把这些石化的生物遗体、遗迹称为化石。

109

奇思妙想玩出创造力

如何捕捉空中四处乱飞的**昆虫**？

空中总会有昆虫飞来飞去。你知道这些都是什么虫子吗？如何捕捉这些昆虫，然后好好地观察它们呢？当然，观察后一定要将它们放归大自然。

★ 野外大冒险 ★

实验工具

- 晾衣架
- 旧床单
- 手电筒
- 捕虫网
- 草席
- 香蕉

接下来自己动手，来实现好创意吧!

用晾衣杆搭一个架子，找一床白色的旧床单挂在上面。到了晚上，再在晾衣杆上挂一个手电筒。打开灯后，你就可以用捕虫网去捉在夜间飞行的虫子了。你也可以将剥了皮的香蕉抹在树皮上，然后在树干的表面包裹草席，这样从秋天到冬天，你会发现有许多小虫子藏在里面。

到底发生了什么？

虫子被灯光或香蕉（食物）所吸引，从而飞过来。有些虫子会躲在温暖的草席里过冬。

原来是这么回事！

许多夜行昆虫具有趋光性。它们会被夜色里的灯光所吸引，继而大批大批地飞过来。还有许多昆虫会被食物所吸引，比如树液或者糖水、香蕉等。另外，昆虫会在冬天来临前，选择温暖的地方过冬，比如树干上绑的草席等处。

怎样捕捉蜘蛛？

蜘蛛是个心灵手巧的小家伙，它能织出一张大大的网来捕捉昆虫。如果我们想要捉住它，可以使用玻璃瓶对它围追堵截。等它掉进瓶子后，盖上软木塞。注意，瓶子里要塞一些脱脂棉或卫生纸，可以随时更换保证瓶内清洁。

奇思妙想玩出创造力

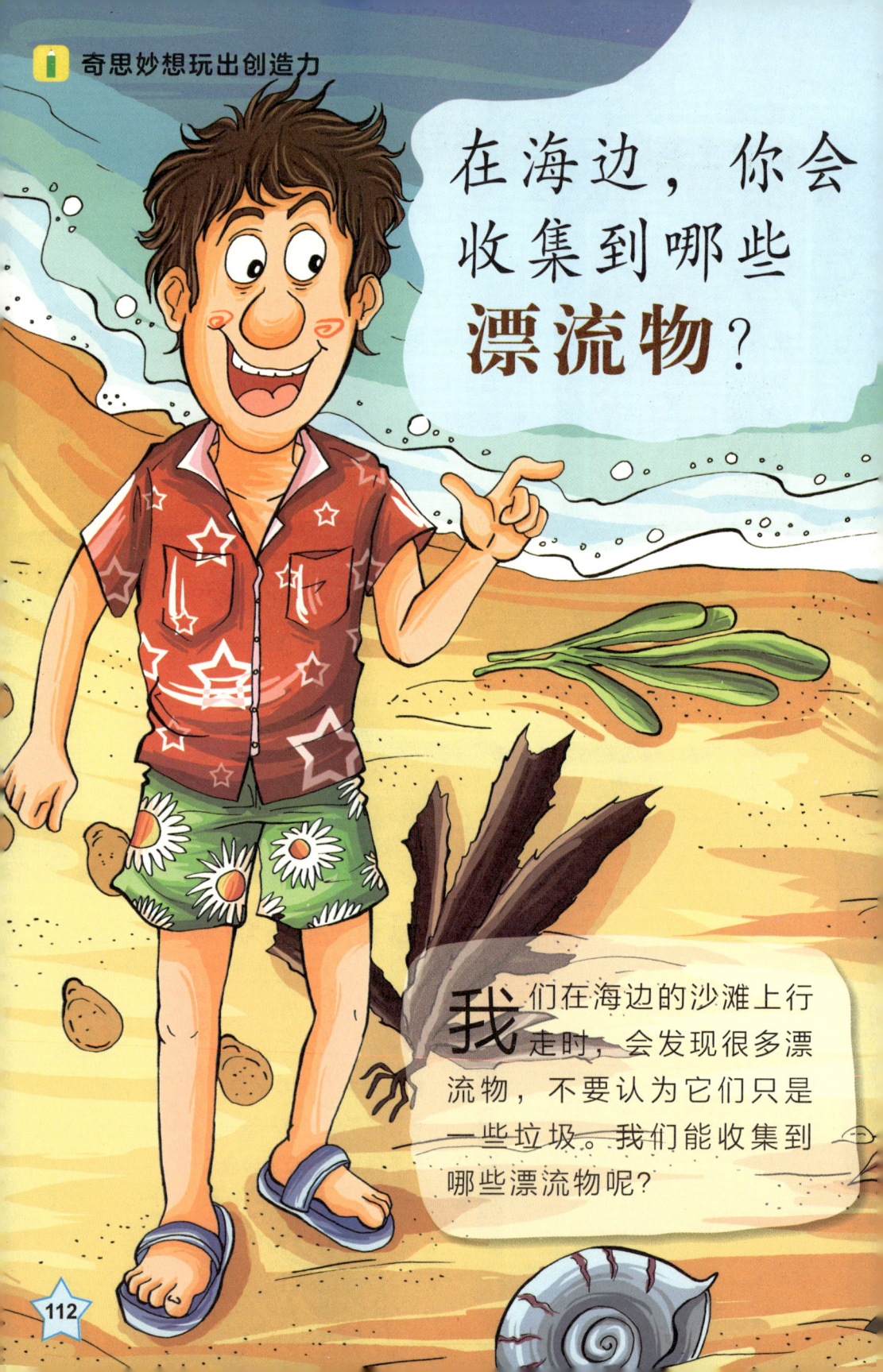

在海边，你会收集到哪些**漂流物**？

我们在海边的沙滩上行走时，会发现很多漂流物，不要认为它们只是一些垃圾。我们能收集到哪些漂流物呢？

观察内容

观察海边的沙滩上会有哪些漂流物。

到底发现了什么？

在海滩上，你会发现海藻、海星、贝壳、海螺等。另外，还可能发现随海流漂来的椰子、塑料瓶、鞋子、打鱼时用的浮子等物品。

原来是这么回事！

潮汐是海洋水面周期性的涨落现象，每天的潮汐会带走沙滩上的东西，也会带来远方的一些东西。

漂流瓶

中世纪，漂流瓶是人们穿越大海进行交流的手段之一。密封在漂流瓶中的纸条往往包含着某些信息或者衷心的祝福。如今，漂流瓶是作为许愿的象征存在的。人们将写上愿望的小纸条放入漂流瓶中随海流而去，以此来祈祷自己的愿望成真。但漂流瓶最后到达人类手中的很少，它们大部分沉入海底，或是被鲸鱼吞食，被海藻缠住。

> 奇思妙想玩出创造力

你会将贝壳制成工艺品吗？

美丽的海滩上，你总会捡到许多贝壳。拾取这些贝壳后，你是不是很想将它们制作成漂亮的工艺品？下面就让我们一起动手来做贝壳的工艺品吧！

扇贝

扇贝的两片外壳大小几乎相等，形状很像扇面，可以自由开合。如果它想要使身体移动，只需要猛地用力开合两片外壳。尤其是幼小的扇贝，当它用贝壳迅速地开合排水后，身体移动的速度会变得非常快。

★ 野外大冒险 ★

实验工具

胶水

刀子

布

接下来自己动手，来实现好创意吧！

将捡到的贝壳清洗干净，注意不要把连接处弄断了。再把洗净晾干的贝壳合上、粘在一起。参考示意图将粘好的贝壳任意一边削掉开出小口。

或者将贝壳连接处的一部分削掉，露出两个小洞。这样两个不同的贝壳哨子就做成了。

到底发生了什么？

将边缘开口的贝壳哨子放在离嘴唇远点儿的地方，轻轻吹会发出呼呼声。将连接处开口的贝壳哨子放在嘴边，噗地一吹，会发出呜呜声。

原来是这么回事！

一个小小的贝壳也能发出声音，这是因为吹哨时气流高速地从狭窄孔隙中流过引起哨子内空气的振动。声音就是由物体振动产生的声波。吹哨时流过开口的气流速度也会影响哨子的发声频率，气流速度大时比气流速度小时发声频率高。改变开口尺寸也可以改变哨子的发声频率。

> 奇思妙想玩出创造力

你会制作木筏吗？

在野外遇到河流，但身边既没有桥，也没有船，我们应该怎么办呢？也许你已经想到了，那就是自己制作木筏！制作木筏需要木头，因此要先收集或砍取一些木头（请家长帮忙），你知道木筏的制作过程吗？

★ 野外大冒险 ★

接下来自己动手，来实现好创意吧！

1. 首先打个双套结。双套结又称丁香结、卷结，在绳索两端使力均等时，这种结可以发挥很大的效果。

2. 将多余绳头与绳身相互缠绕。

3. 如图所示将绳索绕过竖着的圆木。再沿着逆时针的方向将绳索上下围绕横着的圆木绕好。

4. 缠绕几圈后，变换方向，到另一根横着的圆木上按着相反方向缠绕，在一个横木上打个半结，完成缠绕，然后用丁香结在另一根横木上将绳索固定住。

实验工具

绳子

圆木

到底发生了什么？

利用方形捆绑法固定了圆木。

原来是这么回事！

方形捆绑法可以在圆木交叉相接时绑定直角。为了不让圆木滑脱，要使劲绑牢。

117

> 奇思妙想玩出创造力

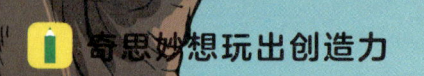

你会用绳索**打结**吗？

在户外，很多时候都需要用到绳索。绳索是户外活动时重要的工具之一。那么在使用绳索时，我们该怎样又快又好地打结呢？

★ 野外大冒险 ★

实验工具

绳索

接下来自己动手，来实现好创意吧！

反手结

"8"字形结

"8"字形环

"8"字形结（另一种系法）

反手结：将绳索弯曲成一个环状，将绳前端从后面穿过这个环，然后拉紧，即可完成。

"8"字形结：将绳索弯曲成环状，将绳前端放到绳索固定部分的后面，再绕过固定部分，将绳前端穿过前面的环。

"8"字形环：使用双股线，制作方法与"8"字形结相同，将前面的环放在系绳索的物体上。

"8"字形结的另外系法：先在绳索上制作一个松弛的"8"字形结，将绳前端绕过物体再拉回，沿着原来的线路重新做一个"8"字形，就完成了。

到底发生了什么？

根据简单的反手结，我们可以做一些更牢固，用途更多的绳结，例如"8"字形结。

原来是这么回事！

反手结虽然用处很少，但是，它是许多其他复杂结构的组成部分。"8"字形结比反手结更为有效，一般在物体（锚）过高，不容易将打好的结套在上面时，可以使用这种结。

可以快速解开的结

打结步骤：1.将一根绳索弯成双股，绕过一个柱子或栏杆。2.将固定段弯曲成一个环，穿过第一个绳环。3.再将活端弯曲成一个环，使这种环穿过固定段形成的绳环，拉动固定段系紧。如果将活端一拉，这种结就会被迅速解开。

活端

119

奇思妙想玩出创造力

蚂蚁会迷路吗？

树林间，草地上，哪里都能见到蚂蚁忙碌的身影。看着它们那匆忙但却不显慌乱的样子，你是不是在想为什么它们能这样的井然有序呢，难道它们不怕迷路吗？

蚂蚁也有"开心牧场"吗？

小小的蚂蚁其实也有自己的牧场。被它们圈养起来的，就是那些坏坏的蚜虫。蚂蚁会将蚜虫关起来，用很多枝条和黏土垒成土坝。然后它们还会派专门的蚂蚁来看守，以防外面的蚂蚁来抢夺。春天时，蚜虫还会被送回嫩枝上生活，你看这些蚜虫是不是很幸福呢？

★ 野外大冒险 ★

实验工具

苹果

纸

接下来自己动手,来实现好创意吧!

将一个苹果放在离蚁群不远的地方,等到蚂蚁向着苹果爬来并形成一条"蚁路"时,将纸放在"蚁路"上,看看会发生什么。

到底发现了什么?

蚂蚁从纸上爬过去了。用笔将蚂蚁爬行的路线标注出来,然后将纸转一个方向,使"蚁路"的指向和之前的正好相反。之后,你会发现蚂蚁的队伍乱套了,它们好像迷了路一样,不知道往哪儿走了。

原来是这么回事!

这是因为蚂蚁总是沿着同样的路线往返于蚁群和食物之间。它们会在经过的地方留下气味,以此来标明方向。实验中,你将纸片转了方向后,蚂蚁按照之前它留下的气味去寻找食物,自然是判断错误了。

> 奇思妙想玩出创造力

你会制造恐龙骨骼的模型吗？

恐龙称霸地球长达一亿三千万年之久，但不知道是什么原因，恐龙几乎在同一时间全部灭绝，只留下了化石供人类研究。你知道怎样找那这些已经消失的恐龙生前的足迹吗？

★ 野外大冒险 ★

实验工具
- 记号笔
- 黄泥
- 卡纸
- 浅盘
- 石膏粉

接下来自己动手，来实现好创意吧！

在彩色卡纸上用记号笔画出简单的恐龙骨骼结构，将黄泥捏成小块，粘在已经画好的骨骼结构上。接着把彩色卡纸放在浅盘里，将和好的石膏浆均匀地浇在上面。将浅盘放在阳光下，让石膏定型。最后将石膏倒过来，揭去彩色卡纸，洗掉黄泥。

到底发生了什么？

一个恐龙骨骼的模型就做好了。你可以在恐龙骨骼模型上记下名称和制作日期。

原来是这么回事！

恐龙死后，它的肉会被其他动物吃掉或是腐烂掉，而恐龙的骨架会被泥土或砂石等沉积物覆盖。在沉积物压实、固结成岩过程中，恐龙的骨头就变成了化石。我们从被找到的骨骼和脚印化石里可以了解到恐龙的存在。恐龙化石就是如今恐龙生存过的唯一凭证。

恐龙会飞吗？

侏罗纪之前，昆虫是唯一能在天空飞行的动物。后来，翼龙这类真正能飞的脊椎动物也能自由自在地翱翔天际。到了白垩纪晚期，翼龙成为最强大的猎食者，有些翼龙伸展翅膀就像一架小型飞机。

图书在版编目（CIP）数据

奇思妙想玩出创造力. 野外大冒险 / 于秉正著. --北京：中国和平出版社，2021.3
ISBN 978-7-5137-1941-4

Ⅰ. ①奇… Ⅱ. ①于… Ⅲ. ①科学知识 - 少儿读物 Ⅳ. ①Z228.1

中国版本图书馆CIP数据核字(2020)第200567号

奇思妙想玩出创造力 野外大冒险　　　　　　　　　　　　于秉正　著

责任编辑	孙蕾蕾
版式设计	百闻文化
责任印务	魏国荣
出版发行	中国和平出版社（北京市海淀区花园路甲13号院7号楼10层 100088）www.hpbook.com　hpbook@hpbook.com
出 版 人	林　云
经　　销	全国各地书店
印　　刷	阳信龙跃印务有限公司
开　　本	710mm×1000mm　1/16
印　　张	48
字　　数	270千字
印　　量	1~10000册
版　　次	2021年3月第1版　2021年3月第1次印刷
书　　号	ISBN 978-7-5137-1941-4
定　　价	216.00元（全6册）

版权所有　侵权必究
本书如有印装质量问题，请与我社发行部联系退换 010-82093832

奇思妙想
玩出创造力
好玩的物理

于秉正 著

中国和平出版社
China Peace Publishing House

目录

夏天吃冰棍时，为何冰棍会冒白气？ 2
蜡烛一吹就灭，为何炭火却越吹越旺？ 4
潜水时，人下潜的最大深度是多少？ 6
铝锅和铁锅，哪个煮饭快？ 8
用打气筒给自行车打气，为何要使劲？ 10
荡秋千时，为何要一会儿站起一会儿蹲下？ 12
锁生锈打不开怎么办？ 14
门的把手能不能安在门的中央？ 16
暖瓶的塞子为何偶尔会"跳"出来？ 18
杂技演员表演"飞车走壁"时，为什么不会掉下来？ 20
电梯靠什么上上下下？ 22
在泥地里骑自行车，为何很费劲？ 24
金属摸上去很凉，是因为它的温度低吗？ 26
夏天，为何人们常往地上洒凉水？ 28
吸管是怎样把饮料吸上来的？ 30
木筏为什么可以在水上漂浮？ 32
茶壶嘴为何比壶身高？ 34
清脆的门铃声，为何能一按就响？ 36
盛开水时，薄的玻璃杯和厚的玻璃杯哪个更好？ 38
用湿手摸开关，为何容易触电？ 40
自来水管放水时，为何有时会发出阵阵响声？ 42
杆秤是如何称东西的？ 44
为何山中的公路是弯曲盘旋的？ 46

碰碰车为什么会有"辫子"？ 48
食物放在冰上还是冰下冷却更快？ 50
暖瓶里快灌满开水时，传出的声音为何会变化？ 52
为何路面钻孔机工作声音很响？ 54
能在玻璃上滑冰吗？ 56
烧水时，锅里的气泡为何会摇摆着上升？ 58
电梯运行中测量体重，会有变化吗？ 60
钻个地洞能到美国吗？ 62
拔河比赛，是哪边的力气大哪边就能赢吗？ 64
水里的铁块会沉下去，钢铁做的大轮船为何能浮在水面上？ 66
能用简单的方法，测量空气中的氧气含量吗？ 68
从游泳池里上来，为何感觉很冷？ 70
咀嚼饼干时，为何自己听得见咀嚼声而别人听不见？ 72
光盘在阳光下，为何五彩斑斓？ 74
把北极熊的毛发剃干净，皮肤是什么颜色？ 76
打开密封的果酱罐头时，为何会有"砰——"的一声？ 78
树木能无限地长高吗？ 80
为什么蟋蟀能发出悦耳的叫声？ 82
火车铁轨的枕木为何要埋在石子里？ 84
太空中没有空气，火箭怎么还能飞行？ 86
小水滴能把叶子烧坏，你信吗？ 88
水竟然能把岩石撑裂？ 90
飞行员是怎么知道飞行高度的？ 92
高空中的飞机为何有时会拖着长长的尾巴？ 94

帆船没有机械动力，它能穿越大洋吗？ 96

飞转的轮子有时看上去怎么像在反向运动？ 98

公共汽车为什么不打开后窗？ 100

油罐车怎么会拖着条长长的尾巴？ 102

为什么自行车骑起来不会倒？ 104

你知道我们平时用的水也带电吗？ 106

你知道钟表指针转动的方向为什么是顺时针吗？ 108

当汽车快速启动或加速时，乘车人为什么不是向前而是向后倒呢？ 110

杂技演员在用椅子搭起的"天梯"上做各种动作，"梯子"怎么不会塌呢？ 112

为什么速度越快的汽车，底盘越低呢？ 114

你能想办法"听"到光的声音吗？ 116

汽车出现严重故障时为什么仪表盘上的显示灯是红色的？ 118

你能想办法"看"到音乐吗？ 120

你发现降落伞顶部有个洞了吗？ 122

献给喜欢物理的孩子，一起玩科学，做个科学小达人吧！一百多个有趣的观察、实验就藏在本书中！

奇思妙想玩出创造力

夏天吃冰棍时,为何冰棍会**冒白气**?

夏天,我们都喜欢吃冰棍。每当我们剥开冰棍外面的塑料纸时,就会发现冰棍上下都冒着白气,而且冰棍周围都凉凉的,这是什么原因呢?

★ 好玩的物理 ★

实验工具

2个玻璃杯、水适量

温度计

冰箱

接下来自己动手,来实现好创意吧!

往一个玻璃杯里倒入适量的水,然后放进冰箱使水冻结;再往另外一个玻璃杯里倒入热水,用温度计测量其为40℃时,将冰箱里面已冻结成冰的杯子接近盛有温水的杯子,并对准温水杯的杯口,仔细观察接下来发生的变化。

到底会发生什么?

这时候,你会看见有白气在温水杯的上方出现。

原来是这么回事!

当温水遇冷后,散发出的水蒸气便会液化成非常微细的小液滴,所以看起来就像白气一样。同样道理,由于夏天的天气热,温度高,冰棍被拿出冰箱外,周围的空气会因为冰棍而突然变冷,空气中的水蒸气形成许许多多的小水珠,这些小水珠又随着空气飘动,于是就形成了我们看见的白气。

蒸汽火车开始行驶时,怎么也会冒白气?

你知道吗?以前的火车大多是蒸汽机车,它们是靠热能来带动并行驶的,在行驶的过程中,有部分热能因为没有被完全利用,便会随着排气孔被排出。这些都是很高温度的水蒸气,它们与外界温度较低的大气接触时,就会产生水的液化现象,从而出现白色的气体。

3

奇思妙想玩出创造力

蜡烛一吹就灭，为何**炭火**却越吹越旺？

每当有人过生日的时候，大家通常会吹蜡烛，蜡烛一吹就灭，可你想过没有，燃烧着的炭火不会被吹灭，反而会越吹越旺，这是什么原因呢？

★ 好玩的物理 ★

实验工具

蜡烛
木炭
石棉网
扇子
酒精灯
三脚架

接下来自己动手，来实现好创意吧！

把蜡烛点燃，放在无风的地方；再把石棉网固定在三脚架上；将少许木炭放在石棉网上用酒精灯预热，然后点燃，用扇子分别扇蜡烛和木炭，你会发现什么呢？（此实验需在家长协助下操作。）

到底会发生什么？

我们看到，木炭和蜡烛燃烧后，用相同的风速去分别影响它们，得到的结果却完全不同——蜡烛很容易就熄灭了，木炭却越扇越旺。

原来是这么回事！

燃烧需要的三个条件是：着火点、氧气、可燃物，缺一不可。用风扇去扇蜡烛，会带走大量的热量，使温度降低到蜡烛的着火点以下，蜡烛很容易就熄灭了。而木炭疏松、多孔，风带来了充足的氧气使周围的空气流动加速，会越烧越旺。

在失重情况下点燃蜡烛，会发生什么情况？

氧气充足的失重状态下，点燃蜡烛以后，蜡烛会持续燃烧起来。不过燃烧速度比在正常情况下缓慢得多，尤其不同的是火焰的外形不是向上伸展，而是一个很标准的圆球，火球外围呈淡蓝色。

5

奇思妙想玩出创造力

潜水时，人下潜的最大深度是多少？

水族馆的潜水员可是一个非常有吸引力的职业。他们经常手拿鱼饵，潇洒地穿梭于大大小小的鱼群之间，偶尔还和某条大鱼来个亲密拥抱，非常厉害！可你知道吗？潜水是项要求很严格的活动项目，尤其是在大海里潜水，潜水的深度是受严格控制的，这是怎么回事呢？

★ 好玩的物理 ★

接下来自己动手，来实现好创意吧！

把两个小气球都吹到"半大"，然后用橡皮筋将这两个气球分别套在一根长约三四十厘米、直径不太粗的塑料管两端。这样，就形成了一个能判断水中压强大小的装置。把这个装置的一端连同气球一起竖直插入水中去。

实验工具
塑料管
橡皮筋
2个气球　水桶

到底会发生什么？

仔细观察你会发现，管子插入水中越深，水中的气球就会缩小越多。这时，上面的那个气球却膨胀得越来越大了。

原来是这么回事！

水深10米时，人体受到的压强约为1个大气压，每下潜10米，压强增加一个大气压，水越深压强越大。而潜艇和人体所能承受的压强是有一定限度的，压强太大会对人体造成损害。你知道吗？根据吉尼斯世界纪录的记载，法国的探险家吉翁·奈瑞在无装备的情况下潜水最深记录是113米。

为什么深海潜水员返回地面过快容易得潜水病？

因为潜水员潜入深海时，他所呼吸的是压缩空气。潜水越深，供应的压缩气体的压力就越大。在高压环境中，压缩空气里的惰性气体，如氮气等也会在人体内溶解。如果人在水下结束工作，返回的速度过快，就会使溶解于体内的惰性气体由于气压降得过快而形成气泡。这些气泡会阻塞血管，阻碍血液循环，若气泡在血管外，还会压迫附近组织。所以，潜水员返回地面后可能会发生潜水病。

> 奇思妙想玩出创造力

铝锅和铁锅，哪个煮饭**快**？

厨房里既有铝锅，也有铁锅。那么，你想过没有，是用铝锅煮饭快，还是用铁锅煮饭快呢？

接下来自己动手，来实现好创意吧！

准备铝线、铁线各一段，在家长的帮助下将它们的一端相绞合，另一端分开。把它放在桌子上。用熔化了的蜡烛液，在铝线和铁线的另一端各粘住一根竖直向下的火柴。点燃一根高度合适的蜡烛，加热铝线和铁线绞合的部分。

实验工具

蜡烛 铁线
火柴 铝线

原来是这么回事！

这是因为铝的导热性比铁的要强。同样，我们还可以用铜线和铁线来做比较。通过比较，你会发现铜的导热性也比铁要强。可见，铁的导热性是最弱的，所以，用铝锅煮饭和用铜锅煮饭都要比用铁锅煮饭熟得快。

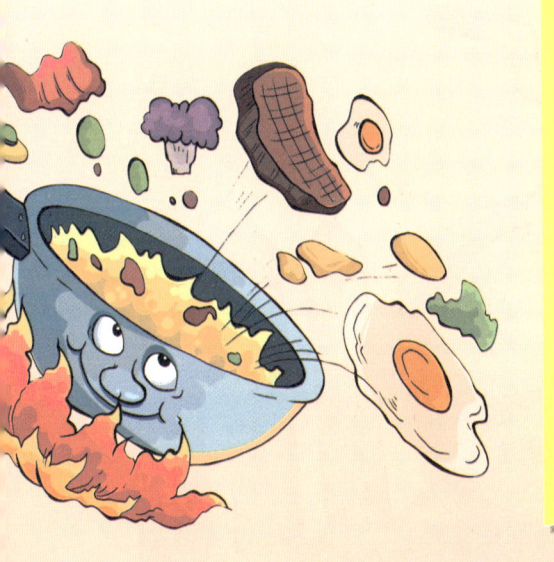

到底会发生什么？

过了一会儿，你会发现，铝线一端粘住的火柴会先掉下来。

使用铝锅可要小心啦！

使用铝锅制作含酸或含碱的食物时，容易使铝溶解于食物中。而铝元素在进入人体后能破坏人体中负责细胞能量转换的一种物质，从而妨碍人体细胞能量的转换。除了这个原因以外，脑组织对铝元素还有亲和性，一旦脑组织中的铝沉积过多，可使人记忆力减退，行动变迟缓。

奇思妙想玩出创造力

用打气筒给自行车打气，为何要**使劲**？

要出去玩了，突然发现自行车的两个轮胎都是瘪瘪的，没办法，只好先用打气筒给它们充气。打气好累呀！每一次向下按压打气筒的把手，都很费力气。两个轮胎打完，两只胳膊都累酸了。明明不把气嘴加在轮胎气门上的时候，气筒的把手拉开按下都很轻松，怎么到了真正用来给轮胎打气时，就这么费劲儿了呢？聪明的你可能也有过这样的疑问，我们还是用实验来帮你解疑吧。

★ 好玩的物理 ★

实验工具

筷子　小刀　笔杆　土豆

接下来自己动手，来实现好创意吧！

把土豆切成1厘米厚的薄土豆片（用刀时要小心）。分别将笔杆两端插入薄土豆片，使土豆片塞入笔杆内。左手持笔杆，右手持筷子，迅速将筷子从一端插入笔杆内。

到底会发生什么？

当筷子猛地插入笔杆内，另一端的土豆被弹了出去。怎么会这样呢？

原来是这么回事！

当筷子猛地插入笔杆内，笔杆里的空气受到压缩，笔杆内的气压大于大气压，所以，另一端的土豆被弹了出去。而自行车打气筒在吸气时，筒内的气压约等于大气压，但向下推动活塞打气做功时，筒内的气压必定大于大气压，这样气才能充到轮胎里，这个气压也是我们手推活塞气体被压缩时产生的，所以我们要想给自行车打满气，就得使劲去打。

用打气筒给自行车打气，打气筒为何会发热？

这是因为当我们不断向轮胎中打气的时候，气筒中的空气被压缩，气体的压强增加了。同一环境条件下，在空气体积不变的时候，压强越大，温度就越高，再加上气筒内的空气不断地被压缩，空气分子剧烈运动，温度也不断上升。这说明外力做的功可以转化成物体的内能，使得物体分子平均动能增加，温度升高。

11

奇思妙想玩出创造力

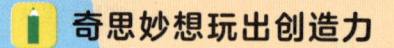

荡秋千时，为何要一会儿**站起**一会儿**蹲下**？

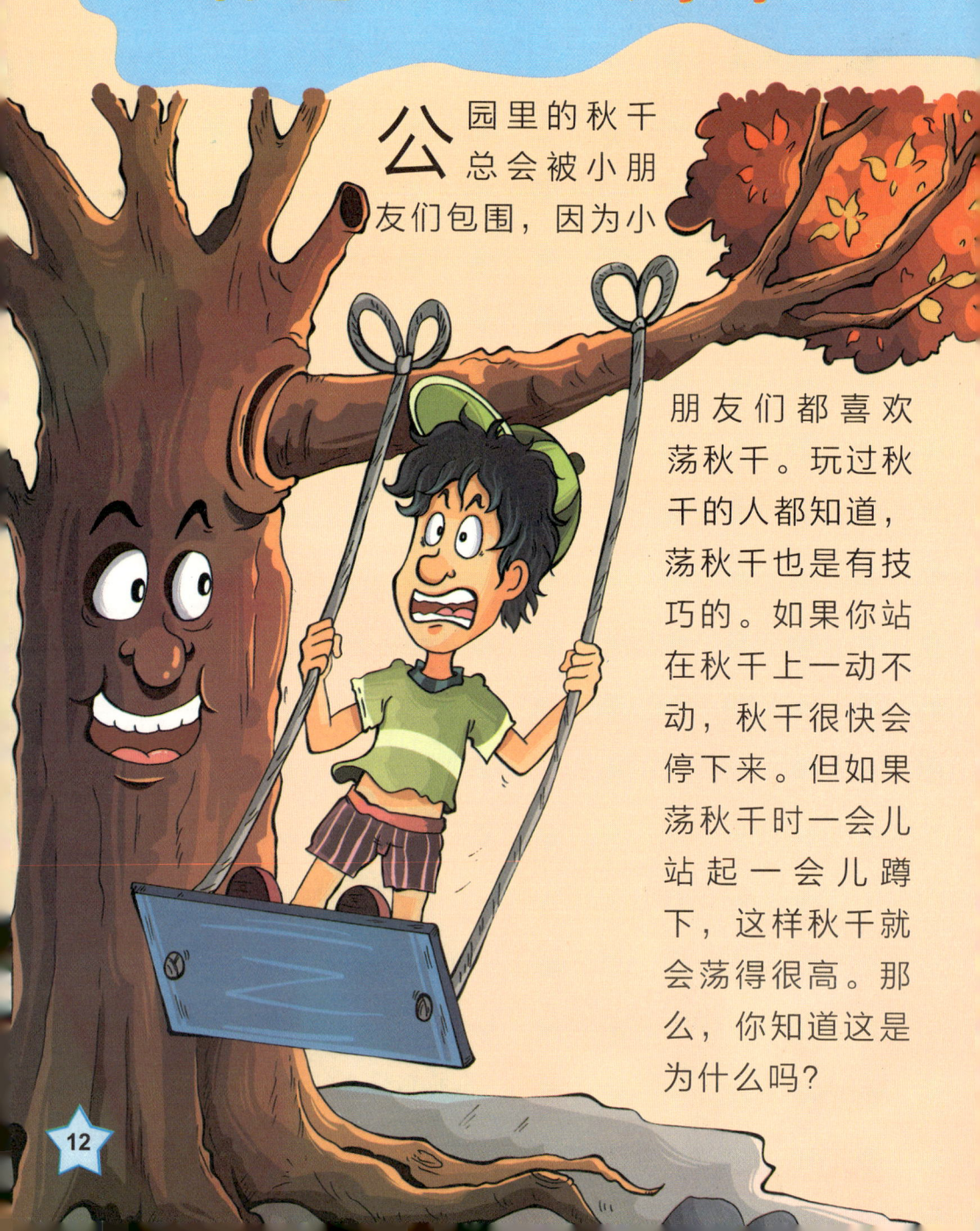

公园里的秋千总会被小朋友们包围，因为小朋友们都喜欢荡秋千。玩过秋千的人都知道，荡秋千也是有技巧的。如果你站在秋千上一动不动，秋千很快会停下来。但如果荡秋千时一会儿站起一会儿蹲下，这样秋千就会荡得很高。那么，你知道这是为什么吗？

★ 好玩的物理 ★

接下来自己动手,来实现好创意吧!

实验工具

2根吸管
铅笔
圆铁片
胶带
细线

如图1所示将吸管折弯,较短的部分用强力胶带固定在桌面,再将较长的部分搭在一起用强力胶带粘好,做一个三角形支架。在距离支架14厘米处平行位置,用同样方法再做一个支架。

如图2所示用细线绑住圆铁片,系在铅笔中间。再把铅笔放到支架上,斜向托起圆铁片使圆铁片摆动起来,从侧面观察它的运动轨迹。

支架1
支架2

图1

架在吸管上的铅笔

图2

原来是这么回事!

当圆铁片达到最高处时,动能最小,重力势能最大。而在最低点时,动能最大,重力势能最小。我们在荡秋千时,越荡越高的关键是秋千荡到最低点附近时,人突然站起来。这样人的肌肉做了功,将自己的动能转化为人和秋千系统的机械能。在荡秋千的过程中人的重心高度变化越大,秋千也越容易荡高。

到底会发生什么?

通过观察你会发现圆铁片像钟摆一样有规律地运动着,最终会停下来。

"秋千"的由来

秋千起源于北方少数民族山戎,春秋时期传入中原地区,到了汉代进入宫廷,成为一种时尚的健身运动。因为这种运动能提高身体素质,使人长寿,所以希望自己有千秋之寿的汉武帝给它取了"秋千"这一名字。秋的意思是"年",秋千和千秋的意思是一样的,就是千年。

> 奇思妙想玩出创造力

锁生锈打不开怎么办？

世界上最普遍、最常见的一种防盗工具就是锁了。人们常说：一把钥匙开一把锁。可如果锁生锈了，钥匙作为它的伴侣就无能为力了。这时候，我们该怎么办呢？也许你的爸爸妈妈会告诉你，锁生锈了，往锁芯里点一些油，不就好了吗。真的有这么神奇吗？我们可以用实验来验证一下。

★ 好玩的物理 ★

实验工具

2块木板

肥皂

接下来自己动手，来实现好创意吧!

想要进行这个实验需要准备2块小木板和1块肥皂。用力按住两块放在一起的木板，并使两块木板相互摩擦，感觉一下你摩擦木板所用的力。给两块木板的接触面上涂些肥皂。再次摩擦木板，再感觉一下你所使用的力。

原来是这么回事!

这是因为肥皂的原料里含有油脂的成分，所以起到了润滑的作用。同样，油也能使物体表面变光滑，减少摩擦时所产生的阻力。如果锁生锈了，给锁里放些油做润滑剂，就能减少钥匙和锁之间的摩擦。摩擦力变小，锁就很容易被打开了。

到底会发生什么?

相信聪明的你通过两次实验的对比，已经发现了，当两块木板的接触面涂上肥皂以后，变得非常光滑，摩擦时相当省力。为什么会出现这种现象呢?

15

奇思妙想玩出创造力

门的把手能不能安在门的**中央**？

如果仔细观察，你会发现，不论是平开门还是推拉门，它们的门把手都安装在与门的铰链相对的一侧，且距离地面1米多高的位置上。要是把门把手安在中央，会怎样呢？我们可以用一个实验来验证一下吧！

★ 好玩的物理 ★

接下来自己动手，来实现好创意吧!

用木板和砖头制成一个简易跷跷板，在木板的1/3处和1/2处做出标记。把3块砖头摞在一起作为支点，和木板一起制成一个跷跷板。分别将木板的1/3处、1/2处和2/3处，放在支点上，把一块石头放在一端，按住另一端，翘起石头。仔细感觉三次所用的力。

实验工具

3块木板

砖头

石头

到底会发生什么？

通过实验你会发现，支点离石头越近，翘起石头所用的力就越小；支点离石头越远，翘起石头所用的力就越大。

原来是这么回事！

开关门这个动作实际上就是使门绕着铰链进行转动，也就是一个简单的杠杆原理。在这个实验中木板相当于门板，手所按的一端相当于门把手的位置，而支点相当于门的铰链位置。动力点与支点距离越远，开门越省力。当动力点与支点越接近，打开门所用的力量就越大。如果将门把手安在铰链一方，恐怕你就没有办法打开门了。所以，在现实生活当中，人们会把门把手安在开门时最省力的、离铰链最远的一端，而不会安在门中间。

杠杆有哪三种类型？

在物理学中，杠杆被分为三种类型，但无论属于哪种类型，它都有一个支点、一个动力点和一个阻力点。这三个点的位置不同，使杠杆被分成三种不同的类型。这三种类型分别是：省力杠杆（钳子、羊角锤等）、费力杠杆（钓鱼竿、筷子等）、等力杠杆（天平、跷跷板等）。

奇思妙想玩出创造力

暖瓶的塞子为何偶尔会"跳"出来？

暖壶和暖壶塞天生是一对"好兄弟"，它们亲密无间，形影不离地保护暖壶里的水，保证主人能喝到热水。可小小的壶塞有时会调皮地"跳"起来，这是为什么呢？

★ 好玩的物理 ★

接下来自己动手，来实现好创意吧！

我们用一个小实验来说明这个问题吧。首先，要准备1个气球、1个小口玻璃瓶、保温杯，以及一些热水。把热水倒入小口玻璃瓶中。让家长帮忙将气球套在玻璃瓶口。（注意：不要被热水烫到。）

实验工具

气球
小口玻璃瓶
保温杯

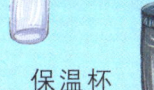

到底会发生什么？

当你把气球套在玻璃瓶口上后，你会发现气球慢慢鼓了起来。

原来是这么回事！

原来，这是因为水变成水蒸气后，水分子运动剧烈，与相邻分子的距离就变大了，这样体积膨胀，气球就鼓了起来。同理，刚烧开的水，由于热水变成的水蒸气，水分子的体积变大，就会把壶盖顶开，所以壶塞就偶尔会"跳"出来。

把热水瓶的塞子泡在水里，它会不会烂？

热水瓶的活塞是用软木制成的，软木是华栎木的保护层，即树皮，俗称栓皮栎，它是一种纯天然高分子材料，世界上只有栓皮槠和栓皮栎的树皮可以用来加工软木制品。软木素有"软黄金"之称，具有密度低、可压缩、有弹性、不透气、隔水、防潮、耐油、耐酸、减震、隔音、隔热、阻燃、绝缘、耐磨等一系列优良特性，所以它泡在水里不会烂。

19

奇思妙想玩出创造力

杂技演员表演"飞车走壁"时，为什么不会掉下来？

如果你看过杂技"飞车走壁"这个节目，相信你一定在为表演者的技艺惊叹的同时为他们悄悄捏着把汗。不过，人们的担心好像是多余的，因为他们总是能安然无恙地完成精彩的表演。那么，为什么他们在圆筒壁上骑车不会掉下来呢？难道他们摆脱了重力的影响？还是让我们自己动手做个小实验来解开谜团吧！

接下来自己动手，来实现好创意吧！

在大盆中装入10厘米深的水。把小碗放进大盆中，再往小碗里倒1厘米左右深的水。把长勺子伸到小碗中，慢慢搅动小碗中的水，使小碗在大盆中转起来。尽量把小碗保持在大盆的中央。加快搅动的速度，然后停下来。观察整个过程中小碗里水的变化。

实验工具

小碗
大盆
长勺

到底会发生什么？

通过实验你会发现，当小碗旋转的速度越来越快时，里面的水就会沿着碗边升起，直到碗底没有水为止；当碗的旋转速度慢下来时，水又从碗的四周流向中心。

原来是这么回事！

实验为什么会出现上述的结果呢？这是因为水的旋转速度变大时，离心力也变大了，从而帮助水离开碗底沿碗壁旋转。"飞车走壁"也是同样的道理：当车子由于动力原因速度越来越快时，车受到的离心力也越来越大，最后会平行于地面在圆筒壁上转起来，但它始终受到重力和摩擦力的作用，所以当旋转速度放慢时，就会回归原位。

为什么铁路拐弯处外轨比内轨高？

铁路拐弯处外轨比内轨高一些，是因为火车的速度非常快，在有弧度的拐弯处，由于惯性还会加速运动，速度越快，离心力就越大，这样火车在拐弯处就容易偏离轨道而滑出路面。把弯道处外轨垫高，可以使一部分离心力转换为车辆对地面的压力，这样火车行驶时就不容易发生冲出轨道的事情了。

奇思妙想玩出创造力

电梯靠什么上上下下？

当你想要到达20层楼的时候，你想到的最便捷的方法是什么？当然是乘坐电梯了。电梯的发明给人们的生活带来了不少便利，既节约了时间，又节省了体力。那么，你知道电梯是靠什么每天上上下下、自由穿梭的吗？和我们一起做个小实验吧。

★ 好玩的物理 ★

接下来自己动手，来实现好创意吧！

想要做这个小实验，需要准备：2个纸盒（也可以用小酸奶盒代替）、1个线轴、细线、木棍、圆铁片5枚。先将线轴插在一根木棍上，把两个纸盒各自穿上线后连接在一起，然后挂在线轴上。保持两个纸盒高度相同，向其中一个纸盒内放入两枚圆铁片。

实验工具
2个纸盒　5枚圆铁片
线轴　木棍
细线

到底会发生什么？

我们会发现线轴滚动，放入圆铁片的纸盒会向下移动，到一定程度自动停止。再往另一个纸盒里放入3枚圆铁片，装有2枚圆铁片的纸盒便开始向上移动。

原来是这么回事！

从以上的实验我们可以明白，这跟电梯移动的原理是一样的。电梯其实就是利用了定滑轮的升降设备，利用其套在顶端的定滑轮中的缆索上下升降，而缆索的另外一边则悬挂着能够承受升降机本身与乘坐的人的总体重量的平衡锤。因此，电梯与平衡锤是以相反的方向随着护栏上下移动，这就可以带着我们在楼宇内上下自由地穿梭了。

世界第一台安全升降机

世界上第一台安全升降机，是由美国人伊莱沙·格雷夫斯·奥的斯于1852年发明的。这种升降机设有一个安全制动装置：他把防倒转棘轮的齿安装在电梯井道每一侧的导轨上，弹簧安装在提升平台的上面，用插栓拴紧，当缆绳断裂后，弹簧便自动释放插栓，卡住了两边导轨的齿条，从而防止平台的下落。在1854年的纽约水晶宫世界博览会上，奥的斯第一次向世人展示了他的发明。

奇思妙想玩出创造力

在泥地里骑自行车，为何很**费劲**？

当你把自行车骑得飞快，和同学赛车的时候，有没有发现，自行车的两个轮子可以自由灵活地转动，但如果不小心走到泥地里，就会被困在里面，很难移动。想一想，为什么自行车一旦陷入泥沼里骑起来就相当费劲呢？让我们通过下面的小实验，来了解其中的奥秘吧。

★ 好玩的物理 ★

接下来自己动手，来实现好创意吧！

把砂纸铺在木板的一侧，毛巾铺在另一侧。毛巾和砂纸代表两种不同粗糙程度的路面。将木板垫高，使之形成一定坡度。把两个乒乓球放在不同的"路面"上，让它们同时往下滚。

实验工具

木板　2个乒乓球　毛巾　砂纸

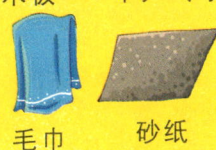

到底会发生什么？

从实验中可以看到，在不同的"路面"上，乒乓球的速度也不一样。这是为什么呢？

原来是这么回事！

原来，实验之所以会出现这样的结果，完全是因为乒乓球通过的这两种"路面"的摩擦力不同。毛巾对乒乓球的摩擦力比砂纸的摩擦力大，所以乒乓球在砂纸上会较快地滑下来，而在毛巾上滚得慢。同样的道理，在平地上骑自行车，受到地面的摩擦力小，自然骑起来自由灵活；而在泥地里骑车时，车轮受到的摩擦力会大大增加，所以骑起来十分吃力。

没有摩擦力的世界是什么样子？

假如世界上没有摩擦力，我们走路就成了难题。人们走在马路上，就像是走在冰上一样无法站稳，也无法行走。那时人们只有伏倒在地上才会觉得好受些。假如没有摩擦力，螺钉就不能旋紧，钉在墙上的钉子就会自动松开而落下来。家里的桌子，椅子都会在地上滑过来，滑过去，根本无法使用。

金属摸上去很凉，是因为它的温度低吗？

呀！铁锅还真是烫！可是在旁边煮饭的砂锅摸一下，就没有铁锅那么烫呀！这些金属热得比别的材质要快，而在平时摸起来又要比别的材质感觉凉一些。这到底是怎么回事呢？

★ 好玩的物理 ★

接下来自己动手，来实现好创意吧！

准备木勺、铜勺和瓷勺各一把，蜡烛一根，再准备一个大碗和适量的热水。把蜡烛点燃，分别在3把勺子的勺柄上滴上几滴蜡，并等待其凝固。把热水倒进碗里，然后将3把勺子都浸泡进水中，注意勺柄要露在外面。观察3把勺子勺柄上蜡的变化。

实验工具

木勺　蜡烛　大碗　铜勺　瓷勺

到底会发生什么？

通过观察你会发现，3把浸在热水中的勺子，铜勺的勺柄上的蜡最先熔化，瓷勺勺柄上的蜡比木勺勺柄上的蜡熔化得快一些。

原来是这么回事！

从实验中我们不难看出，铜勺导热的能力要比木勺强很多。之所以出现这样的结果，是由于不同材质的物体导热能力不同。常温下，金属的温度低于人体的体温，当你用手摸金属时，手上的热量会迅速地由金属传走，所以会觉得它凉。而砂锅为热的不良导体，传热慢，同样情况下摸起来就没有金属那么凉了。

奇思妙想玩出创造力

夏天，为何人们常往地上**洒凉水**？

夏天的空气似乎总是热乎乎的，像一个蒸笼似的笼罩着大地，让人很不舒服。这时，人们常会往地上洒点凉水，这个方法不仅简单而且管用。过不了多久，刚才还热哄哄的大地就凉快了许多。开动脑筋仔细想一想，为什么夏天人们经常往地上洒水呢？想不出来没关系，我们可以做一个小实验探寻其中的秘密。

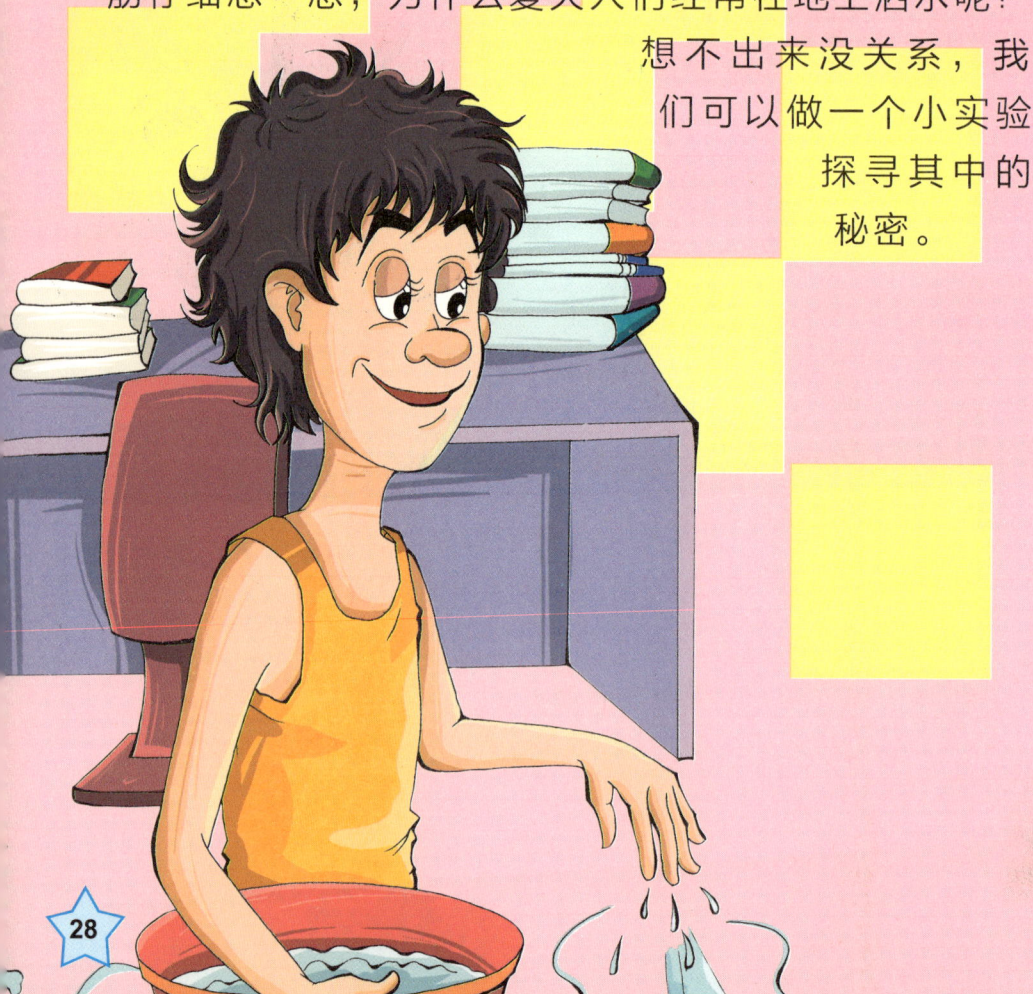

★ 好玩的物理 ★

实验工具

2支酒精温度计
纸巾
一杯水
电扇
笔
本子

接下来自己动手，来实现好创意吧！

在桌子上放两支温度计，并记录下它们的读数。用水把纸巾弄湿。将湿的纸巾包在其中的一支温度计上。用电扇吹温度计。待纸巾干后，看看温度计的读数。

到底会发生什么？

纸巾被吹干后，两支温度计的读数都发生了变化，用湿纸巾包的那支温度计的温度明显下降了很多。

原来是这么回事！

这主要是水分蒸发的功劳。当我们用电扇吹这两支温度计的时候，湿纸巾中的水分迅速蒸发，同时带走了周围及温度计上的热量，所以温度计的读数迅速下降。夏天往地上洒水的道理，与我们实验中的道理一样。水分蒸发带走了地面上的热量，因此，人们就会感觉到凉快。

为什么夏天洒水车刚洒过水时反而更热？

夏天的马路被晒得很热，洒水车在路面上刚洒了水，水会吸收路面和空气中的热量蒸发变成水蒸气，使得近地面的湿度增大，不利于空气流通，此时你会感觉比洒水之前更热。但只要过一会儿，你就会觉得凉快一些了。那是因为，水蒸发吸收了大量的热量，温度逐渐降低，随着水的不断蒸发，水蒸气逐渐消散，使得湿度和温度都得以下降。

奇思妙想玩出创造力

吸管是怎样把饮料吸上来的？

在用吸管喝饮料的时候，你有没有想过吸管为什么能把饮料吸上来？想要了解的话看看下面的实验你就知道了。

★ 好玩的物理 ★

接下来自己动手，来实现好创意吧！

在家长的帮助下，用美工刀在饮料瓶的盖上钻个洞。在饮料瓶中放入1根吸管，用吸管吸瓶中的饮料，感觉一下难易程度。在吸管和饮料瓶盖之间用橡皮泥仔细封好，使瓶盖和吸管之间不漏气，把瓶盖拧回饮料瓶上。再用吸管吸一次，感觉一下。

实验工具

1瓶饮料

吸管

美工刀

橡皮泥

到底会发生什么？

通过实验你会发现，第一次用吸管吸饮料很容易，而当用橡皮泥把饮料瓶盖和吸管之间的缝隙封好后，再用吸管吸一次，瓶子里的饮料很难吸上来。

原来是这么回事！

实验中，把吸管插入瓶中，吸管里面和外面都与空气接触，这时里外的压力是一样的。当我们用吸管吸饮料时，吸管里的空气被吸走，吸管里的气压就比吸管外的小，吸管在外界大气压的作用下使我们能通过吸管喝到饮料。如果我们把瓶口用橡皮泥封住，空气跑不进瓶子里，无法形成压力差，吸起来就变得很困难了。

为什么吸管里面的水位比外面的水位高？

因为在你用吸管喝饮料或水的时候，会把吸管中的空气吸出一部分，这样就使得吸管外的气压要比吸管内的气压要大，吸管外的饮料或水便在气压的作用下被挤压到了吸管当中。

31

奇思妙想玩出创造力

木筏为什么可以在水上**漂浮**？

很久以前，智慧的祖先就发明了木筏。最早的木筏是用多根树干捆扎而成的，结构十分简单。直到今天，木筏的基本结构依然没有改变，这种构造简单的交通工具仍在为人们服务。可是，木筏为什么可以漂浮在水面上呢？

★ 好玩的物理 ★

接下来自己动手,来实现好创意吧!

在洗脸盆中注满水,上面盖上薄膜。然后放上一枚金属圆片。接着放上3枚金属圆片。仔细观察,看看它们能不能漂浮起来。打开小剪刀,试着轻轻地横着放上去。

实验工具
4枚金属圆片
薄膜
小剪刀
脸盆

到底会发生什么?

经过实验发现,所有放在塑料薄膜上的东西都在水面上浮着,包括小剪刀。这是因为在排开水(放东西)的区域,浮力起着十分重要的作用。排开水的体积越大,浮力越大,也越容易使物体漂浮起来。

原来是这么回事!

木筏就相当于那块薄膜,通过增加与水接触的面积来增加排开水的体积,排开水的体积变大,浮力大于重力,就可以托起放在上面的物体。现在,你明白木筏漂浮的秘密了吗?

奇思妙想玩出创造力

茶壶嘴为何比壶身高？

无论是走进茶吧，还是在饭店或家里吃饭，桌上总少不了茶壶。它是我们生活中常见的东西。但是大家在喝茶之余，有没有注意到，茶壶有一个共同的特点，那就是壶嘴儿比壶身略高一些，这是为什么呢？

★ 好玩的物理 ★

接下来自己动手，来实现好创意吧！

将漏斗插入软管的一端。把红颜料沿漏斗倒入软管内。取下漏斗，双手各拿软管的一端，使软管呈U形，可看到两端水面持平。用右手堵住软管一端，向上提一提，左面的水面会随着上升。把右手手指松开，左边水面下降，又恢复原有的水面持平状态。

实验工具

漏斗

软管　红颜料

到底会发生什么？

从实验中我们会发现，不做任何处理时，软管两端受到的大气压力相同，所以水面处在同一水平线上。用手指堵住塑料管的一端，然后向上提，大气压力迫使着另一端水面上升，一放手，水面受到的气压相同，就又回到了同一高度。

原来是这么回事！

同实验一样的道理，茶壶装满水后，壶身和壶嘴的地方各有一个水平面，而且水面也是在同一高度上。如果壶嘴儿低于壶身，茶壶里装满水时就会从壶嘴溢出。

为什么紫砂壶很适合沏茶？

茶道中，最令人推崇的茶壶当属紫砂壶了。在显微镜下看紫砂壶，它就是周身布满气孔的团聚体。团聚体内部的为闭口气孔，而包在其周围的为开口气孔。在烧制的过程中，这种特殊结构的团聚体会产生较大的收缩，因此会生成一层断断续续的开口气孔群。根据测定，紫砂壶的气孔率介于陶器和瓷器之间，很容易透气。这种独特的质地既能更好地保持茶温，又使茶不失原味，所以紫砂壶非常适合沏茶。

> 奇思妙想玩出创造力

清脆的门铃声，为何能一按就**响**？

客人来做客只要按一下，门铃就会响，屋里面的人也就知道有人来拜访了。那么，你知道门铃为什么一按就会响吗？动动手做下面的实验吧。

接下来自己动手，来实现好创意吧！

实验需要准备：电池1节、电线1根、铁钉1个、曲别针若干。把电线按一个方向缠绕在铁钉上，两端各预留出一截。把电线两端分别接在电池的正负极上。让铁钉靠近曲别针，观察结果。

实验工具

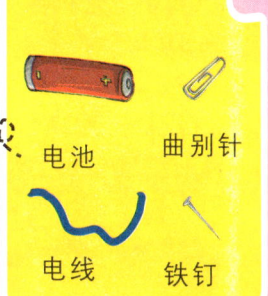

电池　曲别针

电线　铁钉

到底会发生什么？

让铁钉靠近曲别针后，你会发现一个很不可思议的现象，铁钉竟然像磁铁一样将曲别针吸了过去。这种装置被称为电磁铁。

原来是这么回事！

电磁铁是门铃的主要结构。门铃有一个线圈，线圈中通入电流时，就变成了一个电磁铁。在电磁铁的磁极上方有一个衔铁，衔铁与弹簧片相连接，一端有一个小锤，小锤与铃盖之间有一个很小的空隙。当按下门铃按钮时，线圈中就有电流通过，形成了电磁场，将衔铁向下吸，小锤就会碰击铃盖，发出声音。同时，衔铁与弹簧片断开，电流中断，电磁铁失去磁性，衔铁又被弹回原处，电流又再次接通。这样，在按下电钮期间，清脆的门铃声就响个不停了。

奇思妙想玩出创造力

盛开水时，薄的玻璃杯和厚的玻璃杯哪个 更好？

有两个玻璃杯，同样的材质，一个厚厚的，看上去很结实；一个薄薄的，看上去一碰就碎。一般人都认为厚杯子结实，结果把烧开的水一倒进去，很可能厚玻璃杯炸碎了，而薄玻璃杯却安然无恙。为什么盛开水时，薄玻璃杯要比厚玻璃杯结实呢？让我们到实验中去探索其中的奥秘吧！

★ 好玩的物理 ★

接下来自己动手，来实现好创意吧！

实验需要小钉子、易拉罐、钳子、打火机各1个。用钳子把小钉子敲进易拉罐底部。再用钳子小心地把钉子拔出来，让钉子能自由地插进这个小孔。请家长帮忙用钳子夹住钉子在火上烧一下，趁热把钉子往小孔里插。

实验工具：小钉子、打火机、易拉罐、钳子

到底会发生什么？

通过实验你会发现，把钉子加热后，再往小孔里插就插不进去了。原来，钉子加热后膨胀变粗就插不进去了。

原来是这么回事！

盛开水时，同样材质的薄玻璃杯要比厚玻璃杯结实的道理和实验的道理是一样的。当玻璃受热之后，也会膨胀。由于玻璃是热的不良导体，杯壁很厚的话，温度不会很快传到外壁，所以造成内壁膨胀；但外壁保持原来的状态，所以就会造成玻璃杯的爆炸破碎。而越薄的杯子，因为倒入热水时导热较快，内外壁温差小，内外壁的变形差异也小，所以不容易破裂。

39

奇思妙想玩出创造力

用湿手摸开关，为何容易**触电**？

打开或者关闭电灯完全是由开关来控制的，有时一个开关还能控制几盏灯。开关让我们避免了与电线的直接接触，提高了用电的安全性。但是有了开关我们也不能太大意，比如手上有水的时候最好不要去碰开关或者插座，你知道其中的原因吗？让我们从实验中去找出答案吧！

40

★ 好玩的物理 ★

接下来自己动手，来实现好创意吧！

实验需要电池1节、电线2根、灯泡1个、蒸馏水1杯、搅拌棒1根、盐少许。用电线接好灯泡和电池，将电线两端浸入蒸馏水中，灯泡不亮，说明蒸馏水导电性很差。往蒸馏水中加入盐，并把它搅拌均匀。再重复第一步的步骤，灯泡发出微弱的光。

实验工具

电池　搅拌棒
电线　灯泡
盐　　蒸馏水

到底会发生什么？

电线浸入蒸馏水时，灯泡不亮，而在盐水中时，灯泡发出微弱的光。

原来是这么回事！

这说明蒸馏水的导电性是很差的，一旦加入像食盐等能溶于水的盐类或矿物质的杂质，它就变成了导体。沾在手上的水可能含杂质，而且还可能含有一定的盐分，湿手就成为导电体，这时去摸开关就会很容易发生触电的情况。

人为什么会触电？

由于人的身体和大地都可以导电，所以如果人的身体碰到带电的物体，电流就会通过人体传入大地，引起触电现象。但是，如果人的身体不与大地相连通（如穿了绝缘胶鞋或站在干燥的木凳上），电流就不能形成回路，人就不会触电。

奇思妙想玩出创造力

自来水管放水时，为何有时会发出阵阵**响声**？

水是人类的生存之本，生命之源，自来水更是为人类提供了不少便利。现在，自来水已经走进了千家万户，只要简单地安装一根自来水管就可以顺利地使用到自来水。奇怪的是，放水时自来水管有时会发出阵阵响声，难道是安装时出问题了？或者是另有原因？一起做个小实验吧。

★ 好玩的物理 ★

接下来自己动手，来实现好创意吧！

用漏斗小心地把水倒进瓶子里（不要倒得太满），然后盖紧盖子。剪5根细绳，其中要有2根绳子一样长，其余的3根长度不同。把2根一样长的绳子，分别系在瓶子和勺子上，其余的3根绳子上系上另外的3个勺子。把5根系着物体的绳子的另一头系在木棍上。用手晃动瓶子，并观察勺子会发生什么情况。

实验工具：漏斗、5把勺子、木棍、瓶子、绳子

到底会发生什么？

用手晃动瓶子的时候，系着瓶子的绳子会振动，瓶子与其中一把勺子的振幅最大，仔细观察你会发现它们的系绳长度相同。

原来是这么回事！

实验的结果怎么会是这样的呢？这是由于相同长度的绳子有着相同的固有频率。一个物体由于振动产生的声音也能造成相同频率的物体跟着振动并发出声响。所以，有时自来水在放水时，偶尔发出呜呜的响声，是因为自来水从水龙头流出时引起水管共振的缘故。此外，还有另一种可能，就是自来水管里进了空气，比如是停过水或水供应不上等原因造成的。

攀登雪山时，能大声说话吗？

当人面对雪山大声说话的时候，声音在山上回荡，可能会产生共振，一旦共振达到或者超过雪山的固有频率时，就会引发雪崩。所以，建议登山运动的爱好者在攀登雪山时一定要注意安全！

奇思妙想玩出创造力

杆秤是如何称东西的？

相信你和妈妈一起去买菜的时候，已经注意到了称东西的电子秤，只要将买的东西放在上面，就可以看出重量了。还有另外一种秤——杆秤。它的构造十分简单，一根刻度杆和一个砣就是它的全部。你知道这样简单的装置是如何称东西的吗？如果你还搞不清楚，那就通过下面的实验来了解其中的秘密吧。

★ 好玩的物理 ★

接下来自己动手，来实现好创意吧!

拿刀子在棍子上刻上刻度。请家长帮忙在棍子的一端钻一个小孔，并帮你用钳子把铁丝弯一个弯钩，穿过小孔，并系牢。在铁丝旁边系上绳子，这是秤的支点。用塑料袋装上沙子，把它挂在棍子的一头。用你做好的杆秤，去试着称一些东西。

到底会发生什么？

实验中，我们亲手做出了一个小杆秤，而且它也可以称量东西。

实验工具

刻刀　木棍　钳子　铁丝　钉子　绳子　沙子　塑料袋

原来是这么回事！

其实，杆秤就是根据杠杆原理制作的，秤砣（塑料沙袋）的重量乘以它到支点的距离与所称物体乘以它到支点的距离是相等的。被称的东西和秤砣在秤杆支点的两边达到平衡时，就能根据杆上的刻度得出物体的重量了。

杆秤为何一头粗一头细？

秤杆做成一头粗一头细可以减轻秤杆重量，而且由于杠杆原理，远离秤系（即支点）的重量对秤的平衡影响更大。一般情况下，秤的刻度在杆秤长度中占了主要的部分，所以减轻刻度端的重量可以减少秤本身对物体称重的影响。还有一个好处就是做成锥形，可方便秤砣滑动。

奇思妙想玩出创造力

为何山中的公路是**弯曲盘旋**的？

上山的时候，汽车沿着盘山公路缓缓前行，乘客还可以顺便欣赏一下沿途的美丽山色。放眼望去，这条小路仿佛一条长龙蜿蜒在山腰，一圈一圈包围着整座山。细心的同学们是否思考过，为什么山路不是直线，而是弯曲盘旋而上的呢？

★ 好玩的物理 ★

接下来自己动手，来实现好创意吧！

用线把肥皂从四周都绑起来。把线的一端拴在弹簧秤上。在木板下面放上两本书垫高，木板上横放2支铅笔。把肥皂放在铅笔上，用弹簧秤拉着肥皂向上运动，看拉动时要用多少力。接着减去1本书，降低木板的坡度。看拉动时要用多少力。

实验工具

弹簧秤　线　2本书　2支铅笔　木板　肥皂或其他小的重物

到会底发生什么？

可以很明显地看到，当减去一本书后，木板的坡度减小了，弹簧秤的读数也要小一些。这说明坡度越小，上坡时就越省力。

原来是这么回事！

上山也是一样，如果选择一条直线的公路，那么就需要很大的动力来应对山的坡度；改成盘山公路，坡度是缓慢地增长，让上山变得容易起来。

汽车爬坡时为何要减速？

因为爬坡的时候需要更大的动力来牵引汽车向上运动，汽车发动机的功率等于牵引力乘以速度，在功率一定的情况下，速度越小，牵引力越大，所以爬坡的时候，为了保证足够的牵引力，就不得不减小速度了。

奇思妙想玩出创造力

碰碰车为什么会有"辫子"?

游乐场里的碰碰车可以使劲儿把别人的车子撞开,真是好玩极了。仔细观察,你会发现碰碰车的后面都长有一条长长的辫子,这是做什么用的呢?一起来做一个小实验吧,你能从中了解到谜底。

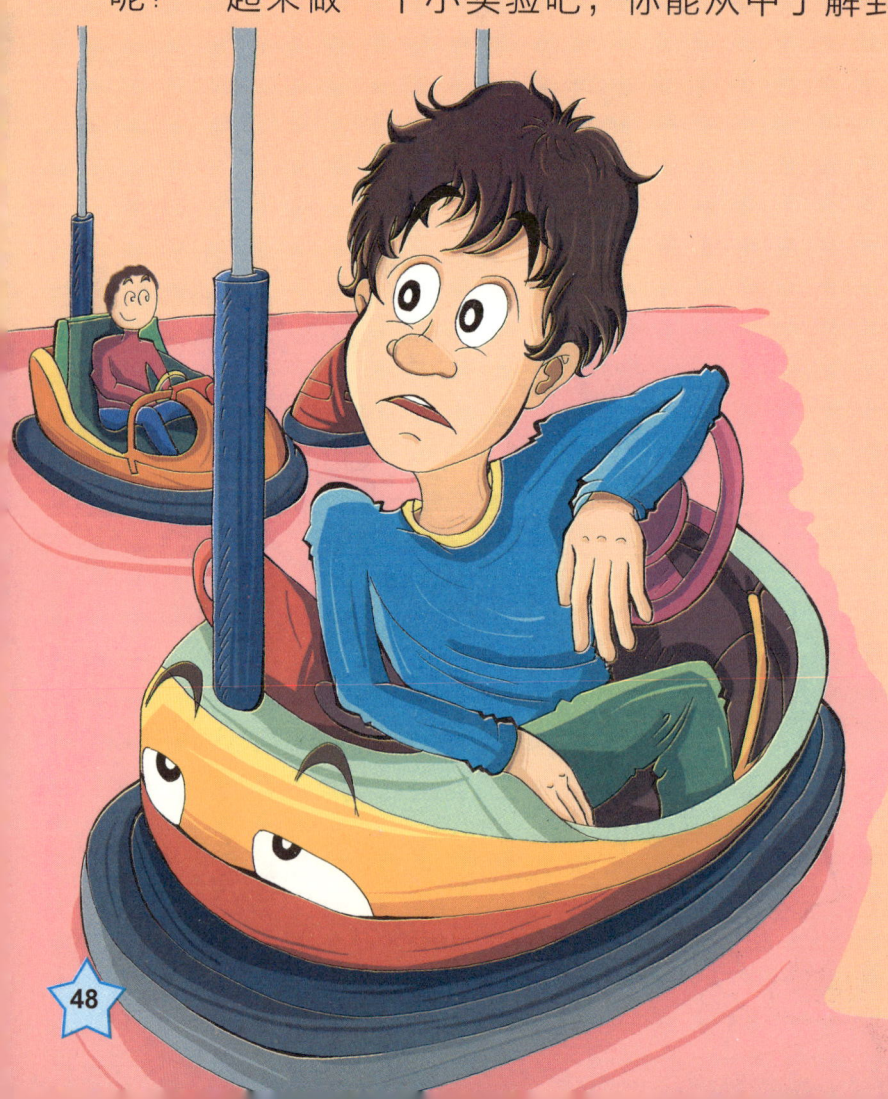

★ 好玩的物理 ★

实验工具

电池　电线　灯泡　泡沫塑料板　透明胶带　铁丝

接下来自己动手，来实现好创意吧！

把铁丝拧成星形，铁丝两头固定在泡沫塑料板上。用电线把电池、小灯泡和用铁丝做的星形的一端连接起来，再在灯泡的一边接上电线。用电线露出铁丝的部分碰触我们做好的图形。你会发现小灯泡亮了。

到底会发生什么？

从实验中可以看出，铁丝起到接通电路的作用。

原来是这么回事！

碰碰车也是通过电来驱动的，场地的天花板上有通电的电网，碰碰车上的"辫子"叫集电杆，起连接电路的作用，只有集电杆将天花板上的电流传到碰碰车的电动机上，才能使碰碰车动起来。不过，现在有一种无天网的新型碰碰车已经出现，这种碰碰车供电的两个电极都在地板上。

为什么碰碰车一碰就会转？

当你用脚踢球的时候，如果踢歪了，一脚踢到球的边上，球就会旋转着飞出去。只有踢到球的正中，球才不会向旁边转动。碰碰车互相碰撞时，一般是斜着撞在一起，所以会向一边转，这和踢到球的边缘是一个道理。

奇思妙想玩出创造力

食物放在冰上还是冰下冷却更快？

我们都知道，加热食物的时候，要把食物放在火的上方，这样食物才热得快。那么，你知道用冰冷却食物时，食物放在冰上还是冰下才冷得更快呢？可能有人会认为是在冰上。其实，正确的冷却方法应该是把食物放在冰块的下方。这是为什么呢？

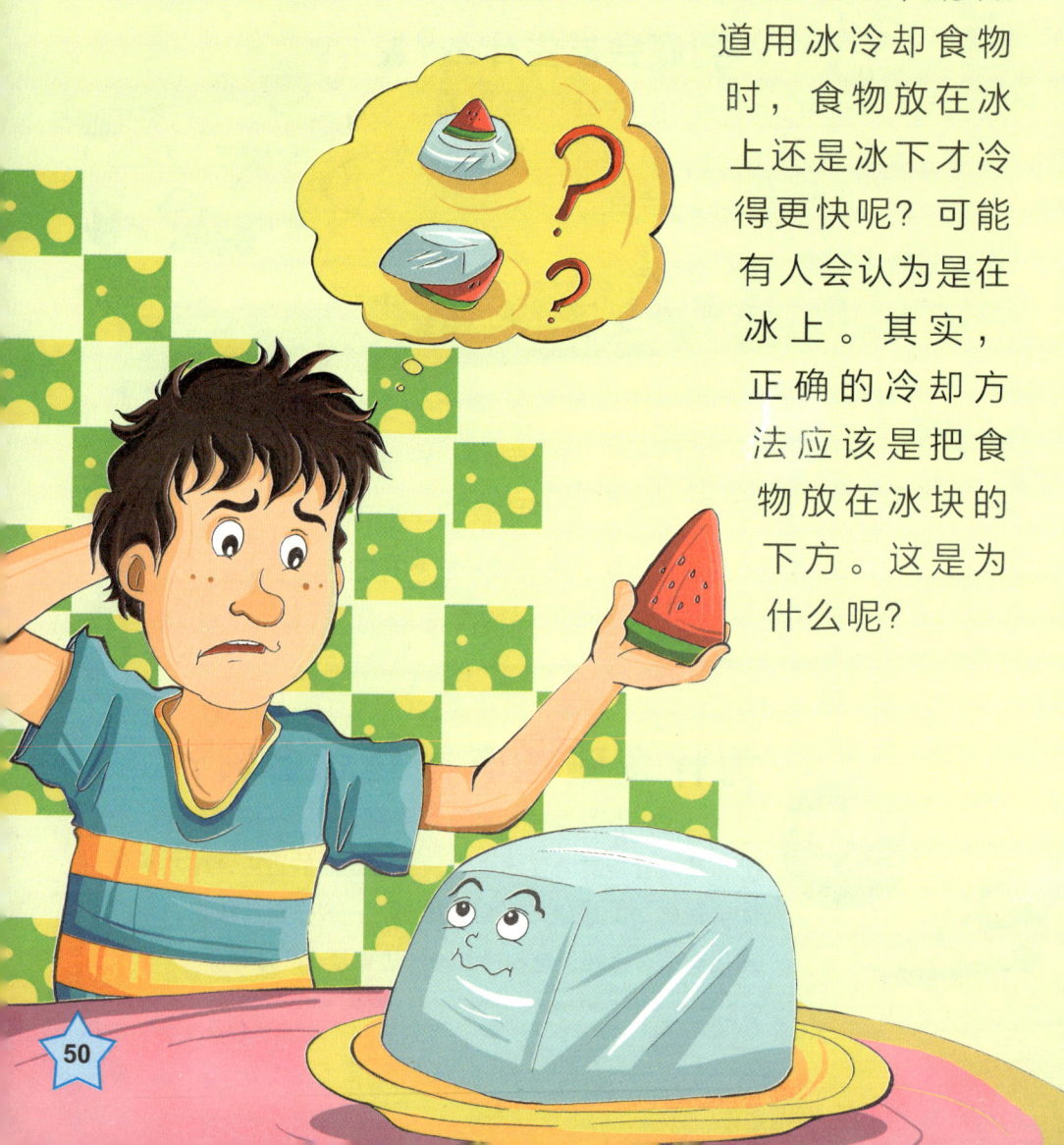

★ 好玩的物理 ★

接下来自己动手，来实现好创意吧！

请家长帮忙把小纸片卷起来，用火柴小心点燃。纸烧到一半时把火吹灭，迅速把纸片放进瓶子中，立即将瓶子盖上。把瓶子放入冰箱里。10分钟后，把瓶子拿到不通风的房中，打开盖子。

实验工具
火柴
纸片
瓶子

到底会发生什么？

这时瓶中的烟几乎没有冒出来。再将瓶口朝下，烟随即倒流出来，并向地面沉下去。

原来是这么回事！

这个实验告诉我们，瓶中的空气遇冷体积会缩小而变得稠密，空气越稠密就越重，所以冷空气会下沉。

我们用冰冷却食物时，正是利用了冷空气下沉的性质。冰块放在食物上方，周围的空气很快变冷，于是下沉，将食物笼罩在冷空气中。利用这种冷热空气的对流，食物很快就会冷却。

0℃的冰和0℃的水哪个冷却食物效果好？

0℃的冰效果好。因为在冷却的过程中要不断地吸收食物的热量，水吸收了热量后温度就会上升，导致冷却效果越来越差。而冰在没有被全部融化前，会保持0℃，且冰在融化成水的时候会吸收很多的热量。

奇思妙想玩出创造力

暖瓶里快灌满开水时，传出的声音为何会变化？

声音一直伴随在我们的生活当中，就是你在睡梦中，声音也没有停止过。但是有些声音，我们却因为太常见而忽略了。比如往保温瓶里灌水的声音。细心的同学可能会发现，向保温瓶里灌水的声音很特别，我们只需听声音就能判断出水是否快满了。那么，你知道这是为什么吗？

接下来自己动手，来实现好创意吧！

实验需要准备：玻璃杯3个、大烧杯1个、小汤匙1个，以及清水和红墨水适量。往烧杯的清水中滴入红墨水。把烧杯中红颜色的水倒入3个玻璃杯中。3个玻璃杯中装入不同高度的水。用勺子敲玻璃杯，你会发现每个玻璃杯发出的声音高低不同。

实验工具

3个玻璃杯
大烧杯
红墨水
小汤匙

到底会发生什么？

通过实验发现，由于3个玻璃杯中水的高度不同，所以用勺子敲玻璃杯时，每个玻璃杯发出声音的高低也不同，装的水越多，发出的声音就越低。原来，玻璃杯中水的振动频率随水的高度而改变，玻璃杯内水越多，振动频率越低，声音越低沉；水越少，振动频率越高，声音越尖锐。

原来是这么回事！

当我们向保温瓶里灌水时，瓶内因空气柱振动而发出声音。空气柱越长，振动频率越低；空气柱越短，振动频率越高。随着瓶里水的增多，瓶内的空气柱越来越短，空气柱振动频率越来越高，声音也就越来越尖。所以，我们只要凭声音，就能判断出瓶里的水是否快灌满了。

声音在哪种介质中传播速度最快？

声音的传播速度是由介质本身的性质决定的。密度越大，声音的传播速度越快，所以在液体、固体和气体中，都可以传播，但是固体传播速度最快，液体次之，气体最慢。

> 奇思妙想玩出创造力

为何路面钻孔机工作声音很响？

在修路的时候，我们常常能听到路面钻孔机发出很响的声音，这种声音常常使得行人加快脚步。那么，为什么路面钻孔机能发出那么响的声音呢？这其中的原因，我们从一个小实验中就能找出答案。

★ 好玩的物理 ★

接下来自己动手，来实现好创意吧!

把塑料薄膜蒙在碗口上，看起来像面鼓，并用强力胶带固定好。用强力胶带沿着碗口把塑料薄膜封好。用强力胶带将一根橡皮筋粘在塑料膜的中心处。拉紧松弛的橡皮筋，拨动它。

实验工具

塑料膜　橡皮筋
碗　　　胶带

到底会发生什么？

通过实验我们可以发现，橡皮筋的振动带动塑料薄膜产生振动。

原来是这么回事！

由于塑料薄膜的面积大，所以它能带动更多的空气振动，从而使声音扩大。

同样，路面钻孔机能发出很响的声音除了它本身功率比较大，声音很响外，另一个重要的原因，就像实验演示的那样，路面钻孔机的振动带动了四周地面的振动，因此会发出很响的噪音。

为什么火车过山洞时声音特别大？

这是因为声音和光线一样，也是会反射的。当火车进入山洞之后，声音会投到洞壁上再反射回来，一道道的回音又和火车发出的声音再次重合、叠加，因此我们在山洞里听到的声音就特别大。而当火车在平原上跑的时候，声音会传向四方，所以我们听到的声音就没那么大了。

奇思妙想玩出创造力

能在玻璃上滑冰吗？

滑冰是一项技巧运动，对冰面的要求很高，冰的表面必须光滑、平整，这样在滑冰的过程中产生的摩擦力小，也不容易摔倒。既然如此，在玻璃上"滑冰"不是更好吗？玻璃平整、光滑，温度不会那么低。其实不然，滑冰要求的不只是冰的表面光滑而已，还和冰面上融化的水有关，这一点玻璃可是做不到的。下面我们就通过实验来解释其中的道理吧！

接下来自己动手，来实现好创意吧！

在2个小瓶的瓶口处用钳子把铁丝固定好，调节铁丝的长度，使其相等。把冰块放在长方形铁盒上，并把拴着铁丝的两瓶矿泉水挂在冰的中间，使铁丝紧紧压在冰的中间。铁丝会慢慢穿过冰块。

实验工具

钳子　2瓶水

铁丝

铁盒

到底会发生什么？

通过实验我们看到，铁丝会慢慢穿透冰块，待完全穿过时，冰块仍然是完整的一块。这是因为铁丝两端吊有重物，使冰块被铁丝压的地方压强增大，而冰的融点又和压强有关，压强大，融点就会变低。融点降低，被铁丝压着的那部分冰就化成水，使铁丝慢慢穿透冰块。铁丝穿过以后，原来增加的压强消失了，融点又恢复到0℃，同时下面被压的冰融化时要吸收周围的热量，所以缝隙里的水又重新结冰。这样一直循环，冰当然不会断开。

原来是这么回事！

在冰上滑冰的人，他们的重量会落在冰刀上，冰刀的刀刃面积很小，对冰的压强就很大。压强大，冰的融点就会变低，当温度不到0℃冰就会融化。所以冰刀压过的地方，就形成了薄薄的水膜，而融化的水起到了润滑的作用。当然，冰刀和冰面快速摩擦时产生的热量，也使冰融化成水。水成为润滑剂，才能使冰刀在冰面上轻易滑动。

奇思妙想玩出创造力

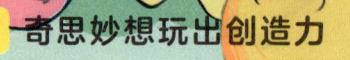

烧水时,锅里的气泡为何会**摇摆**着上升?

烧水的时候,可以看到一些小气泡从锅底向上冒,细心的朋友会发现,这些气泡不是直接上升到水的表面的,而是摇摇晃晃地到达水面。还有,输液时,输液瓶中的气泡走的也不是直线……出现这些现象,你知道是什么原因吗?

★ 好玩的物理 ★

接下来自己动手,来实现好创意吧!

往玻璃杯中倒满水,把吸管插进杯底。把气球吹足气套在吸管的另一端,先用手捏住吸管口。松开手,你会看到气泡从管口冒出。仔细看看气泡上升时有什么变化。

实验工具

1杯水

吸管 气球

到底会发生什么?

你会看到,气球中的空气通过吸管进入水中,顿时使玻璃杯中产生一串气泡,并摇摇晃晃从杯底升到水面。

原来是这么回事!

这是因为气泡在液体中上浮的时候水压减小,导致气泡逐渐扩大,在排开液体时,气泡附近会产生涡流。根据气泡大小,液体的粘度、密度等性质,所形成的涡流会不一样,涡流本身又会使气泡的形状发生改变,所以气泡在上升的过程中,会左右摇摆,形成一个不规则的曲线轨道。

水沸腾时,气泡是由小变大的吗?

水沸腾后,气泡就会越来越大,因为此时气泡里是水沸腾产生的大量水蒸气。而沸腾时,上下水温基本一致,不存在热胀冷缩的问题。但由于水的压强随深度的增加而增加,所以气泡越到上面,受到的压强越小,这样内外气压不平衡,里面气压大于外面气压,所以气泡会膨胀、变大,到达水面开始破裂,里面的水蒸气就跑到空气中了。

奇思妙想玩出创造力

电梯运行中测量体重，会有变化吗？

在生活中，我们经常会说，"体重是40千克"之类的话，而在物理学中，重力是地面附近的物体由于地球的吸引而受到的力。一般情况下，同一时间我们测量体重不会轻易改变，但在一些特殊情况下，测量体重会突然增大或减小，比如在电梯里。如果不信，就和我们一起做个小实验吧！

★ 好玩的物理 ★

接下来自己动手，来实现好创意吧！

这个实验非常简单，只需要你准备一个体重秤就可以了。在屋子里测试出自己的体重。拿着体重秤到电梯里，在上升过程中记录体重秤的读数。让电梯下降，再观察体重秤的读数的变化。

实验工具

体重秤

到底会发生什么？

从实验中我们观察到，静止的时候体重是40千克，电梯上升时，体重秤的读数会增加，最高是42千克；电梯下降时，体重秤的读数也跟着下降，最低是38千克。

原来是这么回事！

实验证明，我们站在电梯里上升或下降时，体重也会发生明显的变化。电梯上升，体重"增加"；电梯下降，体重"减少"。这种现象又被称为"失重"现象。其实，只是在电梯的运动过程中，向上和向下的加速度，使我们的身体对支撑身体的体重秤的压力变大或变小。本质上，我们的体重并没有变化，而只是体重秤的读数有了变化。

宇航员为什么能在太空中飘浮？

宇航员在太空中飘浮是由于失重的原因。地球上的一切物体都受到地球的引力，所以任何物体都具有重力。失重是指物体对于支持物的作用小于所受重力的现象。宇航员乘坐宇宙飞船进入太空后，当人体的向心力正好与地球对人体的引力相等时，宇航员实际上感觉不到重力的存在，就会处于失重状态。

奇思妙想玩出创造力

钻个地洞能到美国吗？

从地球仪上我们可以看到，我国位于北半球，美国也位于地球的北半球，中间隔着地球。有的同学突发奇想说：要是我有本事的话，就从脚底下开始挖洞，一直把地球钻穿，直接跑到美国去。他说的话能实现吗？

★ 好玩的物理 ★

接下来自己动手，来实现好创意吧！

把彩色卡纸铺在桌面上，将4根橡皮筋连成一条长的橡皮筋。把橡皮泥捏成块状，用橡皮筋把橡皮泥系紧。右手按住橡皮筋的另一端，左手捏住橡皮泥水平拉向一侧。松开左手，观察橡皮筋和橡皮泥的位置变化。

实验工具

4根橡皮筋

橡皮泥

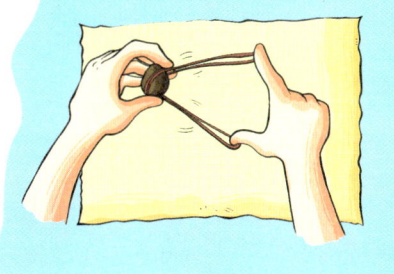

彩色卡纸

到底会发生什么？

在实验中，当橡皮泥穿过右手（想象成地球中心点），开始运动到另一侧（想象成地球另一端的表面）时，橡皮筋（想象成重力）就会再度把它拉回中心。

我们把橡皮泥想象成准备去美国旅行的人，把重力想象成橡皮筋的拉力，把右手比作地球的中心，把橡皮筋和橡皮泥运动的轨迹想象成贯穿地球的洞。

原来是这么回事！

由实验可知，即使不考虑地球内部的高温，钻个地洞贯穿地球去旅行也是不可能的。因为地球有重力。如果你能通过地球的中心点，越来越接近地球另一端的表面，但地球的重力会把你往地球中心拉。

奇思妙想玩出创造力

拔河比赛，是哪边的**力气**大哪边就能赢吗？

拔河比赛开始啦！只见双方的大力士们喊着一二三，一起发力。双方实力相当，一时之间难分胜负。可是，明明蓝队的大力士是全校有名的，为什么还输了呢？难道拔河比赛，不是哪边力气大，哪边就能赢吗？

实话告诉你，拔河比赛比的可不仅仅是选手的力气。不信，到下面的实验中去看一看吧。

接下来自己动手，来实现好创意吧！

实验需要准备一双轮滑鞋和一根拔河用的绳子。找两个体形相差比较大的同学帮忙。给体形较大的同学穿上轮滑鞋。然后，让两位同学抓好绳子来拔河。观察一下，会发生什么。

实验工具

轮滑鞋

绳子

到底会发生什么？

通过观察实验结果，你会发现，体形较大且力量较大的同学，因为穿了轮滑鞋，很轻易地被体形较小且力量也较小的同学给拽了过去。

原来是这么回事！

对于拔河的甲、乙两个队，甲对乙施加了多大拉力，乙对甲也同时产生一样大小的拉力。可见，双方之间的拉力并不是决定胜负的唯一因素。

通过对实验中的双方进行受力分析就可以知道，只要一方所受的拉力小于与地面的最大静摩擦力，就不会被拉动。因此，增大与地面的摩擦力就成了胜负的关键。要想赢得拔河比赛，首先，选手要穿上鞋底有凹凸花纹的鞋子，能够增大摩擦系数，使摩擦力增大；其次，就是选手的体重越重，对地面的压力越大，摩擦力也会增大。大人和小孩拔河时，大人很容易获胜，关键就是由于大人的体重比小孩大。总之，在拔河比赛当中，想办法增加己方与地面的摩擦力，对于赢得比赛是非常关键的。

> 奇思妙想玩出创造力

水里的铁块会沉下去，钢铁做的 大轮船 为何能浮在水面上？

当你把一块铁块扔到水中时，它会立刻沉到水下。可是，用钢铁制造的轮船、航空母舰等远比一块小铁块重得多，为什么却能平稳地行驶在海面上呢？

★ 好玩的物理 ★

接下来自己动手，来实现好创意吧！

在大号浅盘里注入半盘水。把1片铝皮放在水里，我们看到它沉了下去。把这块薄铝皮折成盒子的形状。用剪刀将折痕的上边缘剪开，以便能折叠回去。用曲别针将铝皮盒的边缘固定住。缝隙用胶带贴上将盒子放入水中，我们发现盒子浮了起来。剪的时候要小心不要让铝片划到手，请家长来帮助你。

实验工具
剪刀
一片易拉罐铝皮
胶带
曲别针
盘子

到底会发生什么？

展开的薄铝皮排开水的体积小，浮力小于重力，因而薄铝皮沉了下去。而做成盒子后，排开水的体积变大，浮力大于重力，铝盒便浮在水面上了。

原来是这么回事！

铁质的轮船像实验中的铝盒一样，排开水的体积很大，而浮力是随着浸在水里部分体积的增大而增大的，当浮力大于重力时，轮船就浮在水面上了。

67

奇思妙想玩出创造力

能用简单的方法，测量空气中的**氧气含量**吗？

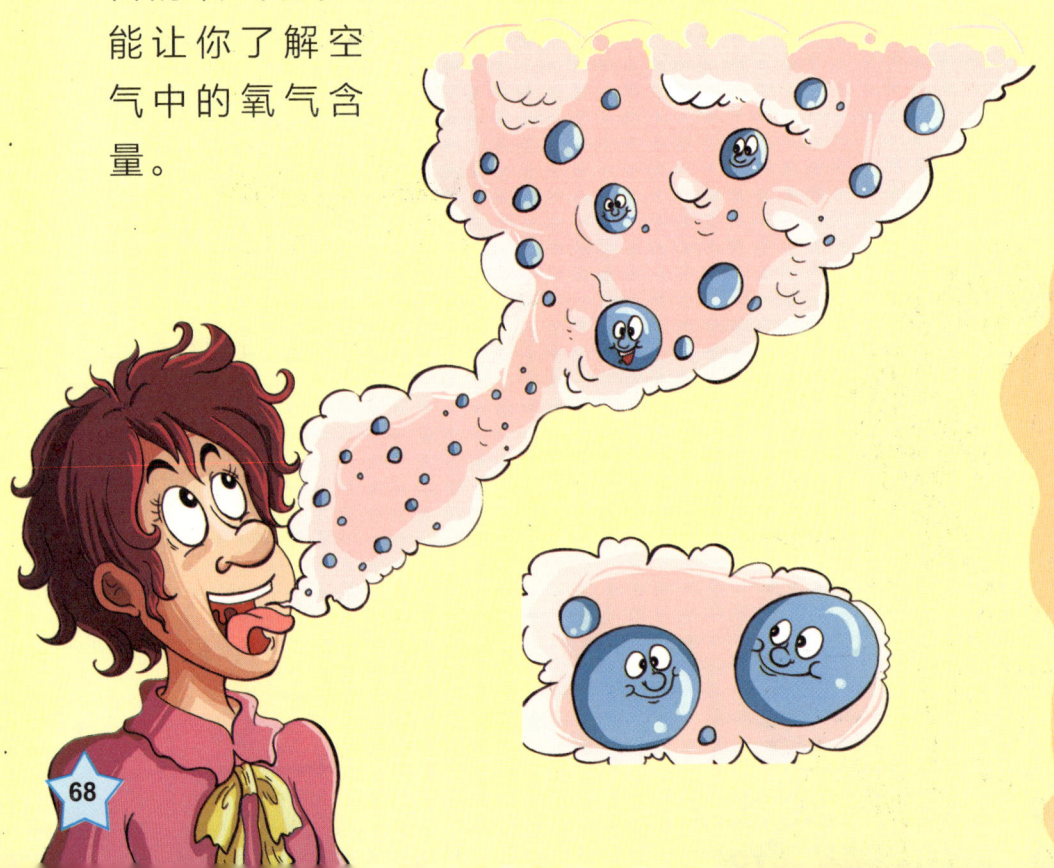

空气是可不单只有氧气一种气体，而是由很多种气体混合在一起组成的。我们都知道，空气中的二氧化碳含量高了，人会觉得气闷，呼吸困难。但空气中的氧气含量特别高，也是很可怕的，人有可能会氧中毒呢。但是，怎么才能知道空气中含的氧气有多少呢？其实很简单，一个小实验就能让你了解空气中的氧气含量。

★ 好玩的物理 ★

接下来自己动手，来实现好创意吧！

用蜡油把蜡烛固定在水盆中，在水盆中加入蜡烛一半高度的水，将蜡烛点燃，将宽口瓶倒扣在蜡烛上，瓶口置于水中。

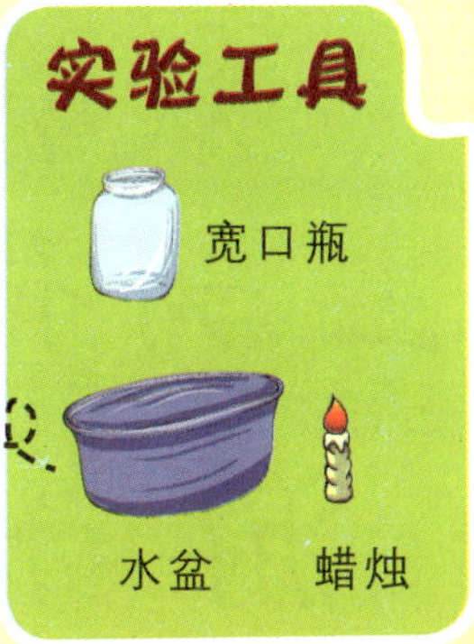

实验工具：宽口瓶、水盆、蜡烛

到底会发生什么？

当蜡烛熄灭后，会发现宽口瓶中的水上升到了约1/5的位置，这证明瓶中氧气占空气体积的1/5。

原来是这么回事！

地球空气中大约含有体积为20.947%的以单质形式存在的氧气，也就是大约占空气的1/5。我们都知道燃烧是需要消耗氧气的。因此，蜡烛在密闭容器里燃烧，把容器里空气中的氧气耗尽，使集气瓶内气体压强减少，水盆中的水便进入了宽口瓶中。

冬天，树木都光秃了，我们需要的氧气会不会减少呀？

氧气是由绿色植物在阳光下进行光合作用产生的。但是，冬天植物的光合作用大大减弱，空气中的含氧量却不会有多大变化。这是因为，由于各地的气候条件不同，植物在地球表面的分布是不均匀的，因此光合作用的程度也就不一样。南北半球的气候刚好相反，北半球是冬季时，就这一区域来说，产生的氧气是有些减少，但此时南半球正是夏季，由于地球在不停地运动，致使空气中氧气的含量能得到调剂，所以一年四季，地球大气中的氧气含量基本上保持着平衡，不会因为某地冬天植物落叶而明显减少。

69

奇思妙想玩出创造力

从游泳池里上来，为何感觉很冷？

游泳好舒畅呀！浑身上下的暑热马上就没了。不过，上到岸上，怎么突然觉得有些冷了呢？明明下水前，还热得不得了呢。怎么在水里泡了一下，再上来就有些冷了呢？

你知道野外的天然温度计吗？

在野外没有温度计的情况下，你要怎么了解温度的变化呢？其实很简单，只要你能找到自然界中的那些天然温度计，观察一下它们就知道，当时的气温大概在多少摄氏度了。

在自然界中，很多动植物对温度都很敏感，它们就是很好的天然温度计，比如含羞草。含羞草是一种比较常见的观赏植物。当你用手轻轻碰触它羽毛一样的叶子，它们就会像含羞带怯的少女一样迅速将叶子闭合在一起。含羞草原产于热带地区，它对温度比较敏感，当温度下降到20℃以下时，含羞草的叶柄就会下垂，叶片也趋于闭合。

除了含羞草，雪兔、北极狐、跳舞草等动植物都会因为温度的变化发生一些改变。这些都是很好的天然温度计。

★ 好玩的物理 ★

实验工具
温度计
酒精
电风扇

接下来自己动手，来实现好创意吧！

将温度计放在电风扇前吹3分钟后，记录温度计的读数。把温度计在正常环境中放置10分钟后，用棉签把酒精涂在温度计上，然后将温度计再次放到电风扇前吹3分钟，并记录温度计的读数。比较两次记录的温度计的读数，看看有什么不同。

到底会发生什么？

通过对比两次的实验记录你会发现，温度计在擦过酒精后，读数下降得要比直接放在电扇前吹多一些。

原来是这么回事！

之所以实验会出现这样的结果，是因为酒精在挥发时，会吸收一部分热，使得温度计的读数下降较快，也下降得较多。我们刚刚从游泳池中出来会感觉到冷，其实也是这个道理。刚刚从游泳池里上来时，我们身上会有些残留的水，水的蒸发是需要吸收热量的，你自然会感觉到有些冷。不过，过一会儿，皮肤上残留的水分蒸发完了，就会觉得没那么冷了。

奇思妙想玩出创造力

咀嚼饼干时，为何自己听得见咀嚼声而别人**听不见**？

酥脆的饼干嚼在自己嘴里咔嚓咔嚓地响，别人是不是也听到脆脆的咔嚓声了？没有！这么响，他们居然听不到，这是为什么呢？

其实，不光是吃饼干的声音，我们听自己咀嚼东西的声音，总是觉得很大声，但在别人听来，声音就很轻微了。那为什么我们自己听到的咀嚼声很大，别人听到的我们的咀嚼声就很小呢？

★ 好玩的物理 ★

接下来自己动手，来实现好创意吧！

准备一台录音笔。将自己说话的声音录下来。然后，放给自己听。

实验工具

录音笔

到底会发生什么？

录音笔中播放的声音和你自己实际的声音有很大差别。

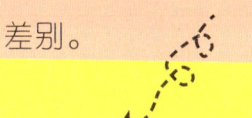

原来是这么回事！

大多数人都认为，声音是通过空气传播到我们的耳朵里，并引起耳朵内部结构振动而让我们听到声音的。但实际上，我们听到的声音，可以通过两条不同的途径传入耳内，一条是通过空气，将声波的振动经过外耳、中耳一直传到内耳，最后被听觉神经感知；另一条途径是通过骨头传播声音，这种方式叫骨导。我们平时听自己讲话，主要是靠骨导这种方式。从声带发出的振动经过头骨，传入内耳。由于空气和骨头是两种不同的传声媒质，它们在传播同一声源发出的声音时会产生不同的效果，以至于人会误以为自己的咀嚼声总是很响亮。

把耳朵贴在钢轨上，为何能听到远处有没有火车过来？

在电影里常看到这样的镜头：有人把耳朵贴在铁轨上探听，就知道是否有火车行驶过来。这是怎么回事？其实，这一点儿都不难理解。因为，声音不仅能通过空气传播，它还能通过固体、液体等物质来传播。声音通过钢轨传播的速度比在空气中传播的速度要快很多。所以，把耳朵贴在钢轨上听远处火车来的声音，要比站在原地听清晰得多。注意：在日常生活中把耳朵贴到铁轨上探听声音是十分危险的行为，千万不要模仿。

奇思妙想玩出创造力

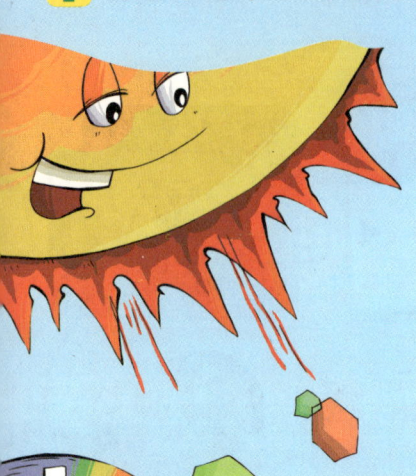

光盘在阳光下，为何五彩斑斓？

相信你也有自己喜爱的动画片光盘吧。因为爱不释手，总是舍不得将它拿到外面。但这也让你失去了欣赏它另一种美的机会哟！因为光盘在阳光下，会呈现出五彩斑斓的光彩。不过，在屋里这么平凡无奇的一张光盘，怎么在阳光底下就"灿烂"了呢？道理很简单，我们来用一个小实验说明它吧！

★ 好玩的物理 ★

接下来自己动手，来实现好创意吧！

将镜子斜靠在塑料盒的边缘，并用橡皮泥固定好，在盒子中灌入大约2厘米深的水。现在，我们把它放到太阳光能照射到的地方，再将白色的纸对着镜子。

实验工具

塑料盒子　镜子
橡皮泥　　白纸

到底会发生什么？

太阳光经过水的折射和镜子的反射分解成了不同颜色的单色光——在白纸上形成了彩虹一样的图案。

原来是这么回事！

平时我们看见的太阳光金灿灿的，但事实上太阳光是由赤、橙、黄、绿、蓝、靛、紫7种单色的光组成的。CD光盘之所以在阳光下呈现出斑斓的色彩，就是由于光盘表面透明的凹坑形成了很多微小的独立反射面和环形反射条带，这就形成了条状的光栅。由于光的反射、衍射以及干涉现象，使相临近的光栅反射光互相叠加，最后形成了五彩斑斓的干涉条纹。

什么情况下，彩虹会更鲜艳一些？

在自然界中，当雨过天晴的时候，有许多微小的水滴悬浮在空中。阳光照射在空中的水滴上，就像实验中的水和镜子那样，把光折射成7种颜色再反射出来。由于太阳光进入水滴时会发生弯曲，因此，我们会看到一条半圆形的彩虹挂在空中。空气里水滴的大小，决定了彩虹的色彩鲜艳程度和宽窄。水滴大，彩虹就鲜艳。

奇思妙想玩出创造力

把北极熊的毛发剃干净，皮肤是什么颜色？

提起北极熊，总会让人想起它雪一样白的毛。可是如果把北极熊的毛剃掉的话，它的皮肤又会是什么颜色的呢？

北极熊有哪些特征，能让它抵御寒冷？

北极熊除了毛色和皮肤颜色能够帮助它抵御寒冷以外，还因为它的毛发结构极其复杂，里面中空，起着极好的保温隔热作用。另外，最外层的毛很长，多油脂，能帮助这种体重可重达600千克的哺乳动物跳进寒冷的海水里也不会沉下去。这层毛同样具有排斥水的功能，它从海里爬出来，只需要将身上的水抖搂几下，体毛就会变干，这样做还能让内层的毛不会变湿。这种浓密而柔软的体毛更像是一件温暖的毛大衣。北极熊在外出寻找猎物或睡眠时，喜欢把自己埋在雪里，这样可以大大地减少寒风的侵袭。

★ 好玩的物理 ★

接下来自己动手，来实现好创意吧！

向2个玻璃杯中注入适量水，然后用颜料分别将它们染成白色和黑色（或者按照图片中，分别用白布和黑布包裹住玻璃杯）。将它们放到太阳光下晒1个小时后，再用温度计测量2个玻璃杯内水的温度。

实验工具

2个玻璃杯

温度计

黑白颜料

到底会发生什么？

黑色的颜料会吸收大量的太阳光，所以装有黑色液体的玻璃杯在太阳光下很快就会变热，温度计读数很快升高。而装有白色液体的玻璃杯会反射大部分的光，因此不会很快变热。

原来是这么回事！

北极熊的外表看起来是白色的，这是光反射的结果。其实，北极熊皮肤的颜色是黑色的，所以吸收热量的速度很快，这样就不会害怕北极的寒冷了。

77

奇思妙想玩出创造力

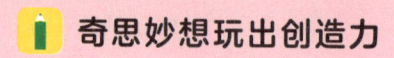

打开密封的果酱罐头时，为何会有"砰——"的一声？

想要给你的面包抹上甜美的果酱，那就先把果酱瓶打开吧。当你用尽力气，终于让瓶盖松动的一刹那，有没有听到"砰——"的一声响呢？其实，很多罐头在打开盖子的一刹那都会发出这样一声响。你知道这是为什么吗？那就从下面的实验中找出答案吧。

★ 好玩的物理 ★

接下来自己动手，来实现好创意吧！

把一只吹鼓的气球放在家里的暖气旁，或其他比平均室温高一些的地方。一段时间后用卷尺绕气球一圈，测量一下它的周长。然后，再让气球在冰箱中待上一段时间（或者过夜）。注意，气球不能漏气哦！最后，再测量一下气球的周长。

实验工具

气球

卷尺

冰箱

到底会发生什么？

把气球从冰箱里拿出来后，你会发现气球变小了。这充分体现了热胀冷缩的原理。也就是说，同样质量的情况下，热空气的体积大一些，所以温暖的气球要大一些；而冷空气的体积相对较小，所以从冰箱里拿出来的气球会小一些。

原来是这么回事！

在生产果酱时，常常会利用热胀冷缩的原理。因为，冷果酱比热果酱占用的空间要小，所以工人们尽可能在果酱还是热的情况下来装罐，并立即封口。这样，当果酱冷却后，罐子里面的空气会随着果酱的冷却而冷却，体积变小，外面的空气就会将盖子紧紧地压在瓶子上，密不透气。所以，当你第一次打开密封的果酱罐时，常常会有"砰——"一声轻响，这就是外部空气突然进入造成的。很多食品的生产都利用这个原理。

79

奇思妙想玩出创造力

树木能无限地长高吗？

在美国加利福尼亚州内华达山脉的西坡有一片一望无际的大森林，这片浩瀚的林海是由巨杉组成的，它名扬四海，号称"巨杉帝国"。在这个帝国里，最高的巨杉有83.8米。既然巨杉能够长这么高，是不是说明只要时间够长，树木就能够长到无限高呢？让我们用一个小实验来揭开这个秘密吧！

世界上最高的树有多高？

目前，已知的世界上最高的树是澳洲的一棵杏仁桉树，其高度达156米，相当于50层的高楼。它比两幢摞在一起的"上海国际饭店"还要高。这种树基部周围长达30米，树干笔直，枝和叶密集生在树的顶端。这一树种普遍比较高，成材的杏仁桉树均能达到百余米。

★ 好玩的物理 ★

接下来自己动手，来实现好创意吧！

将吸管一根一根地用胶带连接成一根长长的超级吸管。然后，将装满饮料的杯子放在地上，将吸管的一端放在杯子里。你站到凳子上或桌子上，试一试用这根超级吸管来喝饮料。

实验工具

胶带

数根吸管

杯子

到底会发生什么？

你会发现用超级吸管将饮料吸出来要比用一根吸管吸饮料困难多了。当你吸饮料时，嘴里会产生一个低于正常气压的负压，液体会在大气压的作用下向上运输，最后进入到你的嘴中。但是，到了一定的高度，吸管中的液体就不能继续上升了，因为吸管中的液体压强太大了，大气压已无法向上推动它了。这时，你就不能把饮料吸到嘴里了。

原来是这么回事！

大树就好比是实验中的吸管。树根输送的水分必须抵达树冠，树木才会生长。树的高度增加，营养物质在韧皮部的传导需要克服更多的阻力。如果无法让树冠享受水分的滋润，那么树木便会停止生长。而且还有一个重要的因素：支撑树的木质结构能够负担的重量是有限的。

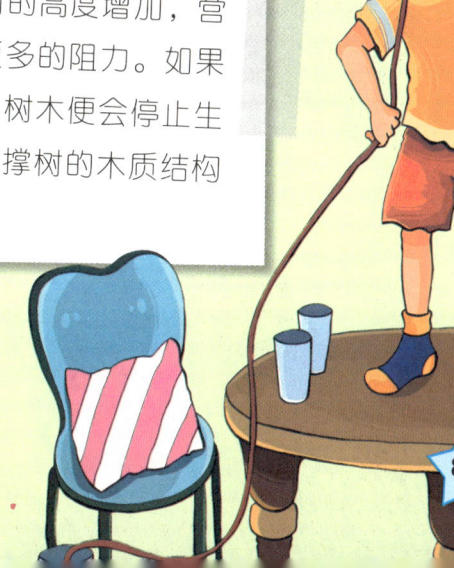

奇思妙想玩出创造力

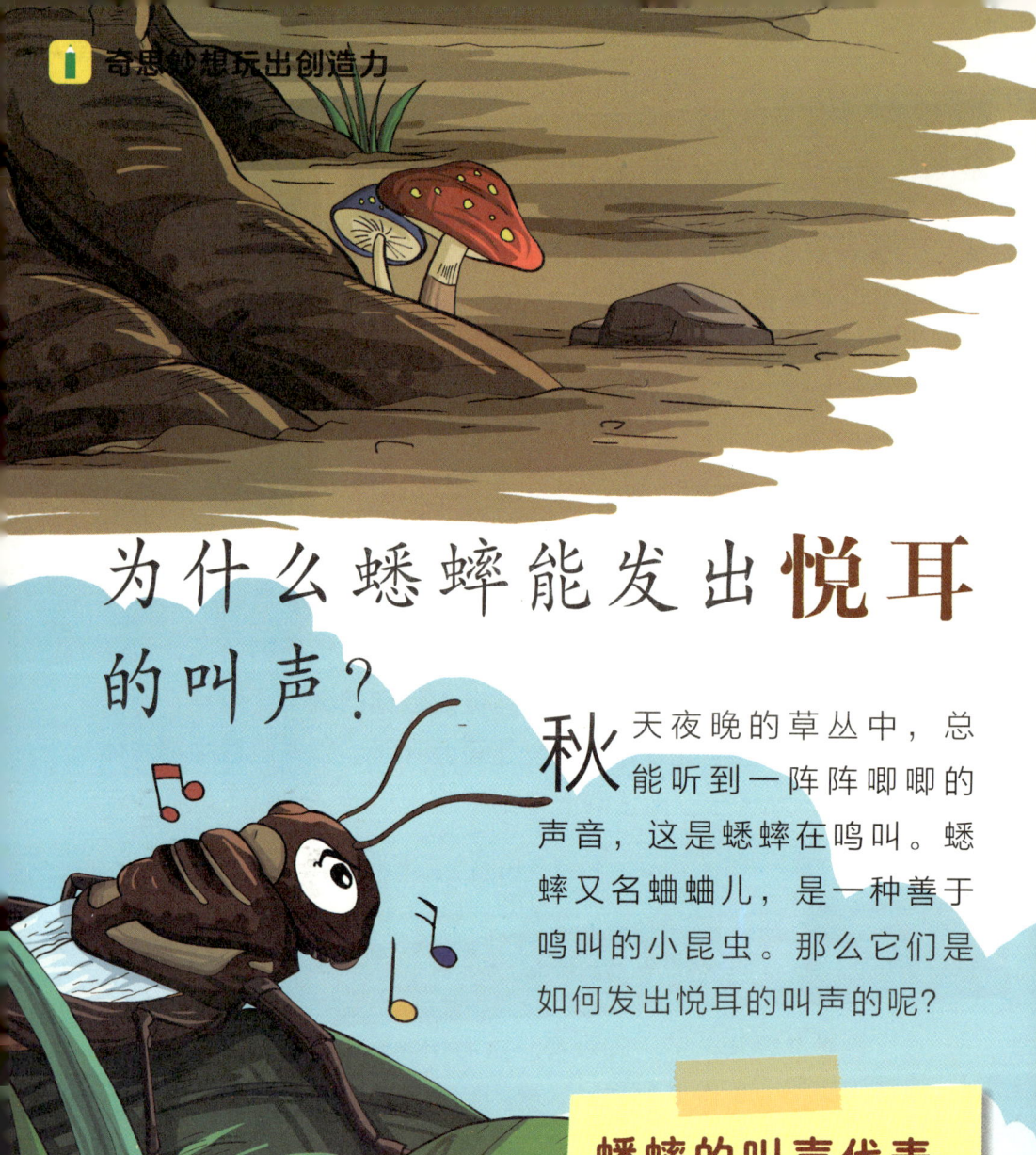

为什么蟋蟀能发出**悦耳**的叫声？

秋天夜晚的草丛中，总能听到一阵阵唧唧的声音，这是蟋蟀在鸣叫。蟋蟀又名蛐蛐儿，是一种善于鸣叫的小昆虫。那么它们是如何发出悦耳的叫声的呢？

蟋蟀的叫声代表什么？

蟋蟀并不是无缘无故地乱叫，它们是用声音与同伴做交流。蟋蟀的叫声，分为呼唤雌虫的唤鸣、炫耀势力范围的单鸣、雌虫求爱的诱鸣、雄性间互相争吵似的争鸣等。

★ 好玩的物理 ★

实验工具

卡纸

小锉刀

接下来自己动手，来实现好创意吧！

一只手拿着竖着的卡纸，然后用另一只手将小锉刀的粗糙一面，在卡片的边上面很快地磨两遍，停一秒钟后，再重复摩擦。

到底会发生什么？

仔细听，你会听到刺耳的声音。

原来是这么回事！

蟋蟀鸣叫时，会先把前翼竖起来，然后用右翼反面的锯齿部分，同左翼表面的摩擦片不停地摩擦。因为摩擦产生的振动，会在翅膀正中的发音区转变为声音，这种声音在经过身体与翅膀的空间时，会被放大。被放大的声音，就是我们听见的声音。

蟋蟀为什么好斗？

蟋蟀虽然有一对复眼，但视力非常差，它们完全是靠头上的两只长须来寻找食物。当它们的长须被人用草尖拨动时，它们就会认为自己被对面的蟋蟀挑衅了。误以为受到威胁的它们就会冲向对方，直至打到最后不能动为止。

83

奇思妙想玩转创造力

火车铁轨的枕木为何要**埋**在石子里？

大家都见过火车的轨道，铁轨铺在横着的枕木上，枕木下面是铺好的石子。铁轨需要专人经常去维护，不仅要检查铁轨的连接、枕木的损坏情况，还要定期把枕木下的石子整理好。多麻烦呀！还不如直接把枕木放在硬地上呢。这样，就不用费时间去整理那些石子了。

千万不要有这样的想法，因为这样做可是会让火车出危险的。不信，看看下面的实验吧！

★ 好玩的物理 ★

接下来自己动手，来实现好创意吧！

先把轨道放到铅笔上，然后再把电动小火车放到轨道上。现在，打开电动小火车的开关。看看发生了什么吧！

实验工具

带轨道的玩具小火车

几支铅笔

到底会发生什么？

你会看到，小火车几乎没有向前移动，相反，它下面的轨道却向后运动了。这实际上就是"反作用力"的物理定律：任何物体运动时，都会产生与其运动方向相反的力。

铁轨的宽度是怎样定的？

很早以前，欧洲的马路是罗马人为其军队铺设的。罗马战车通过时，为了防止撞在马路的边沿，马路的宽度必须大于罗马战车两个轮子的间距。而罗马战车两个轮子的间距又是由牵引一辆战车的两匹马的屁股的总宽度决定的。再回过头来，看看现代铁路的铁轨间距，它是根据电车轮距制定的，电车轮距又是沿袭了马车的轮距标准。于是，又回到了罗马战车的宽度上，即现代铁轨的间距由两匹马的屁股宽度决定。

原来是这么回事！

通过实验，我们可以推断出这样的结论：由于火车非常重，且铁轨要长期承受这样的重量。石子的作用主要是防止铁轨下陷，起到缓冲作用，使其在火车经过时不会因为反作用力而移动。另外，火车在高速通过铁轨时会产生噪音和高热，碎石子还可以吸收噪音和热量。

奇思妙想玩出创造力

太空中没有空气，火箭怎么还能飞行？

电视里正在转播火箭升空的实况。看火箭下喷出的火焰多壮观！那么大的推力硬是把大火箭推上了天。可是，太空中又没有空气，火箭的推进器是怎么让火箭向前飞行的呢？

接下来自己动手，来实现好创意吧！

把细绳穿过吸管，细绳的一端系在门把手上，再把气球吹大——记住不要把气球口扎起来哦！然后，把气球用胶带固定在吸管上。接下来，将绳子拉近，把气球拉到自己这边。好，松开手吧……

实验工具

细绳　气球
吸管　胶带

到底会发生什么？

当你松开手，气球就会沿着绷紧的绳子向门把手飞去——这是通过反作用力来实现的。

原来是这么回事！

在实验当中，气球往前飞是因为气球中的气体快速向后喷出，让气球获得了一个反向的作用力。火箭也一样。火箭自身携带的燃料燃烧所产生的高温高压燃气高速向后喷出，这就给火箭一个向前的推力。根据牛顿第三定律，作用力与反作用力大小相等、方向相反。这一过程与空气无关，所以即使是在没有空气的宇宙空间，火箭也会照样高速飞行。

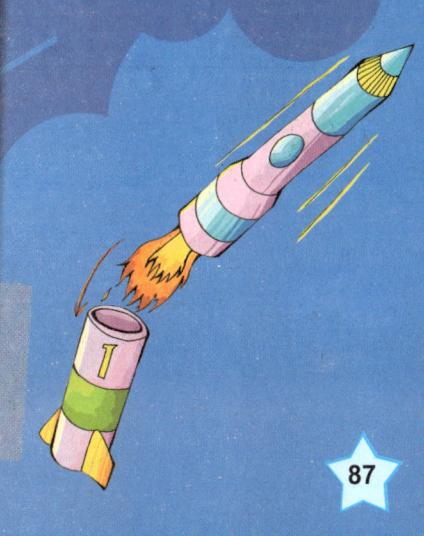

奇思妙想玩出创造力

小水滴能把叶子**烧坏**，你信吗？

要说星火能燎原，绝对没有不信的，但是要说小水滴能把花草烧坏，肯定就会有很多人发出质疑声了。不过，有一个小实验能证明小水滴的这个威力。不信，你也动手来试试。

接下来自己动手，来实现好创意吧！

准备一张明信片和一张透明的保鲜膜，再准备一卷透明胶带。先将明信片剪成放大镜的形状，然后在中间剪一个约1.5厘米的小洞。把保鲜膜拉平，覆盖在小洞上，粘紧。小心地往小洞中间滴水，直到这些小水滴形成一个半球形。

实验工具

明信片　保鲜膜　胶带　滴管

到底会发生什么？

现在一个水做的放大镜就完成了。

原来是这么回事！

水滴形成了一个半球形，就像一个放大镜。通过它再看，报纸上的字就变大了。放大镜放在阳光下，能够把阳光聚集在一点上。

炎热的中午，为何不要给花卉浇水？

如果你想在夏天炎热的中午给太阳下的花草浇水，那么爷爷奶奶一定会极力阻拦的。因为此时花卉叶面的蒸腾作用强，水分蒸发快，根系需要不断吸收水分，补充叶面蒸腾的损失。在此时浇水会使土壤温度突然降低，根毛受到低温的刺激，就会立即阻碍水分的正常吸收。

奇思妙想玩出创造力

水竟然能把岩石**撑裂**?

看似"温柔"的水其实也有非常"刚猛"的时候,甚至能够撑裂岩石。在寒冷的季节,雨水进入岩石的缝隙里冻结成冰,结冰后使岩石上的缝隙继续开裂。这是为什么呢?我们一起做个实验吧!

实验工具

干扁豆　干豌豆
石膏粉　塑料杯

接下来自己动手，来实现好创意吧！

在塑料杯内装2/3杯石膏粉，加入适量的水搅拌。在石膏粉浓稠但尚未凝固时，将一大把豆子放入杯子中的石膏里面，约有1/4露出石膏表面。向杯子里加入适量的水，保持湿润。

到底会发生什么？

石膏变硬后。再等待大约12个小时，你就会看见豆子把已经变硬的石膏顶开，甚至连塑料杯都被撑破了，就像炸药一样。

原来是这么回事！

原来，里面的豆子不断吸收水分，膨胀起来，而且膨胀的力量非常大，最终撑破了石膏和杯子。人们利用这个原理来开采石头：工人先用锯子在石头上锯出一道缝，然后再用锤子往缝隙中打进一些干燥的木楔子，再灌满水。不久木楔子就会因为吸水而膨胀，并将石头撑裂。

生物也会影响岩石风化的过程

岩石的形成本身就是大自然的杰作，而在漫长的岁月里，生物以多种形式影响风化的过程。潮湿的岩缝里，有丰富的细菌和藻类；裸露的岩石上生长着青苔。这些生物会使岩石潮湿并呈酸性。水和酸腐蚀矿物使岩石受损，岩石里的种子或根在生长时也会使岩石破裂。挖洞的动物在挖掘地道时，不仅破坏了原本松软的岩石，还能把岩石碎片搅进土壤中，这也能加速风化的过程。

> 奇思妙想玩出创造力

飞机员是怎么知道飞行高度的？

高空中的飞机在我们的眼里很小，它与地面的距离无法用平常的测量工具量出。那么飞行员又是如何知道飞机飞行高度的呢？原来这份工作是由一种专门测量高空高度的仪表来完成的。想要了解这种神秘仪表的奥秘吗？那就一起来制作一个简单的模型，直观地来了解它吧！

★ 好玩的物理 ★

实验工具

橡皮泥
蓝墨水
吸管
铁钉　带盖的小瓶

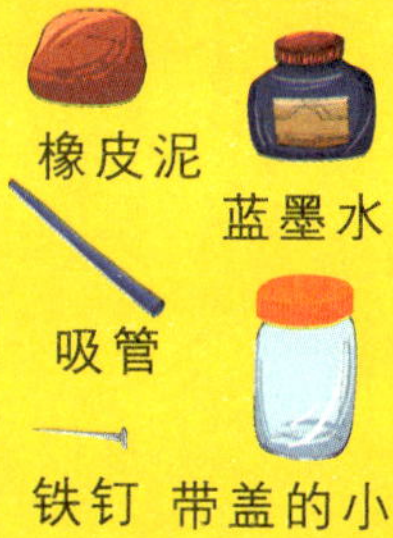

接下来自己动手，来实现好创意吧！

在一个小瓶中装入约3/5瓶的清水，滴入几滴蓝色墨水。在瓶盖中央用铁钉钻一个直径与吸管直径差不多大的小孔。在小孔中插入吸管，瓶盖与吸管处用橡皮泥封好，防止漏气。一个简易的气压计就做好了。你会看到，吸管内水位的高度和塑料瓶里水位的高度是一样的。再把气压计拿到高山上，观察水位高度的变化。

到底会发生什么？

当把气压计拿到高山上时，吸管内的水面会上升。这是由于当我们制成这个气压计时，气压计内外的压强是一致的，使吸管中的水面与小瓶里的水面处于相同高度；把气压计拿到海拔较高的山上后，外界的气压减小，小于塑料瓶内的气压，塑料瓶内外的气压差使得吸管中的水面升高了。

原来是这么回事！

根据实验中气压计的原理，只要测出压强，就可以推算出所在的高度。在飞机上也装有一种叫作气压式高度表的仪器，表盘上刻有指示高度的刻度，指针随着飞机高度的变化而转动，通过大气压强与高度的关系推算出飞行高度，最后由压力高度表显示出来。所以，飞行员只需要看指针指示的数值，就可以知道当时飞机的高度了。

93

奇思妙想玩出创造力

高空中的飞机为何有时会拖着长长的尾巴？

晴朗的天空，一架看起来很小的飞机快速地飞过，后面拖着一条像白绸一样的云带。小朋友看见这种现象，总会禁不住大声叫喊："飞机拉线啦！"其实，这种由飞机"画"出来的云带，叫作飞机"尾迹云"。不过并不是所有的飞机都能制造出这种尾迹云，只有在大气比较稳定，环境温度相当低，且空气湿度接近或达到饱和时，才会形成尾迹云。下面我们就来做一个实验，看看尾迹云究竟是怎样形成的。

★ 好玩的物理 ★

实验工具
玻璃杯
温度计
冰棍

接下来自己动手，来实现好创意吧！

在玻璃杯中倒入半杯温水（温度在40℃左右）。仔细观察杯子上部，有水汽出现。拿冰棍靠近杯口，仔细观察发现，杯口出现了看得见的"白雾"。

到底会发生什么？

温水蒸发所产生的水蒸气，遇到冰棍周围的冷空气后，凝结成极微小的小水滴，形成了杯口的"白雾"。

飞机上为什么有红绿灯？

飞机上也装有红绿灯，它们的作用同地面上的交通信号灯一样，是为了避免发生交通事故。在夜航的时候，要在飞机的左右两侧和尾部开3盏航行灯。从飞行员的位置来看，红灯总是装在左翼尖，绿灯装在右翼尖，白灯装在机尾。如果飞行员看到一架飞机在自己的高度上，且只看到红、绿两盏灯，这说明对方正迎面而来，有对撞的危险了！

原来是这么回事！

高空中的飞机有时会拖着长长的尾巴也是一样的道理，飞机在飞行时消耗燃料所产生的水汽和部分热量随废气排出，遇到周围的冷空气，瞬间凝结成细小的水滴，这就是我们看到的飞机后面的"白尾巴"。

奇思妙想玩出创造力

帆船没有机械动力，它能**穿越大洋**吗？

帆船因船上有一个宽大的帆而得名。不要以为帆船只是一种娱乐性的运动项目，它可是一种古老的水上交通运输工具呢。我们知道，帆船不像轮船、汽艇，它本身是没有机械动力的，但是帆船航行时速度相当快，甚至穿越大洋也不成问题。仅仅依靠看似构造简单的船帆，帆船就可以"乘风破浪"，它是怎么做到的呢？

★ 好玩的物理 ★

接下来自己动手，来实现好创意吧！

用美工刀把纸盒的前部划开（纸盒的作用是阻挡周围气流的干扰）。把2个隔热垫放在纸盒底部。把细沙盛在一个烤盘里，将烤盘放进烤箱用低温加热，家长帮忙再将烤盘取出，置于1个隔热垫上。细沙的作用是保存部分热量，在另一个烤盘里放上冰块，并把盘子放在另一个隔热垫上。点燃一炷香，固定在两个烤盘中间。这时我们会发现烟从盛冰块的冷烤盘吹向了盛细沙的热烤盘。

实验工具

美工刀
隔热垫
纸盒
烤箱
冰块
2个烤盘
香
细沙

到底会发生什么？

从上面的实验中我们发现，烟从冷烤盘吹向了热烤盘，这是因为热烤盘上空由于冷空气不断下沉，暖空气不断上升，循环往复就形成了风。

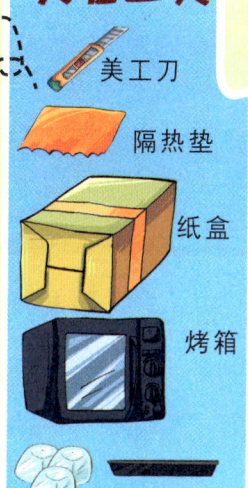

原来是这么回事！

同样，在热带海洋地区，赤道附近炽热的阳光使暖空气上升，进入高空大气层。亚热带冷空气下沉，下沉的空气又流向海面，替代了上升的空气。这种大规模的海风就形成了信风。在过去，远航的帆船都是靠着这种稳定的、可预测的信风为动力，乘着风穿越大洋的。

97

奇思妙想玩出创造力

飞转的轮子有时看上去怎么像在**反向运动**？

汽车快速行驶的时候，常常会给人一种错觉，明明车在向前行驶，轮子却让人感觉在向后旋转，并且这种现象在汽车达到一定速度时才会出现，太慢或太快时都不会出现。那么，产生这种现象的原因是什么呢？让我们通过下面的实验寻找答案吧！

★ 好玩的物理 ★

接下来自己动手，来实现好创意吧！

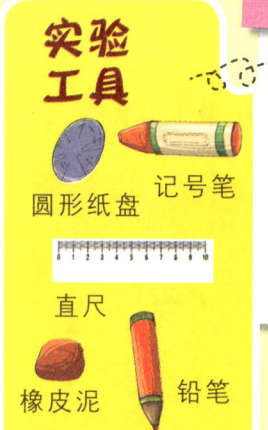

实验工具：圆形纸盘、记号笔、直尺、橡皮泥、铅笔

用记号笔和直尺在圆形纸盘上画出4条经圆心相交的直线。用剪刀在纸盘边缘向圆心处剪出若干长度为小于半径一半的开口，并将剪出的纸面向上折叠。把铅笔插在圆盘中心。再用少许的橡皮泥固定住铅笔。

到底会发生什么？

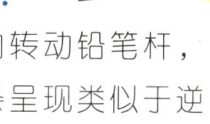

快速沿顺时针方向转动铅笔杆，我们发现纸盘上的线条呈现类似于逆时针转动的变化。

从实验中我们发现，快速沿顺时针方向转动铅笔，纸盘上的线条给我们的感觉却是呈逆时针方向旋转的，我们把这种现象称为视觉暂留。

原来是这么回事！

人眼的视觉暂留是指看到的物体在视网膜上的停留时间，大约是0.05~0.2秒。就像电影以一定速度播放出来后看到的连续的动作，它利用的就是视觉的暂留性。

轮子轮毂外的装饰通常是旋转对称的。当转的慢时，我们能看到它在向前转。当转速快时，眼睛会告诉大脑："轮子图案逆时针往后转了一点"。连续起来就是感觉往后转了。

这就是汽车快速行驶时，轮子看上去是先往前转的越来越快，再缓慢向后转，再过一会儿又缓慢向前转的原因了。

奇思妙想玩出创造力

公共汽车为什么不打开后窗？

在 炎热的夏天里乘坐公交车，即使两侧的车窗全部敞开，汽车的后车窗也依然紧闭。为什么汽车的后窗总不打开呢？让我们从下面的实验中找一找原因吧！

★ 好玩的物理 ★

实验工具

纸条
木板
尺子

接下来自己动手，来实现好创意吧！

在A4纸上剪下一些2厘米宽的细长纸条并摞成一沓。用木板压好纸条的一端，纸条大部分伸出桌面并自然下垂。用宽尺子沿水平方向迅速在纸条上划过。

到底会发生什么？

你会看到纸条伸出桌面的一端向上飘起。

原来是这么回事！

在实验中，当尺子迅速划过纸条时，纸条上方的空气被快速赶走，形成低气压区，四周的空气迅速补充过来，于是纸条顺着空气的流动方向飘了起来。与实验同样的道理，汽车快速前进时，车身刚经过的地方气压低，周围空气会立刻来补充。因此，空气带着马路上汽车扬起的灰尘向汽车后部涌来。所以，为了避免灰尘跑进车里，汽车后面的窗子就不能打开。

为什么地铁上的座位方向与公交车上的不同？

公交车一般采用横排座椅，但地铁上的座位却是"非"字形的排列方式，这是因为地铁座位的设计是以提供最大的旅客承载量为原则的。此种排座方式虽然提供的座位较少，乘坐舒适度也不高，却可以在高峰时提供最大的载客量。

101

奇思妙想玩出创造力

油罐车怎么会拖着条长长的尾巴？

看！拉着躺着的大圆筒的油罐车开过去了，它的尾部总是有一根铁链在地上拖着走。这根多余的铁链好像个长尾巴呀！它到底有什么作用呢？我们做一个实验来了解一下吧。

★ 好玩的物理 ★

接下来自己动手，来实现好创意吧！

把薄一点的白纸剪成若干小碎屑。将塑料尺子在毛料围巾上反复摩擦。用摩擦后的塑料尺子吸白色纸屑。你会看到白色纸屑附着在了塑料尺子上。

实验工具

塑料尺子
剪刀　纸　毛料围巾

到底会发生什么？

实验中的塑料尺子能吸附小纸屑，这是由于静电引起的。静电是物体因摩擦而产生的。在日常生活中，比如晚上脱衣服时，有时在黑暗中会看到电闪光，还伴随有噼啪的声响，这就是静电。

为什么油罐车的车体是椭圆形的？

油罐车的罐体做成椭圆形的，有下列几个原因：①油罐车运送的主要是液体，制成椭圆形可以分散液体对罐壁的压力；②椭圆形的设计与方形相比，可以缩小壁厚，减少材料；③椭圆形罐身还可提高行车的平衡能力，如果做成圆形，车的平衡性就会大大削弱。

原来是这么回事！

原来，汽车在行驶的过程中，油罐里的油不断地和油罐壁摩擦，会产生大量的静电，而轮胎又是不导电的，这样就会使汽车积聚大量的静电。对油罐车来说，小小的火花就能引起一场大火灾，铁链是导体，能使电荷不断地传到地面上，确保安全。

103

> 奇思妙想玩出创造力

为什么自行车骑起来不会倒？

自行车赛场上，赛车手骑着自行车高速飞驰，令人赞叹不已。自行车只有两个轮子，为什么却可以保持平衡呢？

★ 好玩的物理 ★

接下来自己动手，来实现好创意吧！

首先，先将2根牙签剪短，用细线绑成一个"十"字在小木棒上固定。再用强力胶粘牢。把捏成圆柱体的陶土包裹在"十"字结构的小木棒上。用玻璃片将圆柱形的陶土压成圆锥形，做成陀螺的形状。然后再利用画笔、美工刀和彩色的颜料对陀螺进行装饰。最后，等陶土完全晾干后，陀螺制作完成了。

陶土　彩色颜料　小木棒　玻璃片　强力胶　画笔　绳子　剪刀　2根牙签　美工刀

到底会发生什么？

用手转动陀螺或者用绳子抽打的时候，会发现陀螺转起来了。而且抽打速度不用太快，陀螺也会转动很长时间。

原来是这么回事！

实验中我们看到，陀螺旋转起来时，逐渐保持了平衡。这是因为高速旋转的物体具有抵抗任何改变它转轴方向的能力。自行车的车轮在行进中可看作是急转陀螺，也具有这样的性质。再加上车子本身在构造上有其他的平衡机制，对车子的稳定性也起到了很好的协调作用。人的控制让车和人的重心始终落在车和人的中心点上，保持了行进中的平衡，所以自行车不会倒。

怎样才能使陀螺更好地转起来呢？

首先陀螺的外形和材质，一定要尽量均匀、对称。这样可以减小陀螺转轴的摆动，使它转得更久；其次降低陀螺的重心，我们可以在陀螺的底部加些重物，减小外力对陀螺的影响；然后尽可能减小外界摩擦力的影响，要让陀螺表面尽量光滑；最后还要记得在开始时要加大对陀螺的旋转作用力。陀螺起始转速越高，转得越久。

105

奇思妙想玩出创造力

你知道我们平时用的水也带电吗？

可能爸爸妈妈告诉过你，水能导电这一常识。但是，你知道吗？水是带电的。正是因为它带有少量的静电，所以人们在淋浴时才要特别注意电器的使用。如果你还不太明白，就用下面的小实验来证实吧！

★ 好玩的物理 ★

接下来自己动手，来实现好创意吧！

实验工具
羊毛衫
塑料尺

把塑料尺放在羊毛衫上摩擦然后打开水龙头，将水调小一些，水流要保持连续。现在，把塑料尺靠近水流。看看水流发生了什么变化。

到底会发生什么？

当用羊毛衫摩擦过的塑料尺靠近细小的水流时，你会发现水流被尺子吸引过去了。这是怎么回事呢？

原来是这么回事！

实验中经过羊毛衫摩擦的塑料尺带有负电荷，当尺子接近细长的水流时，由于正负电荷会相互吸引，水中的正电荷被吸引了，水流就会朝尺子的方向倾斜。

静电竟然是净化空气的好帮手？

干燥的冬季，我们在穿脱衣服或摸金属器具的时候，冷不丁被静电电得手脚发麻。但别以为，静电就只是个调皮鬼，它对于我们来说，还是有很多用途的。比如，静电可以帮我们净化空气。

根据静电吸附的原理，人们研制出了可以将空气中的微小垃圾、灰尘等除去的装置——空气净化器。它使空气中的小灰尘等带电，然后就将它们粘住了。

107

奇思妙想玩出创造力

你知道钟表指针转动的方向为什么是顺时针吗？

我们每天都会看钟表以确定时间。但是，你有没有留意到，所有钟表指针的转动方向都是顺时针的。这是为什么呢？让我们到下面的实验中去寻找答案吧！

★ 好玩的物理 ★

接下来自己动手，来实现好创意吧！

清晨时，把长木条插在地上，在9点整或10点整的时候，把短木条插在长木条影子所在的位置，然后用绳子把两只木条连在一起。每隔两小时整重复这个操作，做好记录，一直到太阳下山，直到看不到长木条的影子为止。仔细回想一下实验过程，你会发现什么呢？

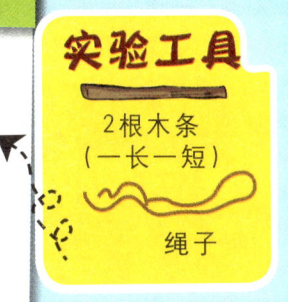

实验工具

2根木条（一长一短）

绳子

▶ 到底会发生什么？

仔细观察会发现，插短木条和拉绳子的顺序是顺时针的。

原来是这么回事！

之所以会出现这样的结果是因为，我们可以利用了太阳的投影方向来测定并划分时刻。中国古代的计时工具——日晷，就是利用了这个原理。

太阳的影子位置的变化与时钟一样。太阳钟是人类最早的钟表，后来世界上第一只机械表的发明者也遵循了这一习惯，使机械表指针的转动方向和太阳钟影子的转动方向（顺时针）保持一致。

中国最早的"时间刻度表"——圭表

圭表和日晷一样，也是利用太阳影子进行测量的古代天文仪器。不过，它的出现可比日晷要早很多年。后来出现的日晷还是在圭表的基础上演变而来的呢。

圭表是测定正午的日影长度以定节令或太阳历年的工具。圭表不仅可以用来制定节令，还可以用来在历书中排出未来的太阳历年以及二十四个节气的日期，作为指导农事活动的重要依据。

奇思妙想玩出创造力

当汽车快速启动或加速时，乘车人为什么不是向前而是**向后倒**呢？

每当你上公交车的时候，售票员总是要说一些请乘客扶稳坐好的话。这些话，你可不要当成耳旁风，因为如果遇到公交车突然加速行驶的情况，你很可能会向后倒去。不过，你有没有想过，为什么汽车突然加速时，你是向后倒，而不是向前倒呢？让我们用实验来找出答案吧。

★ 好玩的物理 ★

接下来自己动手，来实现好创意吧！

实验工具
纸牌
圆铁片
玻璃杯

我们先将纸牌盖在玻璃杯上，再把圆铁片放在纸牌上。然后，我们假设一下：在不碰触圆铁片的条件下，能不能直接让圆铁片掉进玻璃杯里？现在，请你用手指迅速地弹向纸牌，发生了什么事情呢？

到底会发生什么？

用手指快速弹向纸牌或者贴着杯口迅速抽掉纸牌，圆铁片没有随着纸牌移动，而是直接掉进了玻璃杯里。这是因为圆铁片反应"迟钝"吗？

原来是这么回事！

当然不是。圆铁片掉进玻璃杯里是因为惯性。惯性是指物体保持原有运动状态的特性。题目中汽车突然开动或刹车时，乘客的下半身随着汽车一起向前运动，而上半身由于惯性保持静止状态，停留在原处，所以会向后倒。

111

奇思妙想玩出创造力

杂技演员在用椅子搭起的"天梯"上做各种动作,"梯子"怎么不会**塌**呢?

杂技"天梯"是我们国家杂技团的重头戏。节目虽然精彩刺激,但是为什么杂技演员们搭建的梯子看起来明明像是会倒下的样子,而实际上却没有呢?就让我们用实验来了解一下吧!

★专业演员的危险动作,请勿模仿。

★ 好玩的物理 ★

接下来自己动手，来实现好创意吧！

首先，我们把两把叉子固定成"八"字后，将牙签插到"八"的中间位置，要小心不要让叉子松开掉下来。再很小心地把牙签的中间部分搭在水杯边缘上，要稳住自己的手！看看出现了什么奇迹？

实验工具

2把叉子　水杯

牙签

到底会发生什么？

在没有外力的作用下，两把叉子竟然在牙签上保持平衡了。并没有掉下去！

走钢丝的演员为什么手里要拿一根长竿子呢？

走钢丝的演员之所以能够完美地演绎出高超的平衡技巧，除了勤奋练习以外，他们手里拿的长竿子也功不可没。它不仅在一定程度上降低了演员的重心，还能够起到让演员保持身体平衡的作用，让演员可以在高高的钢丝上行走如常。

原来是这么回事！

实验之所以出现这样的结果，是因为两把叉子和一枚牙签这个整体结构的重心，就在牙签的某一个点上。通过这个实验你会发现，这个点刚好在牙签的边缘。从中可见，真正掌握了平衡点，"天梯"这个杂技就没那么难了。

113

奇思妙想玩出创造力

为什么速度越快的汽车，底盘越低呢？

哇！多漂亮的一辆跑车呀，一下子就飞驰出去了，好帅呀！可是，为什么它的底盘那样低呀？速度很快的车子底盘都那么低吗？

接下来自己动手，来实现好创意吧！

把硬纸片剪成一只脚的形状，在其中间钻一个直径0.5厘米左右的小孔。把气球吹大扎紧，然后把气球嘴穿过硬纸片上的小孔。好了，现在把气球高高地抛起来！看看气球是怎样落下来的吧！

实验工具

硬纸片　气球

到底会发生什么？

仔细观察你会发现，气球向下落的时候是"脚"朝下，平稳地落在地上的。就算是气球在空中翻好几个跟头，它还是会这样落在地上。

原来是这么回事！

原来，气球的重心在这个相对更重的硬纸片上。高速行驶的汽车，特别是赛车这种要求速度的汽车，需要尽量地把它们的重心降低。汽车的重心越低，危险系数就越小。高速行驶的汽车在转弯时，可能会由于重心太高而翻倒。而像跑车、赛车这种车辆，由于重心比较低，所以高速转弯的安全性就要高很多。这也就是跑车、赛车等要求速度的车型底盘低的主要原因。

奇思妙想玩出创造力

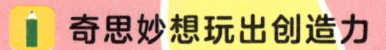

你能想办法"听"到光的**声音**吗？

光 对于人类来说非常的重要。在古代，人们为了追寻光明，养成了"日出而作，日落而息"的生活规律。人似乎生来就熟悉光，但是你知道光也有声音吗？让我们一起想个办法，来听一听光发出的声音吧！

★ 好玩的物理 ★

接下来自己动手，来实现好创意吧！

这个实验最好请家长帮忙。先小心地用锥子在玻璃杯的塑料盖子上钻一个孔，然后用蜡烛的烟把玻璃杯内部一侧熏黑（使这一侧变得不透明）。注意：另一侧必须要保持干净、透明。现在，将玻璃杯的盖子盖上，把盖子上的小孔贴近自己的耳朵，并让玻璃杯透明的一侧对准碘钨灯。仔细听一听，是不是听到了什么声音呢？

实验工具
蜡烛
碘钨灯
玻璃杯

到底会发生什么？

当耳朵贴近盖子上的小孔时，你会听到嗡嗡的声音。

原来是这么回事！

这是由于在光的照射下物体能量增加，局部聚集的能量以热的形式释放出来从而引起周围物质的振动。这就是光声效应。碘钨灯是以交流电作为电源的，发光时产生的热量随着交流电在不断地流动和变化，玻璃杯里空气振动的频率产生变化，于是产生了我们所听到的"嗡嗡"声。

就算不用电，光也是能"发出声音"的！

其实，我们不依靠电，也能听到光发出的声音。因为，科学家发现，用光照射某种媒质时，媒质会吸收光的能量，内部温度会随之改变，这一改变会引起媒质内部某些区域的结构和体积发生变化。当用脉冲光源或调制光源照射时，媒质内部的温度就会升高到一定程度，从而引起媒质的体积胀缩。这样媒质就可以向外辐射声波。这种现象在物理学上被称为光声效应。

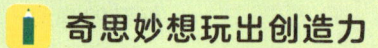

奇思妙想玩出创造力

汽车出现严重故障时为什么仪表盘上的显示灯是**红色**的？

和爸爸一起开车去兜风，是不是很刺激，很有意思呢？仔细看一看，汽车的仪表盘上有很多颜色的指示灯，当汽车出现严重故障时仪表盘上的显示灯却是红色的，为什么会是这样的颜色？做一做下面的实验，你就会明白其中的道理了。

★ 好玩的物理 ★

实验工具

3D眼镜

红色、绿色的塑料纸

接下来自己动手，来实现好创意吧！

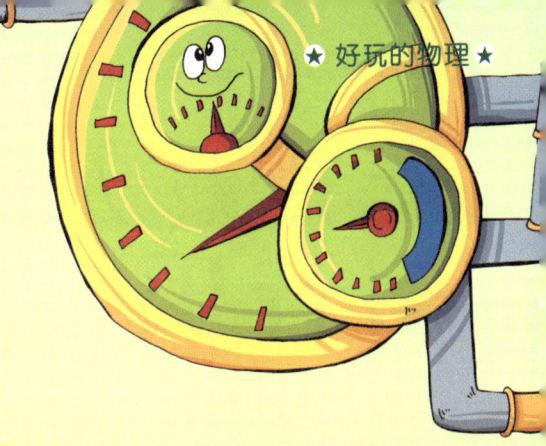

找一个尽可能黑的房间。适应之后，戴上事先准备好的3D眼镜，把红色和绿色的塑料纸挡在眼前。然后把灯打开，看看哪只眼睛看事物时比较模糊？

到底会发生什么？

通过这个实验你可以知道：红色塑料纸挡住的眼睛会明显地看不清楚事物。

原来是这么回事！

之所以会这样是因为，在由黑暗到明亮的过程中，红塑料纸遮住的眼睛的瞳孔会迅速缩小，而被绿色塑料纸挡住的眼睛瞳孔缩小的速度不会这么快。也就是说，红色的光对于人眼的刺激较大。汽车出现严重故障时，仪表盘上的显示灯采用红色就是为了警示司机，这样即使在光线变化的情况下，司机也容易看清楚，引起注意。

119

奇思妙想玩出创造力

你能想办法"看"到音乐吗？

美妙的音乐总是让人听得心旷神怡。但是，音乐再美妙，我们也只能用耳朵来感受它。要是能够用眼睛"看"到音乐，再配上耳朵所听到的，一定是非常好的享受。可是，要怎么才能"看"到音乐呢？

★ 好玩的物理 ★

接下来自己动手，来实现好创意吧！

首先在纸上剪下1个直径约7厘米的圆纸片。像切三角蛋糕一样把圆形纸片剪下一角，这样就能将圆纸片卷成锥形，把锥形粘在纸筒的一端，剪下它的尖部，露出一个小洞。然后把纸筒的另一端用气球皮紧紧地包裹住。用胶带粘好，现在，把这个纸筒放在音响和一根点燃的蜡烛之间，用胶带粘好，尖部对着蜡烛。好了，打开音响播放音乐吧！

实验工具

- 纸筒
- 1张较大的纸
- 气球
- 蜡烛
- 剪刀
- 音响

到底会发生什么？

当音响播放音乐时，你会发现蜡烛的火焰随着音乐的节拍在舞动。

原来是这么回事！

你可不要被实验结果吓到了。那只不过是声波被圆锥形的纸筒集中到了一起，造成局部的空气振动加剧，导致蜡烛的火焰出现抖动。这就是"看"到的音乐声。

音箱的原理

音箱长得方头方脑，它的本领是将电信号转变为机械振动，从而产生声音。音箱的喇叭上有一块振动膜片，振动膜片连接着电磁体的线圈，电信号经过复杂的过程，导致膜片和线圈一起振动，从而带动周围空气的振动，这样就产生了声音。

121

奇思妙想玩出创造力

你发现降落伞顶部有个 洞 了吗？

精彩的降落伞表演使人在愉悦的同时，还感受到些许刺激。很多人只清楚降落伞的用途，却并不熟悉它的构造。如果你仔细观察，会惊讶地发现降落伞的伞盖并不是完整的，它的顶部竟然有一个洞，这个洞有什么作用呢？我们都知道，由于空气阻力降落伞才能很好地发挥作用，那么，这和降落伞顶部的洞有关系吗？让我们用一个小实验，来了解吧。

★ 好玩的物理 ★

实验工具
剪刀　塑料袋　4根细绳　橡皮泥

接下来自己动手，来实现好创意吧!

首先，在塑料袋上剪下一个边长为40厘米的正方形。然后，用4根30厘米长的细线拴在正方形的4个角上，将4根绳打个结。最后，把橡皮泥捏成球状，绑在结的下面。这样，一个小降落伞就制成了。

找一个空旷的地方，将手中的降落伞抛出，观察它的下降情况。在降落伞的中心剪一个直径约2厘米的小洞，再向空中抛出，观察其下落的情况。对比两次观察结果，你会发现什么呢?

到底会发生什么?

通过比较你会发现:伞盖上没有洞的降落伞被抛出后，降落伞左右摇摆不定，并且下降速度很快;伞盖上有洞的降落伞被抛出后，很平稳地降落到了地上。

原来是这么回事!

降落伞在下降的过程中，空气从伞的下方碰到伞的内壁然后向更高的位置，也就是伞顶部继续流动。如果顶部没有这个洞，气流无法从降落伞的上方排出，就会使降落伞下方的气流紊乱，从而导致降落伞无法继续张开或保持平衡。顶部中心有了洞，才能保持降落伞下方的气流顺畅，保持张开，并且平稳地降落。

跳伞的安全高度是多少米?

国内跳伞基地的安全高度一般在3000~4000米之间，跳伞的高度按照人身体所能承受的范围而确定，其中最高的安全高度在5000米。之所以设定降落伞的安全高度，是因为主要考虑到了降落伞的设计、尺寸以及打开速度等，不宜太低，以免降落过程中降落伞来不及完全打开，从而威胁到跳伞者的安全。

图书在版编目（CIP）数据

奇思妙想玩出创造力. 好玩的物理 / 于秉正著. --
北京 : 中国和平出版社, 2021.3
　ISBN 978-7-5137-1941-4

　Ⅰ.①奇… Ⅱ.①于… Ⅲ.①科学知识-少儿读物②
物理学-少儿读物 Ⅳ.①Z228.1②O4-49

中国版本图书馆CIP数据核字(2020)第200570号

奇思妙想玩出创造力 好玩的物理　　　　　　　　于秉正　著

责任编辑	孙蕾蕾
版式设计	百闻文化
责任印务	魏国荣
出版发行	中国和平出版社（北京市海淀区花园路甲 13 号院 7 号楼 10 层　100088）
	www.hpbook.com　hpbook@hpbook.com
出版人	林　云
经　销	全国各地书店
印　刷	阳信龙跃印务有限公司
开　本	710mm×1000mm　1/16
印　张	48
字　数	270 千字
印　量	1~10000 册
版　次	2021 年 3 月第 1 版　2021 年 3 月第 1 次印刷
书　号	ISBN 978-7-5137-1941-4
定　价	216.00 元（全 6 册）

版权所有　侵权必究
本书如有印装质量问题，请与我社发行部联系退换 010-82093832

奇思妙想
玩出创造力
天文地理大探索

于秉正 著

中国和平出版社
China Peace Publishing House

目录

冬天，玻璃窗上的冰花图案为何各不相同？ 2
风为什么会呼呼作响？ 4
雪花、雨滴都是由水形成的，它们到地面的速度为何不一样？ 6
同一场雨，雨滴的大小相同吗？ 8
你有好办法让自己躺在游泳池的水面上看书吗？ 10
人们常说"水往低处流"，为什么泉水是向上冒的呢？ 12
夏天比冬天热，是因为夏天的太阳离地球近吗？ 14
为什么在雷雨天气先看到闪电后听到雷声？ 16
彩虹在什么情况下会更鲜艳？ 18
怎样通过观察云辨别风的方向？ 20
怎样用最简单的方法，知道空气有没有重量？ 22
酸雨对人类有危害吗？ 24
沙漠为什么不是平的，而是有许多沙丘？ 26
沙漠里为何有时会出现海市蜃楼？ 28
闪电能人工造出来吗？ 30
冰雹为什么不会出现在冬天？ 32
为何深秋的早晨会出现霜？ 34
间歇喷泉为何会喷喷停停？ 36
夕阳为何是红色，而不是其他颜色呢？ 38
雷的声音是从哪来的？ 40
天空的雨是怎样形成的？ 42
晴朗的天空为什么是蓝色的？ 44
一年为什么会有四季变化？ 46

下雪后，为何会感到周围特别安静？ 48

自己能制造云吗？ 50

云为什么掉不下来？ 52

地球在自转，我们有什么方法可以证明呢？ 54

高山是怎样形成的？ 56

极光为何会有五彩缤纷的颜色？ 58

石灰岩洞穴里的石笋和钟乳石，为何一个向上一个向下生长呢？ 60

地球如果没有大气层保护，会怎样？ 62

暴露在空气中的岩石为什么会破碎开裂？ 64

火山喷发时，如果站在火山口会看到什么？ 66

为什么冰川会流动？ 68

为什么大西洋会"长大"？ 70

地球可以转得更一些吗？ 72

你知道臭氧层空洞吗？ 74

无风不起浪，上百米的巨浪也是由风引起的吗？ 76

夏天去北极看日出，会是怎样的景象？ 78

海上的冰山，藏在海面下的部分的体积是海面上的几倍？ 80

刚升起来的月亮为什么看起来特别大？ 82

岩石是怎样形成的？ 84

在太空中看星星，和在地球上看星星有什么区别？ 86

天狗吃月亮是怎么回事？ 88

行星会停止转动吗？ 90

我们能看到的"流星雨"，在月球上也能看到吗？ 92

把一碗水放在月球上会怎样？ 94

多数时候，为什么我们用肉眼看不见离太阳那么近的水星呢？ 96

我们能去金星旅行吗？ 98

木星身上怎么会有一块"大红斑"？ 100

千姿百态的土星环是由什么组成的？ 102

太阳系中的行星公转速度，哪个最快哪个最慢？ 104

宇宙中的天体，是离我们越来越远吗？ 106

月球绕着地球转动，为什么我们看不到它的背面？ 108

银河系看上去为何像一片模糊的云？ 110

为什么在漆黑的宇宙，我们能看见太阳？ 112

为什么海王星有的时候距离太阳最远？ 114

火星为什么是红色的？ 116

你会捕捉太阳黑子吗？ 118

彗星为何总是拖着长长的尾巴？ 120

地球在不停地转动，可北斗七星为何总是保持着一个形状？ 122

喜欢天文地理的孩子，一起玩科学，做个科学小达人吧！数百个有趣的观察、实验就藏在本书中！

奇思妙想玩出创造力

冬天，玻璃窗上的冰花图案为何各不相同？

在寒冷的冬季，如果细心观察，我们就会看见在玻璃窗上结有许多美丽的"冰花"。而且，冰花的图案各不相同。这是为什么呢？

★ 天文地理大探索 ★

实验工具
热水
玻璃片

接下来自己动手，来实现好创意吧！

倒入一杯热水，将一块玻璃片悬在热水杯上，让其沾满水蒸气。然后，快速地将玻璃片放入冰箱的冷冻室里，过几分钟后，拿出来看一看会有什么现象。

原来是这么回事！

把带有水珠的玻璃片放进冰箱里，玻璃片上的水蒸气遇冷就会结成冰，变成一朵朵美丽的冰花。由于玻璃有的部分光滑，有的部分毛糙，有的部分特别干净，有的部分却有很多污垢。因此，水蒸气蒙上去的时候，分布就会不均匀，形成的冰花图案也会各不相同。

到底会发生什么？

几分钟后拿出来，会发现玻璃上结了一层冰，并且有类似冰花的花纹。

冰花形成的路径为什么不是直线而是曲线的？

冰花的图案各种各样，都是一束束的不规则的曲线。这是为什么呢？原来这是和水的表面张力有很大关系的。水是由水分子组成的，水分子都有向中心团聚的倾向。在玻璃窗这个平面上，由于水分子不断向中心靠拢，冰花就出现了美丽的曲线。

奇思妙想玩出创造力

风为什么会**呼呼**作响？

当阵阵清风吹过，在带给我们清凉的同时，我们的耳朵还能听到细微的响声。如果遇到大风的天气，风声会变得很大，即使躲在家里也能听到风的吼叫。风为什么会发出响声呢？

★ 天文地理大探索 ★

实验工具

塑料袋
橡皮筋
薄纸片

接下来自己动手，来实现好创意吧！

往一个塑料袋中吹气，并用橡皮筋扎紧袋口。然后用针在袋子上刺一个小孔。将小孔对准桌子上的薄纸片，轻轻挤压袋子，使空气从小孔中喷出，看会发生什么。

到底会发生什么？

塑料袋的小孔对准薄纸片，薄纸片会被空气吹得飘动起来。再将耳朵靠近塑料袋（小孔不对着耳朵），保持一定距离轻挤袋子，耳朵会听到"呼呼"的声音。

原来是这么回事！

用手挤压充满空气的塑料袋，塑料袋中的气压就会升高，并超过外面的气压。这时，气流就会通过袋子上的小孔往外喷出，途中和阻碍它运动的物体（袋口）发生摩擦，这样就发出了声音。同样，大自然中的风声也是这个原理。

为什么台风眼中没有风？

台风眼在台风中心平均直径约数十千米的圆面积内。由于台风眼外围的空气旋转得太厉害，在离心力的作用下，外面的空气不易进入到台风的中心区内，所以，台风眼区域就像由云墙包围的孤立的管子，里面的空气几乎是不旋转的，风力很微弱。

奇思妙想玩出创造力

雪花、雨滴都是由水形成的，它们到地面的**速度**为何不一样？

我们都知道，雪花和雨滴都是水形成的，但是，每当下雨的时候，雨滴总是很快地落到地面上，而每当下雪的时候，雪花在落到地面上之前，要在空中飞舞好一会儿。它们下落的速度为何不一样呢？

★ 天文地理大探索 ★

实验工具

纸

接下来自己动手，来实现好创意吧！

准备两张一样的纸，其中一张纸平铺，另外一张纸揉成团儿。分别用两只手拿着，同时松手，让它们一齐掉落。观察它们下落的速度。

原来是这么回事！

虽然，两张纸所受的重力的作用是一样的，但是，空气对这两张纸的作用却不一样。揉成一团的纸和空气的接触面积小，所受的空气阻力也小，所以下降得快；而展开着的那张纸则和空气接触面积大，所受的空气阻力也大，所以会慢慢飘落。同样，雨滴和雪花虽然都是水，形状却不一样，雨滴会像揉成团的纸一样直接落下来，而雪花却会像实验中的纸片一样慢慢飘落。

到底会发生什么？

我们会看到揉成一团的纸先落地，而另一张纸则慢慢飘落下来。

为什么雪花是六边形的？

雪花的形成过程被称为"结晶"。而冰晶的基本模式是六角棱体，大部分冰晶的雏形也都是六角形的。雪花的形状取决于冰晶穿越大气层时经历的温度、水汽及气流的变化，这些变化是导致雪花形状不同的原因。当更多的水分子与冰晶结合后，会由第一个六角形开始继续向外生长，并基本保持着六角形形状。

奇思妙想玩出创造力

同一场雨，雨滴的大小相同吗？

在炎热的夏天，突然下一场雨，能为人们解去暑热，带来清凉；在干旱的季节，雨还可以把干旱中的庄稼及时解救过来。那么，你是否注意到这样一个现象，即使是同一场雨，雨滴也会有大有小，这是为什么呢？

★ 天文地理大探索 ★

实验工具

雨伞

黑纸

接下来自己动手，来实现好创意吧！

下雨的时候，拿着雨伞和黑色图画纸来到室外，并把黑色图画纸拿出伞外淋雨。至少收集30滴雨滴。然后，把黑色图画纸拿到干燥的地方，观察一下（注意：不要在打雷时这样做）。

到底会发生什么？

淋过雨的黑色图画纸上会有大小不等的斑点。

原来是这么回事！

雨滴是由许多小水珠结合在一起而形成的，而雨滴中的小水珠的数量是不确定的，所以，大小也会不一样。

为什么会出现"东边日出西边雨"这种现象呢？

在夏季，产生降水的云多为雷雨云，这是一种垂直发展十分旺盛，但是水平范围发展较小的云。因为云的体积比较小，所以，它在移动和产生降水时，只能形成一块狭小的雨区。而雷雨云含水量大，降水效率又较高，因此，容易造成雨区内外雨量分布的显著差异。所以，人们有时会发现，这边天空下着雨，不远的天空却是晴空万里。

奇思妙想玩出创造力

你有好办法让自己躺在游泳池的水面上**看书**吗？

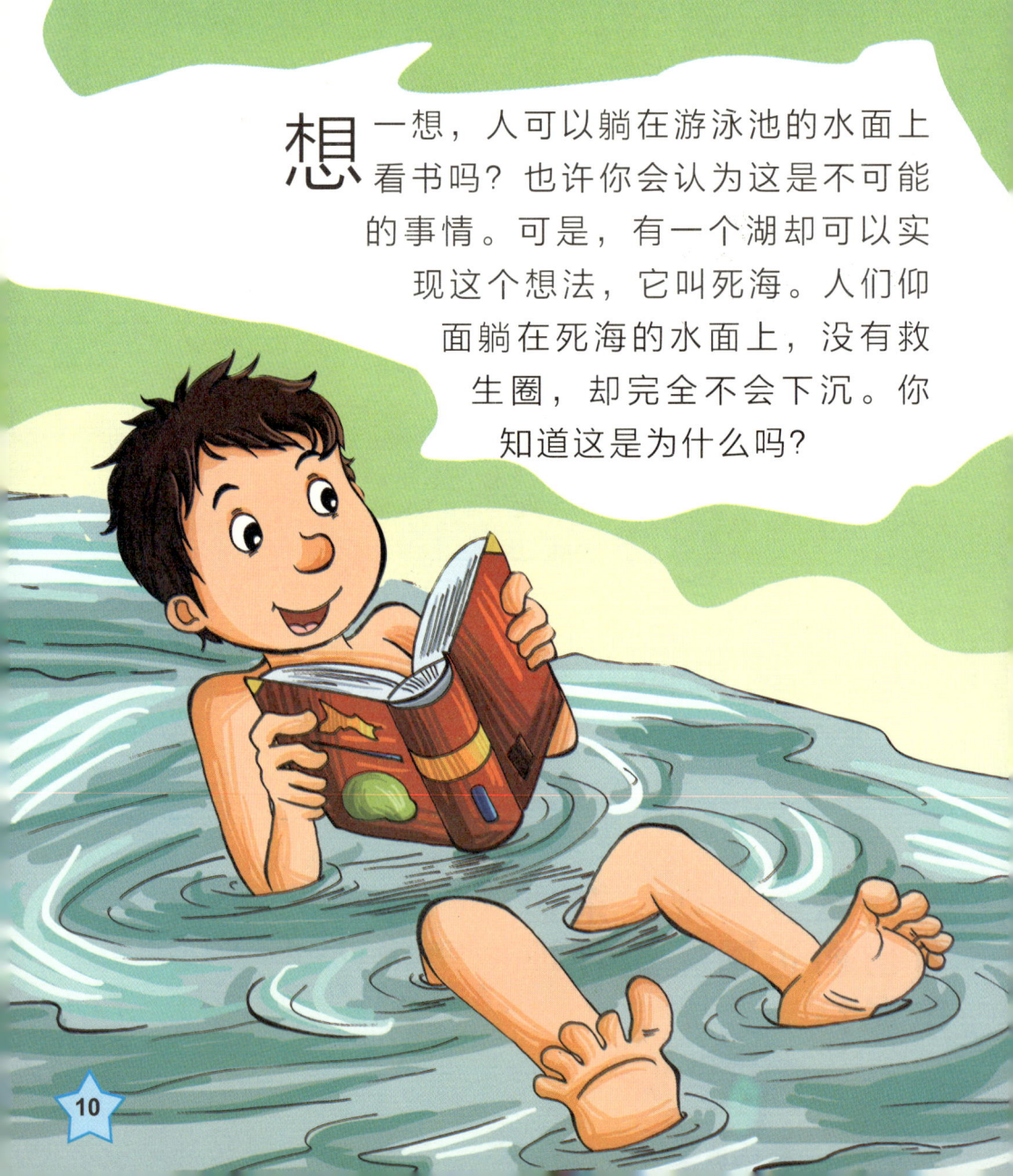

想一想，人可以躺在游泳池的水面上看书吗？也许你会认为这是不可能的事情。可是，有一个湖却可以实现这个想法，它叫死海。人们仰面躺在死海的水面上，没有救生圈，却完全不会下沉。你知道这是为什么吗？

★ 天文地理大探索 ★

实验工具

鸡蛋
盐
杯子

接下来自己动手,来实现好创意吧!

将鸡蛋放入杯内的清水中,直到鸡蛋沉下去。然后,拿一些盐倒入杯中的清水中,用筷子轻轻搅拌,观察鸡蛋在水中的状态。

到底会发生什么?

往清水中不停地加盐,慢慢地,鸡蛋就会浮上水面。

原来是这么回事!

鸡蛋在清水中下沉,是因为鸡蛋受到的重力比同体积的清水大。然而盐水的密度比清水大,排开水的体积相同的情况下,鸡蛋受到的浮力也比较大,因此,鸡蛋浮上了水面。同样的道理,死海的含盐量比一般海水含盐量高5~8倍,它的浮力足以托起人的身体,所以在死海里躺着是不会沉下去的。

奇思妙想玩出创造力

人们常说"水往低处流",为什么**泉水**是向上冒的呢?

平时,我们看到无论是小溪,河水,还是瀑布,这些水都是向低处流。那么,有没有会向上流的水呢?

你见过能燃烧的泉水吗?

位于我国台湾南部的关子岭温泉,由于泉水与天然气同时自岩壁裂缝中冒出来,且气体不容易飘散,一直飘浮在泉水的表面,所以,当遇到火时便立即燃烧起来。

★ 天文地理大探索 ★

实验工具

塑料瓶
卵石
剪刀
沙子
吸管
泥土
橡皮泥

接下来自己动手，来实现好创意吧！

将塑料瓶的上部剪掉，用剪刀在塑料瓶的侧面按适当间隔扎两个孔。把吸管按不同的长度剪成两段，然后依次插入刚扎的孔中，用橡皮泥封好吸管裸露在外面的口。然后往塑料瓶中注水。再将卵石、沙子、泥土依次装进瓶中。取走橡皮泥，打通吸管开口观察会有什么现象发生。

到底会发生什么？

取走封在吸管口处的橡皮泥后，水从插在沙子层里的吸管里流出来。

原来是这么回事！

卵石层在最下面，水不容易到达。而泥土里的水经过渗透就会跑到沙子层，沙子的透水性极好，水非常容易通过沙子。随着水越积越多，凭着强大的压力，水就从沙子层中流出来了。同样，在自然界中，由于黏土层不透水，所以地下水不能自由地流出地面，这些被阻拦的大量地下水，遇到合适的地质就会凭借强大的压力涌出来。所以有些泉水会向上冒出来。

泥土
沙子
卵石

奇思妙想玩出创造力

夏天比冬天热,是因为夏天的 太阳 离地球近吗?

炎热的夏天,火辣辣的阳光照射在身上好像能把人烤熟一样。而到了寒冷的冬天,和煦的阳光就没有夏天那么热了,照在身上会有一种暖洋洋的感觉。是因为夏天的太阳离地球近,所以我们会感到很热吗?

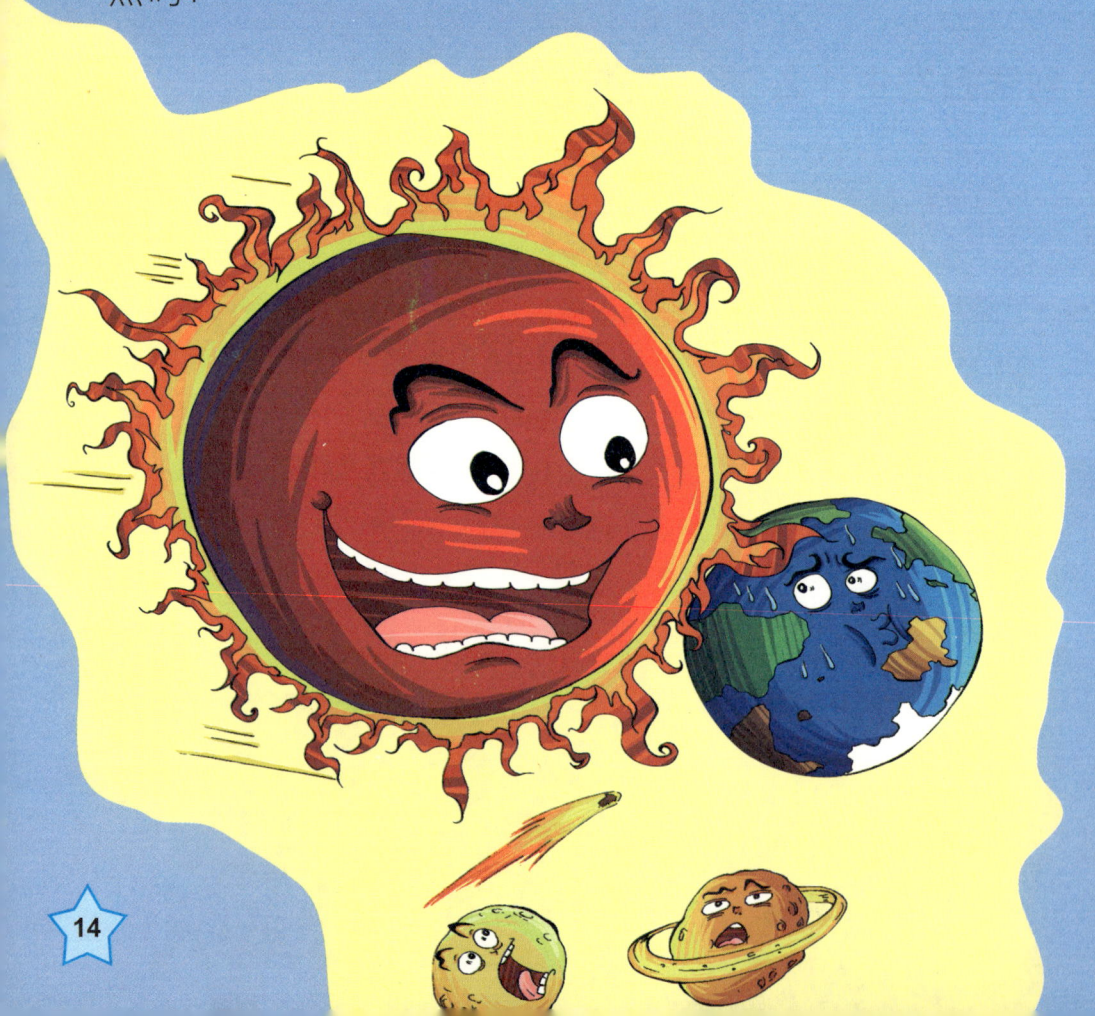

★ 天文地理大探索 ★

实验工具
手电筒
白纸

接下来自己动手，来实现好创意吧！

打开手电筒，将其垂直向下对准纸片，使光线集中在一个圆圈之内。然后让手电筒倾斜，观察手电筒的光线会有什么变化。

到底会发生什么？

你可以看到光线变弱并伸展成一个比较大的面积。

原来是这么回事！

地球绕太阳公转的轨道是一个椭圆形，就像手电筒和纸片的关系一样，太阳光所照射的角度和密度也会随之发生变化。冬天，太阳的高度角变小，太阳光总是斜着照在我们北半球的地面上，能到达地球的能量密度就小，地球获得的总能量也少，所以冬天冷。到了夏天，太阳的高度角大，太阳光几乎是直射大地，北半球获得的能量较多，所以夏天热。

夏天晒太阳皮肤会变黑，冬天会不会晒黑呢？

夏天的时候，人们容易被太阳晒黑。那么，冬天晒太阳也会让皮肤变黑吗？科学家们通过研究证明，阳光中的紫外线会刺激皮肤中的黑色素，导致皮肤变黑。在寒冷的冬天里，阳光虽然没有夏天那么强，但仍会把皮肤晒黑。

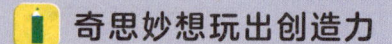

奇思妙想玩出创造力

为什么在雷雨天先看到闪电后听到雷声？

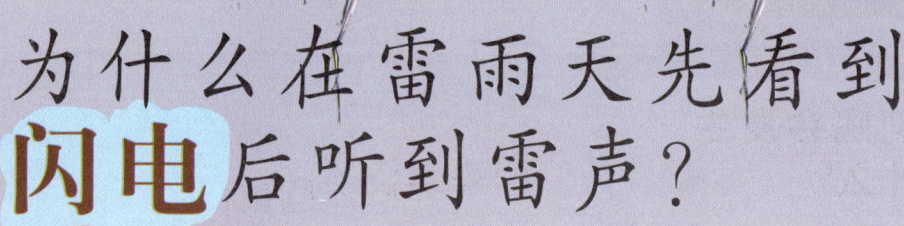

夏天有雷雨天气时，天空中会出现一道道电光，耀眼夺目。在看见闪电后不久，隆隆的雷声随之而来，随后就是狂风大作，大雨倾盆。为什么总是先看见闪电，过一会儿才能听见雷声呢？为什么有时只见闪电没有雷声？

★ 天文地理大探索 ★

实验工具

篮球

接下来自己动手，来实现好创意吧！

请一位小朋友站在和你相距50~100米的地方，然后用力地向地面拍球，让球和地面撞击时发出较大的响声。这时，仔细去听去看，注意你是在什么时候听到球和地面的撞击声的。听到撞击声时，球又在什么位置。

到底会发生什么？

你会发现，并不是球和地面相撞的一瞬间你就听了到撞击声，而是听到声音时，球已跳到了空中。

原来是这么回事！

事实上，闪电和雷声是同时出现的，就像球在原地落地和产生声音是同时的一样。我们之所以先看到闪电后听到雷声，是因为在空气中，光的传播速度快，很快就能被我们看到，而声音在空气中的传播速度相对较慢，过一会儿才会传到我们耳中，所以我们会先看见闪电后听到雷声。

为什么有时只见闪电没有雷声？

光不仅比声音传得快，而且还传得远。如果打雷的地方离我们很远，声音在传播的过程中遇到有高山或者高楼大厦时，可能会被挡住、吸收，也就无法传播了。这时，就只能看见闪电而无法听见雷声。

奇思妙想玩出创造力

彩虹在什么情况下会更鲜艳？

一场雨过后，太阳会钻出云层重新露出笑脸。有时，你会发现在太阳对面的天空中，出现了漂亮的彩虹，像七色桥一样挂在天边。你想过没有，为什么彩虹总是在雨后才出来呢？什么情况下它会更鲜艳？

★ 天文地理大探索 ★

实验工具

白纸
杯子
小镜子

接下来自己动手，来实现好创意吧！

找一扇透着阳光的窗子，在窗边的墙上贴一张白纸。用大杯子盛满水放在阳光下。把一面小镜子斜靠在杯子里（小镜子一半浸入水中）。不断调整镜子的角度，观察一下会有什么现象发生。

到底会发生什么？

通过不断地调整镜子的角度，会看到有一道七色光反射到白纸上。

原来是这么回事！

下过雨后，有许多微小的水滴飘浮在空中，阳光照射到空中的这些水滴里，很多小水滴同时把阳光折射出来，再反射到我们的眼睛里，我们就会看到一条半圆形的彩虹。另外，空气里水滴的大小，决定了彩虹的色彩鲜艳程度。水滴越大，彩虹就越鲜艳。

从飞机上看，彩虹会是什么形状？

我们通常见到的彩虹都是弧形的，其实完整的彩虹是圆形的，如果我们坐在飞机上，就可以看到圆形的彩虹。因为飞机在高空中视野较广，可以看到完整的彩虹。

奇思妙想玩出创造力

怎样通过观察云辨别风的方向？

在天气预报中，风向的预报是必不可少的。在气象站里，有专门测风向的仪器。人们在日常生活中也有很多判断风向的方法。其中，看云测风向是一种简单又准确的方法。你知道怎样通过观察云辨别风的方向吗？

★ 天文地理大探索 ★

实验工具
镜子
指南针
纸

接下来自己动手,来实现好创意吧!

选择一个晴朗有云的天气,在户外,将纸张放在桌子上,并将小镜子放在纸的中央。根据指南针所指的方位,在镜子周围的纸上标记上不同的方位。仔细观察镜子中云流动的方向。

到底会发生什么?

根据镜子中云流动的方向,就可以知道风的方向。

原来是这么回事!

在实验中,可以根据指南针知道云流动的方向,云流动的方向其实就是风运动的方向。在地表的风会由于受到建筑物的阻挡而改变强度和方向,但是在天空中,情形就不一样了。因为没有任何物体的遮挡,风会沿着同一个方向动。因此,云的流动方向就是风运动的方向。

云为什么会有不同的颜色呢?

天空中除了像棉花一样白的云,还有乌黑的云和灰蒙蒙的云。它们之所以颜色不一样,是由于云的厚度不一样。很厚的积雨云,光线很难穿过,看上去就会黑一些;稍微薄一点的云是波状云,颜色是灰色的;很薄的云会显得特别明亮。

21

奇思妙想玩出创造力

怎样用最简单的方法，知道**空气**有没有重量？

空气时时刻刻围绕着我们，没有形状，既看不见也摸不着。它总是轻飘飘的，那么，空气到底有没有重量呢？

★ 天文地理大探索 ★

实验工具

尺子
橡皮泥
气球
大头针
胶带纸
线

接下来自己动手，来实现好创意吧！

准备一把尺子，把橡皮泥黏放在尺子的一端，再吹大一个气球，用线扎紧气球口，将它绑在尺子的另一端。然后在气球口的附近贴一张胶带纸。将线系在尺子的中心，慢慢拉起，不断调整线的位置，使尺子左右两端平衡。这时，用大头针在气球胶带纸处扎一个小孔，然后慢慢把大头针抽出来。

到底会发生什么？

仔细观察会发现，随着气球内的空气不断地漏出来，放有橡皮泥的尺子一端会向下倾斜。

原来是这么回事！

当空气从气球里漏出来后，气球会变轻，因而翘起来。这说明气球中的空气减少了，气球就会变轻。由此可见，空气是有重量的。

既然空气有重量，那么弹簧秤为什么没有变化呢？

由于电子秤、弹簧秤的内部结构也是处在空气之中，内外空气的压强相同，所以弹簧秤不会显示出空气的重量。

23

奇思妙想玩出创造力

酸雨对人类有危害吗？

人们在生产和生活中，会大量使用化学燃料，使用过程中会释放出很多气体。除了二氧化碳之外，还有二氧化硫、二氧化氮等。这些气体溶解在雨中就形成了"酸雨"。你也许会问，雨怎么会是酸的呢？它会对人类造成危害吗？

实验工具

清水
玻璃棒
2支粉笔　柠檬汁
小勺

接下来自己动手，来实现好创意吧！

在一个玻璃杯中倒入2/3的水和一匙柠檬汁，然后用玻璃棒搅拌均匀。另一个玻璃杯中只倒入清水。用大头针在粉笔上分别做上标记"S"（柠檬汁）和"Q"（清水），再将做好标记的粉笔分别放入相应的两个玻璃杯中。放置24小时后，倒出溶液，对比2支粉笔，观察有什么不同。

到底会发生什么？

放入柠檬汁中的粉笔上的"S"由于变软，字迹已模糊不清。而放入清水中的刻有"Q"字的粉笔，字迹还很清晰。

原来是这么回事！

这是由于柠檬中的酸与粉笔中的石灰石反应产生泡沫的结果。同样的道理，酸性雨容易与碳酸钙为主要成分的大理石起化学反应，因此，用大理石等石头建造的建筑物很容易被腐蚀。酸雨还有其他的危害，例如对建筑物、机械和市政设施的腐蚀，以及危害生态系统，影响植物生长，污染水体和大气等。

为什么会下酸雨？

诱发酸雨的物质是硫氧化物和氮氧化物。这些有害物的来源分为两类：一是来源于火山等自然界因素；二是来源于发电厂、工厂和汽车排出的废气等人为因素。

奇思妙想玩出创造力

沙漠为什么不是平的，而是有许多**沙丘**？

说到沙漠，我们联想到的是它的一望无际，而且很荒凉，没有人烟。最可怕的一点是没有水。但是，沙漠也有它美丽的一面，它有着迷人的连绵起伏的沙丘。那么，为什么沙漠不是平的，而是有许多沙丘呢？

★ 天文地理大探索 ★

实验工具

面粉
盘子
吸管

接下来自己动手，来实现好创意吧！

把面粉放在盘子上，铺成薄薄的一层。用吸管从盘子的一端轻轻吹气。然后观察面粉会有什么变化。

到底会发生什么？

仔细观察，面粉在吸管口附近堆积成了"小丘陵"。

原来是这么回事！

实验中，气流主要从吸管内出来并吹动面粉移动，面粉很快在吸管口附近形成了小丘陵。同样的道理，在沙漠里，沙子在风的推动下，源源不断地移动，越过沙丘顶部并向下滑落，最终形成了沙丘。

为什么沙漠会有各种颜色？

沙漠并不只是枯黄色的，不同地区的沙漠，颜色也不一样。它有红色、白色、黑色、黄色等各种颜色。这是因为，沙漠里的沙子主要是由岩石风化而来，而岩石里含有各种颜色的多种矿物质，因此造成了沙漠有各种各样的颜色。

奇思妙想玩出创造力

沙漠里为何有时会出现**海市蜃楼**？

在平静的沙漠里，有时我们会看到远处耸立起亭台楼阁、城郭古堡、绿洲雪山，或者其他物体的幻影，虚无缥缈，宛如仙境，这便是"海市蜃楼"。可是，为什么沙漠里会出现海市蜃楼呢？

★ 天文地理大探索 ★

实验工具

圆铁片
玻璃杯
盆

接下来自己动手，来实现好创意吧！

往一个盆中倒满水，将圆铁片放到其中，用玻璃杯压住圆铁片，并用手压住杯子，使其不晃动或浮起，观察一下，从侧面能看到圆铁片吗？然后，往玻璃杯中倒入水，当玻璃杯中的水和盆中的水一样高时，再从侧面看杯底的圆铁片。

到底会发生什么？

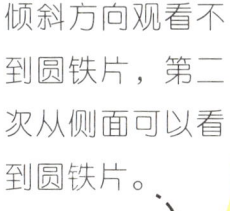

第一次从倾斜方向观看不到圆铁片，第二次从侧面可以看到圆铁片。

原来是这么回事！

当杯中没有水时，光线会在杯壁和水面发生折射，从倾斜方向看不到圆铁片。当杯中的水与盆里的水等高时，光线只发生一次折射，可以看到圆铁片。沙漠里的海市蜃楼，就是太阳光的折射现象。在无风的天气，接近沙土的下层热空气密度小而上层冷空气的密度大。当太阳光从密度大的空气层进入密度小的空气层时，发生了折射，便会将远处的绿洲呈现在人们眼前。

沙漠中的绿洲是怎样形成的？

沙漠环境严酷。但在沙漠中一些地势较低的地方，黄沙之下流淌着地下河，河中的地下水离地面较近，一些沙漠植物就选择这样的地方存活和生长。慢慢地，聚集的植物就可以形成一片沙漠里最富有生机的区域，我们称它"绿洲"。地下水滋养了沙漠上的植物，所以水源是绿洲出现的最重要的原因。

奇思妙想玩出创造力

闪电能人工造出来吗？

夏季，伴有闪电的雷雨天气十分常见。闪电持续时间虽然不长，可短短的几秒钟，你会感到闪电充满力量。科学家们通过科技手段，已经可以人为地制造出小规模闪电。你自己试试能制造出闪电吗？

★ 天文地理大探索 ★

实验工具
针
软木塞
电池
电线

接下来自己动手，来实现好创意吧！

把两根针分别穿过两个软木塞。两段电线分别连在电池的正负极上。用两根电线的另一头分别穿进两个针孔，然后，用手拿着软木塞使两根针的针尖接触，看看会发生什么。

到底会发生什么？

使两根针的针尖相碰，瞬间就会产生耀眼的"闪电"。

原来是这么回事！

电线和电池连接在一起，两根针的针尖就会分别带上正负电荷。当针尖相互接触时，针尖间空隙处的空气就会被击穿，从而发出闪光。大气中存在着静电，静电让云的内部产生电荷分离。然后，云的下部带负电，上部带正电。当带不同种电荷的上层乌云与下层乌云相遇、聚集到一定量时，会产生一种放电现象，这种放电现象就是我们平时所看到的空中的闪电。

闪电的形状为什么是弯曲的？

闪电的形状为什么是弯曲的呢？科学家们经过研究后得知，雷雨天的雨滴带有负电子，这些电子会追寻地面上的正电荷，产生带电离子群，这些离子群的形状是不规则的，所以，闪电的轨迹总是弯的。

奇思妙想玩出创造力

冰雹为什么不会出现在冬天？

炎热的夏季，有时候会下雨，且会有一些玻璃珠一样的东西噼里啪啦地从空中落下来，这就是冰雹。为什么夏季这么高的温度还会下冰雹呢？冬天怎么不会出现呢？

★ 天文地理大探索 ★

实验工具
蜡纸
盘子
放大镜
滴管

接下来自己动手，来实现好创意吧！

剪下一块蜡纸，并把它铺在盘子底部，然后，用滴管在蜡纸上滴5滴相互分开的小水珠。把盘子放进冰箱的冷冻室里，30分钟后取出。便会发现水滴冻成了冰粒，在每一粒冰粒上再滴一滴水，然后，再放入冰箱，如此反复几次。最后用放大镜仔细观察，你会发现什么？

到底会发现什么？

会发现冰粒一半是圆的，另一半是平的。在它的扁平面上，中间有一个乳白色圆形小冰粒，圆形小冰粒外包裹着几圈冰层，这些圆圈状冰层是不一样的，有的清澈透明，有的是乳白色。

原来是这么回事！

冰雹就是以雹胚为中心，然后在它外面一层一层地结冰而形成的。冰雹形成于有强烈上升气流的积雨云中。云里面的小水滴遇到上升气流，会被气流带到一个更冷的地方，在那里结成冰粒，当它们越来越重的时候，就会形成冰雹掉下来。夏天空气又暖又湿，易产生大量快速上升的湿热空气，热空气遇冷冻结，就很容易形成冰雹，而在冬天通常不会。

33

奇思妙想玩出创造力

为何在深秋的早晨会出现霜？

在深秋的清晨，草叶上常常会覆盖着一层白色的结晶，即霜。在初升的太阳的照耀下会闪闪发光，等太阳升高后就会融化消失。霜在深秋清晨的草上和树的枝叶上出现得比较多，你知道这是什么原因吗？

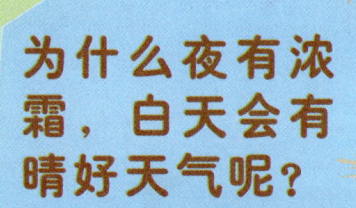

为什么夜有浓霜，白天会有晴好天气呢？

霜是接近地面的水蒸气遇到了导热不好的温度很低的物体，温度下降到0℃以下凝结而成的。凝结成霜需要天空少云，也不刮风，地面温度是0℃以下。凝结成霜的这些条件，正是晴天的一些征兆。所以，一般如果凌晨霜大，第二天就会有好天气。

★ 天文地理大探索 ★

实验工具
冰　纸巾　盐　杯子

接下来自己动手,来实现好创意吧!

在杯子里面装3/4的冰,然后倒入可以淹没冰的水。用纸巾把杯子的外壁擦干净。往杯子里面撒些盐。轻轻地前后摇晃杯子四五次,使水、冰和盐相混合。每过一会儿用指甲刮一下杯子的外壁,连续多刮几次。

到底会发生什么?

在塑料杯的外壁会形成一层薄薄的、很松软的、白色的冰晶。一般在开始计时后15~30秒内出现。两分钟后,这层霜一样的冰晶就会变厚。

原来是这么回事!

当水蒸气遇到一个冰冷的物体时,会直接变成固态凝结在物体的表面,形成一层细小的冰晶,那就是霜。在自然界中,如果凌晨天气晴冷,并且风很小,同时地面的空气相对比较潮湿的话,就常常会形成霜。

35

> 奇思妙想玩出创造力

间歇喷泉为何会喷喷停停？

如今，在公园里、广场上，随处可见各种人工的喷泉。天然喷泉相比人工喷泉显得更加神奇。更为神奇的是有一种间歇性喷泉，它可以喷喷停停，像有什么东西在控制着它一样。为什么会这样呢？

★ 天文地理大探索 ★

实验工具
漏斗
塑料管
罐子

接下来自己动手，来实现好创意吧！

把漏斗倒着放置在罐子中，并把罐子装满水，但水面不要没过漏斗的漏口。把塑料管的一端伸到罐子中，确保塑料管浸在水里。从塑料管的另一端吹气。

到底会发生什么？

当我们向管子里吹气，可以看到水从漏斗的漏口中喷了出来，同时还有大量的气泡伴随而出。

原来是这么回事！

吹气会促使瓶中的空气膨胀，把水推进漏斗，水就会喷向空中。当野外的地下水被加热并沸腾后，水蒸气就会上升到表面来。当这些水蒸气上升到狭窄地方时，就会把里面的水也一起喷出来。间歇泉要在水蒸气的压力足够大时才会喷，等喷发后压力降下来，它就会自己"歇"下来了。有的间歇喷泉几分钟喷一次，有的要好几年才喷一次。

黄石公园为什么多间歇泉？

黄石公园内有一万多处间歇泉，这是地下岩浆运动的结果。岩浆能将地下水加热，使它沸腾，形成大量水蒸气，体积膨胀，产生压力。如果泉水涌出速度过慢，水蒸气会越聚越多，压力越来越大，最终会像火山爆发似的喷出来。当大量水蒸气喷出后，地下的压力减轻了，泉水便恢复常态。等到水蒸气聚集多了，就再一次喷出。

奇思妙想玩出创造力

夕阳为何是红色，而不是其他颜色呢？

当傍晚太阳快要落山的时候，西边的天空布满了彩霞，整个天空和太阳都变成了红色，特别美。为什么夕阳是红色的而不是其他颜色呢？

朝阳为什么比夕阳刺眼？

清晨，太阳突然映入眼帘，我们的眼睛刚开始适应光线，会感到很不舒服，睁不开眼睛，且朝阳是由暗变亮的；相反，到了傍晚，我们的眼睛已经适应了一天的光照强度，且夕阳是由亮变暗的，我们自然就不会感到夕阳刺眼了。

★ 天文地理大探索 ★

实验工具
- 玻璃杯
- 牛奶
- 手电筒
- 白纸

接下来自己动手，来实现好创意吧！

往装有牛奶的玻璃杯中加入少许水，用汤匙搅拌均匀，让大半杯清水与牛奶混合在一起。在黑暗的屋内，将白纸放在杯子后面，用手电筒照射这个玻璃杯。

到底会发生什么？

手电筒的光通过玻璃杯打到白纸上，在白纸上出现了红色的光。

原来是这么回事！

太阳的光和手电筒的光是一样的，都是由赤、橙、黄、绿、蓝、靛、紫7种颜色组成的。当光照到牛奶上时，散布在水中的牛奶颗粒只让大部分的红光通过，其他颜色的光则被大量散射，所以通过杯子后，光就变成了红色。日落的时候，由于太阳光是斜射过来的，穿过大气层的厚度要比白天时大得多，空气中的分子和杂质就像水中的牛奶颗粒一样，也只让红光、橙光等通过，所以天空和太阳看上去都变成了红色。

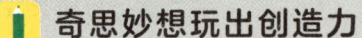

奇思妙想玩出创造力

雷的声音是从哪来的？

轰隆…

有时候，在下大雨之前，天空一片阴暗，而且会传来低沉的"轰隆隆"的雷声，仿佛在提醒人们，要下大雨了！这么巨大的声音是从哪里传过来的呢？

★ 天文地理大探索 ★

实验工具
塑料袋

接下来自己动手，来实现好创意吧！

把塑料袋吹大，并捏紧袋口，用另一只手用力拍击塑料袋。

到底会发生什么？

袋子会被打破，而且发出很响的声音。

原来是这么回事！

用力拍击塑料袋时，里面的空气会迅速地被压缩，产生压力，从而会冲破塑料袋。冲出来的空气会把周围的空气往外推，被推出去的空气会以"波"的方式继续移动。我们所听到的声音，就是那些空气波急速到达耳朵时所造成的。同样，雷声也是空气快速移动的声音。由于闪电会放出能量，把闪电经过的空气迅速加热，被加热的空气则迅速膨胀并猛烈地向四周冲击而产生雷声。

打雷时，可以站在树下躲避吗？

打雷时，千万不可以站在树下面。打雷时的雷电会先击中户外高大树木的树顶。击中后，电流会通过大树进入大地，人如果站在或走在大树附近，就会被电到。

41

奇思妙想玩出创造力

天空的雨是怎样形成的？

本来是晴朗无云的天空，却因为忽然刮起的一阵风，天空被乌云遮盖得严严实实，大雨下得密不透风，忘记拿雨伞的人们为如何回家而愁眉苦脸。天空为什么会下雨呢？

★ 天文地理大探索 ★

实验工具

勺子
暖壶

接下来自己动手，来实现好创意吧！

把勺子放在冷水中，片刻后取出来。打开暖壶塞，把勺子放在壶口上方喷出热气的地方（小心，千万不能让手接近热气）。仔细观察会发生什么。

到底会发生什么？

几秒钟过后，便会有水珠在勺底形成，渐渐越来越大，最后掉下来。

原来是这么回事！

水受热后会慢慢蒸发变成水蒸气。水蒸气在空中遇到温度较低的勺子就凝结成小水珠，于是小水珠会从勺子下面掉下来。同样，雨水是从云里落下来的，云是由无数微小的水滴组成的。这些水滴在云中相互碰撞，合并变大。当水滴大到空气浮力托不住的时候，会形成雨掉落到地上了。

为什么夏天的午后经常有阵雨？

夏天，在晴空万里的日子，地面受到强烈的阳光照射，把近地面的空气加热，越接近地面气温升得越高。午后是地面气温升得最高的时候，因此，强对流运动的发展在这时候最为迅速。如果这时空气非常潮湿，水汽丰富，那么，这一天午后到傍晚就可能会出现雷阵雨。

奇思妙想玩出创造力

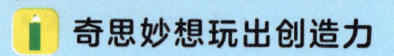

晴朗的天空为什么是**蓝色**的？

晴朗的天气里，抬头望一望蔚蓝的天空，心情会特别好。天空为什么会呈现出蔚蓝色？这是它真正的颜色吗？

★ 天文地理大探索 ★

实验工具

玻璃杯　牛奶

手电筒　汤匙

接下来自己动手，来实现好创意吧！

在玻璃杯中装水，然后把房间里的灯关掉，用手电筒照射杯子，注意，手电筒的光要横向通过水的中心部分。在水中加一滴牛奶，用汤匙搅拌，再用手电筒去照杯子的中央。

到底会发生什么？

我们从被照射的水杯的另一侧看到的是红光，而从垂直于光线的方向看到的却是蓝色（在黑暗处效果更为明显）。

原来是这么回事！

通过实验我们可以得出这样的结论：天空之所以呈现出蓝色，是因为空气分子和其他微粒（就像是实验中的牛奶悬浮颗粒）对入射的太阳光进行选择性散射的结果。散射强度与微粒的大小有关。当太阳光进入大气后，空气分子和微粒（尘埃、水滴、冰晶等）会将太阳光向四周散射。太阳光中波长比较长的红光透射性最大，大部分能够直接透过大气中的微粒射向地面。而波长较短大的蓝、靛、紫等色光，很容易被大气中的微粒散射。因此晴朗的天空是蔚蓝大的。

奇思妙想玩出创造力

一年为什么会有四季变化？

我们都知道，承载着一切生命的地球，是以一定的角度倾斜着的。而地球上之所以有四季，竟然与地球的倾斜有很大关系，那是为什么呢？

★ 天文地理大探索 ★

实验工具
地球仪
台灯

接下来自己动手，来实现好创意吧！

把台灯放在桌子的中央代表太阳，打开台灯，同时关掉房间内的所有光源。将地球仪举起，并按照地球的实际情况将地球仪围着台灯绕一圈，但必须保持地球仪的倾斜度始终不变。在这个过程中，观察光源在地球仪上射点落点情况的变化。

到底会发生什么？

由于地球倾斜角度的存在，光源的直射点只会在地球仪的南北回归线之间移动。

原来是这么回事！

地球仪围绕台灯光源一周，刚好代表地球在宇宙中围绕太阳公转一周。在一年中太阳光的直射点会两次光顾赤道，而南北回归线则各光顾一次。当阳光直射点两次落在赤道上时，就是一年之中的春分和秋分。当阳光的直射点落在北回归线上时，就是北半球的夏季；当阳光的直射点落在南回归线上的时候，则是南半球的夏季。

为什么"数九"天特冷，而"伏天"却特别热呢？

地球在自转的同时以一定倾斜角绕太阳公转。"数九"天时，太阳光线和地面的所成角度达到最小，这时天气就特别冷。而"伏天"时，太阳光线和地面的所成角度达到最大，天气也因而特别热。

47

奇思妙想玩出创造力

下雪后，为何会感到周围特别安静？

一场大雪之后，你会惊奇地发现，周围比平时安静了许多。为什么会这样呢？难道仅仅是因为天气寒冷，人们不愿意出门，才会显得如此安静吗？

实验工具

小闹钟
铁盒
棉花

接下来自己动手，来实现好创意吧！

准备一个小闹钟，然后放在一个铁盒里，盖上铁盒盖子，可以听到闹钟的声音。把闹钟取出来，在铁盒上铺上一层棉花，再把小闹钟放入铁盒里，盖上盖子。试着听一听声音。

到底会发生什么？

在铁盒里加上棉花后，小闹钟的嘀嗒声明显比没有棉花时小了。

原来是这么回事！

新下的雪较为松散，中间有很多小小的空隙，声波很容易进去。就像实验中的棉花一样，很容易吸收外界的声波。因而，下过一场大雪后，大面积的雪可以吸收很多噪音，外界就显得比平时安静了很多。

下雪前和雪化时，哪个显得更冷一些？

冬季里，下雪前，一般暖湿空气比较活跃，所以下雪前或下雪时天气并不很冷。降雪结束，天气转晴，一般都是冷空气比较活跃，气温明显下降。到积雪融化的时候，空气中的很多热量会被吸走，所以，雪化时的天气会更冷一些。

奇思妙想玩出创造力

自己能制造云吗？

晴朗的天空中，天上的白云就像是大朵大朵的棉花，在天空中轻飘飘的。有时候，白白的云朵还会被阳光染上漂亮的色彩。你也许会想，如果自己可以制作出天上的云，那该多好呀，下面，就让我们实验一下吧！

★ 天文地理大探索 ★

实验工具

- 黑色胶带纸 
- 冰块 
- 火柴 
- 玻璃罐 
- 塑料袋

接下来自己动手,来实现好创意吧!

把黑色胶带纸粘在玻璃罐的一侧,在罐中注入一些温水,把冰块放入塑料袋中,扎紧口。划着一根火柴,然后吹灭,一两秒后把火柴放进罐子里,迅速把冰袋放在罐顶上。观察会发生什么。

到底会发生什么?

这时我们会看到瓶子中居然产生了白色的"云",拿开冰袋后,"云"就从玻璃罐里释放了出来。

原来是这么回事!

当罐里的暖空气遇到冰袋时,暖空气被冷却,水蒸气也会随着冷却。水蒸气会变成小水滴,形成了云。同理,天空中的云也是这样形成的。空中的水蒸气附着在微小的尘埃和烟尘颗粒物上,冷却转化成云。

云的形状为什么不一样呢?

云主要有三种类型:卷云、积云、层云。它们的形状为什么不一样呢?因为卷云通常在空气温度非常低的高空,所以它的形状像丝缕一样,很淡薄,在空中划出长长的痕迹;积云很蓬松,它们像棉花团一样,被暖空气抬升到凉爽的蓝天中;层云的形成因素有很多,由于夜间降温或者潮湿气流流入等,多呈灰色或灰黑色。

奇思妙想玩出创造力

云为什么掉不下来？

当我们向头顶上抛篮球时，它会掉下来，这是因为它受到了地球对它的吸引力。那为什么天上大朵大朵的云，就不会掉下来呢？地球对云就没有吸引力吗？

★ 天文地理大探索 ★

实验工具
- 铝箔纸
- 电风扇
- 剪刀
- 橡皮泥
- 硬铁丝
- 塑料盘
- 4支蜡烛

接下来自己动手，来实现好创意吧！

用剪刀将铝箔纸剪成圆形，再把圆形的铝箔纸剪成扇叶的形状。将一个塑料盘倒扣过来，把4支蜡烛用橡皮泥固定在塑料盘底部。把扇叶穿在硬铁丝上，扇叶底部下方的铁丝上粘一块橡皮泥，防止扇叶落下，再把硬铁丝插在盘底中央的橡皮泥上。请家长帮你点燃4支蜡烛，看看发生了什么。

到底会发生什么？

点燃蜡烛后，会发现扇叶旋转了起来。

原来是这么回事！

蜡烛燃烧时，上方热空气的密度会比冷空气小，热空气会不断上升，形成气流，这样就会推动扇叶旋转起来。同理，在太阳的照射下，地面吸收了热量，江河湖海里的一些水会变成水蒸气升到空中，遇到冷空气后，就形成了云。地面上的热空气及水汽不断上升，托住那些云。直到云变成了雨，才会落到地面上。

为什么云有各种不同的形状？

天上的云有时候像棉花，有时候像羽毛，千变万化。云为什么可以变化出这么多的形状呢？原来云的不同形状，是由不同的天气状况决定的。通常块状云是受空气上升运动或是空气在小范围内流动的影响所形成的；波状云是由于天空中空气冷热分布不均匀形成的；而层状云是热空气与冷空气相遇之后的产物。有经验的人可以通过观察云的形态及其变化，来预测天气。

53

奇思妙想玩出创造力

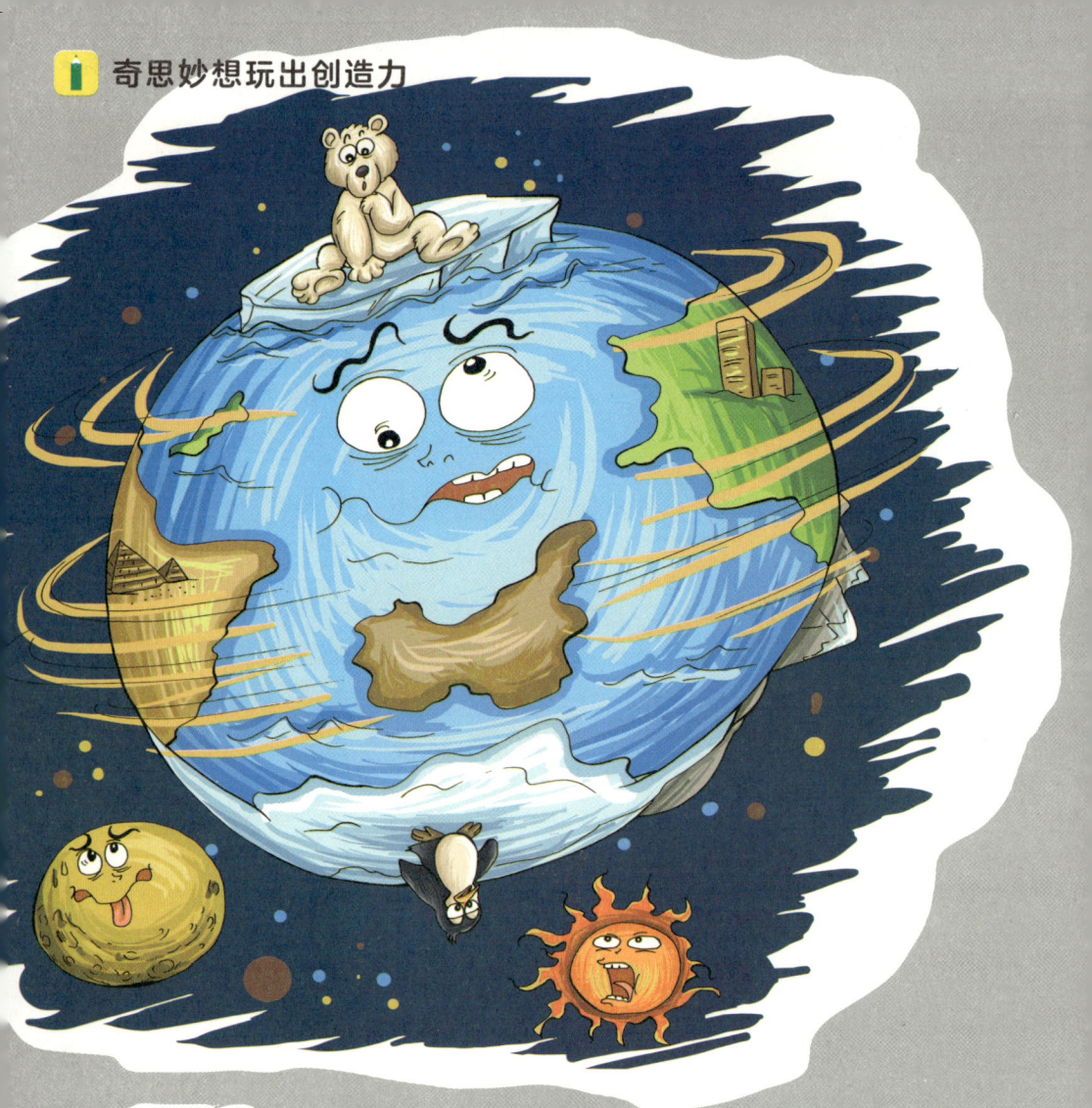

地球在自转,我们有什么方法可以证明呢?

地球每时每刻都在转动,我们站在地球上,为什么却感觉不到它在转动呢?这真的是很奇怪。我们有什么方法可以证明地球在自转吗?

★ 天文地理大探索 ★

实验工具
面盆、铅笔、吹塑纸、薄板

接下来自己动手，来实现好创意吧！

先用铅笔在面盆边缘沿顺时针方向每隔30°做一标记，将其12等分，标明角度。取一张吹塑纸，用刀片剪出一个长纸条。将这个纸条浮于面盆水面上，两端平稳地指向0°和180°。为防止风吹和外界影响，可在面盆上盖一薄板。经过一段时间，轻轻打开薄板，观察吹塑纸条的变化。

到底会发生什么？

打开薄板，你会惊奇地发现，吹塑纸条对着盆边的刻度顺时针"转过"一个角度。

原来是这么回事！

由于面盆随着地表做逆时针方向转动，而浮于水面的吹塑纸条并没有转动。相对于面盆，吹塑纸只是反方向转动了而已。地球非常大，它的引力把我们紧紧地吸引到地面上，就连天上的云、空气也是和地球一起转动的，我们的眼睛没有参考物，所以，感觉不到地球的转动。

地球变暖会导致什么结果？

如果地球一直变暖，到一定的程度后，两极冰川就会融化，全球的海平面就会上升，一些低海拔的沿海城市就会被淹没。而且，地球变暖会引起全球气候异常，由于蒸发增强，土壤的湿度会降低，发生旱灾，加深沙漠化的程度。所以，地球一直变暖，会给世界带来灾难。

奇思妙想玩出创造力

高山是怎样形成的？

地球陆地的表面不是平缓的，有很多凹陷的地方，也有很多高出地面的隆起。如果站在空旷的平地或高楼上远眺，你就可能会看到连绵不断、云雾缭绕的山脉。那么，山脉是怎么形成的呢？

喜马拉雅山原来是在海底吗？

喜马拉雅山是印澳洋板块向欧亚大陆板块冲撞挤压后隆起的巨大褶皱。人们在喜马拉雅山顶上发现了一些水生物化石，这些水生物化石向我们证明了大约3000万年前这里曾经是一片大海。后来，印澳洋板块与欧亚板块相撞，印澳洋板块进入欧亚板块的底部，喜马拉雅山才被不断抬高。

★ 天文地理大探索 ★

实验工具

3种彩色橡皮泥

接下来自己动手,来实现好创意吧!

将3种彩色橡皮泥叠成3层,从两边向中间推挤彩泥层,彩泥层首先向上弓背。然后,继续挤压,观察彩泥形状的变化。

到底会发生什么?

当我们对橡皮泥继续施加压力时,橡皮泥就会发生褶皱,形成"高山"和"低谷"。

原来是这么回事!

我们现在看到的壮观的高山、神秘的山谷等,都是在地壳内部经过长时间缓慢挤压而逐渐形成的,这种活动被称为地壳运动。高山、海洋、峡谷等不同的地貌主要都是地壳运动的结果。

57

奇思妙想玩出创造力

极光为何会有五彩缤纷的颜色？

在地球的南北两极附近，通常会出现各种颜色的美丽的极光。极光有时出现时间极短，像焰火一样瞬间点燃然后瞬间消失；有时却可以在空中闪耀几个小时。也许你会问，极光的颜色为什么会是五彩缤纷的呢？下面我们来做一个实验吧。

★ 天文地理大探索 ★

实验工具

打孔器
纸
气球

接下来自己动手,来实现好创意吧!

先用打孔器在一张纸上打二十几个小孔,把打下来的这些圆形小纸片聚集在一起放在桌子上。然后,将一个气球在自己的头发上摩擦几下,靠近那些圆形的小纸片。这个时候,看一看,小纸片会有什么变化呢?

到底会发生什么?

由于气球与头发摩擦后会产生静电,所以,有的小纸片会粘在气球上,有的甚至还会跳过气球。

原来是这么回事!

如果把这些小圆纸片比作来自太阳的带电粒子流,与头发摩擦过的气球好比地球的磁场。地球的磁场会使高能带电粒子流在地球两极的大气层上飞来飞去。这些带电粒子流与大气中的气体原子相互碰撞,会激发空气中的分子或原子发出各种颜色的光芒,就是极光。所以,极光的颜色是五彩缤纷的。

极光出现在地球的两极,为何不出现在其他地方?

极光通常在南北两极附近出现,很少出现在赤道地区,这是怎么回事呢?原来,这是由于地球的磁极在南北两极附近,从太阳射出来的带电微粒群,也受到地球磁场的影响,所以,极光大多在南北两极附近的上空出现。

> 奇思妙想玩出创造力

石灰岩 洞穴里的石笋和钟乳石，为何一个向上生长一个向下生长呢？

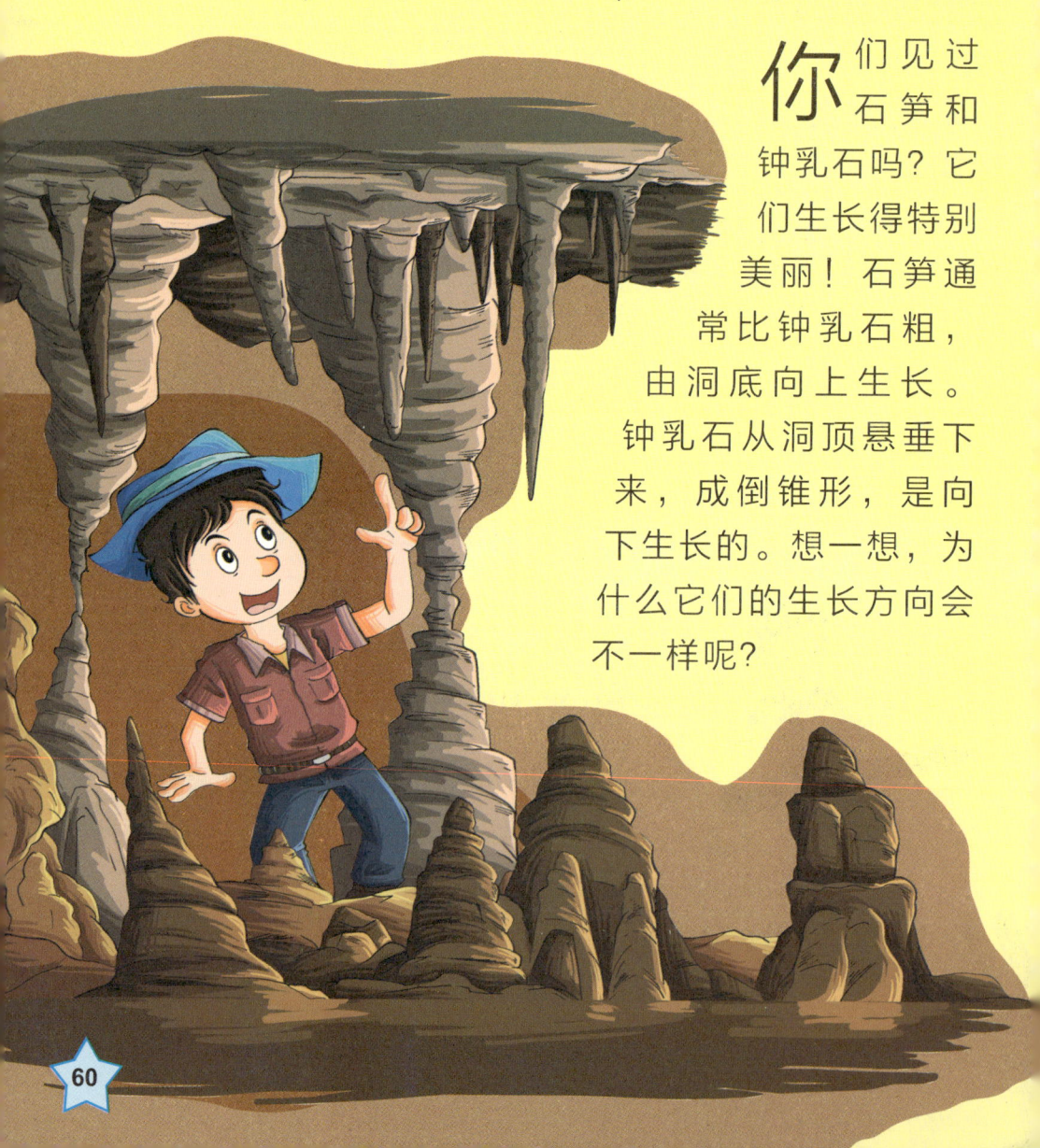

你们见过石笋和钟乳石吗？它们生长得特别美丽！石笋通常比钟乳石粗，由洞底向上生长。钟乳石从洞顶悬垂下来，成倒锥形，是向下生长的。想一想，为什么它们的生长方向会不一样呢？

★ 天文地理大探索 ★

实验工具
玻璃杯
三脚架
酒精灯
石灰水
石棉网

接下来自己动手，来实现好创意吧！

在一个玻璃容器里倒入适量的澄清石灰水，然后用吸管往澄清的石灰水中吹气，观察石灰水的变化，继续往里面吹气，再次观察会有什么变化。用酒精灯给再次变清的石灰水加热，直到水分蒸发完，观察会有什么现象发生。应在家长协助下用酒精灯。

到底会发生什么？

随着不断吹气，石灰水会变浑浊；之后杯里的液体会慢慢变清。水分蒸发完后，杯底留下一种白色物质。

原来是这么回事！

杯底留下的白色物质属于石灰质的沉淀物。形成钟乳石和石笋的就是这种沉淀物质。它们一点点地堆积，就形成了美丽的钟乳石和石笋。溶洞的洞顶有很多裂缝，水滴从裂缝里落下来，然后蒸发掉，日积月累，洞顶上的石灰质就越积越多，形成了钟乳石。水滴从洞顶裂缝里渗落下来的时候，石灰质也会在地面上堆积，这样，就形成了向上生长的石笋。所以，它们一个向上长，一个向下长。

钟乳石为什么能奏乐呢？

首先，钟乳石具有特殊的物理性能；其次，钟乳石的结构为一圈一圈的，其中心有一空管；再次，每根钟乳石内的空心石管大小、直径不等。由于这些特性，使得钟乳石在被敲击时能发出音阶各不相同的声音。

61

奇思妙想玩出创造力

地球如果没有大气层保护，会怎样？

在我们生活的地球表面，覆盖着一层总厚度大约为1000千米的大气层，它就相当于一床厚厚的棉被似的保护着地球。你也许会问，如果没有大气层的保护，地球会怎么样呢？

★ 天文地理大探索 ★

实验工具

2支温度计

塑料袋

接下来自己动手,来实现好创意吧!

把一支温度计放进小塑料袋中,并将这个塑料袋吹大且绑紧袋口。然后,把小塑料袋装进一个大塑料袋中,并将大塑料袋吹大且绑紧袋口。最后,将大塑料袋放在阳光下,在旁边放上另一支温度计,30分钟后,记录下两支温度计的度数。把它们移到阴凉处,30分钟后,再记录两支温度计的度数。

到底会发生什么?

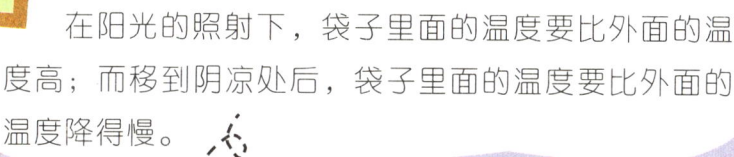

在阳光的照射下,袋子里面的温度要比外面的温度高;而移到阴凉处后,袋子里面的温度要比外面的温度降得慢。

原来是这么回事!

地球的大气层会把白天吸收太阳的热量储存起来。所以,如果没有大气层的保护,地球上白天和夜晚的温差就会很大,生物也会因此无法生存。而且,大气层能提供我们呼吸所需要的氧气,能为我们阻挡紫外线,能形成各种天气的变化等。总之,没有大气层,几乎就不可能有生命的存在。

你知道大气层是怎样形成的吗?

地球大气的演化经历了原始大气、次生大气和现在大气3个过程。其实,在地球刚形成的时候,空气中的主要成分是氢、氦和一氧化碳。后来,在地心引力的作用下,地球内部的空气受到挤压,温度升高,被排到了太空中,其中一部分被地球引力吸引住,飘浮在了离地球表面较近的空间,后来经过漫长的变化过程,最终才形成现在的大气层。

奇思妙想玩出创造力

暴露在空气中的岩石为什么会破碎开裂？

我们的地球本身就是一块大岩石。坚硬的地壳包围在地球的最外面，使地球维持着稳定的外形。但是，暴露在地壳表面的、看似坚硬的岩石，常年裸露在空气中，经过雨水的洗礼会慢慢破碎开裂，这是为什么呢？

★ 天文地理大探索 ★

实验工具

铁丝
盘子

接下来自己动手，来实现好创意吧！

把铁丝团在水中弄湿，然后把弄湿的铁丝团放在小盘子里。几天以后，拿起铁丝团在手中揉搓几下，看一下，你的手上会有什么现象呢？

到底会发生什么？

揉搓几下后，你会发现手上有很多黄黄的铁锈。

原来是这么回事！

原来，揉搓下来的铁锈主要是在水和氧的作用下产生的氧化铁，这个过程就是氧对铁的腐蚀过程。在自然界中，一些岩石里含铁元素的矿物暴露在空气中，经过雨水的冲刷也会发生化学反应，形成氧化铁，这时岩石就不再坚硬，而会像实验中的铁丝那样碎掉。这就是岩石化学风化作用之一。此外，空气中的二氧化碳和水的结合也能使岩石发生化学风化作用。

65

> 奇思妙想玩出创造力

火山喷发时，如果站在火山口会看到什么？

火山喷发和地震一样让人生畏，猛烈的火山喷发会吞噬、摧毁大片土地，造成重大的人员伤亡和财产损失。那么，火山为什么会喷发呢？如果站在火山口会看到什么？

★ 天文地理大探索 ★

实验工具

烧杯、小瓶子、红色染料、洗衣粉、苏打、醋

接下来自己动手，来实现好创意吧！

先把小瓶子洗干净，用烧杯量出这个瓶子能装多少水；再把瓶子埋在沙子中，做成火山的形状，不要让沙子从瓶口掉下去；然后往瓶子里倒入2/3杯温水，加两勺苏打，并充分搅拌。在烧杯里放入适量红色染料和1勺洗衣粉，同样倒入瓶中；最后用烧杯量100毫升的醋，倒入瓶子里（此实验需在家长的协助下进行）。

到底会发生什么？

瓶子中的物质喷了出来，就像"火山喷发"一样。

原来是这么回事！

通过实验，我们模拟了火山喷发时，假如我们站在火山口会看到的岩浆喷出的景象。火山喷发主要是在地球内部压力的作用下发生的，所以尽管我们模拟了其爆发时的样子，但是原理并不相同。

火山都有什么形状呢？

火山的形态多种多样。其中，锥状火山最常见，比如日本的富士山；钟状火山主要由黏性较大的酸性熔岩所形成，是倾斜度高的圆顶火山；还有一种盾状火山，顶部低平且有缓坡，比如冰岛及夏威夷冒纳罗亚火山。

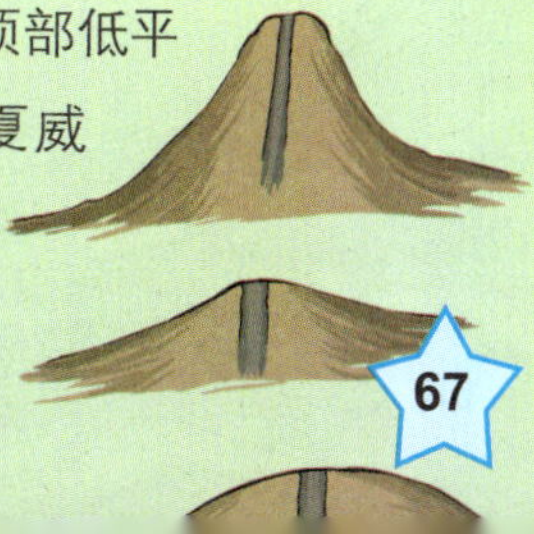

奇思妙想玩出创造力

为什么冰川会移动？

从表面上看，巨大的冰川是静止不动的，其实，冰川会沿着倾斜的方向慢慢地移动，所以，一般来说人们会把冰川称作冰河。那么，冰川为什么会移动呢？

为什么90%的冰川在南极？

我们都知道，冰川形成的地方，年平均气温都在0℃以下，而且被冰川覆盖的地区海拔都非常高。地球上的南极和北极，那里终年严寒，而且南极大部分都是陆地，于是更适合冰川的形成。因此，南极的大部分地区都被冰川覆盖，这些冰就如同一个倒扣在南极大陆上的大锅盖，厚度达几百至几千米。最厚的地方，厚度大概能达珠穆朗玛峰的一半。而北极只有小部分地区适合冰川的形成。

★ 天文地理大探索 ★

实验工具

- 盘子
- 金属架
- 砖头
- 水

接下来自己动手,来实现好创意吧!

往盘子里面装满水,并放进冰箱的冷冻室,直到水完全结成冰。把盘子里的冰拿出来,放在金属网架上面。把砖头(或同样大小及重量的东西)放在冰上面。24小时后,观察冰块的变化。

到底会发生什么?

你会发现冰块从金属网架的间隙中垂下来。

原来是这么回事!

冰河就好像是一个巨大的冰块,当冰块凝结到相当的厚度时,冰的底层会承受非常大的压力,底层的冰会融化成水,水在此时会起到润滑作用。在重力的作用下,冰川产生移动。

> 奇思妙想玩出创造力

为什么大西洋会"长大"?

地球表面的地壳分成若干个板块,大多数板块都分布着陆地和海洋。世界第二大洋大西洋就位于欧洲大陆和北美洲大陆之间,科学家们发现北美洲大陆正在以每年大约3厘米的速度远离欧洲大陆,大西洋正在缓慢地"长大",这到底是什么原因呢?

★ 天文地理大探索 ★

实验工具

A4纸、剪刀、橡皮泥、鞋盒

接下来自己动手，来实现好创意吧！

将A4纸剪出两条8厘米×28厘米的长纸条，在鞋盒底部中间处剪出1厘米×28厘米的缝隙，再将鞋盒长的一边剪个方形口。从鞋盒缝隙处插入两张纸条，盒外部分两张纸条留出8厘米向向反方向折。将橡皮泥揉成铅笔粗细，压在盒外部分两张纸条末端。

到底会发生什么？

在鞋盒里用手夹住纸条慢慢地把纸条向上推，压在纸条上的橡皮泥会离得远来越远。

原来是这么回事！

实验中橡皮泥象征大西洋中脊的旧海底，纸条上升代表着地壳下的岩浆沿着大西洋中脊的缝隙上移。流出来的岩浆涌出海底，会在缝隙两边形成新的岩层，新的海底推动旧的海底，使海底变得越来越宽，大西洋就这样慢慢地"长大了"。

会起"冲突"的板块

地壳下面缓慢流动的地幔会使地球表面的板块发生移动。巨大的板块在移动时会发生推挤、碰撞等变动，这就造成了各种各样的地形景观。喜马拉雅山脉就是印度洋板块撞上欧亚板块时形成的隆起，如果板块撞击挤压，使地壳震动或者裂开的话，岩浆会趁机从缝隙里涌出，就会发生火山爆发和地震。

> 奇思妙想玩出创造力

地球可以转得更快一些吗？

每天，地球都会绕着地轴完整地转一圈，因为转的速度比较慢，并且我们和地球保持相同的速度一起旋转，所以我们不会感觉到地球的旋转。但如果地球突然加快旋转，会发生什么现象呢？我们人类会怎么样呢？

★ 天文地理大探索 ★

实验工具
硬纸板　剪刀　竹签　圆铁片

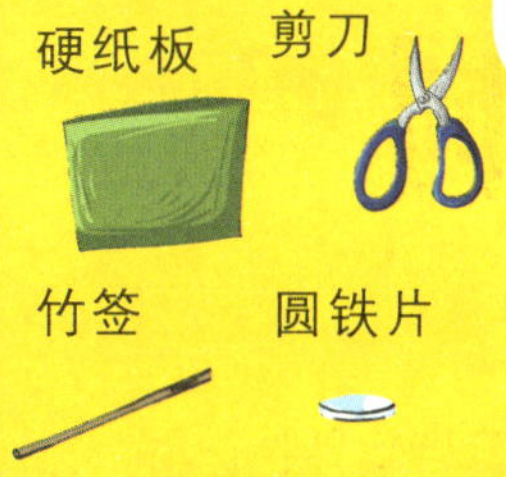

接下来自己动手，来实现好创意吧！

用剪刀在硬纸板上剪下一个圆盘，用竹签穿透圆盘，做成一个简单的旋转盘。在旋转盘接近中心和边缘的地方各放一枚圆铁片。在转动旋转盘之前，先猜测一下哪个圆铁片会先飞出去，开始转动旋转盘。

到底会发生什么？

你会发现，靠近边缘的圆铁片最快飞了出去。

原来是这么回事！

如果地球每天要自转十几圈，那会使赤道上的任何物体包括人类都飞出去。因为赤道就在像实验中那枚远离轴心的圆铁片，它距离地轴最远，而站在北极和南极的人，就像在实验中那枚在轴心上的圆铁片一样，距离地轴近，所以不会觉得有什么不同。事实上，如果地球真转得那么快，海洋和空气都会被抛进太空，更不要说人类了。

转动的地球最终会停下来吗？

你知道吗？转动中的地球由于受到各方面的影响，它转动的速度会变慢。很多人对地球转动变慢的因素做出了各种推断，但是，一直都不能确定地球最终会不会停下来。

奇思妙想玩出创造力

你知道**臭氧层空洞**吗？

到夏天，很多人会用太阳伞防止大量的紫外线伤害皮肤。臭氧层是地球的一把保护伞，它可以吸收太阳照射的98%的紫外线。但是如今，地球南极出现了一个臭氧层空洞。臭氧层空洞是咋回事呢？

★ 天文地理大探索 ★

实验工具
- 矿泉水瓶
- 口香糖

接下来自己动手，来实现好创意吧！

在矿泉水瓶里加大半瓶热水，用口香糖封住瓶口，不要留一点缝隙。把矿泉水瓶稍倾斜，让瓶里的少许热水碰到口香糖。用放大镜观察口香糖的变化。

到底会发生什么？

你会发现口香糖接触到热水后，慢慢失去弹性，逐渐形成了破洞，最后，口香糖裂开了。

原来是这么回事！

我们把瓶子比作地球，热水代表会破坏臭氧层的化学物质，口香糖代表臭氧层。实验中的"臭氧层"受到"化学物质"的侵害，很快就破了个洞。地球上的臭氧层被破坏后，太阳的紫外线就会照射到地面，对人造成伤害。

臭氧层空洞为何在南极特别明显呢？

有一种理论认为，在冬季，南极上空有一个深厚的大气旋涡，旋涡中的空气上升过程中会生成大量的冰晶云，云中的冰晶不断吸收能破坏臭氧层的气体，而且浓度越来越高。一旦南极的极夜结束，阳光照射下冰晶云升温，这种气体迅速释放，就会形成臭氧层空洞。北极没有极地大陆和高山，不能形成强烈的大气旋涡，所以不容易生成"臭氧层空洞"。

> 奇思妙想玩出创造力

无风不起浪，上百米的**巨浪**也是由风引起的吗？

在有风的时候，海上的浪特别大，而没有风的时候，海上的浪花也会有一米多高。海上的巨浪和风有多大的关系呢？上百米的巨浪是由风引起的吗？

★ 天文地理大探索 ★

实验工具

塑料盆

接下来自己动手，来实现好创意吧！

拿一个干净的塑料盆，倒入多半盆水，放在一个非常平稳的桌子上。洗净双手后用左右两手的大拇指，沿盆的边沿对称的两侧，按住边沿用力地有节奏地来回摩擦。

到底会发生什么？

你会发现随着摩擦节奏的不断调整和力度的加大，盆中的水珠就会向上飞溅。

原来是这么回事！

水盆和物体一样，都有自己特定的频率。当左右两个大拇指对称地有规律地按一定距离在盆边沿摩擦，摩擦产生的振动频率和水盆本身的固有频率达到一致时，水盆就发生共振，就会溅起水花。同理，海水通过共振或风的推动作用得到能量，而巨浪的产生要有三个条件：第一，要有一定的风速；第二，海风持续的时间要长；第三，海洋的面积要足够大。

海啸来袭前后，会发生什么现象呢？

海啸来袭之前一般都会出现海面明显下降的现象，同时，海啸冲击波不同于一般的海浪，它的波长很大，当波谷登陆后，要经过相当长的一段时间，波峰才能抵达。这时就可能出现几十米高的海浪，对人们造成毁灭性的破坏。

> 奇思妙想玩出创造力

夏天去北极看日出，会是怎样的景象？

人们对于太阳东升西落这样的自然现象早已习以为常了，而且很多人都喜欢看日出。想象一下，如果在夏天，我们去北极看日出，会是怎么样的景象呢？

★ 天文地理大探索 ★

实验工具
台灯
地球仪

接下来自己动手，来实现好创意吧！

将台灯放在桌子中间，打开台灯，代表太阳。把地球仪拿到和台灯处于同一水平的地方，以稍微倾斜的地轴为中心，一边旋转地球仪，一边绕着台灯走一大圈。拿着地球仪转圈时，注意观察北极在什么时候有光线照射，什么时候是处于阴影中。

到底会发现什么？

北极有一半的时间得不到台灯的照射，这就是6个月的黑夜。

原来是这么回事！

地球是"侧着身子"一刻不停地自转，同时又绕着太阳公转。这就使得在半年的时间里，地球的南极和北极中有一个总是朝向太阳，有一个总是背向太阳。如果你去南极看日出，那么，你在半年左右的时间内都能看到太阳斜挂在天空；但此时，在北极则见不到太阳的踪迹，四周一片漆黑。到了下一个半年，则正好相反。

奇思妙想玩出创造力

海上的 冰山，藏在海面下的部分的体积是海面上的几倍？

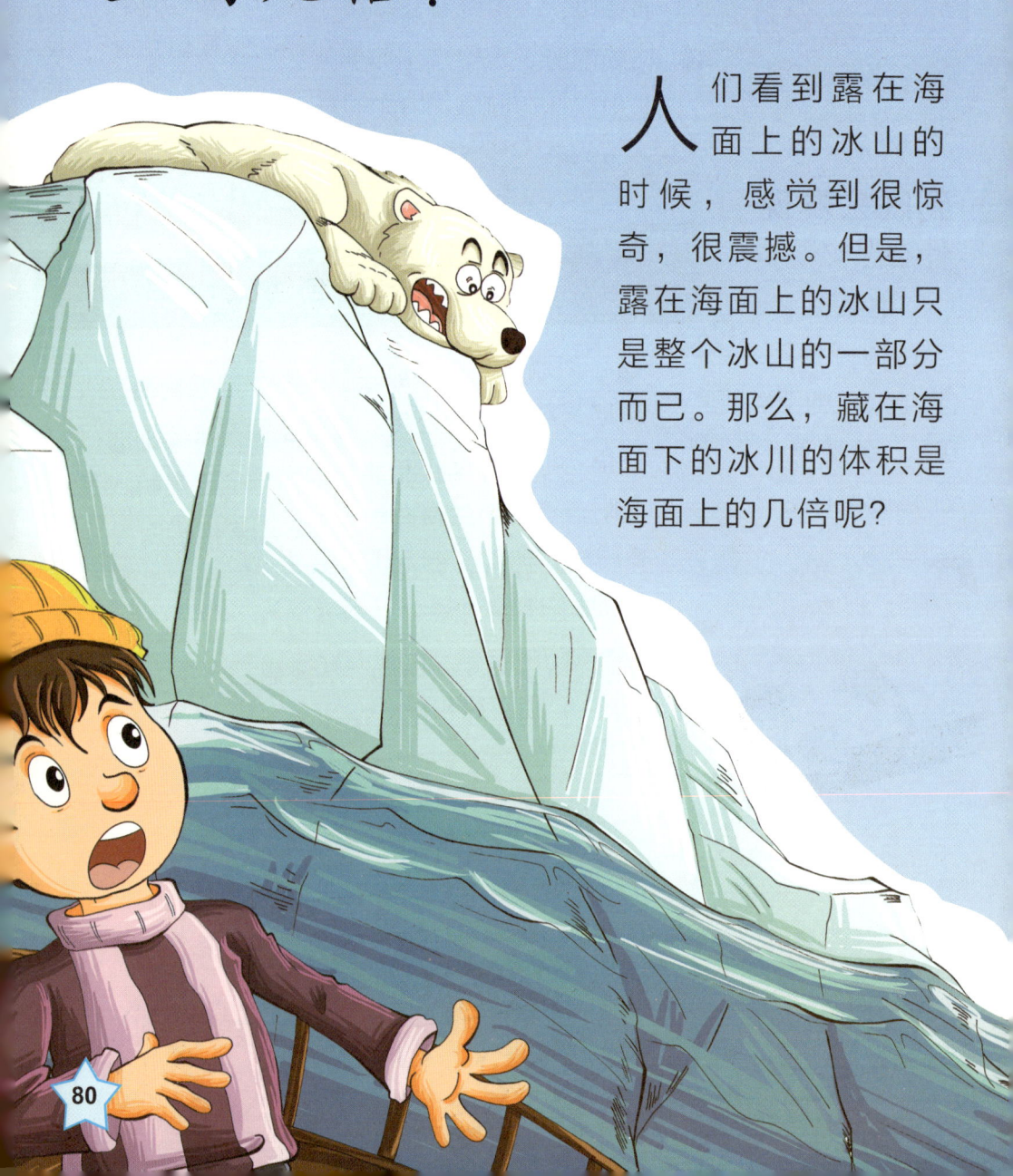

人们看到露在海面上的冰山的时候，感觉到很惊奇，很震撼。但是，露在海面上的冰山只是整个冰山的一部分而已。那么，藏在海面下的冰川的体积是海面上的几倍呢？

★ 天文地理大探索 ★

实验工具

冰盒

杯子

接下来自己动手，来实现好创意吧！

往冰盒的小方格中倒入一些水，然后将其放入冰箱冷冻室中。在一个玻璃杯中倒入适量的水，将冷冻室的冰盒取出，把里面的冰块放入玻璃杯中。观察水杯里的现象。

到底会发生什么？

你会发现只有一小部分冰露出了水面，绝大部分冰块都在水下。

原来是这么回事！

坚硬的冰之所以没有完全沉入水底，还有一部分露在水面，是因为冰的密度要小于水的密度。这也是自然界中的巨大冰川会在大海中漂浮的原因。

所以实际上，冰山的体积比我们所见到的要大得多。在海面以下，还藏着大约有海面上露出部分9倍大的冰山主体。水下冰山能向周围延伸出很远，所以轮船往往在距肉眼可见的冰山很远的地方，就可能会撞上冰山。

北极和南极大陆的冰山形状有什么区别？

南极大陆上的冰川属于大陆冰盖，它下面的陆地起伏不大，而它的冰层极厚，冰川的起伏也比较小，比较平坦。而北极冰山属于山岳冰川，它下面的地形起伏比较大，冰层厚度也比较薄，形态上更像我们平常所见的山。

81

> 奇思妙想玩出创造力

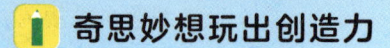

刚升起来的**月亮**为什么看起来特别大？

月亮和太阳一样，也会东升西落。如果仔细观察，你就会发现，刚升起来的月亮看起来特别大，到了午夜似乎月亮就变小了。这是怎么回事呢？

★ 天文地理大探索 ★

实验工具
卡纸
刻刀
小木棒
瓶盖

接下来自己动手，来实现好创意吧！

在一张硬卡纸上用笔沿着瓶盖画个圆形能够，然后，用刻刀将小圆形挖空。用胶带吧硬卡纸粘在小木棒上。透过硬卡纸上的小孔观察月亮。当眼中的月亮与小孔一样大时，记下眼睛到小孔的距离，并以同样的距离观察不同时候的月亮

原来是这么回事！

我们看到刚升起来的月亮特别大，其实，这是一种错觉。月亮刚升起的时候，我们的眼睛很自然地拿它和地平线上的建筑物做比较，且月亮光线透过地平线大气后，看上去不耀眼。就会觉得月亮特别大；等月亮高挂在空中的时候，月亮的大小就没有了参照物，所以，我们就会觉得月亮小了一些。

到底会发生什么？

确定了眼睛到小孔的距离后，无论你什么时候观察月亮，比较他们大小会发现，不同位置的月亮都差不多大的。

83

奇思妙想玩出创造力

岩石是怎样形成的？

在日常生活中，有很多用岩石制成的东西，也有很多稀有金属都是从岩石中提炼出来的，那么，你也许会问，岩石是怎样形成的呢？

★ 天文地理大探索 ★

实验工具
塑料小瓶　油
烧杯
大头针

接下来自己动手，来实现好创意吧！

在烧杯内注入半瓶水，再往塑料小瓶里灌满油。用大头针在塑料小瓶的盖上扎5个小孔，在塑料小瓶的盖子上扎入大头针。捏着大头针，将塑料小瓶推入烧杯底部，观察现象。

到底会发生什么？

油滴从塑料瓶盖的小孔中冒出来，升到烧杯的水面上，然后漂浮在上面。

原来是这么回事！

因为油的密度比水小，所以，油滴会漂浮在水面上。同理，地球内部温度很高，岩石受热之后，会变成液状的岩滴，随着地球的运动。它在向地表挤伸的过程中，其热量也不断软化地壳，当发展到一定程度的时候，它就会突破重重障碍，到达地表冷却后形成岩石。

为什么海底会有岩石？

在蔚蓝的大海上，海水中的杂物和泥沙经过一层一层地沉积，之后会落在海底。这些沉积物经过很长时间的积压作用，就慢慢变成了海底的岩石。这种岩石叫沉积石，也叫水岩石。

奇思妙想玩出创造力

在太空中**看星星**，和在地球上看星星有什么区别？

在晴朗的夜晚，当我们仰望星空时，会看到满天星星一闪一闪，好像在眨眼睛。你有没有想过，在太空中看星星会是什么样子的呢？

★ 天文地理大探索 ★

实验工具
空纸盒子
驱蚊器
钉子
手电筒

接下来自己动手，来实现好创意吧！

在空纸盒的一侧用钉子扎几个小孔。把手电筒打开并放入盒中，将盒盖好，除了小孔外不会有光线射出来。把盒子放在驱蚊器的侧上方，关上房间的灯，观看一下会有什么现象发生。

到底会发生什么？

关上房间里的灯，你可看到从驱蚊器上升起的热空气使得从盒里射出的光一闪一闪的，像星星一样。

原来是这么回事！

驱蚊器上升起的热空气相当于地球的大气层，而从小孔里射出的光线就相当于我们看到的星星。大气中不同地方空气的疏密程度不一样，并且，空气总是不断地流动。光是直线传播的，当它通过不同密度的大气层时就会发生折射，这就使得星星的光线通过大气层时一会儿强，一会儿弱，传到我们眼睛里，就会觉得星光忽明忽暗，一闪一闪的。但在太空中，由于没有大气的阻挡和干扰，所以看到的星星格外明亮且不会闪烁。

满天的星星一闪一闪的，可月亮为什么不会？

由于星星离地球很远，它的光传过来通过大气层的折射和反射，看起来就会变得一闪一闪的了；而月亮离地球很近，所以它的大部分光到达地球的时间很短，即使小部分光被反射或折射，大部分光依然可以看见，所以月亮不会眨眼睛。

87

奇思妙想玩出创造力

天狗吃月亮是怎么回事？

在我国古代，有"天狗吃月亮"的传说，难道真的是天狗把月亮吃了吗？如果不是的话，这又是什么现象呢？

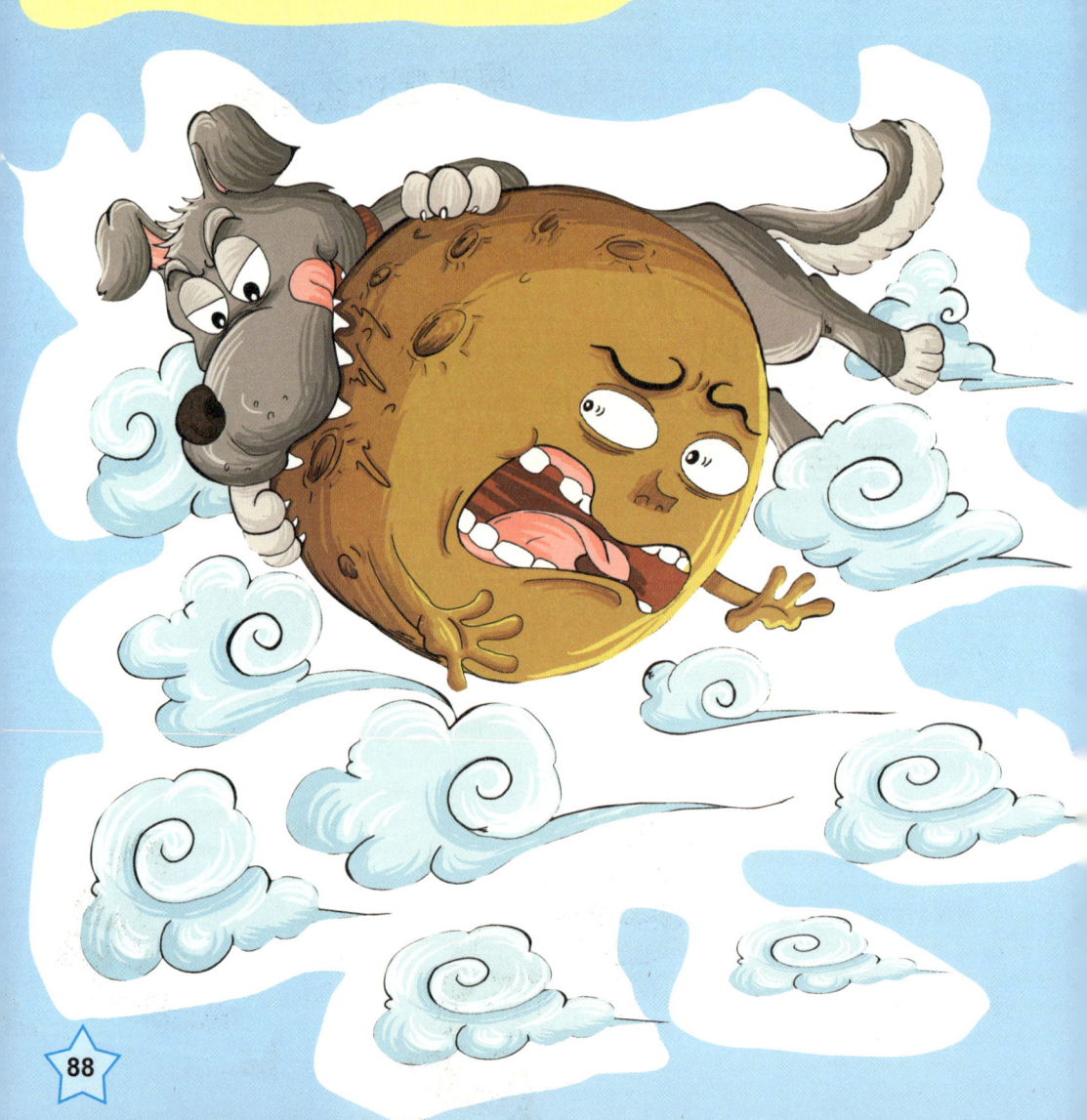

★ 天文地理大探索 ★

实验工具

手电筒

大球和小球

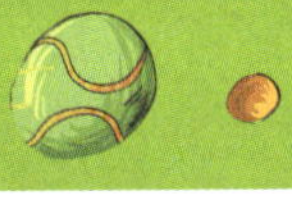

接下来自己动手，来实现好创意吧！

手电筒代表太阳，大球代表地球，小球代表月亮。把手电筒放在桌子上，垫上1~2本书。将大球放在手电筒与小球的中间，三者呈一直线。打开手电筒，照射两个球。细观察，看三者处于直线状态下时会出现怎样的现象。

到底会发生什么？

第一次的时候，会看到大球挡住了手电筒照向小球的光，移动小球可以看到小球一部分可以接受光线，另一部分光线被大球影子挡住了。

原来是这么回事！

当太阳、地球、月球处于同一条直线时，地球挡住了太阳照向月亮的光，这时就会发生月食。

能不能白天看到月亮？

地球一直在不停地转动，在这个过程中，被太阳光照射到的地方会比较亮，这就是我们所谓的白天，在白天，即使有月亮我们也看不到，因为太阳光太强烈，月亮在天空中就显现不出来了。

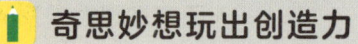

奇思妙想玩出创造力

行星会停止转动吗？

行星自身不发光，它们都和地球一样，环绕着恒星运转，日复一日，年复一年。行星会不会有一天突然停止运动呢？

★ 天文地理大探索 ★

实验工具

盘子
弹珠
笔
图画纸

接下来自己动手，来实现好创意吧！

把盘子放在图画纸上，画一个和盘子一样大小的圆形，然后将圆形剪下。把盘子放在水平的桌子上或地面上，把剪下的圆形图画纸放在盘子里。将弹珠放入盘内，让弹珠沿着盘壁滚动。将图画纸拿掉，再让弹珠滚动。

到底会发生什么？

你会发现将盘内的图画纸拿掉后，弹珠滚动得较快、较久。

原来是这么回事！

当盘子内铺有图画纸时，弹珠与图画纸之间会有摩擦，所以，弹珠会很快停止转动；相反，拿掉图画纸后，摩擦力变小，弹珠滚动的会较快时间较长。同样的道理，在宇宙空间中的行星因受到摩擦力很小，并且恒星的质量比它大得多，且有很强的吸引力作用。所以，它们不会停下来，会一直绕着恒星运动。

奇思妙想玩出创造力

我们能看到的"流星雨",在月球上也能看到吗?

晚上,我们抬头看浩瀚的星空,有时会很惊奇地看到美丽的流星雨。流星雨出现的时间很短,但很美丽。我们在月球上也可以看到流星雨吗?

★ 天文地理大探索 ★

实验工具
铁砂
磁铁
硬纸板

接下来自己动手，来实现好创意吧！

把铁砂倒在硬纸板上，并均匀地摊开。然后将磁铁放在硬纸板下面。铁砂在纸板上呈放射状态分布。观察铁砂的变化。

到底会发生什么？

让磁铁从下面接近硬纸板时，铁砂便会向中间聚集。

原来是这么回事！

流星体是浮游在宇宙空间的宇宙尘粒和固体块等物质，就像实验中散开的铁砂。当流星体接近地球时，就会被地球的引力吸引过去，进入大气层。由于流星体的运动速度非常快，因而会和空气分子发生剧烈的摩擦，导致其温度升高燃烧发出光，也就是"流星"了。而月球上没有大气层，就算有太空物质撞向它，也不会有大气摩擦，所以，是不会看到流星雨的。

流星会撞到地球上吗？

流星撞到地球的可能性很小。因为流星能撞到地球必须符合两个条件：一、只有地球恰好在流星经过的轨道上时，才有可能被撞到，而很多流星其实只不过是和地球擦身而过；二、流星要足够大，不然穿过大气层时的大气摩擦便足以把它消灭掉。

奇思妙想玩出创造力

把一碗水放在月球上会怎样？

在炎热的夏季，如果你将一碗水放在室外，过几个小时以后，水的温度会升高。但是，如果把一碗水放在月球上，会发生同样的情况吗？

月球上大大小小的坑是怎么回事？

月球表面的大气很稀薄，所以很容易受到外太空陨石和宇宙固体块的撞击。撞击后就会形成大大小小的坑，天文学家们称之为"环形山"。另一方面月球表面的质地比较松软，所以，环形山的面积也较大。

★ 天文地理大探索 ★

实验工具

黑色卡纸

2支温度计

铝箔纸

台灯

接下来自己动手，来实现好创意吧！

把台灯打开，照射黑色卡纸，将2支温度读数相同的温度计放在黑色卡纸上面。10分钟后，记录两支温度计的度数，发现它们的温度相同。然后，取出一支温度计，放在铝箔纸上，让它们继续接受光照。几分钟后，再对比两支温度计。

到底会发生什么？

你会发现放在铝箔纸上的温度计的温度比放在黑色卡纸上的要低。

原来是这么回事！

因为铝箔纸会反射掉大部分的灯光，所以，其上的温度计的读数会比较低。同样，地球大气层在白天也会反射掉大部分的太阳光，因此，地球温度不会太热。而月球没有大气层的保护，可以完全接受来自太阳的热量，所以，月球白天的温度比地球高很多。如果在月球上放上一碗水，水会很快沸腾起来。

> 奇思妙想玩出创造力

多数时候,为什么我们用肉眼看不见离太阳那么近的**水星**呢?

水星是太阳系中距离太阳最近的一颗行星。但是,人们一直以来没有办法真正用肉眼观测到水星表面的情况。它离太阳那么近,应该有足够的光可以照射到它,但为什么人们观测不到它呢?

★ 天文地理大探索 ★

实验工具

铅笔
台灯

接下来自己动手，来实现好创意吧！

▲ 在一个光线较暗的房间里，打开一盏台灯，将光源面对自己（注意：请不要直接盯着灯泡，因为这样眼睛会很不舒服）。然后拿一支铅笔，并将铅笔上印有字迹的一面对着自己，伸直胳膊，将铅笔与台灯之间的距离调整为大约15厘米左右。观察铅笔上的字迹。

到底会发生什么？

由于铅笔背后的台灯光线太强，所以我们无法看清铅笔上的字迹。

原来是这么回事！

▲ 同样的道理，在太阳系中，水星的体积达不到太阳的一半，而且，由于太阳的光亮很强，太阳耀眼的光芒会掩盖住比它小很多的水星的踪影，所以在大多数时候，仅凭一双肉眼，人们很难发现太阳身边的水星。只有少数时间段可以看到，例如早晚。

在水星上看太阳，会怎样？

水星是距太阳最近的行星，按88天的周期绕太阳一周。由于它比地球距太阳近得多，所以，在水星上看到的太阳大小是地球上看到的太阳大小的2~3倍，光也增强10倍左右。

奇思妙想玩出创造力

我们能去金星旅行吗？

我们可以去地球上很多美丽的地方旅行。但是，你想过去金星旅行吗？金星可是一个火辣辣的地方。所以，如果你想要去金星旅行，就要做好充足的心理准备哦。

实验工具

2支温度计

广口瓶

接下来自己动手，来实现好创意吧！

先将一支温度计放在广口瓶里，然后盖上盖子。将这个广口瓶与另一支温度计一起放在阳光下。静置20分钟以后，观察2支温度计的读数有什么不同。

到底会发生什么？

结果显示，瓶子里温度计的读数要高于瓶子外温度计的读数。

原来是这么回事！

当太阳辐射到达金星表面，大部分的热量被金星大气吸收。吸收了热量的金星大气又以红外线的方式向外辐射，但由于金星表面的大气主要是二氧化碳，辐射中的红外线无法穿透，就像实验中的那个瓶子。所以，金星表面的温度很高。科学家们通过观测发现，金星的表面温度最低为465℃，最高为485℃。看来，我们去金星旅游的想法不好实现啊。

奇思妙想玩出创造力

木星身上怎么会有一块"大红斑"？

看到木星的人一定对它那五彩斑斓的外表惊叹不已，不同地区的气体的温度和成分不一样，因此颜色也就不一样，在木星上存在一个巨大的红斑，你知道它是怎样形成的吗？

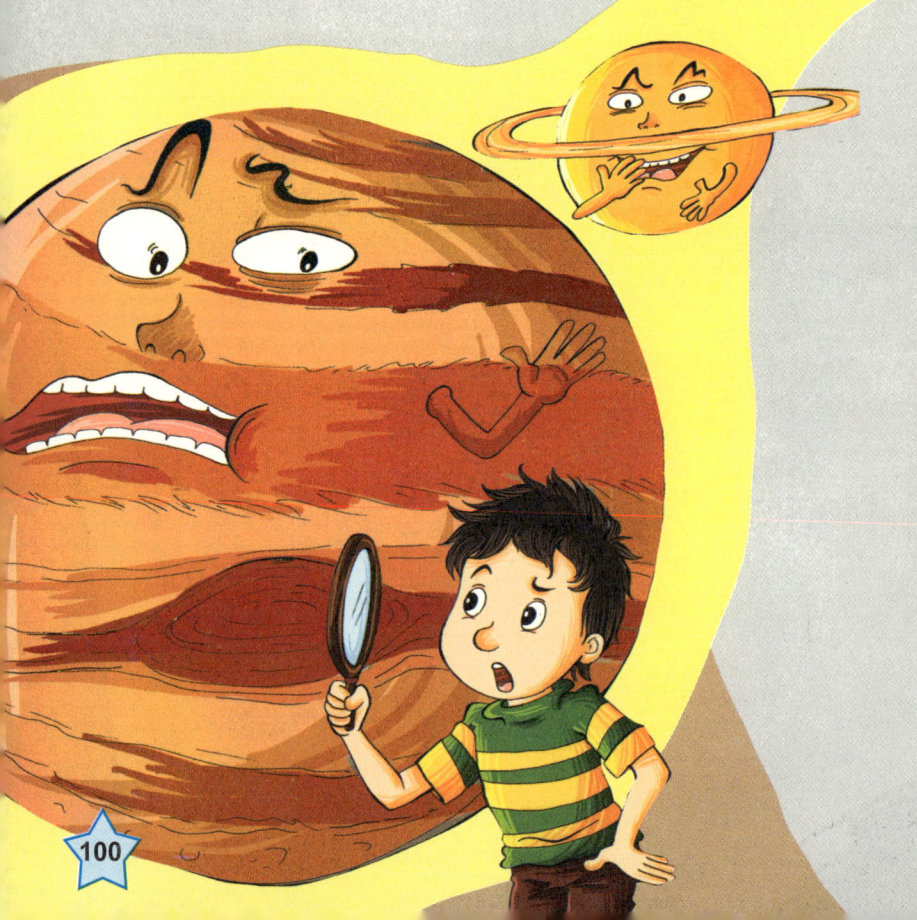

★ 天文地理大探索 ★

实验工具

广口瓶
铅笔
袋装茶

接下来自己动手，来实现好创意吧！

准备一个广口瓶，一根铅笔和一个袋装茶。首先在广口瓶里注满水，然后把茶袋内的茶叶倒入瓶中，接着将铅笔置于瓶子的中央。迅速用铅笔在水中搅拌画圈，一直到茶叶聚集在一起并螺旋上升为止。

到底会发生什么？

观察茶叶，你可以看到它已经被搅拌成了漏斗状的旋涡，致使茶叶聚集到了一起。

原来是这么回事！

同样的道理，木星上的"大红斑"是超级巨大的大旋涡，它的范围大到足以吞下3个地球。木星上的大红斑是由规模巨大的风暴引起的，风暴把冷空气聚集起来，形成一个物质比较密集的区域，这个区域把红色的光反射出来，形成了大红斑。

木星是太阳系中的大个子吗？

木星在太阳系的行星家族里算是个巨人了，它的质量约是地球的318倍；体积约是地球的1316倍。木星还是太阳系中自转最快的行星。

奇思妙想玩出创造力

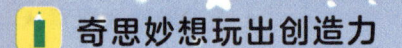

千姿百态的土星环是由什么组成的？

从望远镜中看，土星的周围有一圈很宽的"帽檐"，这就是土星光环。土星光环看上去似乎是透明的，因此，我们可以透过它看到土星的表面。那么，土星的光环是由什么组成的呢？

102

★ 天文地理大探索 ★

实验工具

硬纸
胶水
铅笔
大头针

接下来自己动手，来实现好创意吧！

用剪刀将一张硬纸剪成3张长方形纸条，拿水彩笔分别在每张硬纸条的两端相同的位置画上两条黑线，两条黑线之间的距离要大一些。然后把这3张硬纸条的中心重叠并以相等的间隔做成螺旋桨的样子，并用胶水固定。将一个大头针穿过纸条的中心，并将纸条固定在铅笔的橡皮头上。快速转动铅笔，并且让纸条也随之转动起来。

到底会发生什么？

纸条旋转的时候，你可以看到两个黑圈，而且还能透过纸条的间隙看到纸条后面的物体。

原来是这么回事！

同样道理，土星的光环是由无数个小卫星构成的物质系统，这些小卫星都在土星赤道面上绕土星旋转。所以看上去它们便成了连在一起的一个圈，与其他星体有所不同，土星光环的星际尘埃主要是由冰块和一些细小的岩石碎片构成的，所以我们才能通过其中的间隙看到土星表面的样子。

103

奇思妙想玩出创造力

太阳系中的行星公转速度，哪个最快哪个最慢？

太阳系中有8颗行星，其中有的距离太阳近，有的距离太阳远。而且，这些行星绕太阳进行公转的速度不一样，有的快，有的慢。你也许会问，哪个最快哪个最慢呢？

太阳系家族都有哪些成员？

太阳系是由很多行星和行星际物质构成的天体系统。其中，太阳是太阳系的中心天体，太阳系中的八大行星，按距太阳远近排列依次为水星、金星、地球、火星、木星、土星、天王星和海王星。

★ 天文地理大探索 ★

实验工具

铅笔

细线

接下来自己动手，来实现好创意吧！

把铅笔绑在细线上，伸直手臂，手拿细线的另一端。挥动你的手臂甩动细线，让铅笔在空中画圈（注意铅笔在空中画圈的速度）；改变拿线的位置为细线的中央，并重复前面的动作；再改变拿线的位置为细线的1/3处，然后再次重复前面的动作。

到底会发生什么？

在实验中你会发现，线越长，铅笔的转动速度会越慢，反之，则越快。

原来是这么回事！

太阳系中心的太阳就好像你的手，行星就像是这支铅笔，距离太阳远的行星公转速度慢，而离太阳近的行星转动速度快。因为行星公转的轨道半径不同，受到太阳引力的大小就会不一样，靠太阳越近的公转速度越快。

奇思妙想玩出创造力

宇宙中的**天体**，是离我们越来越远吗？

在我们生活的地球上，每天都在发生着各种各样的变化，你也许会以为，在空阔的宇宙中似乎永远不会有任何变化。但事实上，我们头顶上的这个宇宙也在不断地膨胀和变化，也就是说，宇宙中的天体在离我们越来越远，这是怎么回事呢？

再见

★ 天文地理大探索 ★

实验工具

气球

签字笔

接下来自己动手，来实现好创意吧！

首先把气球吹成苹果般大小，用黑色的签字笔在气球上画20个点。然后，再次将气球吹大。在吹气球的过程中，仔细观察气球上黑点的变化。

到底会发生什么？

我们会发现，吹气球的时候，气球上相邻的黑点之间的距离会随着气球的膨胀而增大，不会出现缩小的现象。

原来是这么回事！

在对宇宙的观测过程中，科学家们发现了一个现象，就和实验中气球上的点一样，所有的星系都在相互远离着，就是所有宇宙中的天体都在离我们越来越远，而且，距离我们越远的天体，其远去的速度就越快。因此，科学家们便得出了宇宙还在不断地膨胀的结论。

107

奇思妙想玩出创造力

月球绕着地球转动,为什么我们看不到它的背面?

每到晴朗月圆的夜晚,又圆又亮的月亮总是给人一种美好的感觉,为走夜路的人照亮回家的路。但是很少有人知道这样一个事实:月亮永远都只有一个面面对着地球,而它的另一面,我们在地球上始终无法看到。那么,月球的另一面是什么样子,为什么月亮永远只有一面面对着地球呢?

★ 天文地理大探索 ★

实验工具

白纸2张
胶带纸
签字笔

接下来自己动手，来实现好创意吧！

在两张白纸上各画一个圆圈，在一张纸上的圆圈里写上"地球"，在另一张纸上的圆圈里画一个"X"。把"地球"放在地上，而"X"贴在墙壁上。站在地上的白纸旁边，面向墙壁上的"X"，绕"地球"走一周。然后再面向"地球"，在它的周围绕一圈。

到底会发生什么？

面对"X"图样的白纸时，只能看到图案的一个角度；而面对"地球"图样的白纸时，则看到了多个角度的白纸。

原来是这么回事！

面对不同的白纸会有不同的结果，这其中的区别就在于围绕"地球"转圈的同时是否有自转。始终面对有"X"图样是没有自转的。而面对"地球"字样绕圈则是有自转的，而且自转的周期刚好与绕"地球"一圈的周期是一样的。所以月球在围绕地球公转的同时也在自转，而且月球自转的周期刚好与它围绕地球公转的周期相同，所以我们在地球上看月亮，永远只能看到月亮的一个面。

你了解月球上的环形山吗？

月球的表面大约有30000个环形山，而且这些环形山的大小也都不一样。这是因为撞击月球表面的陨石的大小不一样而造成的。小的环形山直径不足10千米，大的环形山直径超过100千米。最大的环形山比中国的浙江省稍小一点儿。在地球上用天文望远镜可以清楚地看到。

> 奇思妙想玩出创造力

银河系看上去为何像一片模糊的云？

我们都知道，银河系其实是由无数的恒星、行星以及星际物质和尘埃组成，并在各星体的引力作用下不停地运转。但既然是由星体组成的，那为什么银河系的模拟图会像一片模糊的云呢？

★ 天文地理大探索 ★

实验工具
- 打孔器
- 白纸
- 胶带
- 黑色画纸

接下来自己动手，来实现好创意吧！

用打孔器在白纸上打50个小孔，将打下来的圆形小纸片收集在一起，并用胶水把它们粘贴在黑色的画纸上，小纸片的位置尽量靠近一些。来到户外，用胶带纸把粘贴有白色小纸片的黑色画纸贴在一面墙上。站在黑色画纸的前面，然后慢慢后退，直到看不清圆形的白色小纸片为止。

到底会发生什么？

当我们近距离观察时，能看到一个一个圆形的白色小纸片，但是随着距离的增加，这些白色小纸片就会渐渐地变模糊，直到最后变成一团白色。

原来是这么回事！

像实验中的一样，在浩瀚的宇宙中，有无数的恒星，它们距离我们很远，而且宇宙中有很多尘埃会散射恒星的光线，所以，我们根本分辨不清，看到的就只是一片模糊的云。

光贯穿银河系，需要多长时间？

科学家通常会用光年衡量天体间的距离。所以首先光年不是一个时间单位，而是距离单位。一光年指的就是光在一年中所走的距离，即94600亿千米，而银河系的最大长度目前研究结果是10万光年。因此光要从银河系的一端到另一端，最长需要花10万年的时间。

10万光年！！

111

> 奇思妙想玩出创造力

为什么在漆黑的宇宙，我们能看见太阳？

宇宙中一片漆黑，我们本该看不见任何东西的。但是为什么可以清楚地看见太阳呢？这其中有什么奥秘吗？

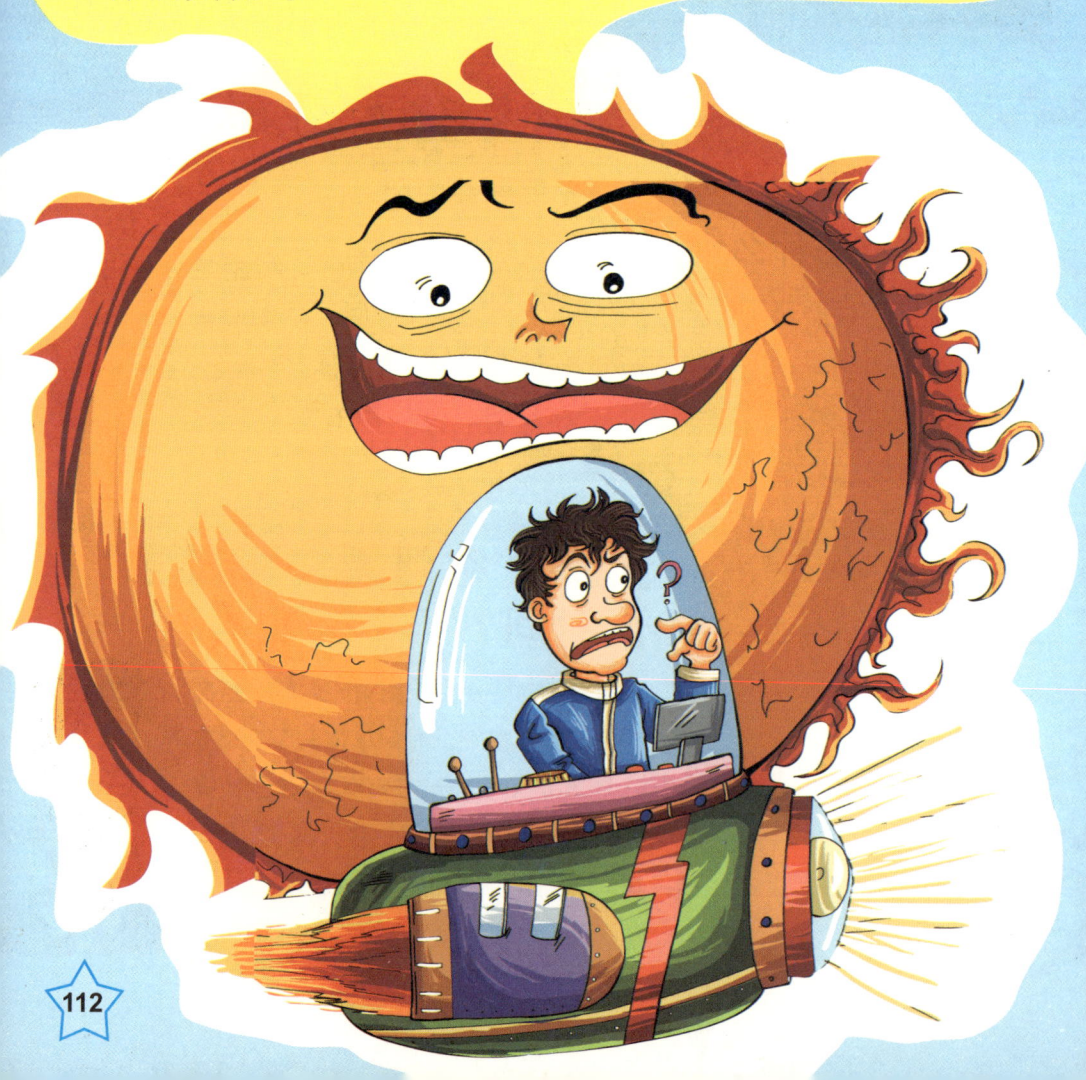

★ 天文地理大探索 ★

实验工具

手电筒

接下来自己动手，来实现好创意吧！

把房间里的灯关掉，然后打开手电筒，仔细观察房间里手电筒的光。把手放在离手电筒前30厘米的地方。观察你能否看到手电筒和手之间的光。

到底会发生什么？

将手电筒的光照在手掌上时，能清楚地看到手掌上的光圈，而在手电筒和手掌之间的光却十分暗淡。

原来是这么回事！

你能够看到光圈是因为手掌会将光线反射到你的眼睛里，而手掌和手电筒之间如果没有尘埃等可以反射光线的物体，就几乎什么都看不见。同样，宇宙中有无数的光向四面八方传播着，但是那些光与巨大的黑暗宇宙空间相比还是太过稀少，所以我们看到的整个宇宙漆黑一片。太阳是距离地球最近的恒星，且在地球外还有一层大气层，可以反射太阳的光芒。所以我们就可以看到太阳光了。

为什么有的星星很亮，而有的星星却很暗？

宇宙中的星星有亮有暗，和它们跟地球之间距离的远近有关。越遥远的星星，由于它的光扩散了，所以看上去会比较暗淡；而距离我们较近的星星，光相对较为集中，所以看上去就较亮。

> 奇思妙想玩出创造力

为什么海王星有的时候距离太阳最远？

我们都知道，冥王星距离太阳十分遥远，比八大行星都远，可是有的时候，海王星会比冥王星离太阳更远。你知道这是什么原因吗？下面这个简单的实验就能告诉你答案。

★ 天文地理大探索 ★

实验工具
6枚图钉　铅笔
软木板
A3大小的白纸
细线

接下来自己动手，来实现好创意吧！

首先用4枚图钉把白纸固定在软木板上。将1枚图钉钉在纸中央代表太阳，在中央的图钉左边13厘米处再钉1枚图钉，这个图钉可以帮我们画出冥王星的轨道。用30厘米和20厘米的细线系两个线圈。把30厘米的线圈绕在刚才那两枚图钉上，用铅笔拉紧细线在纸上画一个大椭圆，标记为冥王星的轨道。中央图钉的位置不变，另一图钉与它之间的距离缩短到3.5厘米，再画一个小椭圆。

到底会发生什么？

一个大椭圆和一个小椭圆相交叉。这也就是冥王星（大椭圆）和海王星（小椭圆）相交叉的运行轨道了。

原来是这么回事！

冥王星是太阳系外围较小的天体，冥王星和海王星的运行轨道都是椭圆的，其中，冥王星绕太阳一圈要248年，但是，在运行的某个时期，冥王星会进入海王星的运行轨道内侧。这时，海王星就成为离太阳最远的行星了。

海王星上也有四季？

海王星和地球一样，拥有春、夏、秋、冬四季，但是它的一季不是按月份计算的，而是会持续数十年。海王星的天气变幻无常，极其诡异。海王星上有大规模的暴风雨云系和凶猛的风力，有时风速甚至可以达到每小时几百千米。

奇思妙想玩出创造力

火星为什么是红色的？

我们都知道，地球上大部分都是海洋，所以它是一个蓝色的星球。可如果你用天文望远镜观测火星，就会发现，火星是一个红色的星球。火星为什么是红色的呢？

★ 天文地理大探索 ★

实验工具
盘子
剪刀
钢丝球
盐水
沙子

接下来自己动手，来实现好创意吧！

▲ 在一个盘子上铺一层沙子，请家长帮忙用剪刀把钢丝球剪碎，撒在盘子上并和沙子混合在一起，然后在上面倒少量的盐水。之后，将盘子放到一个隐蔽的地方搁几天。每天检查盘子，加些水以防沙子变干。

到底会发生什么？

几天之后，你会发现沙子变成铁锈红色。

原来是这么回事！

当加入沙子中的钢丝球与空气中的氧气发生化学反应时，就形成了铁锈，而倒入的少量盐水加速了这个过程。火星表面的土壤和岩石中含有大量的铁的氧化物，而铁的氧化物是一种会呈现出红色的物质，所以火星表面就是红色的了。

火星上也有气候变化吗？

火星上也有四季的变化。不过，与地球的四季变化有很大的差别。首先，火星上的一个季节大约有地球上的两个季节那么长；其次，火星在绕着太阳转动的时候，离太阳的近日点和远日点差别很大。当位于近日点时，火星南半球的夏季比北半球的夏季热，而北半球的冬天比南半球的冬天要冷。

117

奇思妙想玩出创造力

你会捕捉太阳黑子吗？

太阳距离地球十分遥远，有些现象是人类用肉眼无法观察到的，比如黑子、耀斑等。那太阳黑子会不会运动呢？就让我们通过下面的实验，模拟一下黑子的运动轨迹吧！

★ 天文地理大探索 ★

实验工具

纸板
望远镜
胶带
卡纸　铅笔

接下来自己动手，来实现好创意吧！

把一张纸板放在离双筒望远镜大概1.5米远的地面阴影中，充当屏幕。然后用一张卡片遮住双筒望远镜中的其中一个镜头，微微倾斜望远镜，直到太阳的影像出现在屏幕上。调节望远镜的焦距，使太阳的影像更清晰。用胶带把纸贴在屏幕上，用笔描出太阳和太阳黑子映出的轮廓。第二天重复这样做。

到底会发生什么呢？

你会发现，黑子的位置有了变化。它会随着太阳的运转而移动。

原来是这么回事！

太阳黑子的影像看上去很小，但实际上它的面积要大得多，甚至比地球还大。黑子发出的光比太阳周围的温度偏低一些。太阳表面的温度有好几千摄氏度，而太阳黑子的温度要比太阳表面的温度低1000多摄氏度，在明亮的背景下就显得暗了。

太阳黑子的变化规律是怎样的？

太阳黑子在太阳表面上的大小、多少、位置和形态等，每天都不同。不过这些变化是有规律可循的。科学家们发现，太阳黑子的变化大约11年为一个周期。在这个周期里，有极盛时期和极衰时期，极衰时期时，有可能几个月太阳表面都没有一个黑子出现。

> 奇思妙想玩出创造力

彗星为何总是拖着长长的尾巴？

与夜空中闪闪发亮的星星不同，彗星在运行的过程中总是拖着一条长长的尾巴。因此，彗星也叫"扫把星"。它是太阳系中的一类小天体，你知道它为何总是拖着一条长长的尾巴吗？

★ 天文地理大探索 ★

实验工具

乒乓球、筷子、电扇、毛线、小刀

接下来自己动手，来实现好创意吧！

在家长的协助下，在乒乓球上割开一个十字形小洞，插入一支筷子，并用胶带粘牢，用胶带将3束毛线粘在乒乓球上。然后打开电扇，把经过加工的乒乓球举到电扇前，这个时候会发生什么呢？

到底会发生什么？

乒乓球上粘贴的毛线会随风飘起来。

原来是这么回事！

如果将电风扇的风当作太阳风，而将那个长着尾巴飘舞的乒乓球当作彗星，就可以解释彗星为什么总拖着它的长尾巴了。彗星是由冰冻物质和尘埃组成，这种冰冷的彗星结构，在外层空间迅速运行时是稳定的。但是，当它们向太阳靠近时，冰块开始变成蒸汽，蒸汽在太阳风的吹拂下，就形成了那条美丽的大尾巴。

彗星会不会撞到地球呢？

你知道吗？小行星平均每50万年大规模撞击地球一次，彗星撞地球的可能性与小行星差不多。彗星的质量很小，它的尾巴可以长达数亿千米，尽管它伸展范围很广，但物质非常稀薄。1910年5月19日，哈雷彗星的尾部扫过地球。当时人们十分恐慌，害怕彗尾含有的有毒气体会将地球上的生物全数毒死。但是，这一天平静地过去了，因为彗星尾巴的密度很小，所以担心是多余的。

121

奇思妙想玩出创造力

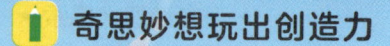

地球在不停地转动，可北斗七星为何总是保持着一个形状？

你认识天空中的北斗七星吗？北斗七星组成的星座在夜晚很好辨认，当深夜来临，可以给迷路的人指明方向。不过，地球每天都在不停地转动，北斗七星为何总是保持着一个形状呢？

★ 天文地理大探索 ★

实验工具
- 钉子
- 薯片筒
- 手电筒

接下来自己动手，来实现好创意吧！

按照北斗星的形状，用钉子在薯片筒的盖上戳7个孔。在薯片筒的另一端剪下手电筒大小的圆圈把手电筒放进去。走到黑暗的房间对着天花板打开手电筒。在天花板上，你会看见北斗七星形状的7处亮光，这时转薯片筒。

到底会发生什么？

转动薯片筒时，你会看见天花板上"北斗七星"在移动，但它的形状总保持不变，呈现勺子的形状。

原来是这么回事！

宇宙中的恒星在不断地移动，北斗七星也不例外。只不过它们之间的距离相当遥远，就整体而言，变化并不明显，在地球上看微乎其微。所以在我们看来，北斗七星几乎从来都是保持着一个形状。

北斗星为什么总绕着北极星转？

北极星是天空北部的一颗亮星，距地球北极很近，差不多正对着地轴，从地球上看，它的位置几乎不变，又由于地球的自转，所以我们在地球上看星空的时候，会觉得北斗七星总是绕着北极星转。

图书在版编目（CIP）数据

奇思妙想玩出创造力. 天文地理大探索 / 于秉正著. -- 北京：中国和平出版社，2021.3
ISBN 978-7-5137-1941-4

Ⅰ.①奇… Ⅱ.①于… Ⅲ.①科学知识-少儿读物②天文学-少儿读物③地理学-少儿读物 Ⅳ.①Z228.1②P1-49③K90-49

中国版本图书馆CIP数据核字(2020)第200571号

奇思妙想玩出创造力 天文地理大探索　　　于秉正 著

责任编辑	刘晓静
版式设计	百闻文化
责任印务	魏国荣
出版发行	中国和平出版社（北京市海淀区花园路甲13号院7号楼10层 100088）www.hpbook.com　hpbook@hpbook.com
出 版 人	林 云
经　　销	全国各地书店
印　　刷	阳信龙跃印务有限公司
开　　本	710mm×1000mm　1/16
印　　张	48
字　　数	270千字
印　　量	1~10000册
版　　次	2021年3月第1版　2021年3月第1次印刷
书　　号	ISBN 978-7-5137-1941-4
定　　价	216.00元（全6册）

版权所有 侵权必究
本书如有印装质量问题，请与我社发行部联系退换 010-82093832

奇思妙想
玩出创造力
有趣的花花草草

于秉正 著

中国和平出版社
China Peace Publishing House

目录

万紫千红的花园里怎么看不见黑色的花？ 2
蘑菇的"种子"在哪里？ 4
树木需要雨露的滋润，它们是怎样喝水的？ 6
竹子的茎是空的，会不会不结实？ 8
砖缝里没有泥土，怎么有时会长出小草？ 10
柠檬酸酸的味道来自哪里？ 12
森林里的落叶都到哪里去了？ 14
植物的叶脉有什么作用呢？ 16
向日葵向着太阳转的原因是什么？ 18
水果的种子在水果中怎么不发芽？ 20
绿色的叶子含有叶绿素，红色的叶子也含有吗？ 22
牵牛花是怎样生长的？ 24
菠萝不用盐水浸泡，吃后舌头为何会发麻？ 26
为什么蜜蜂知道哪里有花蜜？ 28
松树的种子藏在哪里？ 30
蒜黄和青蒜有什么不同？ 32
老树的树干有的会空心，可它为何不会死去？ 34
树有年轮，竹子也有年轮吗？ 36
莲藕为什么不是实心的，它的孔有什么作用？ 38
树干和树枝都是圆的，怎么不是三角形或方形？ 40
各种植物的叶子为什么形状各不同？ 42
有花植物是如何传粉的？ 44

荷花能"出淤泥而不染"，这里面有什么秘密？ 46
深秋，落向地面的叶子大都哪面朝上？ 48
鲜花在清水里和在淡淡的糖水里，哪个更能保鲜？ 50
冬天，为何要给树木穿上"白衣服"？ 52
牵牛花为何会变颜色？ 54
怎样才能长出好吃的绿豆芽？ 56
如何自制花卉香水？ 58
树叶能不能直接长在树干上？ 60
冬天的萝卜为什么耐寒能力强？ 62
植物也会"出汗"吗？ 64
一粒小小的种子，怎样才能知道它有没有生命力？ 66
海面下1000米的海底，还有绿色植物吗？ 68
由于地球的引力，根向下生长，可为何茎却朝上生长？ 70
爬山虎可以不停地向高处爬行，它是用脚在爬吗？ 72
你见过胡萝卜发芽吗？ 74
土豆会长芽，这些小嫩芽能长成大土豆吗？ 76
仙人掌能在沙漠生存，它有什么本领？ 78
城市里，大树底下放置的鹅卵石有什么用处？ 80
常春藤被剪断后，还能继续生长吗？ 82
为什么大多数植物都是绿色的？ 84
为何树的年龄越大，树皮的裂纹就越大？ 86
种子和果实成熟后，为何会自行脱落？ 88
给花草施肥，肥料是不是越浓越好？ 90
西红柿炒熟了为何会酸一些？ 92
花儿怎么不全部在春天一起开放？ 94

蒲公英的一生是怎样度过的？ 96
洋葱也能给衣服染色？ 98
根大都生长在土里，有没有长在空气里的呢？ 100
有没有沿着地面生长的茎？ 102
植物可以活多久？ 104
有些植物生长在水面上，不怕被风吹翻或沉到水里吗？ 106
叶子是怎样生长的？ 108
黄瓜的螺旋卷须有什么用？ 110
含羞草为何会"害羞"？ 112
怎样在花盆里面种菠萝？ 114
怎样辨别樱花和桃花呢？ 116
柳树的再生能力有多强？ 118
为什么说苔藓是植物的朋友？ 120
水生植物是怎样呼吸的呢？ 122

喜欢了解神奇植物的孩子，一起玩科学，做个植物小达人吧！一百多个有趣的观察、实验就藏在本书中！

奇思妙想玩出创造力

万紫千红的花园里怎么看不见**黑色**的花？

花园里的花朵五颜六色，单单不见黑色的花。也许你会说，那是因为园丁叔叔没有种黑色的花，所以我们见不到。真是这样的吗？为什么花园里看不见黑色的花呢？

★ 有趣的花花草草 ★

实验工具

4个塑料杯 / 筷子
4种颜色的颜料

接下来自己动手，来实现好创意吧！

取4个透明的塑料杯，分别倒入一样多的清水。在清水中依次加入黑色、红色、黄色、白色的水彩，用筷子搅匀。把这4个塑料杯放入冰箱的冷冻室，第二天同时取出并放在阳光下，静置10分钟后，用夹子将塑料杯中的冰块依次取出，观察哪个杯子里的水最多。

原来是这么回事！

太阳光是由七种不同颜色的光组成的。在相同的条件下，黑色的物体吸收的热量最多，而白色的物体会反射太阳中的所有可见光，所以它吸收的热量最少。黑色的花能够吸取阳光中的全部光波，随着温度升高，花的组织很容易受到伤害。另外，黑色的花不醒目，吸引昆虫授粉的可能性降低，因此在长期的进化过程中逐渐被淘汰了。

到底会发生什么呢？

通过实验可以观察到，水最多的是添加黑色颜料的杯子，水最少的是白色颜料的杯子。

黑色的花都长在哪里？

据统计，全世界4100万种植物中只有几种开的花是黑色的（严格说是近似黑色），这些花大多生活在阴暗的地方。

3

> 奇思妙想玩出创造力

蘑菇的"种子"在哪里？

走在树林里，你很容易就能发现树底下一朵一朵的蘑菇。你知道它们是如何繁殖的吗？它们的"种子"又藏在哪儿呢？

蘑菇是怎样生长的？

在蘑菇伞背面的褶皱中，生长着很多粉末一样的"小种子"，叫作孢子。孢子成熟以后就会散落到地上或枯树上。如果当时的环境适宜，它们便开始长出许多细小的菌丝，菌丝形成菌核。等菌核慢慢长大后，就会钻出地面，几天就能长成蘑菇了。

★ 有趣的花花草草 ★

实验工具
纸
喷雾器　蘑菇

接下来自己动手,来实现好创意吧!

找一个没有完全打开菌伞的蘑菇,去掉它的茎。把蘑菇菌伞扣在纸上。用喷雾器在蘑菇菌伞上喷洒少量的水。等待一天后,拿掉蘑菇菌伞,观察纸面会出现什么变化。

到底会发生什么呢?

你会发现,纸上出现很多像灰尘一样的灰色粉末。

原来是这么回事!

蘑菇是没有叶绿素的低等植物,属于真菌类。它们不开花,不结果,更没有种子。它们是由孢子来繁殖的。孢子极其微小,藏在成熟蘑菇背面的褶皱中。风会将成熟的孢子吹落到土壤中或腐败的枯枝上。孢子从落脚的地方吸收养分,不久之后,就会从孢子中长出小蘑菇了。

奇思妙想玩出创造力

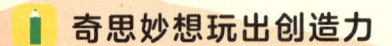

树木需要雨露的滋润,它们是怎样**喝水**的?

小树苗想要长成参天大树,不仅需要阳光的照射,还需要雨露的滋润。那么,你知道树木是如何"喝"到水的吗?

★ 有趣的花花草草 ★

实验工具
玻璃杯
剪刀
红色食用色素
芹菜

接下来自己动手，来实现好创意吧！

往玻璃杯里倒入适量的水，然后加入红色食用色素，使水呈现深红色。用剪刀把带叶子的新鲜芹菜茎的根部剪掉，并把芹菜茎的底部浸在水里。接下来，每天观察叶子的变化，并记录下来。

到底会发生什么呢？

你会发现红色慢慢地渗透了整个芹菜的茎，然后顺着芹菜茎，扩散到叶子。

原来是这么回事！

在自然界中，植物大多从土里吸收水分。水分被植物的根吸收后，会沿着茎里面非常微小的导管传输，最后到达植物的叶片和其他部分。大树一年四季都在汲取土壤中的养分，即便是寒冷的冬季，它依旧在生长。

你注意植物叶片上的水珠了吗？

植物叶片上有许多气孔，它们体内的水分就是通过这些小孔源源不断地排出去的。炎热的夏天，因为白天的气温特别高，从小孔中渗出的水分很快就会被蒸发，因而我们看不到植物"吐水"。而夜间和清晨温度较低，水分蒸发较慢，我们时常能见到叶片上的小水珠。

竹子的茎是空的，会不会**不结实**？

竹林中经常会传来沙沙的声响，那是风吹过时，竹子摇摇摆摆后相互摩擦所发出的声音。对于茎是中空的竹子来说，风如果再强烈一点儿，它会不会就被折断呢？

竹子开花后，为何会枯死？

竹子的寿命很长，有的甚至能活六七十年，但是它一生只开一次花。竹子一旦开花结果，便会很快死去。开花结果是它生命的高潮，也是它生命的结束。竹子开花有时是环境造成的，如果竹子生长过密或天气干旱，土壤中的养分不够，竹子就会开花，紧接着就会死亡。

★ 有趣的花花草草 ★

实验工具

两本书　硬纸　细长的木棍

接下来自己动手,来实现好创意吧!

把硬纸卷成筒状粘好,竖在水平的桌子上,将两本同样重量的书放在纸筒和竖立的小木棍上,观察会发生什么?

到底会发生什么呢?

卷成筒状的纸能把书支撑住,细木棍支撑不住书。

原来是这么回事!

从力学角度来看,同样的承重,中空而较粗的圆柱比实心而较细的圆柱支撑力更强,而且竹子中间的竹节韧性较大,也增加了竹子的支撑能力。

9

奇思妙想玩出创造力

砖缝里没有泥土，怎么有时会长出**小草**？

小草的身材矮小，经常会被人无意间踩到，可它依然顽强地生长着。如果你仔细观察，就会发现，有时候，在没有泥土的砖缝中，也会长出小草来。真是太不可思议了！小草怎么能从砖缝中长出来呢？

★ 有趣的花花草草 ★

实验工具

草籽
杯子
湿润的棉球

接下来自己动手，来实现好创意吧！

把湿润的棉球放进一个杯子中，然后将几粒草籽均匀地撒在湿润的棉球上，最后将杯子放在一个能晒到阳光的窗台上。整个过程中，要始终保持棉球的湿润，然后每天都去看看棉球上有什么变化。

到底会发生什么呢？

两个星期后，棉球上会长出一层嫩绿的小草。

原来是这么回事！

在阳光、水和空气都充足的情况下，草籽会长成绿色的小草。小草经常会长在我们不太留心的地方，比如人行道旁。有时候，草籽被风或雨水带到没有泥土的砖缝里，也能顽强地长大。

杂草的生命力为何很顽强？

野草种子有着惊人的发芽能力，例如，一株狗尾草每年可以结出成千上万粒种子。拥有如此惊人的结种能力、生命力又顽强的杂草，一经风、流水、动物的传播，当然能够遍地发芽，无法铲除了。

奇思妙想玩出创造力

柠檬酸酸的味道来自哪里？

提起柠檬，你一定立刻就有一种酸酸的感觉。其实，好多食物都有酸酸的味道。那么，柠檬为什么是酸的呢？

★ 有趣的花花草草 ★

实验工具
小刀
榨汁器
碟子
紫甘蓝
柠檬

接下来自己动手,来实现好创意吧!

把紫甘蓝榨汁,然后倒在碟子里,作为指示剂备用。将柠檬切开,把汁挤到盛有指示剂的碟子里。仔细观察碟子里液体的变化。

到底会发生什么呢?

你会发现指示剂变成了红色。

原来是这么回事!

化学实验中,会用石蕊试剂判断被测物体是否具有酸性。我们实验中使用的紫甘蓝汁所起作用与石蕊相同。当柠檬汁滴入其中,碟子中的液体就变成了红色。那是因为柠檬中含有柠檬酸,紫甘蓝汁遇酸后发生反应,就会变成红色。

柠檬酸不仅闻起来有酸味,吃到嘴里也是酸的。它和食用醋中的醋酸是不一样的,它是真正的绿色"调料"。做菜的时候,我们可以拿柠檬汁来代替醋。

为什么不同时期的水果有酸有甜?

水果的酸甜口味是由它们所含的酸与糖的比例决定的。水果没有成熟前,果实中的酸含量会比较高,所以吃起来比较酸,并且常常伴有涩味。但是,当水果成熟后,果实中的果糖含量就要远远超过果酸的含量,这时候吃起来就会比较甜了。

柠檬为什么不能与牛奶一起食用?

因为柠檬中的果酸会使牛奶中的蛋白质凝固,影响消化吸收,不利于健康。

奇思妙想玩出创造力

森林里的落叶都到哪里去了？

秋天，是收获的季节。经过春播夏锄的忙碌之后，就到了农闲，一阵风吹过，凉飕飕的，像是一夜之间便迎来了深秋。远远望去，树枝已经是光秃秃的了，可再看地面，似乎也没有多少落叶。城市里的落叶都是由清洁工清扫后集中处理的。那么，你知道野外的落叶去哪儿了吗？

森林里的树木为何长得大都一个样，又高又直？

树木的生长需要阳光，可是森林里树木密集，得到阳光照射的机会比单独生长的树木要少得多。为了生存，树木只好争先恐后地向上长，结果就都长得又高又直了。

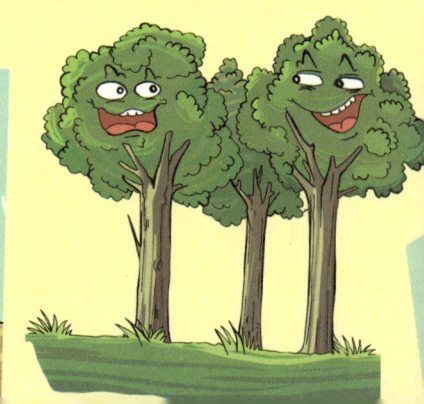

实验工具

树叶
铅笔
塑料袋（2个）
土壤

接下来自己动手，来实现好创意吧！

在一个塑料袋中放入树叶，在另一个塑料袋中放入树叶和土壤的混合物，然后将两个塑料袋密封起来。用铅笔分别在这两个塑料袋的侧面扎5~10个小孔，并把它们都放在花园里某个阴暗的角落，每3天打开一次，倒入少量清水。一周以后，观察塑料袋中的树叶有什么变化。

到底会发生什么呢？

一周以后，在装有土壤的塑料袋中，树叶所剩无几，并且大多已经腐烂了，剩下部分的颜色也变得很深；另一个塑料袋中的树叶几乎没有减少，而且还有一些是绿色的。

原来是这么回事！

土壤中微生物的含量远远高于植物本身携带的微生物含量，这样到了秋天后，落叶和枯草就会被土壤中的微生物分解，分解后的它们便会混合在土壤中，变成养料。

> 奇思妙想玩出创造力

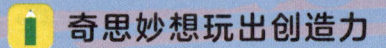

植物的**叶脉**有什么作用呢？

一棵大树的叶子不计其数。你如果仔细观察，就会发现，在叶子的表面分布着一些细小的纹路。想一想，这些纹路对叶子能起到什么作用呢？难道只是为了让绿叶显得更好看吗？

★ 有趣的花花草草 ★

实验工具

烧杯
洗衣粉
酒精灯
红色颜料
筷子
三脚架
石棉网
树叶

接下来自己动手，来实现好创意吧！

在烧杯中加入适量的水和洗衣粉搅匀，放好三脚架和石棉网，将烧杯放在上面点燃酒精灯将其煮沸。再把树叶放入煮沸的液体中，并用筷子搅拌。几分钟之后，熄灭酒精灯。等到液体冷却后，将树叶捞出，用清水洗净。用颜料调好溶液，将叶子浸入液体中，等待一会儿后捞出、晾干。小朋友要注意安全，在家长的陪同下完成实验。

到底会发生什么呢？

你会看到叶子上浮现出清晰有色的纹路，那就是植物的叶脉。

原来是这么回事！

植物的叶脉是由贯穿在叶肉里的纤维管束和其他组织构成的。叶脉的内部就像管道一样，彼此是互通的，用来运输水分和养料。当有颜色的溶液进入叶脉后，就会沿着网状结构流遍叶脉各处，从而形成有色的叶脉纹路。

冬天，树木为什么会落叶？

在寒冷的冬天，树根吸收水分已经很困难了，而树叶的蒸腾作用却照常进行，如此一来，缺乏水分的树木，说不定会有死亡的威胁呢！因此，树木不得不在冬天来临的时候，将身上的树叶脱落好减少蒸腾作用所需的水分。

奇思妙想玩出创造力

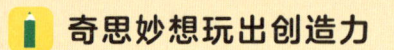

向日葵向着太阳**转**的原因是什么？

向日葵的植株在花盘盛开之前，叶子和花盘在白天追随着太阳从东转向西。太阳下山后，向日葵的花盘又慢慢往回转，早晨又会朝向东方等待太阳升起。这是为什么呢？

★ 有趣的花花草草 ★

实验工具

剪刀　花盆　豌豆　鞋盒

接下来自己动手，来实现好创意吧！

将豌豆的种子在水中浸泡一天后，放进装好土的花盆中，然后施肥、浇水。用剪刀在鞋盒的顶端剪出一个长方形的洞。在鞋盒的侧面从顶端向下每隔5厘米处，开一个长方形小孔。将花盆放在鞋盒里，盖上盒盖，把鞋盒放在温暖明亮的地方。

到底会发生什么呢？

当豌豆苗从鞋盒顶部长出来以后，将花盆取出，你会发现豌豆苗长得弯弯曲曲的。

原来是这么回事！

植物能长高是生长素在发挥作用，生长素的分布受光的影响，向光的那一侧浓度低，背光的一侧浓度高。如此一来，向光的一侧生长区生长得慢，背光的一侧生长区生长得快，因此茎就产生了向光性弯曲。向日葵的叶子和花盘之所以能朝着太阳转动就是由于这个原因。太阳落山后，生长素重新分布，向日葵会慢慢地转回起始位置。

葵花籽的瘪粒一般出现在向日葵的哪里？

一方面，向日葵边缘部分的花比中心的花开得早，夺走了太多的养料。另一方面，向日葵是一年生草本植物，中间的花还未积聚起足够的营养之时，它的生长期就已经结束了。因此，向日葵的中心部分的瘪粒要比边缘的多很多。

奇思妙想玩出创造力

水果的**种子**在水果中怎么不发芽？

水果既好吃又营养丰富，常吃水果对人体的健康非常有益。但是，水果的种子不在水果里面发芽，而是在土壤的培育后生根发芽，你知道这是为什么吗？

★ 有趣的花花草草 ★

实验工具

托盘
脱脂棉
塑料袋
苹果片
草籽

接下来自己动手，来实现好创意吧！

先把苹果片放在托盘中央，然后在托盘和苹果上面铺一层湿润的脱脂棉，再将草籽撒在脱脂棉上。小心地把这些东西放在一个透明的塑料袋里，再把塑料袋放在阳光充足的地方。

到底会发生什么呢？

几天后，你会发现远离苹果片的草籽开始发芽了，有的还长出了小苗，但是苹果片上面的草籽种子却没有发芽。

原来是这么回事！

从实验中可以看到，苹果的果肉不仅阻止了自己的果核发芽，而且还抑制了其他植物种子的发芽。原因是实验中的苹果片或其他水果的果肉中都含有阻止植物种子发芽的抑制剂，这些抑制剂会阻止果核发芽。在大自然中，只有在果肉完全腐烂后，果肉中的抑制剂才会失去作用。

在太空中种庄稼，会是什么样子？

我国发射成功的"天宫二号"飞行器开展的科学实验中，有一项就是"太空中种庄稼"，以检测空间微重力对生命活动的影响。实验是以蛭石为土壤，铺在一个长方形透气不透水的盒子里，里面放入水稻、拟南芥等植物的种子。该实验6个月便完成了我国首次"从种子到种子"高等植物全周期培养。

21

> 奇思妙想玩出创造力

绿色的**叶子**含有叶绿素，红色的叶子也含有吗？

叶子通常都是绿色的，那是因为叶子里面含有叶绿素。但你可能也见到过红色的叶子，比如枫叶，而且它们已经成了人们观光旅游的重要一景，甚至有人还会采摘几片作为标本珍藏起来。你也许会问，红色的叶子里面也含有叶绿素吗？

★ 有趣的花花草草 ★

实验工具
- 烧杯
- 石棉网
- 三脚架
- 酒精灯
- 2片红叶

接下来自己动手，来实现好创意吧！

在烧杯中倒入少量清水，然后将两片红叶放入烧杯中，烧杯放在石棉网上，架在三脚架上，用酒精灯加热。此过程需要家长在旁边监护。

到底会发生什么呢？

加热一会儿后，你会发现红色的叶片变成了绿色，而清水却变成了红色。

原来是这么回事！

红色叶子里含有一种名叫花青素的物质。当花青素的浓度高于叶绿素时，叶子就会呈现红色。花青素易溶于水，加热能使它更快溶解。等到叶子上的花青素溶于水后，叶绿素就会使叶子呈现绿色。叶绿素是不溶于水的。

世界上有绿色的叶，为何很少见绿色的花？

自然界中绿色的花比较少见，这是因为让植物呈现绿色的物质是叶绿素，它一般存在于植物的茎叶组织中。但是绿色的花还是存在的，例如中国原生的一种蔷薇，它的花就是绿色的。另外，也有一些植物的花是绿色的，像稻、葱等。

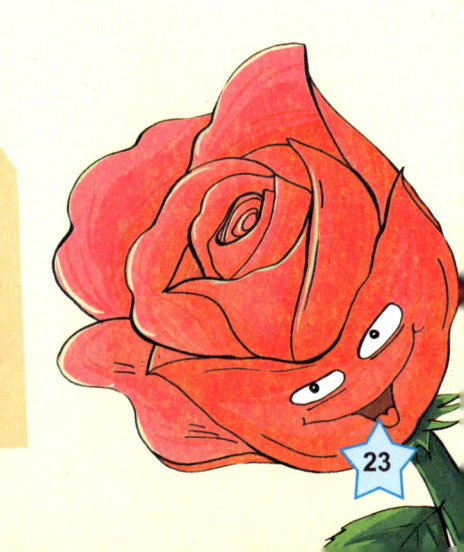

奇思妙想玩出创造力

牵牛花是怎样生长的？

小时候我们就听过这首歌，"小小牵牛花呀，开满竹篱笆呀，一朵连一朵呀，吹起小喇叭呀"。牵牛花像一个小喇叭，每天清晨，迎着太阳绽放，带来新一天的祝福。那么牵牛花到底是怎样生长的呢？

★ 有趣的花花草草 ★

实验工具
- 牵牛花种子
- 花盆（2个）
- 小木棍

接下来自己动手，来实现好创意吧！

在两个花盆里分别撒几颗牵牛花种子，按时给它们浇水。等牵牛花幼苗长到约5厘米左右的时候，在其中一个花盆里插上小木棍，并将牵牛花幼苗的茎尖拉到小木棍上。每天观察这两盆牵牛花的生长情况并做好记录。

到底会发生什么呢？

几天后，插有小木棍的牵牛花沿着小木棍生长，而没有小木棍的那一盆牵牛花则互相缠绕着生长。

原来是这么回事！

牵牛花属一年生缠绕草本植物，茎细长柔软，不能直立，只能缠绕于他物上。

牵牛花怎么没有黄色的？

花之所以会有各种美丽鲜艳的色彩，是因为花瓣的细胞液中含有不同色素，是这些色素让花呈现各种颜色。如果花的颜色是红的、紫的，说明花里含有花青素；如果花的颜色是黄的、橙黄的，说明花里含有胡萝卜素。牵牛花里含有花青素，不含有胡萝卜素，所以只开红色、紫色的花，不开黄色的花。牵牛花也有白色的，它们不含有花青素和胡萝卜素。

奇思妙想玩出创造力

菠萝不用盐水浸泡，吃后舌头为何会发麻？

菠萝不像其他水果，洗干净就可以吃。爱吃菠萝的人肯定深有体会，如果在吃之前不将菠萝用盐水浸泡一段时间，舌头就会发麻，你知道这是为什么吗？

★ 有趣的花花草草 ★

实验工具
- 凝胶粉
- 2个玻璃碗
- 菠萝片

接下来自己动手，来实现好创意吧！

把凝胶粉和水混合之后分成两份，分别倒入两个玻璃碗中，然后把碗放进冰箱里。一个晚上之后，将形成凝胶的两个碗取出，在其中的一个碗里加入一小块菠萝后，再将它们放回冰箱。一个晚上后，将它们从冰箱里拿出来。

到底会发生什么呢？

你会发现放入菠萝的那碗凝胶融化了，重新变成了液体。

原来是这么回事！

菠萝里面含有一种菠萝朊酶，这种物质既能分解蛋白质，也能刺激口腔黏膜和嘴唇，这就是人们吃菠萝时舌头发麻的原因。盐能破坏菠萝朊酶的结构，使其丧失"毒性"，同时也能让部分有机酸溶解在盐水里，让菠萝的口感更好一些。

为什么菠萝长有那么多可怕的刺呢？

你也许已经猜到了，菠萝身上长满刺，是为了保护自己不被动物吃掉。其实，许多植物的果实在尚未成熟时都会长刺，这是它们在完全成熟前保护自己的手段。

奇思妙想玩出创造力

为什么蜜蜂知道哪里有花蜜？

蜜蜂发出嗡嗡的声音，在花园里飞来飞去。仔细瞧，原来它们正忙着采花蜜呢。那么，蜜蜂是怎么知道花蜜就在那里的呢？

★ 有趣的花花草草 ★

接下来自己动手，来实现好创意吧！

用剪刀剪出5个颜色不同的纸板花，然后沏一杯糖水。把纸板花放在室外的阳光下，每朵"花"中间放一个瓶盖，往每个瓶盖里都倒进糖水。当一只蜜蜂被吸引过来后，它会招呼更多的蜜蜂往这儿飞，那么如果这时候你将糖水拿走，会发生什么事呢？

实验工具

剪子　　糖水　　瓶盖　　彩色纸板

到底会发生什么？

蜜蜂能记住花的颜色，并继续飞过来。

蜜蜂什么时候会蜇人？

蜜蜂在一般情况下是不会蜇人的，也不会使用蜇针。因为蜇针连接着蜜蜂的内脏，当蜜蜂蜇人后，蜇针便会把内脏带出，它的生命也会完结。不过蜜蜂如果受到人类的侵犯，就会舍弃自己的生命去蜇人。

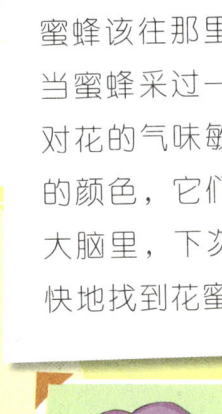

原来是这么回事！

蜜蜂很擅长寻花，并且能记住花的位置，当它们回到蜂巢后，就会跳一种特别的舞蹈来通知其他的蜜蜂该往那里飞，以及要飞多远。当蜜蜂采过一次花蜜以后，不仅会对花的气味敏感，而且也能记住花的颜色，它们会将这个信息储存在大脑里，下次来的时候，便可以很快地找到花蜜的所在地了。

29

奇思妙想玩出创造力

松树的**种子**藏在哪里？

"大雪压青松,青松挺且直。"你知道如此不畏严寒、坚毅不屈的松树,它们的种子在哪里吗?

★ 有趣的花花草草 ★

实验工具

报纸
布
油松松果

接下来自己动手,来实现好创意吧!

在桌子上铺一张报纸,将鳞片没有完全打开的松果的两头都包上一块布。然后用两只手分别握着包着布的松果两头,来回拧。当松果的鳞片变得松动后,从松果上拔出几片鳞片。

到底会发生什么呢?

你会发现种子藏在每片剥下来的鳞片内。

原来是这么回事!

松树的种子按形态分为两类。第一类,种子饱满可食用,靠松鼠之类的小动物来传播。第二类,种子又小又轻,带一片褐色的膜质翅,在干燥的晴天里靠风来传播。油松的种子就是第二类种子。

果实和种子有什么不同?

其实果实和种子之间的区别很大。果实是由花的子房发育来的,而种子是由受精卵发育来的,种子担任着繁殖后代的作用。种子一般是果实的一部分,被果实中的果皮和果肉包裹着。

31

奇思妙想玩出创造力

蒜黄和青蒜有什么不同？

青蒜和蒜黄都含有一个"蒜"字，但是它们一个是绿油油的，一个是金灿灿的。这是为什么呢？它们和蒜又有什么关系呢？

★ 有趣的花花草草 ★

实验工具
- 盘子
- 大蒜
- 细铁丝
- 纸箱

接下来自己动手，来实现好创意吧！

找一些蒜瓣，剥去皮，用细铁丝把它们一个个穿好后，放在底部有水的盘子里，将它端到有阳光的窗台上。用同样的方法再做一盘，将这一盘用纸箱扣住，放在没有阳光的阴暗角落。

到底会发生什么呢？

过几天你会发现，阳光下的那盘大蒜都长出了绿色的小芽，而阴暗处的则长出了黄色的小芽。

原来是这么回事！

绿叶之所以呈现绿色，是因为细胞中含有叶绿素。只有在光合作用下，叶绿素才能被合成。试验中，受到光照的那盘长出的是绿色的小芽，没有光照的那盘长出的是黄色的小芽。如果将这些黄色的小芽放在阳光下，不久它们也会变成绿色。我们在市场上看到的蒜黄就是在无光照的条件下，用大蒜培育出来的。

蒜薹和蒜是什么关系？

其实，蒜薹和蒜黄一样都是大蒜的产物，蒜薹其实就是大蒜的花薹，包括薹茎和薹苞两部分，薹苞是大蒜花茎顶端的总苞。

> 奇思妙想玩出创造力

老树的树干有的会空心，可它为何不会死去？

你有没有见过这样的老树，它们的树心都被掏空了，但是依然活着。你知道这是为什么吗？

有的树怎么会成空心？

当老树的树干逐渐长大增粗时，它的新陈代谢速度也会变慢，代谢的废物在体内不断堆积，死亡的细胞没有新细胞顶替，体内的真菌开始大量繁殖，就会导致生长速度最慢的木质部开始溃烂，久而久之便会形成空心树。

★ 有趣的花花草草 ★

实验工具

瓶子 小刀

两根新鲜的树枝

接下来自己动手，来实现好创意吧！

用小刀削掉一根树枝中间部分一圈约2厘米左右的树皮，另一根树枝上削掉一面的皮和一部分白色的树干。将它们分别插在两个瓶子里，并放到窗台上。过一个星期，观察两个瓶子里树枝的情况。使用刀具需请家长帮忙。

到底会发生什么呢？

你会发现，削掉一面树皮的那根树枝活得很好，而削掉一圈树皮的那根已经枯萎了。

原来是这么回事！

树木体内有两条运输线，它们是木质部和韧皮部。木质部担任着把根部吸收的水分和无机物输送到叶片的任务，树心是木质部的一部分；韧皮部担任着把叶片制造的营养运输到根部的任务，它存在于树皮中。当我们把树皮削断，树木的韧皮部运输管道就会被切断，于是就慢慢枯萎了。而有些树虽然空心，可是空心的只是木质部中的心材部分，运输营养的木质部并没有全部中断，所以仍然能够存活和生长。

奇思妙想玩出创造力

树有年轮，竹子也有年轮吗？

树林中有一些被砍倒的大树树桩，上面的图案是大圈套着小圈，这就是树木在生长的过程中留下的年轮。既然树木有年轮，那么，竹子有没有年轮呢？

★ 有趣的花花草草 ★

观察内容

观察竹子的截断面是什么样子的。

到底会发现什么呢？

竹子的截断面，没有像树那样的一圈一圈的年轮。

原来是这么回事！

竹子虽然没有年轮，但它也有计算年龄的标识。一般懂竹子的人只要看一眼就知道，什么竹子是新的，什么竹子是老的。他们区别竹子年龄的方法主要是看竹叶的颜色，比较黄嫩的是1~3年的。3年以上的叶子为深绿色，叶子的纹路也更清晰。

树木越长越粗，而竹子的茎为什么达到一定粗细就不再长粗了？

竹子是一种单子叶植物，而我们所知道的绝大多数树木都是双子叶植物。单子叶植物与双子叶植物最主要的区别就是，双子叶植物的茎里有形成层，而单子叶植物没有。形成层进行细胞分裂，每年都会长出新的韧皮部和木质部。经过不断的分裂，树木就会一年一年地粗大起来。而竹子由于缺少形成层，所以它只会在刚开始的时候生长，等到长到了一定的程度后，它就不会再长粗了。

奇思妙想玩出创造力

莲藕为什么不是**实心**的，它的孔有什么作用？

大家都吃过莲藕，它的形状圆滚滚的，一节一节连接在一起。当我们把藕切成一片一片时，就会发现里面有好多大大小小的圆孔。你也许会问，这些孔有什么用处呢？

★ 有趣的花花草草 ★

实验工具

菠菜叶

1杯水

接下来自己动手，来实现好创意吧！

拿一片完整的、既有叶又有柄的菠菜叶，把叶片全部放进水中。将未浸入水中的叶柄用嘴含着，然后吹气，看看会有什么现象发生。

到底会发生什么呢？

这时你可以观察到水中的叶片上面冒出许多小泡泡。

原来是这么回事！

叶子体内有气体通道，因此在我们使劲吹气的时候会冒出许多小水泡。同样，植物的各个部位都有气体通道。藕是荷花的地下茎，生长在水底的淤泥中，那里的空气特别少，为了将氧气运送到茎的各个部分，就长了许多可以通气的小孔。

藕为何容易变黑？

莲藕中含有一种叫作单宁的物质（又称鞣质），藕被切开并暴露在空气中后，这种成分中的酚类会被氧化成醌，醌会进一步聚合成黑色物质。为了防止变色，可以将切开的藕放在清水或淡盐水中浸泡。另外，鞣质变色的另一个原因是与金属生成深色的鞣质盐，比如遇铁后变成蓝色或暗绿色。

39

奇思妙想玩出创造力

树干和树枝都是**圆的**，怎么不是三角形或方形？

在风中舒展枝叶的树木，它的树干和树枝都是圆形的，甚至一个棱角都没有。这是怎么回事呢？为什么它们不是其他形状的，比如三角形或者方形？

★ 有趣的花花草草 ★

实验工具
3根吸管
3杯饮料

接下来自己动手，来实现好创意吧！

准备3根吸管，将其中2根吸管分别捏成三角形和方形，然后把3个玻璃杯倒满饮料，分别插上这3根吸管。在相同的时间内用吸管吸3个杯子里的饮料。

到底会发生什么呢？

用圆形吸管喝得最快。

原来是这么回事！

之所以圆形的吸管喝饮料比方形的和三角形的要快，是因为在同样高度和底面周长的时候，圆柱体的容积比其他形状的容积要大。而树枝和树干长成圆形，就可以更快地吸收和运输养料。而且圆柱形树干有最大的支持力，能够支撑住整棵树的树枝、树叶和果实。另外，圆柱形的树干由于没有棱角，可以减轻大风等带来的伤害。

树干与树枝的年轮一样吗？

树干与树枝的年轮不一样，年轮的形成是四季的变化造成的，春、夏、秋木质疏松，冬季木质紧密，树干横截面会呈现一个深颜色的闭合圈。只有和树干一同长出的主枝才和树干的年轮一样。之后从树干分生出来的侧枝以及更细的枝条是不可能一样的。

> 奇思妙想玩出创造力

各种植物的叶子为什么形状各不同？

植物通过叶子来进行光合作用和蒸发水分。如果你仔细观察会发现，不同植物的叶子形状各不一样，有的像手掌、有的像针、有的像扇子、有的像羽毛，有的则是规矩的圆形。也许你会问，为什么功能相似的植物叶子形状却不同呢？

★ 有趣的花花草草 ★

观察内容

观察松树、桑树、杨树、柳树、梧桐树以及各类花草的叶子。

到底会发现什么呢？

梧桐树的叶子像手掌；柳树的叶子窄窄长长；桑树的叶子呈卵圆形；银杏的叶子是扇形；仙人掌、松树的叶子像一根针。

原来是这么回事！

生活在不同地区的植物，叶子的形状也不同。在寒冷的地区，植物的叶子往往又薄又窄，甚至像针那么细小，这是为了减少水分和热量的散发；而温暖地带的植物，叶子往往长得很肥大，因为生长在温暖地区的植物很多，每种植物都要和其他植物争夺阳光和水分，而且天气较热，需要散热，所以叶子会长得大一些。

为什么有的叶片上有毛、有的没毛？

有绒毛的植物大多有一个共同的特点，就是生活在比较寒冷的地区。对于它们来说，绒毛就像是一件毛大衣，起到保暖的作用，保护植物不被冻伤。同时，这些绒毛还能减少水分的蒸发，减少细菌的侵害，以及过滤有污染的气体。另外，在一定程度上它也保护着叶片不被虫子吃掉。

43

奇思妙想玩出创造力

有花植物是如何**传粉**的？

在很久以前，人类还不会种庄稼的时候，我们的祖先靠着采集一些有花植物的果实来填饱肚子。现在，人们把种子撒到地里，过一段时间就会长出农作物。但是，现在我们依然可以看到很多野生的有花植物，不用人类的帮助便可以繁衍后代。那么，它们是怎样做的呢？

植物的花粉可以用来侦破案情，这是真的吗？

据说一个游客在维也纳附近莫名其妙地失踪了。不久，警方拘留了一个嫌疑人，但此人拒不承认。警方在植物专家的帮助下，分析了这个人鞋上泥土里的花粉，判断出行凶地点就在维也纳南部的某个树林里。结果，真相确实如此。这是怎么回事呢？原来，根据花粉可以判断出这些花粉属于什么植物，再根据这些植物的分布和结花粉的时间，又可以判断出事件发生的地点范围和大约的时间，这样就可以协助警方侦破案情了。

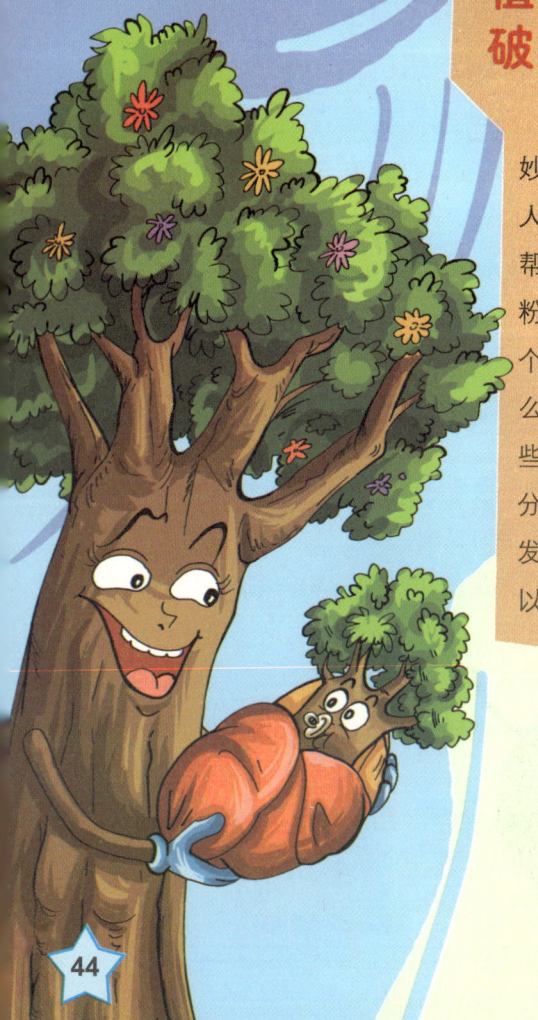

★ 有趣的花花草草 ★

观察内容

了解各种有花植物的繁殖方式。

到底会发现什么呢？

有花植物是通过风、动物、水或者自动弹射等方式传播花粉来进行繁殖的。

原来是这么回事！

有花植物传送花粉的方式是和自己生存的环境有关的。由于不能像动物那样到处移动，它们不得不根据周围可以利用的条件来决定自己的传播方式，如风、昆虫、哺乳动物、鸟类等。慢慢地，那些适应环境的植物活了下来，而那些不能在环境中找到合适帮手的植物就消失了。

奇思妙想玩出创造力

荷花能"出淤泥而不染",这里面有什么**秘密**?

在许多公园或大的庭院里,我们常常能见到荷花的身影。绽放的荷花体态优美,清香远溢,被人们称为"花中君子",自古就有"出淤泥而不染,濯清涟而不妖"的美誉。那么,荷花是怎么做到"出淤泥而不染"的呢?

★ 有趣的花花草草 ★

实验工具
蜡笔
水　白纸

接下来自己动手，来实现好创意吧！

用蜡笔涂在白纸上，将整个白纸都涂满。然后把水泼到白纸的上面。

到底会发生什么呢？

你会发现，白纸基本上不会被水浸湿。

原来是这么回事！

荷花、荷叶的表层就像实验中被蜡笔涂满颜色的纸一样，布满了光滑的蜡质，不会被污水浸湿，而且荷花的花瓣上面还有很多乳头状突起，它们之间充满了空气，也挡住了污水和淤泥的进入。当荷花的花瓣和叶芽从水中冒出时，由于它们身上有蜡质保护层，污水无法渗进去，即使有少量淤泥，用水稍微冲洗一下就会变得干干净净。这就是荷花"出淤泥而不染"的秘密了。

荷花和睡莲有什么区别？

荷花的叶片表面有绒毛，且叶子会挺出水面，叶片没有缺口。它只在夏天开花，且集中在清晨，花朵较大，颜色多数为白色、红色和粉红。睡莲的叶片表面油油亮亮，而且上面有"V"字缺口，它不会挺出水面，只是漂在水面上。它在清晨或夜晚开花，花形比荷花小，颜色多样。

> 奇思妙想玩出创造力

深秋，落向地面的叶子大都哪面**朝上**？

深秋，树上的叶子就会纷纷而落。如果仔细观察，你就会发现，落到地面的叶子有一个奇怪的现象，那就是朝上的多数是同一面。你知道它们是哪一面吗？

★ 有趣的花花草草 ★

实验工具
- 画笔
- 两张不同重量的白纸
- 胶水

接下来自己动手，来实现好创意吧！

准备两张不同重量的白纸，将较重的纸作为纸树叶的正面，较轻的纸作为纸树叶的背面。把它们用胶水粘在一起，然后用画笔在粘好的纸上画个树叶的图案，将正面涂上颜色。用剪刀将你画的树叶剪下。举起纸树叶并扔下，观察纸树叶是哪一面朝上的。

到底会发生什么呢？

纸树叶落地的时候正面朝下，背面朝上。

原来是这么回事！

无风的情况下，落地的树叶大部分都是背面朝上。这是因为树叶的正面接受阳光的照射较多，产生的叶绿素也就较多，所以树叶的正面比背面重。在树叶落地的过程中，稍重一些的正面就会朝下落向地面。还有一个原因是叶面长得比较开，而叶尖向下弯曲，树叶在下落的时候受到空气的阻力，使树叶背面朝上。

你听说过可以载人的叶子吗？

水生有花植物中，叶片最大的是王莲。它的叶片特别大，直径可达2米，背面有许多粗大的叶脉，叶脉构成骨架，骨架间有镰刀形的横隔相连，加之叶子里还有许多气室，因此，巨大的叶子可以平衡地浮在水面上，即使20～30千克的小孩坐在上面也不会沉没。

奇思妙想玩出创造力

鲜花在清水里和在淡淡的糖水里,哪个更能**保鲜**?

如果在桌子上或窗台上摆放一盆绿色植物或鲜花,房间里立即就会有一种生机勃勃的感觉。你知道绿色植物或鲜花怎样保存更新鲜吗?把它们的根茎插在清水里和插在淡淡的糖水里,哪个更能保鲜?

★ 有趣的花花草草 ★

实验工具

糖
两枝鲜花
水　两个玻璃杯
勺子

接下来自己动手,来实现好创意吧!

在两个玻璃杯中倒入适量清水,在其中一个玻璃杯中加一勺糖,然后将两枝鲜花分别放入两个玻璃杯中。观察哪个玻璃杯中的鲜花活得更久一点。

到底会发生什么呢?

放在清水中的鲜花比放在糖水中的鲜花枯萎得快。

原来是这么回事!

插在杯子里的鲜花,失去了土壤供给的所有营养,就会很快枯萎凋谢。如果在水中加入少量的糖,就可以使鲜花所需要的养分得到部分补充,这样鲜花的寿命就可以延长。另外,加入少量食盐或少量维生素C,也能在一定程度上延长鲜花寿命。

为什么牵牛花容易凋谢?

牵牛花通常在清晨四五点钟就会开花,大约到了中午,花儿便凋谢了。这是因为牵牛花的花瓣又大又薄,花中含有丰富的水分,当被太阳照射到时,花里的水分在较短的时间内便会蒸发完,花朵也就凋谢了。如果在阴凉的地方,牵牛花凋谢的速度会慢些,有时甚至到了下午花还开着呢!

51

奇思妙想玩出创造力

冬天，为何要给树木穿上"白衣服"？

不知你有没有注意到，在寒冷的冬天里，不仅动物们会换上雪白温暖的皮毛来抵御严寒，就连树木也会穿上特别的"白衣服"。是不是树木穿上这样的"白衣服"就不会冷了呢？

★ 有趣的花花草草 ★

实验工具
蜂蜜　石灰水
两根树枝

接下来自己动手，来实现好创意吧!

准备两根树枝，在其中一根树枝上涂上石灰水，然后再涂一层蜂蜜。而在另一根树枝上只涂蜂蜜。最后，将这两根树枝平放在草坪上。

到底会发生什么呢？

仔细观察，你会发现蚂蚁对涂了蜂蜜的树枝感兴趣。

原来是这么回事!

很多虫子会选择在树皮的缝隙中过冬，因为它们喜欢生活在比较暗的地方。石灰水具有杀菌作用，可以保护树木、杀死害虫。另外，由于冬天晚上和白天的温差比较大，一冷一热间，树干容易冻裂，如果涂上白色的石灰，就可以将阳光反射掉，树干也就不容易裂开了。

北方的冬天，为何要剪掉树木的一些树枝？

北方的冬天非常寒冷，树上比较细的树枝耐寒能力差，剪掉的话可以预防树被冻伤，同时也可以防止树木出现顶端优势。

> 奇思妙想玩出创造力

牵牛花为何会变颜色？

清晨，牵牛花迎着太阳的笑脸绽放，仿佛是要用自己的笑脸催促大家起床；到了中午，它羞涩地合拢起来，又像是害怕吵到大家的午休。这么有趣的牵牛花，为什么会变色呢？

★ 有趣的花花草草 ★

实验工具
小刀　红色牵牛花　肥皂　水适量　小碗　小勺

接下来自己动手，来实现好创意吧！

用小刀将肥皂切成很小的块状，放到一个小碗里。往碗里加水，用小勺搅拌均匀。最后将一朵红色的牵牛花放到调制好的肥皂水里。

到底会发生什么呢？

红色的牵牛花浸在肥皂水里变成了蓝色的牵牛花。

原来是这么回事！

牵牛花的汁液中含有大量的花青素，花青素十分敏感，在酸性条件下变成红色，而在碱性条件下变成蓝色。肥皂水就是一种碱性物质，所以当我们把红色的牵牛花放到肥皂水里后，牵牛花就会变成蓝色。自然界中的牵牛花由于生命活动强弱的差异，且土壤的酸碱性不同，从而呈现出不同的颜色。

矮牵牛花是牵牛花吗？

矮牵牛花的花朵和牵牛花很像，都是喇叭状。不少人认为矮牵牛花是牵牛花的一种，其实不是的。牵牛花属于旋花科植物，它的茎是缠绕茎，叶子近似三角形；矮牵牛花是茄科植物，没有缠绕茎，叶子是卵圆形；还有一个不同点，牵牛花的茎、叶、花都含有毒性，尤其是种子，而矮牵牛花就没有这样的性质。

奇思妙想玩出创造力

怎样才能长出好吃的 绿豆芽？

绿豆在发芽的过程中维生素C的含量会大量增加。但是，从外面买来的绿豆芽很可能含有对身体有害的漂白剂。其实，我们自己动手，也能让绿豆长出既好吃又营养丰富的豆芽来。那么，应该怎么做呢？

★ 有趣的花花草草 ★

实验工具
小盆
绿豆
毛巾 竹筐

接下来自己动手，来实现好创意吧！

抓几把绿豆放在小盆里，然后往盆里加水，使绿豆在水里浸泡几个小时。把绿豆捞出来，平铺在小竹筐里，在竹筐口上搭一块毛巾。每隔一天往筐里浇一次水，以保证绿豆筐内的湿度和温度。

到底会发生什么呢？

你会发现，绿豆慢慢长出芽来了。

原来是这么回事！

一般的种子发芽需要具备3个条件，即要有氧气、水和适宜生长的温度，只要保持好这些条件就能让绿豆长出好吃的绿豆芽。（注意不要把绿豆长时间泡在水里，那样绿豆会因为水分过多而腐烂。）

吃绿豆芽有什么好处？

绿豆芽中含有丰富的维生素C，还含有核黄素，很适合口腔溃疡的人食用。由于它富含膳食纤维，热量很低，而水分和纤维素含量很高，所以常吃绿豆芽还有助于减肥。

> 奇思妙想玩出创造力

如何自制花卉香水

早在六千多年前,古埃及人就已经制作出香水了,当时的香水是制作木乃伊的原料之一。现代的香水是由匈牙利的伊丽莎白王妃用鲜花配制而成的。她是如何制作的呢?下面我们也试着动手制作一瓶花卉香水吧!

花园里的鲜花,什么时候味道更浓?

花香来自花朵中的油细胞,它们能够分泌出有香味的芳香油。花香气味最浓烈的时候,通常是花朵最适宜受粉的时候。花的气味对于吸引昆虫非常重要。比如,夜间活动的昆虫喜欢香气浓郁的花;蜜蜂和蝴蝶喜欢带着甜香的花;而甲虫则喜欢有强烈腐败、辛辣气味的花。

★ 有趣的花花草草 ★

实验工具

钵
玻璃瓶
玫瑰花瓣
滴管
酒精

接下来自己动手，来实现好创意吧！

把玫瑰花瓣放到钵里捣成花泥。把捣碎的花泥倒进玻璃瓶里。用滴管向玻璃瓶内滴十几滴酒精，盖上盖子。大概一个星期之后，打开盖子。

到底会发生什么呢？

你会闻到很香的玫瑰花味。

原来是这么回事！

实验中，溶解在酒精里的香味物质就是香水的主要成分。和玫瑰花瓣一样，其他很多花的花瓣也都含有一种香味物质，这些物质能溶解到酒精中，使花香得以保存，这是一种简单制作香水的办法。但真正制作香水，需要很多道工序。

59

奇思妙想玩出创造力

树叶能不能**直接**长在树干上？

一棵大树如果没有树枝的支撑，树叶就会成为空中楼阁，清风吹过，也不会带来美妙的沙沙声。你也许会说，如果让树叶直接长在树干上不是一样吗？那么，树叶可以直接长在树干上吗？

★ 有趣的花花草草 ★

实验工具
剪刀
蓝墨水
1朵白花

接下来自己动手，来实现好创意吧！

用剪刀把白色花的枝干剪掉一截，插在一个蓝色墨水瓶里。把墨水瓶放到有阳光的地方，不要随便移动。

到底会发生什么呢？

过两天，你会发现，墨水瓶里的白花已经变成了蓝花。

原来是这么回事！

插在墨水瓶里的白花，是通过茎秆来传送水分和养料的，它的茎秆就好比一个运输通道，把蓝色的墨水源源不断地输送到花瓣，让白色的花瓣变成了蓝色。茎是植物的支柱，它支撑着枝叶，使枝叶在阳光底下充分地舒展。茎还是植物的运输器官，通过它把从根部吸收来的水分和矿物质输送到叶子，同时把叶子产生的营养物质——糖、淀粉、纤维素等输送到植物的其他部分。大树不能不长树枝，树叶不能直接长在树干上。

树的寿命有多长？

树木是多年生的木本植物，寿命长的可以活上千年。其中，寿命较长的树有银杏、侧柏、国槐等。

奇思妙想玩出创造力

冬天的萝卜为什么耐寒能力强？

萝卜是冬天饭桌上的常客。它具有一定的耐寒能力，可以短时间内忍受零下2℃左右的低温。如果气温过低，它才有可能会被冻伤。那么，你知道萝卜为什么耐寒能力强吗？

★ 有趣的花花草草 ★

实验工具

两碗清水

白糖

接下来自己动手，来实现好创意吧！

准备两碗清水，其中一碗放入适量白糖调和成白糖水，把它们同时放到冰箱冷冻室里。过几个小时，观察这两只碗中水的变化。

到底会发生什么呢？

碗里的清水被冻住了，而糖水却没有。

原来是这么回事！

快到冬天时，白萝卜体内会合成一种物质，这种物质会抑制萝卜各个部分的新陈代谢。因为新陈代谢减少，白萝卜体内的养分就会大量积蓄起来。当冬天到来时，这些被积攒起来的蛋白质和淀粉，会在酶的作用下，溶解成可溶性的氨基酸和糖类，它们增加了细胞液的浓度，使细胞不易结冰，所以萝卜的耐寒能力变强了。

胡萝卜与白萝卜为什么不能一起吃？

白萝卜维生素C的含量很高，而胡萝卜中则含有一种对抗维生素C的分解酶，这种分解酶可以破坏白萝卜中的维生素C。二者相遇，白萝卜中的维生素C就会被部分分解，其营养价值自然也就大打折扣。所以，尽量不要同时食用胡萝卜和白萝卜。

> 奇思妙想玩出创造力

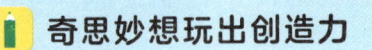

植物也会"出汗"吗?

在炎热的夏天,我们会出汗;在剧烈的运动之后,我们也会出汗。那么,在大太阳的照射下,在大风的摇曳下,植物会不会也像我们人类一样"出汗"呢?

★ 有趣的花花草草 ★

实验工具
塑料布
盆栽　玻璃瓶

接下来自己动手，来实现好创意吧！

用塑料布将盆栽的花盆口封严，不让水从土壤里蒸发出来。然后将一个干燥洁净的玻璃瓶扣在植物上，将花盆放到阳光下。

到底会发生什么呢？

一个小时后，你会发现玻璃杯内壁上出现许多水汽或小水珠。

原来是这么回事！

玻璃杯的内壁上出现许多水汽或小水珠的原因很简单，因为植物的根会吸收泥土中的水分。水分会沿着茎传送到叶子，而叶子上的气孔又会把90%以上的水分排出去，就像我们出汗一样。植物通过气孔把水分排出来的现象叫作"蒸腾作用"，蒸发出的水分就是植物的"汗"。只是植物出的汗和我们出的汗不一样而已。

人会发烧，植物也会吗？

科学家研究发现，植物也会"发烧"。有趣的是，在通常情况下，植物发烧也表明它生病了。比如，正常农作物的体温只比周围的气温高2℃~4℃，若是更高，就表明它出问题了。人们仔细观察后发现，害虫是导致植物发烧的一大原因，害虫深入植物的体内往往会先损害根部，这就影响根对营养的吸收，营养不足很容易导致"发烧"。

> 奇思妙想玩出创造力

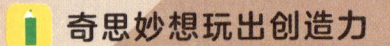

一粒小小的种子，怎样才能知道它有没有**生命力**？

一粒小小的种子很容易被人忽略，可是它有顽强的生命力。种子的生命力是指种子的发芽潜在能力和种胚所具有的生命活动的能力。那么我们怎样才能知道它有没有生命力呢？

★ 有趣的花花草草 ★

实验工具

- 玻璃瓶
- 塑料管
- 橡皮泥
- 烧碱溶液
- 种子
- 红墨水

接下来自己动手，来实现好创意吧！

把一些干燥的种子放入一个玻璃瓶里，然后用橡皮泥塞住瓶口，再插入一根塑料管，把塑料管的另一端放入一个装有烧碱溶液的水杯里。在水杯里滴入红墨水，观察有什么现象发生。烧碱溶液有腐蚀性，小朋友们在动手的时候一定要有大人陪伴。

到底会发生什么呢？

过几天后，你会看到红色水沿着塑料管在不断上升。

原来是这么回事！

试验中的种子吸收了瓶子内空气中的氧气，呼出了二氧化碳，二氧化碳被水杯内的烧碱溶液吸收，这就使得玻璃瓶中空气的密度变小，从而压力降低。当玻璃瓶中的压力低于外界的压力时，水杯里的水就沿着塑料管被压上去。这就说明瓶内的种子会呼吸，是有生命力的。

干燥的种子和潮湿的种子，哪个生命力强？

一般情况下，干燥的种子，呼吸非常微弱，生命力较持久。而潮湿的种子呼吸较旺盛，容易失去生命力。另外，温度对种子的寿命也有直接影响。温度高，种子寿命就短；温度低，种子寿命就长。

奇思妙想玩出创造力

海面下1000米的海底，还有绿色植物吗？

海洋世界丰富多彩，有很多生物在那里自由自在地生活着。但是，在海面下1000米的海底，终日见不到阳光，海水的压力大概为100个大气压，甚至能把木材的体积压缩到原来的一半。在那样的环境中，绿色植物还能生存吗？

★ 有趣的花花草草 ★

实验工具

绿色植物　玻璃瓶
塑料布
黑布
线绳

接下来自己动手，来实现好创意吧！

把绿色植物放入玻璃瓶内，然后用塑料布把瓶口蒙上，再用线绳扎牢，注意一定不要透气。把玻璃瓶罩上黑布遮光，使植物不能进行光合作用。一两天后，去掉黑布罩，将塑料布剪一个小洞，将燃着的蜡烛迅速放入瓶内。一定要在家长监督下进行。

到底会发生什么呢？

你会发现蜡烛的火焰迅速熄灭了。

原来是这么回事！

实验中，绿色植物在没有光的条件下，无法合成叶绿素，也就无法合成氧气，所以，它呼出的二氧化碳使蜡烛熄灭了。我们在生活中也能发现，越接近海面的地方，绿色植物的种类也越丰富，随着深度的增加，绿色植物就越来越少。当水深超过大约200米时，阳光很难到达，叶绿素也就无法合成。所以，在海面下1000米的海底，绿色植物无法生存。

珊瑚是动物还是植物？

珊瑚的形状像树枝，所以很多人都认为它们是植物。其实，珊瑚的每个单位，叫作珊瑚虫。珊瑚虫是一种低等动物，是只有内外两个胚层的腔肠动物。我们平常所见的珊瑚就是这些珊瑚虫肉体钙化后留下的群体骨骼。

> 奇思妙想玩出创造力

由于地球的引力，根向下生长，可为何茎却朝上**生长**？

我们都知道，由于地球的引力，大自然中大多数树木花草的根都会向下生长。那么，为什么它们的茎不像根一样，向下生长呢？

★ 有趣的花花草草 ★

实验工具

纸巾
玻璃杯
菜豆
不干胶
笔

接下来自己动手，来实现好创意吧！

将纸巾卷成筒状，贴着玻璃杯的内壁放入杯中，继续塞进一些纸巾，使先前放下去的纸巾能更紧贴着玻璃杯内侧。在玻璃杯外侧贴上一圈不干胶，并用笔在不干胶纸上画向上、向下、向左、向右的箭头。在每个箭头下方各放一颗菜豆，使每颗豆子的脐都朝向箭头所指示的方向。向杯子内的纸巾上浇适量的水使之湿润，连续观察7天。

到底会发生什么呢？

菜豆的生长方向和箭头所画的方向毫无关系。它们的根向下生长，茎向上生长。

为什么树可以逐年加粗，草却不能呢？

树是木本植物，草是草本植物。草本植物茎中的维管束不具有形成层，所以不能不断生长；而木本植物的维管束中有可不断生长的形成层，因而它会逐年变粗。

原来是这么回事！

我们发现，不管怎么放置菜豆，它们的根生长方向都是向下的。植物的根具有向地性、向水性、向肥性（即向地下、有水、有肥的地方生长），茎具有向光性，即向着有光的方向生长，所以，根向下生长而茎向上生长。

71

奇思妙想玩出创造力

爬山虎可以不停地向高处爬行，它是用**脚**在爬吗？

爬山虎郁郁葱葱地爬满了房屋的外墙，显得那样生机盎然。你也许会说，植物怎么可能会爬呢，难道它有脚吗？原来爬山虎每个茎上长叶柄的地方十分特别，能使爬山虎可以不停地向高处爬行。那么，它们到底有什么特别的呢？

★ 有趣的花花草草 ★

实验工具

吸盘

接下来自己动手，来实现好创意吧！

把吸盘使劲在墙上按一下。

到底会发生什么呢？

你会发现吸盘牢牢地吸在墙面上了。

原来是这么回事！

在爬山虎茎上长叶柄的地方，有像蜗牛触角一样的细丝，这就是爬山虎的脚。当爬山虎遇到墙的时候，六七根细丝的顶端就变成小圆片吸在墙上，然后细丝就会拉着嫩茎朝着一个方向前进，爬山虎就是这样一步一步地往上爬的。那些吸在墙上的脚是相当牢固的。

爬山虎长大后，它的叶子为何都一致朝下？

爬山虎茎靠着吸盘一样的脚，能够爬满整个垂直的墙壁。它们的叶子在重力的作用下会统一呈现叶尖朝下的姿势。另外，爬山虎的叶子铺得很整齐，这样能保证树叶们得到均匀的光照。

奇思妙想玩出创造力

你见过胡萝卜发芽吗？

俗话说，无心插柳柳成荫，不小心把柳枝插到了泥土里，会长出一棵可以遮阴的柳树。因此，柳树常用扦插繁殖。那么，如果将一个胡萝卜埋进泥土里，胡萝卜会不会也开始发芽，然后长出新的胡萝卜呢？

★ 有趣的花花草草 ★

实验工具

- 胡萝卜
- 小刀
- 一小盆土

接下来自己动手，来实现好创意吧！

请大人帮忙，切几个胡萝卜的顶部。然后将切下的胡萝卜头切口向下埋进土里面。将盆放在阳光照射到的地方。放置7天，注意经常浇水不要让土变干。仔细观察胡萝卜的头部会有什么变化。

原来是这么回事！

胡萝卜头包括了茎和根的一部分，这些恰好是植株最重要的部分，也就是说胡萝卜生长所必需的部分全部包含其中。只要在胡萝头部浇水，茎和根就会吸取水分和养分，从而发芽生长。

到底会发生什么呢？

你会发现胡萝卜头上冒出了小小的绿色茎和叶，几天后叶和茎都开始生长。

胡萝卜为何是橙红色的？

胡萝卜中含有大量的胡萝卜素。如果把胡萝卜素从胡萝卜里提取出来，你会看到这是一种橙红色的、漂亮的结晶体，并带有香味。胡萝卜素是一种常见的有机色素，在花朵、水果中常见。由于色素决定植物颜色，因此胡萝卜是橙红色的。

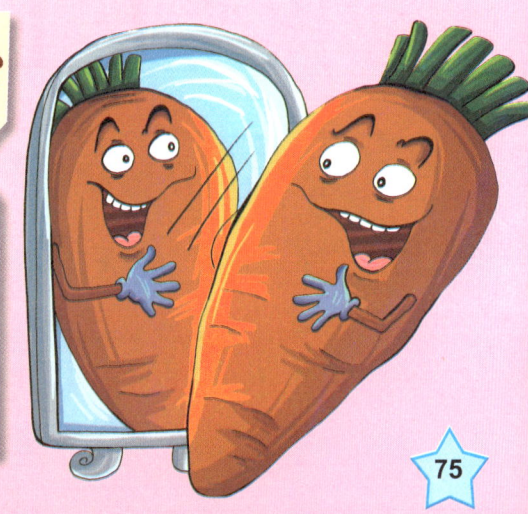

奇思妙想玩出创造力

土豆会长芽，这些小嫩芽能长成**大土豆**吗？

土豆又叫马铃薯，它可不像洋葱那样光滑圆润，圆滚滚的身体上满是坑坑洼洼。土豆如果长时间不食用，表皮就会长出嫩芽来。土豆为什么会长芽？这些小嫩芽可以长成大土豆吗？

★ 有趣的花花草草 ★

实验工具
小刀
广口瓶　土豆
土

接下来自己动手，来实现好创意吧！

把土豆放在阳光照射不到的地方。每天进行观察，看土豆是否有嫩芽长出来。然后用小刀切取土豆附有芽的部分，将切下的土豆芽向上埋在盛有土的广口瓶中，浇适量的水。连续观察两个星期。

到底会发生什么呢？

你会发现，土豆的茎从土中生长出来了。

原来是这么回事！

土豆的茎生长在地下，称为块茎。土豆的芽是无性繁殖，表皮长出的每株芽，过一段时间会各自长成新的土豆植株。所以，人们在种植土豆时，都不会把整个土豆种在土地里，而是把它切成一块一块后埋入土里，这样不仅不会影响它的生长发育，还能节省成本。

为什么发芽的土豆不能吃？

土豆放久了很容易发芽，发了芽的土豆含有一种叫龙葵素的毒素。如果一次吃进20克已经发芽的土豆，也就是吃了200毫克龙葵素，很可能发生中毒现象，所以发芽的土豆一定不要吃。

77

奇思妙想玩出创造力

仙人掌能在沙漠生存，它有什么**本领**？

很多人刚开始种盆栽时会选择仙人掌，这是因为它很容易成活，即使不给它浇水，也不会影响它的生长。那么，能在干燥的沙漠地带存活的仙人掌，到底有些什么本领呢？

满身带刺的仙人掌，你敢吃吗？

仙人掌有很多种类，有的是可以食用的。可以食用的仙人掌营养价值很高，富含维生素，同时含有人体所必需的微量元素。

★ 有趣的花花草草 ★

实验工具
文件夹
水
塑料袋
胶带

接下来自己动手，来实现好创意吧！

从短的一端开始把塑料文件夹折叠成纸扇的样子。然后用透明胶带把它的两端粘起来，使其变成一个圆筒。再把一个大塑料袋塞进圆筒里，轻轻挤圆筒，让它更细一些。把圆筒立在桌上，让塑料袋开口的一端恰好在圆筒的顶上。把圆筒直立在桌上，往塑料袋里倒水。观察倒水时圆筒有何变化。

到底会发生什么呢？

你会发现，圆筒慢慢膨胀，塑料袋里最后能盛很多水。

原来是这么回事！

大多数仙人掌的外表就像刚才实验中的圆筒一样，外表有一些褶皱，这些褶皱在生物学中被称为棱肋。棱肋的存在使仙人掌的身体可以伸缩自如，当它体内水分多时，身体能迅速膨大；当干旱缺水时，它的身体能向内收缩。仙人掌的这一特殊本领，既能保护植株表皮，又有散热降温的作用。当然仙人掌能在沙漠中生存，不仅仅有这一个本领。它还进化出了针状或白毛样的叶子。这样的叶子不仅能减少水分流失，还能避免被强光灼伤。另外，这种特殊的叶子还能使湿气不断积聚凝在叶子表面，形成水珠，最后滴到地面，被生长较浅的根系吸收。仙人掌茎的表皮不仅厚，且有蜡质膜，具有防止水分流失和避免强光灼伤的作用。仙人掌还有庞大的根系，可以充分吸收水分。

79

奇思妙想玩出创造力

城市里，大树底下放置的**鹅卵石**有什么用处？

树根是树的生存之本，如果没有树根，树就没办法生存。我们平时很少能见到它，是因为它深深地埋在土壤里。如果你仔细观察，就会发现城市街道两旁的大树根部往往会有许多鹅卵石。你知道这有什么用处吗？

★ 有趣的花花草草 ★

实验工具

碗
红墨水
细玻璃管

接下来自己动手，来实现好创意吧！

在碗里倒入水，滴几滴红墨水，搅拌均匀。把细玻璃管竖直插到小碗中，观察玻璃管中红色的水有什么变化？

到底会发生什么呢？

红色的水慢慢地"爬"进了玻璃管内。

原来是这么回事！

没有人去吸碗里的水，但是细玻璃管里还是渗进去了一些红色的水，这种现象就是毛细现象。即液体在类似于细管状物体的内侧，由于内聚力与附着力的差异、克服地心引力而上升。疏松的土壤内土粒与土粒之间存在着许多空隙，这些空隙就像实验中的细玻璃管一样，具有毛细作用，可以减少水分蒸发，保持土壤中的水分。如果在树根的四周铺上一层鹅卵石，可以使土壤不直接受到水的冲击，保持土壤疏松。

人有喜怒哀乐，植物也有吗？

植物学家们通过研究发现，植物也有自己的喜怒哀乐。美国一位科学家把测谎仪接在了龙血树的一片叶子上，当他点燃火柴接近龙血树时，仪器指针记录的曲线抖动剧烈。这显然是一种恐惧的表现。在他收回火柴后，指针又回到正常的状态。

奇思妙想绕出创造力

常春藤被剪断后，还能**继续**生长吗？

常春藤有浓绿的叶子、色彩鲜明的花朵，非常适合摆在家里作为装饰。那么常春藤需不需要修剪茎叶呢？如果它们被剪断，还会继续生长吗？

实验工具

宽口杯
水适量
剪刀

接下来自己动手，来实现好创意吧！

把常春藤带叶子的茎剪下来，将切口部分插入装有水的宽口杯里。连续观察切口数天。

到底会发生什么呢？

你会发现，从茎部切口处长出了小小的根。

原来是这么回事！

大多数盆栽植物，像常春藤等，很容易从茎部的切口长出根来。由此我们知道，这一类植物除了可以用种子栽培出植株，用茎也可以培育出新的植株。不过，为了让已经从茎部长出根的植物能够继续生长，你需要将它移栽到土里。

为什么大多数叶子的一端都是尖尖的？

下雨的时候，雨水会打在植物的叶片上，如果叶子的尖端和它的"身体"一样圆润的话，水从叶子上流走的速度就会很慢。当水在叶片上越积越多时，叶子就可能被压折。而且叶子长时间浸泡在水里，会很容易烂掉。所以，有了这个小小的叶尖，水就可以快速地离开叶子，从而减少对叶子的伤害了。

83

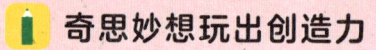

奇思妙想玩出创造力

为什么大多数植物都是**绿色**的？

春天，来到户外，你会发现整个世界都变成绿色的了。你有没有想过，为什么大多数植物都是绿色的呢？

★ 有趣的花花草草 ★

实验工具

酒精灯　两个烧杯　绿叶　酒精　石棉网　三脚架　夹子

接下来自己动手，来实现好创意吧！

在大、小两个烧杯中各倒入少量清水，将两片绿叶放入小烧杯中，然后将小烧杯置于大烧杯内，加热大烧杯。加热一会儿后，夹出绿叶，把小烧杯里的水倒掉，换成酒精，把绿叶放进去，加热大烧杯。实验要在大人陪伴下进行，防止烫伤等意外。

原来是这么回事！

原来绿叶中含有叶绿素。当把绿叶放在清水里加热时，绿叶没有什么明显的变化，这是因为叶绿素不溶于水；而把绿叶放入酒精中加热时，叶绿素从绿叶中跑了出来，无色的酒精就变成了绿色，而绿叶就变成了白色，表明叶绿素溶于酒精。

到底会发生什么呢？

清水中的绿叶加热后没有变化。换上酒精加热后的绿叶，变成了白色，酒精变成了绿色。

冬天，植物的叶子都掉光了，人们呼吸需要的氧气从哪里来？

当我们的北半球进入冬季时，南半球则刚好是夏季，正是植物最茂盛、光合作用最强烈、释放氧气最多的季节。除此之外，海洋里生活着大量藻类，它们通过光合作用释放出的氧气会随着海水逐渐渗入到空气之中。所以，即使是在万物凋零的冬天，我们也会有足够的氧气。

奇思妙想玩出创造力

为何树的年龄越大，树皮的**裂纹**就越大？

人老了以后，皮肤上会出现很多皱纹；而树木在年轻的时候，身上就会出现很多裂纹，这些裂纹随着树木年龄的增大而变大。你知道这是怎么回事吗？

实验工具

纸、小刀、胶带、气球

接下来自己动手，来实现好创意吧！

用小刀在纸上划几条平行的细缝，将纸卷成一个长圆筒，用胶带粘住。将气球塞进去，然后吹气。在家长的监督下使用工具。

到底会发生什么呢？

气球鼓起来之后，就将外层的纸缝越撑越大，最后彻底撑破了。

原来是这么回事！

气球之所以能把一条条小裂纹撑大，是因为纸的体积是有限的，而气球在吹气过程中体积在不断增大，当纸的空间无法容纳吹大的气球时，纸张的裂纹就会随着气球逐渐变大。如果把气球看成是一棵成长的树，树长大了，就会将外面的树皮撑破。树的年龄越大，树干就越粗，树皮的裂纹也就越大。

树皮的主要作用是冬季防寒吗？

冬天，人为了防寒会穿上厚外套。树的外套显然就是厚厚的树皮了，那树皮的主要作用是为了防寒吗？其实并不是的，树皮最主要的作用是为树运输养料。

奇思妙想玩出创造力

种子和果实成熟后，为何会自行**脱落**？

大多数植物的种子或果实在成熟后，种子会逐渐从植株上脱落或飞散。果实则会开裂，里面的种子自然脱落，这到底是为什么呢？

★ 有趣的花花草草 ★

观察内容

观察自然界中成熟的种子和果实是怎么脱落的。

到底会发现什么呢？

风力使蒲公英种子脱落飞散；水力使睡莲的种子漂到各处；洋紫荆种子成熟后被弹出去；美味的果实被动物食用后，种子不被消化，随动物的粪便排出。

原来是这么回事！

自然界中，每种植物都有自己独特的传播种子的方式，这些方式和它们自身的特点，以及环境相适应。成熟的果实和种子必须要到地面上才能生根发芽，长出新的果树。所以，当果实成熟时，果柄上的细胞就开始衰老，在果柄与树枝相连的地方形成一层"离层"。离层隔断了树枝对果实的营养供应，再加上地球引力，果实就纷纷落地了。

低等植物和高等植物

地球上的植物分为低等植物和高等植物。二者的区别在于高等植物有胚的结构，而低等植物在发育过程中不出现胚。低等植物形态上没有根、茎、叶的分化，不会开花，比如藻类和地衣都属于低等植物；高等植物形态上有根、茎、叶的分化，包括苔藓、蕨类和种子植物。

89

奇思妙想玩出创造力

给花草施肥，**肥料**是不是越浓越好？

给花草施肥，是园丁的一项重要工作。那么给这些漂亮的花草施肥时，是不是肥料越浓越好呢？

★ 有趣的花花草草 ★

实验工具
- 熟土豆
- 生土豆
- 2个盘子
- 糖
- 小刀

接下来自己动手,来实现好创意吧!

分别把一个生土豆和一个熟土豆的顶部和底部削去一片,在顶部中间各挖一个洞。再在每个洞里放进一些白糖,然后把它们分别直立放在两个有水的盘子里。过几个小时后观察。削土豆要在大人监督下进行。

到底会发生什么呢?

生土豆的洞里充满了水,而熟土豆里仍然是白糖颗粒。这时,尝尝放生土豆盘子里的水,你会发现这水是甜的。

原来是这么回事!

原来,活的植物细胞的细胞膜是一层半透膜,允许水分子自由通过。水分会从低浓度的地方渗透到高浓度的地方,所以一般情况下,植物会从外界吸收水分。但是如果外界的水中浓度过高或者直接接触可溶性的溶质,就会导致植物自身的水渗透到细胞外面,从而失水,甚至死亡。所以,给花草施肥时不宜过重。

植物之间是怎样进行交流的呢?

美国科学家最早发现,有些植物是通过产生化学物质将气味传导给邻近的同类,以此来发出防虫"警报"的,比如柳树。还有一些植物通过一种能量来传递信息,这种能量是极微弱的光,人眼觉察不到,但可以通过仪器测出。

奇思妙想玩出创造力

西红柿炒熟了为何会酸一些？

西红柿又名番茄，大多数人都非常喜欢吃。它的吃法可真不少，既可以生着吃，也可以炒熟或做汤。但是你有没有发现，炒熟了的西红柿会比生的酸一些，这是为什么呢？

★ 有趣的花花草草 ★

实验工具
西红柿汁 酒精灯
毛笔 白纸

接下来自己动手，来实现好创意吧！

用毛笔蘸取一些西红柿汁在白纸上写字或作画。让它自然变干，这时纸上几乎看不出什么痕迹，然后将这张纸放在火上稍微加热一下。一定要在家长的陪同下进行，小心用火。

到底会发生什么呢？

很快，白纸上就会出现焦黄色的字迹或图画。

原来是这么回事！

西红柿里含有一种叫作果胶元的不溶于水的物质，这种物质可以结合有机酸。生西红柿中的果胶元不溶于水，所以它结合的有机酸也很少溶解在水中；而加热后，果胶元会形成果胶和果胶酸。这种有机酸和纸的主要成分纤维素发生反应后，生成了酯，酯的燃点较低，所以加热后会出现焦黄印迹。生西红柿中还含有一种缓冲酸的蛋白质，这种蛋白质加热后会变性，失去作用。因而，炒熟的西红柿会比生的酸一些。

哪些蔬菜和水果，熟的比生的更酸？

果蔬中，不是只有西红柿煮熟后才会变酸，冬瓜其实也是这样。一般来说，煮冬瓜时放盐过早，比煮熟以后再放盐的味道更酸一些，原因和番茄差不多。不过，番茄和冬瓜的成分不完全相同，所以它们煮熟以后的酸味也会有所差别。

奇思妙想玩出创造力

花儿怎么不全部在春天一起开放？

人们常常说"春暖花开"，意思就是春天天气渐渐转暖，很多花儿会陆续开放。它们把世界装点得姹紫嫣红、五彩缤纷，但是有的花却不在春天开放，而是在另外的季节。正是因为这样，我们一年四季才有花可看。花儿为什么不在春天一起开放呢？

★ 有趣的花花草草 ★

观察内容

观察四季中分别有哪些花开放。

到底会发现什么呢？

春天，桃花盛开；夏天，荷花怒放；秋天，菊花露出笑脸；冬天，寒梅点缀枝头。

原来是这么回事！

一年四季，地球上的温度、光照、湿度等都在不停地发生变化，且花的习性也各不相同，花朵只有在各种条件都达到开花要求时才会开放。正是因为这样，我们才会在一年四季中，看到各种美丽的花。

植物大都先长叶子后开花，有没有先开花后长叶子的？

蜡梅和玉兰花就是最为常见的先开花后长叶子的植物。它们的花芽生长所需要的温度比较低，初春的温度已经可以满足它生长的需要，花芽就逐渐长大并且开花了。但对叶芽来说，这时气温还是太低，所以它仍旧潜伏着不长。只有当温度逐渐升高后，叶芽才开始慢慢长大。

奇思妙想玩出创造力

蒲公英的一生是怎样**度过**的？

蒲公英的叶子又细又长，总是牢牢地贴在地面上，要不是那鲜艳的小黄花，我们还真难发现它。那么你知道蒲公英的一生是怎样度过的吗？

★ 有趣的花花草草 ★

观察内容

观察蒲公英的生长。

到底会发现什么呢？

蒲公英为多年生草本植物，通常要到第二年的5~6月份才会开花，生长期越长开花越多。蒲公英开花后种子成熟期短，花盘的外壳由绿色变为黄色，每个花盘的种子也由白色变为褐色，一般13~15天种子即可成熟。种子成熟后，种子上的白色丝毛会使花柄上结成一个白色绒球，可以随风飞散。

蒲公英的果实为什么是毛茸茸的呢？

蒲公英的花就像菊花一样，是头状花序，每朵小花呈舌状且花型紧簇，一般有2~3层苞片。花朵成熟后，结出种子，种子上的细柄长着白色像伞状的丝毛。凡是靠风力播种的种子，都是又小又轻，蒲公英也不例外。风很容易将白色丝毛吹起，这样丝毛下的种子也跟着一起被吹走。当风停了，种子就可以在新的环境中生根发芽了。

原来是这么回事！

春天刚到，蒲公英就冒出几粒花蕾。花蕾一天天长大，到了夏天，鲜黄色的花就绽放了。蒲公英的花是由大约200朵小花组成的。花谢之后，蒲公英的花柄会呈现一团白色绒球，上面有无数丝毛。每一根丝毛的下面都有一粒种子。风一吹，丝毛带着种子便随风而去。

> 奇思妙想玩出创造力

洋葱也能给衣服染色？

如今人们身上穿的衣服都是用化工合成的染料来进行染色的。也许你会好奇，在没有化工染料的古代，人们五颜六色的衣服又是用什么染的呢？其实，以前的人们用的是植物染色剂。那么我们常吃的洋葱能给衣服染色吗？

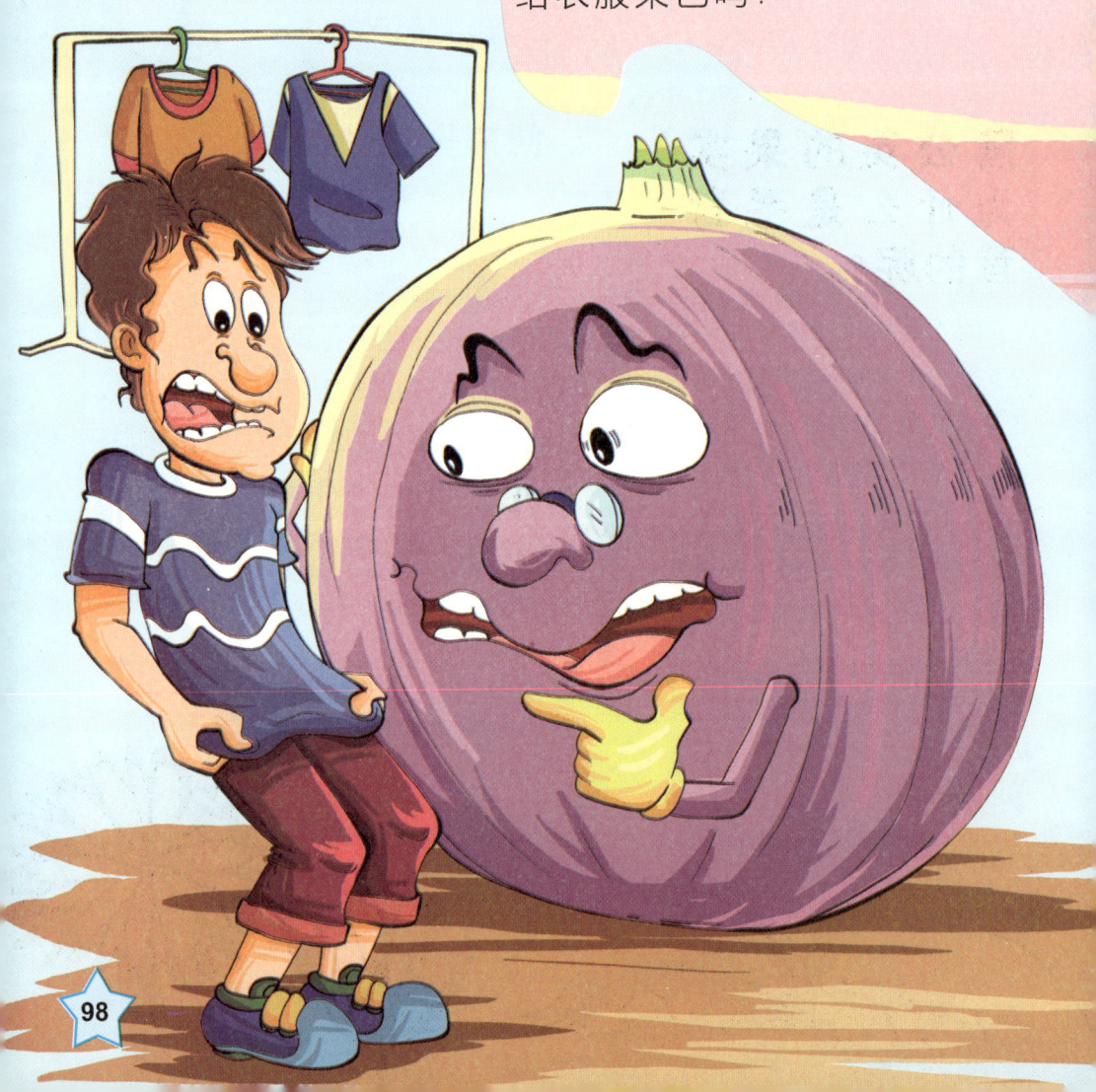

★ 有趣的花花草草 ★

实验工具

- 加热锅
- 白手帕
- 明矾溶液
- 紫皮洋葱

接下来自己动手，来实现好创意吧！

将两个紫皮洋葱一片一片剥下放入锅中，用清水煮。15分钟以后，你会发现水变成很浓的红茶色。把洋葱皮和杂质捞出来，然后把白色的干净手帕放在水里，保持这个温度15分钟以后将其捞出，放在明矾溶液中，这时观察手帕的颜色。注意安全，请家长帮忙。

原来是这么回事！

洋葱中含有花青素，花青素渗透到布的纤维中，布就染上了颜色。为了让布不褪色，使色素和纤维牢牢地固着在一起，可以将它浸在明矾溶液中。这就是用洋葱皮染色的秘密。

到底会发生什么呢？

白色的手帕变成了茶色。

你知道什么是纤维布料吗？

人们把连续或不连续的细丝组成的物质统称为纤维。纤维的粗细、长短是决定面料手感的重要因素。粗的纤维给予布料硬、挺、粗的手感，纤维越短，面料越粗糙，越容易起毛球；而细的纤维给予布料柔软、薄的手感，纤维越长，纱线越光洁平整，越少起毛球。

奇思妙想玩出创造力

根大都生长在土里，有没有长在空气里的呢？

植物的根千奇百怪，各种形状都有，它们大多藏在地下。那么，除了土里之外，根还会不会长在其他地方呢，比如空气中？

除了气生根，还有哪些种类的根？

红树的根是支柱根，可以帮助支撑植株；浮萍的根是水根，没有根冠，也不能固定植物，只能吸收水中的养分；白薯、萝卜等是贮藏根，它们的根为了贮存大量的养分，会长得特别的肥大。

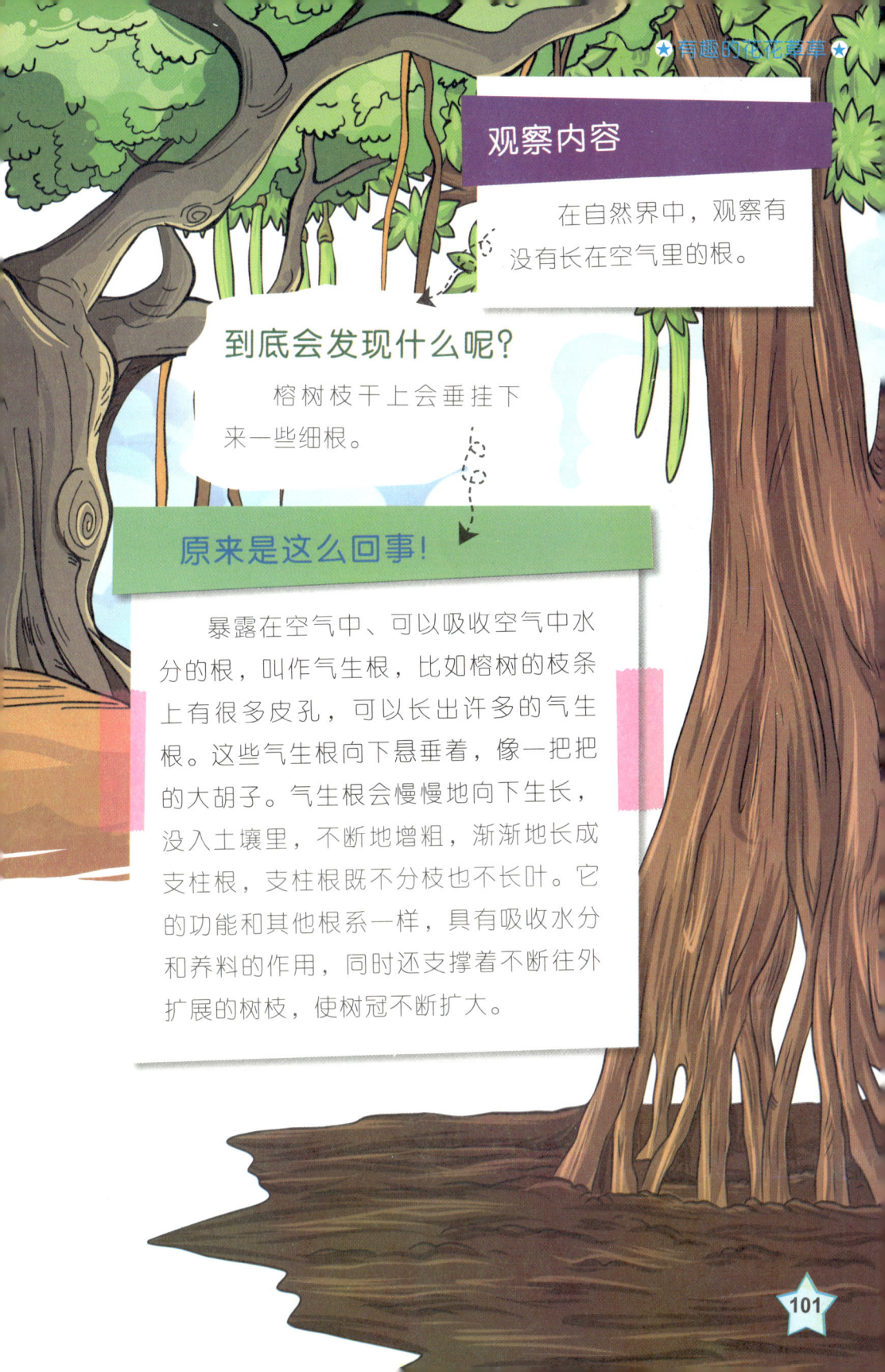

观察内容

在自然界中，观察有没有长在空气里的根。

到底会发现什么呢？

榕树枝干上会垂挂下来一些细根。

原来是这么回事！

暴露在空气中、可以吸收空气中水分的根，叫作气生根，比如榕树的枝条上有很多皮孔，可以长出许多的气生根。这些气生根向下悬垂着，像一把把的大胡子。气生根会慢慢地向下生长，没入土壤里，不断地增粗，渐渐地长成支柱根，支柱根既不分枝也不长叶。它的功能和其他根系一样，具有吸收水分和养料的作用，同时还支撑着不断往外扩展的树枝，使树冠不断扩大。

奇思妙想玩出创造力

有没有沿着地面生长的茎？

茎是植物连接根和叶的重要器官，可以支撑植株、输送水分和养分。自然界中，有各种各样的茎，它们有的直立于地面，有的缠绕着树木或其他支撑物，那么有没有一种茎是沿着地面生长的呢？

平卧茎和匍匐茎有什么区别？

西瓜的茎是平卧茎，它是横卧地面，但是并不会长出根来。而匍匐茎上的芽会在接触到地面后，向下生出根，并且向上长出叶子，如白薯。

缠绕茎和攀缘茎有什么区别？

牵牛花的茎是缠绕茎，不论遇上什么东西，它都会缠住不放。葡萄的茎是攀缘茎，本身不会直接缠绕在物体上，而是由卷须攀附别的物体往上爬。

★ 有趣的花花草草 ★

观察内容

观察自然界中有没有沿着地面生长的茎。

到底会发现什么呢？

草莓的茎是沿着地面生长的。

原来是这么回事！

植物的茎一般都是直立的，但也有些例外，这些便被称为变态茎。例如，平卧茎、攀缘茎、匍匐茎、块茎、根茎等。草莓的茎就是匍匐茎，它沿着地面生长，当茎上的芽碰触到地面，就会向下生根，并且向上长出叶子。

奇思妙想玩出创造力

植物可以活多久？

有些花儿只开了一季便凋谢了，有些花儿四季常开。这说明，植物与人一样，不仅有寿命，寿命也有长有短。那么，你知道它们的寿命到底有多长吗？

比恐龙还古老的植物

蕨类是比恐龙还古老的植物。早在4亿年前，蕨类植物便已出现在地球上，它们种类繁多，从几厘米高到几米高都有。温暖潮湿的气候很适合蕨类生长，树干、石穴、水沟边或水里都看得到它们的身影。它们比种子植物原始，但比苔藓植物进步。蕨类植物不会开花结果，需要靠孢子繁殖后代。

★ 有趣的花花草草 ★

观察内容

观察周边植物的寿命。

到底会发现什么呢？

丝瓜在一年内完成发芽、开花、结果的生命过程；郁金香在种植的第二年开花结果，然后死亡；椰子树的寿命可以长达十几年。

原来是这么回事！

植物的寿命有长有短，短的只有几天，长的可达千百年。如果以生命长短来区分植物，那么植物大致可分为三类：第一类是一年生植物，这类植物在一年内完成发芽、开花、结果的生命过程，如丝瓜；第二类是两年生植物，它们通常在冬天前种植，第二年开花结果，然后死亡，如郁金香；第三类是多年生植物，它们是寿命超过两年以上的植物，比如椰子树。

> 奇思妙想玩出创造力

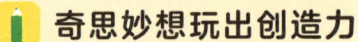

有些植物生长在水面上，不怕被风**吹翻**或沉到水里吗？

每当到了夏天，河水里的植物世界就变得热闹起来。菱角漂浮在水面，荷花在风中轻轻摇摆，浮萍绿油油地聚在一起。你有没有想过，这些水生植物为什么没有被风吹翻或是沉到水里去呢？

水生植物是如何呼吸的？

水生植物的细胞间隙特别发达，有的会形成较大的气室及通气组织，以保证植株在水下部分有足够的氧气。

★ 有趣的花花草草 ★

到底会发现什么呢？

水生植物因为容易获得水分，所以通常不具备根毛，也因为常年在水中，通常都靠水来散播种子。

观察内容

观察河里的水生植物。

原来是这么回事！

水生植物常年生长在水中或含水量丰富的土壤中。为了适应这种多水的环境，它们的气孔、根毛、组织结构，甚至繁殖方式和陆生植物也不太相同。比如布袋莲，它的叶柄肥肥的，充满了空气，因此不会沉入到水中。

菱角是果实还是种子？

菱角是菱的果实，在果实中央有一个小孔，叫作"脐"，种子就从这里萌芽。菱很容易栽培，一株就可结几十个左右的菱角。

> 奇思妙想玩出创造力

叶子是怎样**生长**的？

春天的树叶是又小又嫩的；夏天的树叶是又绿又厚的；秋天的树叶是五颜六色的……树叶给我们带来绿色，带来清凉。那么，你知道叶子到底是怎样生长的吗？

★ 有趣的花花草草 ★

观察内容

在丝瓜叶的表面，标上格状标记。过一段时间后观察。

到底会发现什么呢？

你会发现，丝瓜叶上做标记的每个格子都变大了。这说明它整片叶子都在生长，也就是说，丝瓜叶片里面的所有细胞都在分裂、生长。

原来是这么回事！

丝瓜苗最初从地面冒出来时，只有一两片嫩叶，它会朝太阳的方向生长。随着顶端的不断生长，它会越来越高，基部也越来越粗。在这期间，它的茎上会长出新芽和新叶，新芽随后会长成一根新茎，从第一根茎上岔出。这样就有两根茎在长叶子了。然后更多的芽出现，长成更多的茎。更多的茎，会长出更多的叶子。这就是叶子的生长过程。

植物的茎是怎样生长的？

茎属于顶端生长。顶端分生组织位于枝梢尖端，是新茎、新叶形成的地方，细胞在这里分裂、生长得很快。茎梢的特殊细胞会分泌刺激生长的生长素，这种化学物质会软化细胞壁，使茎能够继续生长。在生长点与茎的相交处生出新芽。嫩叶从枝梢顶端侧面长出来，然后发育成对生、互生或轮生状的叶子。

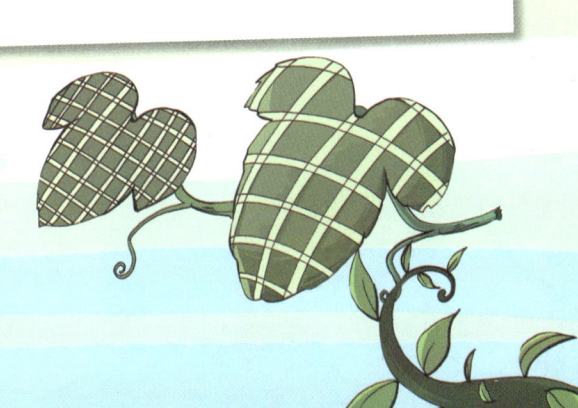

奇思妙想玩出创造力

黄瓜的**螺旋卷须**有什么用？

黄瓜是我们大家非常熟悉的一种蔬菜。摘下黄瓜时我们会发现它的叶腋处长着螺旋卷须，你知道这个螺旋卷须是干什么用的吗？

★ 有趣的花花草草 ★

到底会发现什么呢？

黄瓜和其他藤本植物都是攀附在一根杆或一棵植物上生长的，它们用卷须来缠住这些支撑物。最新的研究表明黄瓜的卷须是侧枝的同源器官，触觉敏锐。触到支撑物不久，卷须会从中间同时向两端卷曲，卷须中央形成一个分界点。大概一天一夜后，卷须就卷成有如两节反向的弹簧一般的东西了。

观察内容

观察黄瓜螺旋卷须形成的过程。

原来是这么回事！

黄瓜的螺旋卷须就像是一个能固定住自己的弹簧，它能让瓜藤在受到诸如微风等较小的外力时，轻轻地移动。同时，在受到来自外部的牵引力时，黄瓜卷须会缠绕得更加紧密，而不像一个普通的弹簧那样打开。

葡萄也有卷须，它和黄瓜的卷须一样吗？

葡萄的卷须尖端长着吸盘似的垫子，能够吸住支撑物，而不用缠绕着它，但吸盘接触到支撑物后，这些卷须也会盘成一圈一圈的。其他攀缘植物，比如常春藤，是用变态根来支撑自己的，且这些根卷须并不会盘卷成圈。

111

> 奇思妙想玩出创造力

含羞草为何会"害羞"?

含羞草是一种很奇特的植物。当人们轻触它的叶子时,它就会害羞地将叶子卷起来,同时慢慢弯下"腰"。你知道含羞草为什么如此"害羞"吗?

★ 有趣的花花草草 ★

观察内容

在含羞草叶柄的基部，有一种水鼓鼓的薄壁细胞组织，叫作叶枕。轻轻用手触碰叶枕，看看会发生什么。

到底会发生什么呢？

叶枕上半部分鼓起来，下半部分瘪下去。同时叶柄也低垂下去，并且由淡绿色变成深绿色。

原来是这么回事！

含羞草叶枕的周围有许多薄壁细胞。这些细胞里有充足的水，因而鼓鼓的，使叶枕挺立，叶片舒展。但当我们触碰它时，叶枕细胞受到刺激，里面所含的水就流到周围细胞的间隙中了，因此叶枕下部瘪了，叶片也闭合了，看着仿佛很"害羞"。

含羞草的睡姿是啥样的？

除了对有形的触碰做出闭叶、垂缩的反应外，含羞草对光线也极为敏感。它的叶子在天黑后不久就会闭合，直至第二天日出后才再张开。这种对光的反应叫作感光性（或称为睡眠运动），其机制与对它碰触的反应是一致的。把一株含羞草从明亮处搬到黑暗处后约30分钟，它的叶子就会闭起来，当光线照到叶枕时才会再度张开。

奇思妙想玩出创造力

怎样在花盆里面种菠萝？

菠萝不仅是一种非常好吃的水果，还是一种很好看的室内观赏植物。那么，你知道如何在花盆里面种菠萝吗？

菠萝和凤梨是同一种水果吗？

菠萝和凤梨不是同一种水果。从外表上看，菠萝呈橘黄色，叶子上锯齿特别多；而凤梨则是青绿色的，叶子上没有锯齿。从口味上区分，菠萝的果肉甜中带酸，肉质比较硬，如果吃得稍微多一点，舌头和嘴唇就会发麻，还有刺痛感；而成熟的凤梨果肉是甜而不腻，柔软多汁，吃得多点也没有那种发麻刺痛感。

★ 有趣的花花草草

接下来自己动手，来实现好创意吧！

拿一个大菠萝，请大人切除顶冠，连带大约2厘米的果肉部分，把带果肉的顶冠放到水盆中浸泡，直到长出根须。花盆底部铺一层鹅卵石以便排水。用等量的沙子和土壤混在一起填满花盆，轻轻压平。把生根的菠萝顶冠放进去，让土壤盖住肉质和根须部分。浇水后，把整个花盆放入塑料袋中，扎紧袋口，以保持湿润。最后把它放在温暖的窗台上。大约1~2个星期过后，解开袋口，放入一些空气。

实验工具

花盆　塑料袋　土壤　沙子　鹅卵石　菠萝

到底会发生什么呢？

当你发现中间的叶片再次生长时，那就意味着生根成功了。这时可以拿掉塑料袋，再浇一些水。

原来是这么回事！

菠萝的繁殖能力很强，用切下来的菠萝顶冠来种植，就是菠萝分株繁殖的一种方法。菠萝顶冠就是菠萝的冠芽。如果气温和环境适合菠萝生长，并且后期的管理得当，这样花盆种植的菠萝也是可以长大结出果实的。

115

奇思妙想玩出创造力

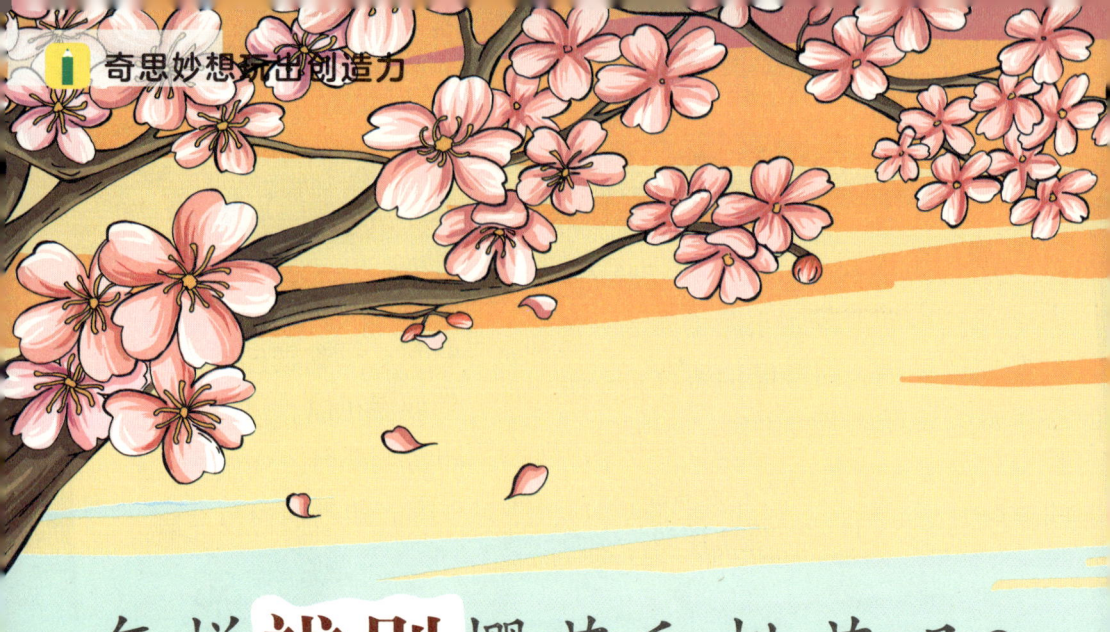

怎样**辨别**樱花和桃花呢？

春天来了，樱花盛开了。与它一样在春天开放的还有桃花，从外形上看，它们长得差不多，那怎样才能将两者区分开呢？

★ 有趣的花花草草 ★

观察内容

春天时，观察樱花和桃花的区别。

到底会发现什么呢？

花序，是花梗上的一簇或一丛花。樱花的花序是总状花序，桃花的花序是单生的；樱花的花柄一般很长，而桃花的很短，有时甚至看不到花柄；樱花的花托是筒状的，而桃花的花托是杯状的；樱花的花瓣上有小的缺口，而桃花的花瓣一般是没有的。

原来是这么回事！

从植物学分类上来说：樱花树属于蔷薇科樱属植物，而桃树属于蔷薇科桃属，两者属于同一个科的不同属。从植物进化发展和繁殖的角度来说：樱花的种子传播靠鸟类来完成，所以进化出了繁复的总状花序，从而帮助它吸引鸟类来传播种子；桃花的种子并不依赖鸟类的传播，所以并不需要繁复的总状花序，因而只长简单的单生花。

你知道一朵樱花从绽放到凋谢需要多长时间吗？

樱花原产于我国的长江流域。全球有50多个野生樱花品种，我国就占了38种。樱花的生命很短暂，开放的时间大约只有一周。樱花的开花时间会受到地区或气候的影响，有时候一些气候温暖的地方的樱花已经凋谢了，但气温稍低的地方的樱花还没有开放。

奇思妙想玩出创造力

柳树的再生能力有多强？

柳树有非常强的再生能力。如果温度和湿度适宜，从柳树上剪下来发芽的柳枝，插在土壤中能够生根，最终成长为另一棵柳树。让我们通过实验，一起来看看柳树的再生能力到底有多强吧！

起源于柳树皮的药物——阿司匹林

阿司匹林是人们常用的一种药品，它具有解热、镇痛等作用。最初古人发现柳树皮能够消炎镇痛，后来，化学家从柳树皮中提纯水杨酸这种化合物，可是水杨酸的毒性与副作用过大。直到1897年，德国化学家霍夫曼用水杨酸与醋酐反应，合成了乙酰水杨酸。德国拜耳药厂正式生产时，将乙酰水杨酸命名为阿司匹林（Aspirin）。

★ 有趣的花花草草 ★

实验工具

小刀　罐头瓶　剪刀　发芽的柳枝

接下来自己动手，来实现好创意吧！

用剪刀剪一根柳枝。在柳枝下端两厘米处，用小刀将树皮轻轻环切一周。将环切后的柳枝插入有清水的罐头瓶内。使用刀具需请家长帮忙。

到底会发生什么呢？

经过一周左右的时间，就可以看到在环切处长出了根须。

原来是这么回事！

柳树可通过扦插的方式繁殖。扦插也称插条，是一种培育植物的常用繁殖方法。它是通过剪取某些植物的茎、叶、根等，插入土中、沙中或浸泡在水中，利用其再生能力来培育新植株的。除冬季严寒或夏季干旱地区不能进行扦插外，凡温暖地带及有温室或温床设备的，四季都可以进行扦插。

> 奇思妙想玩出创造力

为什么说苔藓是植物的**朋友**？

在郊外阴暗的石壁上或者潮湿的森林里，总能看到一些绿色的植物平铺在地面、树桩或石头上。如果用手摸一下，会感觉湿漉漉的。这就是苔藓，它们喜欢生长在没有光的地方。那么，为什么说苔藓是植物的好朋友呢？

可以指引方向的苔藓

苔藓植物是一种喜阴植物，生长在背光的地方。所以在阴天迷路时，你只要看看树木或石头上哪个方位的苔藓多，就能知道哪个方位是北方了。

120

★ 有趣的花花草草 ★

接下来自己动手，来实现好创意吧！

实验工具

两个广口瓶　勺子
泥土
苔藓和水

在一个广口瓶内倒入泥土，另一个广口瓶内倒进苔藓。往有苔藓的广口瓶里加进一大勺水，观察其变化，然后陆续加几次，每次一勺，一直加到苔藓不再吸收水分为止，并记下加水的次数；对装有泥土的瓶子也做同样的处理，并记下加水的次数。

到底会发生什么呢？

给苔藓加水的次数比泥土加水的次数多，说明苔藓比泥土更能吸收水分。

原来是这么回事！

苔藓是植物的朋友，它经常被用于绿化盆栽植物，就像干燥的海绵，是吸收水分的高手。园艺学家利用苔藓保持水分的特点，经常在泥土中掺入苔藓，或把苔藓铺在植物的周围。在搬运盆栽植物时，也可以连带着苔藓一起搬运，这样能够防止植物缺水。

> 奇思妙想玩出创造力

水生植物是怎样呼吸的呢？

水生植物一辈子都要生长在水中或含水量丰富的土壤中，它们的样子和陆生植物不太一样。水生植物不用担心干旱或者暴晒导致的水分蒸发，因为它们的气孔数量很少，有的甚至没有气孔。那水生植物会呼吸吗？又是怎样呼吸的呢？

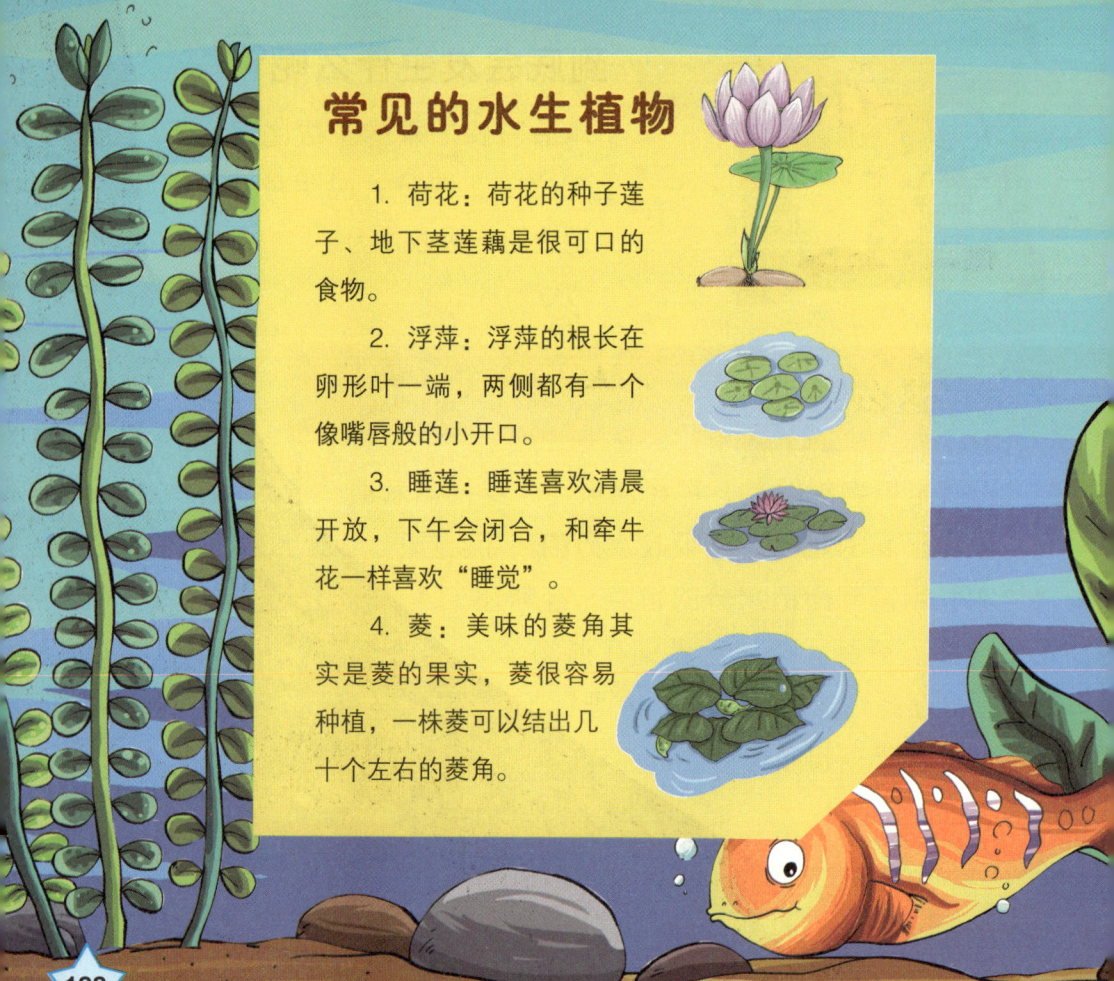

常见的水生植物

1. 荷花：荷花的种子莲子、地下茎莲藕是很可口的食物。

2. 浮萍：浮萍的根长在卵形叶一端，两侧都有一个像嘴唇般的小开口。

3. 睡莲：睡莲喜欢清晨开放，下午会闭合，和牵牛花一样喜欢"睡觉"。

4. 菱：美味的菱角其实是菱的果实，菱很容易种植，一株菱可以结出几十个左右的菱角。

★ 有趣的花花草草 ★

实验工具

玻璃瓶、水盆、硬卡纸、水生植物

接下来自己动手,来实现好创意吧!

把几株带叶的水生植物放入透明玻璃瓶,再将玻璃瓶里装满水。用一张硬卡片严密地封住瓶口,小心地将玻璃瓶倒过来,再轻轻地把玻璃瓶放进盛满水的盆中。把水盆放在阳光下,小心地将硬卡片移开。

到底会发生什么呢?

白天,阳光下水生植物的叶子上聚满了一个个小气泡,这些气泡会升到玻璃瓶底。晚上,叶子上的小气泡减少了。

原来是这么回事!

水生植物可以呼吸,和陆生植物一样。白天,水生植物的叶子在阳光下释放出氧气。到了晚上,它们会吸收氧气,并储存到根、茎、叶的气室里,这些气室和通气组织帮助呼吸和运送气体。

图书在版编目（CIP）数据

奇思妙想玩出创造力. 有趣的花花草草 / 于秉正著. —— 北京：中国和平出版社，2021.3
ISBN 978-7-5137-1941-4

Ⅰ. ①奇… Ⅱ. ①于… Ⅲ. ①科学知识 – 少儿读物②植物 – 少儿读物 Ⅳ. ①Z228.1②Q94-49

中国版本图书馆CIP数据核字(2020)第200572号

奇思妙想玩出创造力 有趣的花花草草　　　　　　　　　　于秉正　著

责任编辑	孙蕾蕾
版式设计	百闻文化
责任印务	魏国荣
出版发行	中国和平出版社（北京市海淀区花园路甲13号院7号楼10层 100088）www.hpbook.com　hpbook@hpbook.com
出 版 人	林　云
经　　销	全国各地书店
印　　刷	阳信龙跃印务有限公司
开　　本	710mm×1000mm　1/16
印　　张	48
字　　数	270千字
印　　量	1~10000册
版　　次	2021年3月第1版　2021年3月第1次印刷
书　　号	ISBN 978-7-5137-1941-4
定　　价	216.00元（全6册）

版权所有　侵权必究
本书如有印装质量问题，请与我社发行部联系退换 010-82093832

奇思妙想 玩出创造力
了不起的动物

于秉正 著

中国和平出版社
China Peace Publishing House

目录

霸王龙的体形是什么样的？ 2
那么强壮的恐龙，怎么会灭绝呢？ 4
恐龙是不是全都生活在同一个时期呢？ 6
恐龙宝宝是怎么出生的？ 8
大部分鱼的鱼背，怎么都比鱼肚的颜色深？ 10
大食蚁兽嘴巴又小又没有牙齿，它吃蚂蚁能吃得饱吗？ 12
啄木鸟啄树木的速度非常快，它不怕受伤吗？ 14
北极熊为何不怕冷？ 16
动物变色的秘密在哪里？ 18
大象为何总是喜欢往自己的身上喷水？ 20
海星是怎样捕食贝类的？ 22
在水下鲸是怎样与同类进行交流的？ 24
鸵鸟是鸟，它怎么不会飞？ 26
黄鳝是鱼吗？它怎么能在干涸的地方生存？ 28
鸡为何有时会选择吃些沙子？ 30
白天，沙漠中的臭鼬躲到哪里去了？ 32
吃咸的东西会越吃越渴，那海鱼怎么没有渴死呢？ 34
夜晚，猫的眼睛为何闪闪发亮？ 36
鱼为什么能在水里游上游下？ 38
母鸡孵蛋时趴在鸡蛋上，鸡蛋为何不会碎？ 40
小鸡孵出来前，在蛋壳里不会憋死吗？ 42
壁虎在天花板上爬行，怎么不会掉下来？ 44
水母没眼睛又没耳朵，它是怎样运动的？ 46
动物也会流汗吗？ 48

企鹅生活在寒冷的南极,它不怕冷吗? 50
蝌蚪是怎样变成青蛙的? 52
动物身上的长毛有什么用? 54
市场上为什么见不到活带鱼? 56
章鱼靠什么游得飞快? 58
鹦鹉为什么会说话? 60
螃蟹一上岸,为何老是嘴吐泡沫? 62
鸟站在高压线上,怎么不会被电死? 64
海鸥怎么总是喜欢追逐轮船? 66
蝙蝠是深度近视,它是怎么捕食的? 68
狗是怎样表达自己的喜怒哀乐的? 70
狗看到别的狗会大叫,它看到镜中的自己会叫吗? 72
猫为何经常咕噜、咕噜地叫? 74
天鹅能浮在水面上的秘密是什么? 76
海狮能将一个球顶起,它是如何做到的? 78
鸟类是否拥有记忆力? 80
金鱼睡觉吗? 82
你知道乌龟是怎么翻身吗? 84
兔子的耳朵为什么那么长? 86
为什么青蛙不会淹死? 88
鸟儿是怎样走路的? 90
小鸡是怎么孵化出来的? 92
兔子为什么都是三瓣嘴? 94
鸭子是用什么划水的呢? 96
老鹰为何不扇动翅膀也能高高飞翔? 98
青蛙是怎样冬眠的? 100

鸟儿的房子是什么样子的？ 102
乌龟是怎样生活的？ 104
小燕子是如何长大的？ 106
蟋蟀是如何听声音的呢？ 108
冬天，梅花鹿身上的"花衣服"哪儿去了？ 110
海葵是怎样吃东西的呢？ 112
蚌总是关闭着壳，它不会被闷死吗？ 114
你会饲养小松鼠吗？ 116
小狗为什么要吐舌头呢？ 118
鲸鱼为什么会喷出雾状水柱？ 120
为何说燕子低飞要下大雨？ 122

喜欢可爱动物的孩子，一起玩科学，做个动物小达人吧！一百多个有趣的观察、实验就藏在本书中！

奇思妙想玩出创造力

霸王龙的体形是什么样的?

你听说过霸王龙吗?霸王龙的体形特别特别大,让人觉得很霸道。那它是不是真的很"霸王"呢?现在,你一定会对它很感兴趣吧!下面就让我们来制作一只霸王龙的模型吧!

★ 了不起的动物 ★

实验工具
细铁丝
熟石膏
胶带
纸
杯子
纱布

接下来自己动手，来实现好创意吧！

将细铁丝弯成霸王龙的身体支架：头部、背脊部、尾部等部位支架，然后把纸揉成一团填充到恐龙的铁丝支架里面，并用胶带粘牢。把熟石膏粉放在杯子中加水搅拌，把纱布放在里面浸泡后，再缠到恐龙身上。待石膏晾干后，给它涂上你喜欢的颜色。最后再给恐龙画上眼睛。

到底会发生什么呢？

如果你按照上面说的做了，那一个霸王龙的模型就制作完成了。把它拿在手上，感觉是不是很威武呢？

原来是这么回事！

在恐龙家族里，有的恐龙体形非常大，但有的恐龙体形非常小。比如，体形较大的腕龙成年后有四层楼那么高；还有中等大小的恐龙，像迅掠龙就和一个成年男子一样高；还有像一只鸽子那么小的恐龙，它叫秀颌龙。

最大的恐龙有多大？

到目前为止，科学家发现的体形最大的恐龙是震龙，最大的震龙有52米长，身高可以达到18米，体重130吨。如此沉重的庞然大物如果在原野上行走的话，那硕大的巨脚每一次踩到地面都会使大地发生颤抖，就像地震一样。

3

奇思妙想玩出创造力

那么**强壮**的恐龙，怎么会灭绝呢？

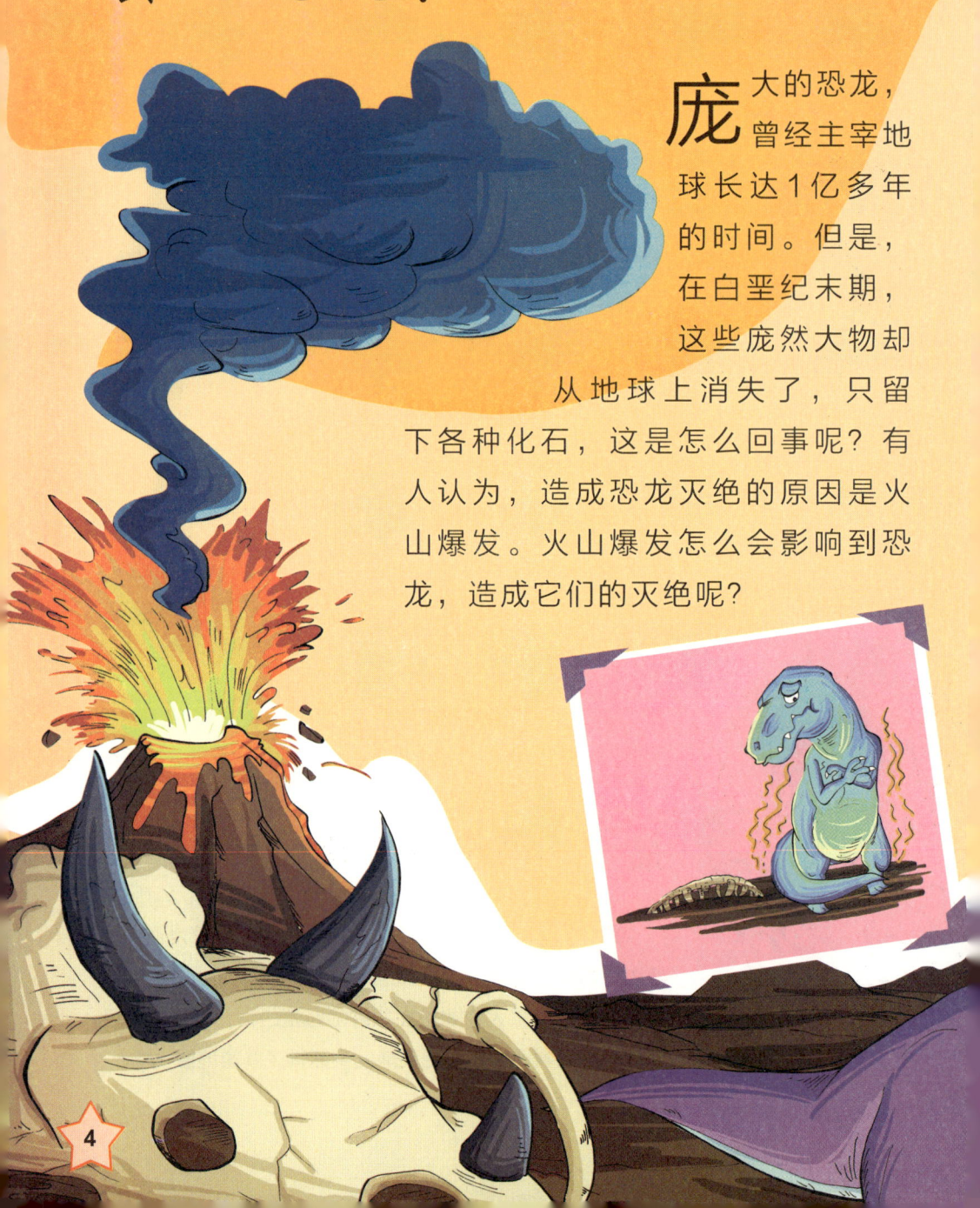

庞大的恐龙，曾经主宰地球长达1亿多年的时间。但是，在白垩纪末期，这些庞然大物却从地球上消失了，只留下各种化石，这是怎么回事呢？有人认为，造成恐龙灭绝的原因是火山爆发。火山爆发怎么会影响到恐龙，造成它们的灭绝呢？

实验工具

- 卡纸
- 象棋棋盘
- 橡皮泥
- 恐龙拼图
- 小棍

接下来自己动手，来实现好创意吧！

先用卡纸做几个火山，并给火山的山顶涂上漂亮的红色。然后，找一些恐龙拼图，将它们拼好。接着，用小棍和卡纸做出几棵棕榈树，并用橡皮泥固定好叶子。最后，取一个象棋的棋盘，把恐龙拼图、棕榈树和火山都放在棋盘上，根据食物链的关系，推断它们的活动。

到底会发生什么呢？

做好了这个小制作，一个简单的恐龙食物链棋盘便出现在你面前了。

原来是这么回事！

食肉恐龙以食草恐龙为食，而食草恐龙以棕榈树和灌木为食。如果遭遇火山爆发，火山地区的恐龙会直接被毁灭。大规模火山喷发会导致温度升高，改变陆地上植被的生长环境，大片植物死掉，以植物为生的食草恐龙也会大面积灭亡，那么食肉恐龙也会因为缺少食物而死亡。至于导致恐龙灭绝的真正原因，目前科学界尚无统一的结论。

奇思妙想玩出创造力

恐龙是不是全都生活在同一个**时期**呢？

你知道吗？恐龙并不是全都生活在同一时期，它们在地球上活动的时期主要有三叠纪、侏罗纪和白垩纪。在那些年代，各个时期都生活着不同的恐龙，当然还有许多不同的植物和其他动物。

陆地上的恐龙有亲缘关系吗？

由于当时的大陆板块可能是连在一起的，并没有完完全全地分开，使得大陆上的恐龙可以互相交流，所以，它们可能亲缘关系非常接近。

★ 了不起的动物 ★

接下来自己动手，来实现好创意吧！

把报纸揉成不同的山的形状，三叠纪的山很高很陡，侏罗纪的山比较矮，白垩纪的山比三叠纪稍矮，比白垩纪稍高。熟石膏粉放在杯子中加水搅拌，把布条放在里面浸泡后，在每座山上铺几层沾满石膏的布条，晾干后涂上不同的颜色，在三叠纪的山上涂上橘黄色、红色和黄色等，比较像沙漠；在侏罗纪的山上涂上绿色、褐色和黄色等，使其像被植物和土壤覆盖；在白垩纪的山上涂上较深的褐黄色、紫色和黄色等，像是分布着火山。用纸片和木棍制作一些树木，将它们贴在各座山上，三叠纪的山灌木比较稀疏，侏罗纪的山上有大量的灌木丛林，白垩纪的山上灌木较少。

实验工具
报纸
彩笔
纸
布条
杯子
熟石膏粉
木棍

到底会发生什么呢？

恐龙生活在不同时期的山地模型就制作完成了。

原来是这么回事！

三叠纪时气候炎热干燥，类似于沙漠；到了侏罗纪时，地球上出现了河流和湖泊，气候也逐渐变得湿润起来；白垩纪时，气候变得更为湿润，还出现了火山。恐龙就是在这些不同的时期里，和其他不同的植物、动物一起生存、演化，直至灭亡。

奇思妙想玩出创造力

恐龙宝宝是怎么**出生**的？

我们都知道，大多数哺乳动物是通过母亲怀胎产下宝宝来进行繁衍的，而其他很多动物是通过产卵繁衍后代的。那么，体形庞大的恐龙是如何生出恐龙宝宝的呢？我们动手来做个模型吧！

★ 了不起的动物 ★

接下来自己动手，来实现好创意吧！

将很多张报纸揉在一起，揉成像西瓜那么大的一团，用强力胶把外面粘牢。然后将浸有熟石膏浆的布条缠在"恐龙蛋"的外面，要多缠几层，外面再用熟石膏浆涂抹一层，放在干燥处晾干，并用黄色画笔涂上颜色，这样一个恐龙蛋就做好了。按照这种方法多做几个大小不一的恐龙蛋，最后涂成不同的颜色，放在干草上，旁边再放一只恐龙模型。

实验工具
报纸
布条
画笔
强力胶
熟石膏

到底会发生什么呢？
恐龙和恐龙蛋的模型就制作完成了。

原来是这么回事！

和所有的鸟类、爬行动物一样，恐龙也是卵生的。它们在地面上做一个自己的巢，产下一些蛋后，用干草、树枝、泥沙覆盖好，利用太阳光提供的热自然孵化。

大恐龙一定会生大蛋吗？

恐龙蛋越大，它的蛋壳就越厚。但是，蛋壳越厚，氧气就越难从蛋壳的气孔进入蛋壳内，蛋也就越难孵化。小恐龙出生时是要破壳而出的，如果蛋壳太厚，小恐龙就无法来到这个世界。恐龙生的蛋一般不会太大，以免影响孵化。当然，比较大的恐龙生的蛋相对要大。

9

奇思妙想玩出创造力

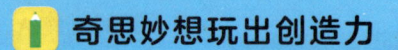

大部分鱼的鱼背，怎么都比鱼肚的颜色深？

不知道你发现没有，大多数鱼的脊背颜色会深一些，而鱼肚的颜色会浅一些，这是怎么回事呢？难道是鱼儿游泳时，朝上的鱼背被阳光晒黑了吗？

★ 了不起的动物 ★

实验工具

手电筒

观察内容

请爸爸妈妈帮忙，将一条鲫鱼放在一个大鱼缸里，把鱼缸放在房间的一个黑暗的角落里。然后，自己拿一个手电筒，对着鱼缸照射。

到底会发现什么呢？

鱼儿背部颜色深，肚子颜色浅。

原来是这么回事！

鱼儿深色的背脊不容易被上面的大鱼或者水鸟发现；生活在蓝色海水里的鱼，背部常常是蓝青色的，也是一样的道理。而鱼类的白色肚子和水面的天空光线相近，这样就使得游在它们下面的敌人不容易发现它们。鱼类身上的这种颜色深浅不一，完全是为了保护自己，适应水里的生活。

鱼在水里，是不是喝起水来很方便？

自由地游来游去的鱼儿们，嘴巴常常一开一合，它们是不是在喝水呢？那可不一定。其实，生活在淡水中的鱼，它们不但不必喝水，还得设法把多余的水分排出体外；而生活在海水中的鱼，却经常需要喝水，增加体液中的水分。

11

> 奇思妙想玩出创造力

大食蚁兽嘴巴又小又没有牙齿，它**吃蚂蚁**能吃得饱吗？

你听说过食蚁兽吗？听它的名字，你就会想到，它是以蚂蚁为食的。食蚁兽个头不小，长着长长的嘴巴。令人不可思议的是，食蚁兽长长的嘴巴里没有一颗牙齿。你也许会问，大食蚁兽嘴巴又小又没牙齿，还吃小蚂蚁，它能吃得饱吗？它究竟是怎样捕食蚂蚁的呢？

★ 了不起的动物 ★

实验工具

胶水　剪刀
尼龙绳　彩色纸

接下来自己动手，来实现好创意吧！

把一张彩色纸平放在水平桌面上，然后在彩色纸上撒一些碎纸屑。在一条尼龙绳上涂满胶水，用手拿着这条尼龙绳扫过碎纸屑，你会发现什么？

到底会发生什么呢？

胶水涂在绳子上，当绳子扫过碎纸屑时，碎纸屑就会被胶水粘到绳子上。

原来是这么回事！

绳子就好比食蚁兽的舌头，又细又长而且还是黏糊糊的；碎纸屑就好比是蚂蚁。食蚁兽捕食时，会先用坚硬的爪子把蚂蚁窝破坏一部分，再伸出长长的舌头，把蚂蚁都粘在它的舌头上，然后吃进嘴里。食蚁兽每次只会将蚂蚁窝破坏一小部分，很快蚂蚁们就会将破坏的地方重建。食蚁兽会转移多处蚁穴进食，这样既不用担心吃不饱，也不会把一处的蚂蚁吃光，下次没有蚂蚁吃。

食蚁兽的大尾巴有什么用呢？

食蚁兽的尾巴蓬蓬松松的，就像一把拖在身后的大扫帚，看似怪异，但作用还真不少。比如，下雨天可以用来挡雨，晚上还可以蒙在头上或者铺在地上当作绒毛毯子。如果遇到危险实在逃脱不了时，食蚁兽就干脆用尾巴坐在地上，竖起前半身，用前足坚强有力的钩爪进行反击。你看，它的作用是不是很大呢？

13

奇思妙想玩出创造力

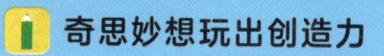

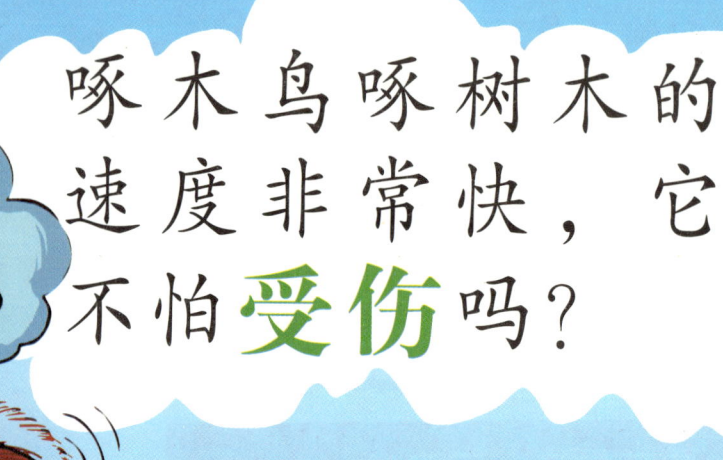

啄木鸟啄树木的速度非常快，它不怕**受伤**吗？

啄木鸟是十分敬业的"森林医生"。它的嘴巴在啄树木的时候，速度特别特别快，所以，它头部所受的冲击力也会非常大。然而，在这样强大的冲击力下，啄木鸟不仅不会得"脑震荡"，就连脖子都不会扭伤。真是太奇怪了！这是为什么呢？

★ 了不起的动物 ★

接下来自己动手，来实现好创意吧！

将一枚生鸡蛋放入广口瓶中；摇晃广口瓶，生鸡蛋很快就碎了；将一块海绵放在广口瓶底，然后把一枚生鸡蛋放在海绵上，并用另一块海绵盖住生鸡蛋。这时再摇晃一下，会发生什么呢？

实验工具
- 广口瓶
- 生鸡蛋
- 海绵

到底会发生什么呢？

你会发现生鸡蛋安然无恙，一点儿碎的迹象都没有。

原来是这么回事！

相比之下，有海绵阻隔的生鸡蛋受力要小得多，所以它不会破碎。这说明海绵对外力有一定的缓冲作用，使外力变小。其实，啄木鸟头部的构造与此类似，其头骨十分坚固，大脑周围有一层绵状骨骼，对外力能起缓冲和消震作用。另外，它的脑壳周围还长满了具有减震作用的肌肉。因此，它能承受强大的震动力。

啄木鸟的舌头为什么长在鼻孔里？

啄木鸟的舌细长而富有弹性，其舌根是一条弹性结缔组织，它从腭部穿出，向上绕过后脑壳，在脑顶前部进入右鼻孔固定，只留左鼻孔呼吸，这样可使舌头伸出喙外特别长，加上啄木鸟的舌尖生有短钩，舌面黏黏的，所以能探入树干捕捉害虫。

奇思妙想玩出创造力

北极熊为何不怕冷？

你一定感到很奇怪，棕熊、灰熊等其他种类的熊身上长着长长的毛，北极熊身上也长满了毛，只是颜色有所不同，为什么棕熊和灰熊在寒冷的天气里会找一个温暖的地方睡大觉，而北极熊却可以跳进刺骨寒冷的冰水里游泳呢？

接下来自己动手，来实现好创意吧！

把两个大口的玻璃瓶放在桌子上，分别标号为1和2，再把一个稍小的玻璃瓶放进2号玻璃瓶。用量杯向1号玻璃瓶内倒热水，并盖上盖子；再向2号瓶内的小瓶倒入热水，分别盖上小玻璃瓶和大玻璃瓶的盖子。把两组玻璃瓶放到冰箱里，10分钟后拿出来，用手感觉两组玻璃瓶中水的温度。

到底会发生什么呢？

2号玻璃瓶内水的温度明显比1号玻璃瓶要高。也就是说，双层玻璃瓶的保温效果好。

实验工具

玻璃瓶

原来是这么回事！

在双层玻璃瓶之间形成了一层空气隔离层，空气的导热性能比玻璃差，所以更为保暖。北极熊防水且保暖的皮毛是白色并稍带淡黄色，但皮肤是黑色的，白色的毛实际上是中空的小管结构，可以更有效地吸收太阳的热量和保暖。因此，北极熊不怕冷。

北极熊在冰面上行走，不怕滑倒吗？

仔细观察北极熊的脚底，你就会发现北极熊肥大的脚掌上有一层厚且浓密的毛，这层毛有防滑作用。而且，北极熊的脚掌松软，有助于抓牢冰面，脚掌上的毛垫还可以增大摩擦。因此，北极熊能在冰面上畅行无阻，从不会摔倒。

奇思妙想玩出创造力

动物变色的秘密在哪里？

我们都知道，变色龙会变色。不过，变色龙变色最重要的原因是作为信息交流的工具，表达喜怒哀乐。还能适应外界环境，便于伪装，这可以使它不容易被敌人发现。当然，除变色龙外，还有不少动物的身体颜色也会变化。下面我们一起来观察一下其他会变色的动物吧。

★ 了不起的动物 ★

观察内容

可以请爸爸妈妈或老师帮助寻找相关视频或图片资料。
1. 乌贼游到海底白色的沙石上时，自身的变化。
2. 章鱼是怎样随着环境变换身体颜色的。
3. 雨蛙是怎么随着季节的变化而变化的。

到底会发现什么呢？

我们会观察到：
1. 乌贼游到白色的沙石上，有斑纹的身体却变成了乳白色。
2. 章鱼每到达一个地方，它的身体就会变换皮肤的颜色，使之和周围的环境一致。它可以变换的颜色可真多！
3. 夏天，雨蛙肤色浅；冬天，肤色变深。光线强时呈浅色；光线暗时呈深色。

原来是这么回事！

这些动物变色的秘密在皮肤里。它们的皮肤里有许多能够显现色彩的细胞，也就是所谓的色素细胞，含有不同颜色的色素。色素细胞由周围放射状的肌纤维驱动，按照情绪或环境的变化，色素细胞或者被激活或者被闭锁，由此控制皮肤的色彩与颜色深浅。

奇思妙想玩出创造力

大象为何总是喜欢往自己的身上**喷水**？

在烈日炎炎的夏天，大象可以用长长的鼻子吸足了水，然后肆意地往自己身上喷水。为什么它们喜欢这样做呢？

★ 了不起的动物 ★

接下来自己动手,来实现好创意吧!

把这张长方形的硬纸片放在离胳膊大约10厘米高的位置,用手拿着纸片快速扇动10次;用湿棉球擦拭胳膊,手拿着硬纸片,在湿胳膊上方快速地来回扇10次。

实验工具

湿棉球

长方形硬纸片

到底会发生什么呢?

两次扇动纸片,每次都感觉到了凉爽,但是,第二次更凉爽一些。

原来是这么回事!

水分蒸发时会带走皮肤上的部分热量。当我们用硬纸片快速扇动时,加速了皮肤周围空气的流动,使得水分蒸发变快,这样就带走了更多的热量。同样的道理,大象往自己身上喷水,然后扇动巨大的耳朵,加快空气流动速度,水分的蒸发也会加快,大象也就感觉到凉爽了。

> 奇思妙想玩出创造力

海星是怎样**捕食**贝类的？

漂亮的海星动作缓慢，有时甚至一动不动。可谁能想到，它看似温驯，却贪食贝类。海星发现猎物后，会先用腕上的管足将贝壳打开，然后食用。你也许会问，海星看起来那样柔软，为何会有那么大的力气捕食贝类呢？

★ 了不起的动物 ★

接下来自己动手，来实现好创意吧！

把一个吸盘按在冰箱门把手旁边，试试拉吸盘的钩，使冰箱门打开。再将第二个吸盘按在第一个吸盘下面不远的位置上，然后用两只手同时拉这两个吸盘，感受一下用的力。

实验工具

吸盘

到底会发生什么呢？

如果只用一个吸盘，可能很难或根本不可能拉开冰箱门。但是，用两个吸盘同时拉，不需要耗费很大力气，冰箱门就被拉开了。

原来是这么回事！

海星腕内表面有4列管足，每个管足都是一种小型的中空管状结构，末端还有一个微小的吸盘，可以使吸盘紧紧地吸在贝壳上。海星把它的5只腕足缠绕在贝壳周围，许多管足合力同时一拉，贝壳就很容易地被拉开了。

海星是怎样"走路"的呢？

海星通常有5只脚，被称为腕足。但海星走路并不是靠腕足，而是靠位于腹面腕足上一根根很微小的肉足，即管足。管足上面有吸盘，可以吸在海底沙地或岩石表面，海星就是用数目众多的管足行走的。所以，管足才是海星真正的脚。

奇思妙想玩出创造力

在水下鲸是怎样与同类进行**交流**的？

空气是一种介质，当我们说话时，声音就会在空气中传播，别人也就听到了我们说的内容，交流是一件非常容易的事情。鲸生活在海洋中，它的周围全是海水，它们是如何与同类进行交流的呢？

实验工具

气球

2根橡皮筋

接下来自己动手，来实现好创意吧！

将一个气球吹大，用橡皮筋将口扎好；在另一个气球内注水，当大小与第一个气球差不多时，停止注水，用橡皮筋将口扎紧。将两个气球放在桌上，用手指轻轻弹桌面。先用耳朵贴着没有注水的气球，仔细倾听敲击声；然后，将耳朵贴着注水的气球倾听敲击声。

到底会发生什么呢？

贴着"水球"听到的声音会更清晰一些。

原来是这么回事！

水也是可以传送声音的，声音在液体中传播的速度要比在气体中传播的速度快。声音传入我们耳中，是因为周围空气受到声波震动。空气中有很多细微的分子，分子之间有一定距离，水中也有很多微小的分子，这些分子之间的距离比空气的要小，因此水其实比空气能更好地传递声音。

奇思妙想玩出创造力

鸵鸟是鸟，它怎么不会飞？

大多数鸟类的翅膀都是与生俱来的，可以让它们在空中自由飞翔。可并不是所有的鸟都会飞，比如世界上最大的鸟——鸵鸟就不会飞。它怎么不会飞呢？你知道和鸵鸟一样不会飞的鸟还有哪些吗？

★ 了不起的动物 ★

观察内容

1. 鸡会不会飞呢?
2. 大白鹅能飞起来吗?
3. 家鸭可以飞起来吗?
4. 可爱的小企鹅会飞吗?

到底会发现什么呢?

1. 小鸡的翅膀虽然漂亮,却基本失去了飞行的能力。
2. 白鹅高昂着头,只能是精神饱满地行走。
3. 家鸭走路时摇摇摆摆,显得很笨重,不会飞。
4. 企鹅在水里游得很快,但上了岸只能慢慢地走。

原来是这么回事!

鸡、鸭、鹅这类家禽,被人类长期圈养,翅膀已经退化,失去了飞行能力;企鹅的翅膀为了更好适应长期在水中捕鱼、游泳的生活,演变成了现在的鳍状翅膀。鸵鸟由于长期生活在沙漠地区,为了适应环境,羽翼和尾发生了退化,它失去了飞翔的能力;而且为了更好地在沙地上奔跑,鸵鸟的双脚也进化得发达有力。

鸵鸟为什么喜欢将头埋在土里或双翅下?

其实,鸵鸟并不是将头埋进土里,而是平贴在地面上的。这是为什么呢?原来,鸵鸟平时总是伸长脖子透过薄雾去探察敌情,一旦受惊或发现敌情,它就干脆将脖子平贴在地面上,身体蜷曲成一团,加上自己暗褐色的羽毛,远远看去就像石头或灌木丛,这样就不容易被敌人发现了。

27

奇思妙想玩出创造力

黄鳝是鱼吗？它怎么能在干涸的地方生存？

黄鳝是一种营养价值比较高的鱼类，一般喜欢生活在泥塘、沟渠和稻田中，外形和蛇很像。秋天，田里的水放干后，它们就钻入泥底的洞穴中，可以待好几个月不死。黄鳝也是鱼，它为何能在没有水的地方生存呢？

黄鳝会变换性别吗？

黄鳝这种动物很神奇，它们刚出生时，都是清一色的"女儿身"。当它们渐渐长大，初次性成熟时，一部分强壮的黄鳝的生殖系统会突然发生变化，变成了"男儿身"。

观察内容

请爸爸妈妈或老师帮助寻找相关视频或图片资料。

1. 蝗虫和青蛙是怎么呼吸的呢？
2. 鸟类是怎么呼吸的呢？
3. 鱼类是怎么呼吸的？
4. 生活在水里的鲸和海豚呼吸方式一样吗？

到底会发现什么呢？

1. 蝗虫用腹部呼吸。青蛙用皮肤和肺呼吸。
2. 鸟类一般都是双重呼吸，每呼吸一次，肺内进行两次气体交换。
3. 水中的鱼通过鳃过滤氧气呼吸。
4. 鲸、海豚虽然生活在水中，但是用肺呼吸。因此它们必须定时浮上水面换气。

原来是这么回事！

不同的动物因为生理构造不同，呼吸方式也就不同。鱼是用鳃呼吸的，都生活在水里。但是，黄鳝能够在没有水的环境中生存一段时间，是因为它们的口腔和咽喉的内壁表皮密布着微血管。当潜伏在泥土中时，它们能通过口腔直接吸取空气进行气体交换。所以黄鳝能在没有水的地方生存。

> 奇思妙想玩出创造力

鸡为何有时会选择吃些**沙子**？

你一定感到很奇怪，沙子怎么能吃呢？难道是鸡看错了吗？其实，用不着大惊小怪，鸡是故意选择一些沙子吃的，所以不必担心它的安全。可是，鸡为什么要这样做呢？

30

★了不起的动物★

接下来自己动手，来实现好创意吧！

小心地把葵花子剥开，取出仁儿。将葵花子仁放进玻璃杯中，用水浸泡一段时间。然后将浸泡过的葵花子仁放进装有沙子的塑料袋中。用手揉搓塑料袋，使葵花子仁和沙子相互摩擦。

实验工具
葵花子
1杯水
塑料袋和沙子

到底会发生什么呢？

经过一段时间的揉搓，会发现葵花子仁被沙子磨碎了。

原来是这么回事！

鸡将沙子吃进肚子里，是为了磨碎食物。你也许会问，为什么鸡不用牙齿呢？其实，鸡是没有牙齿的，吃进去的小虫子、谷粒等根本没有经过牙齿磨碎就直接进到肚子里，所以很难被消化。鸡吃进胃里的沙子会帮助它把食物磨碎，这样，食物就很容易被消化和吸收了。

鸡为什么喜欢用泥沙洗澡？

鸡不但总是吃沙子，而且还喜欢用泥沙洗澡呢！原来，鸡的身上通常会附着一些鸡虱，它们使鸡浑身不舒服，而且鸡虱会吸食鸡的血。由于鸡既不能像猴子一样用爪子去抓去挠，又不能像鸭鹅一样到水中去洗澡，所以只能趴在地上用翅膀扇动沙子到身上，并且把翅膀的羽毛竖起来，让泥沙进入羽毛间隙的地方，使身上的鸡虱随着泥沙一起被震动下来。

31

奇思妙想玩出创造力

白天，沙漠中的**臭鼬**躲到哪里去了？

在沙漠中，无论是动物还是植物，如果缺少了水，都不能生存。很多沙漠动物都有自己独特的保持水分、躲避炎热的技巧，比如避开热辣辣的太阳，找个阴凉的地方躲起来。那么臭鼬躲在哪里去了？

骆驼为什么能适应沙漠中的生活？

首先，骆驼都有鼓鼓的驼峰，当旱季来临、缺少食物时，骆驼就靠驼峰里的脂肪来维持生命；其次，骆驼的脚又肥又大，脚下长有厚厚的肉垫，适于在沙上行走；最后，骆驼的鼻子可以随时开闭，抵抗风沙的侵袭。所以，骆驼能适应沙漠中的生活。

接下来自己动手，来实现好创意吧！

在有阳光的日子里，挖个大约10厘米深的洞。将一支温度计插入洞中，并用白毛巾覆盖在温度计上，模拟动物的皮毛。另一支温度计则直接横放在地面上。5分钟后观察这两支温度计上的数字。

实验工具

2支温度计

白毛巾

铲子

到底会发生什么呢？

你会发现放在洞中的温度计显示的温度比放在地面上的温度计显示的温度低。

原来是这么回事！

大地被太阳照射后，会变得暖和起来。直接受到阳光曝晒的地面，温度会比其他地方高。而洞中的泥土因为没有受到阳光的直接照射，其温度相比地面会上升得缓慢。所以，生活在沙漠中的臭鼬和大多数动物都会在泥土中挖个洞，当白天酷热时就能躲进洞穴中乘凉。

奇思妙想玩出创造力

吃咸的东西会越吃越渴,那海鱼怎么没有**渴**死呢?

海水的盐分很高,人喝了之后不但不能补充水分,反而越喝越渴。那生活在咸咸的海中的鱼,为什么不会被渴死呢?让我们先做个实验了解一下吧!

★ 了不起的动物 ★

接下来自己动手,来实现好创意吧!

在两个盘子里分别倒适量的水,在其中的一个盘子里加入一小勺盐,用小勺搅拌均匀。往两个盘子里各放入3片薄薄的黄瓜片,浸泡30分钟后将黄瓜片取出,轻轻地向前后扭弯,观察其软硬度。

到底会发生什么呢?

你会发现泡在盐水中的黄瓜片会变软,泡在清水中的会变硬。

实验工具
2个盘子
黄瓜片
盐
小勺

原来是这么回事!

盐水的盐离子浓度高,清水的盐离子浓度低,水会从盐离子浓度低的地方流向盐离子浓度高的地方。黄瓜片在盐水中会"脱水"变软;而盐水中的黄瓜片放入清水中,会"吸水"变硬。人吃入较多的盐,经吸收至血液中引起血液渗透压增高,细胞内液"脱水",因此就会产生口渴感。当喝水后,体液渗透压平衡就恢复了,也就不会感觉口渴了。

海鱼为什么不会"渴死"?

海洋中的鱼类不会有"渴死"的危险。因为,它们都有自己独特的海水淡化"装置",一类鱼腮里有秘密武器——"排盐细胞",可以把多余的盐排出体外,留下淡化后的水。还有一类鱼的鳃没有这种功能,就会利用肾脏调节体内尿素含量来控制体内水分。

奇思妙想玩出创造力

夜晚,猫的眼睛为何**闪闪发亮**?

当我们在夜晚看见猫的时候,最先能引起我们注意的不是猫可爱的外形,也不是它长长的尾巴,而是它在黑暗中闪闪发亮的眼睛。猫的眼睛总是会在黑暗中发亮,这是怎么回事呢?

★了不起的动物★

接下来自己动手，来实现好创意吧！

将一张白纸剪成圆形，圆形的大小要能够盖住空易拉罐的开口。在圆形的中心剪一个椭圆形的开口。在易拉罐的开口处用胶带把圆形纸粘好。看！像不像猫的眼睛呢？然后，进入一个黑暗的房间，举起空易拉罐，使它与自己的眼睛在一条水平线上。打开手电筒，照射椭圆形开口，观察有什么现象。

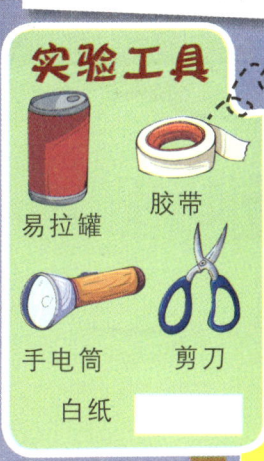

实验工具

易拉罐　胶带　手电筒　剪刀　白纸

到底会发生什么呢？

打开手电筒以后，纸片上的椭圆形开口看起来闪闪发亮，就像夜里猫的眼睛发光一样。

原来是这么回事！

其实猫的眼睛是不会发光的，猫眼发出的光是反射外部光线的结果。猫的眼睛视网膜后面还有一层可以反光的特殊薄膜能反射光线。即使是非常弱的光，它也能反射。同时猫在很暗的条件下，眼球的瞳孔会变得很大，反射光线更多，所以在夜里猫的眼睛会闪闪发光。

猫眼睛的瞳孔为什么能发生变化？

猫眼睛的瞳孔很大，负责瞳孔收缩的肌肉很发达，通过调节瞳孔的大小使猫不论是在白天还是黑夜，都能清楚地看到外界的各种物体。

37

奇思妙想玩出创造力

鱼为什么能在水里游上游下？

当妈妈在厨房收拾鱼的时候，你会看到鱼的体内有一个小小的像白气球一样的东西，这个白气球就是鱼鳔。妈妈说虽然鱼鳔里面空空的，但它的用处却很大。这是怎么回事呢？

★ 了不起的动物 ★

接下来自己动手，来实现好创意吧！

在每个气球里放一个玻璃球，将其中一个气球打一个结，以免玻璃球掉落。轻轻地给另一只也装有玻璃球的气球充气，然后也打一个结。把这两个气球放到水盆里。

实验工具

水盆

气球　玻璃球

到底会发生什么呢？

充气的气球会浮在水面上，没有充气的气球则沉到了碗底。

原来是这么回事！

实验中的玻璃球是为了加重气球的重量。充满空气的气球会浮在水面上，而没有充气的气球会沉到水底。鱼鳔跟这个道理是一样的。当鱼想往上游时，就往鱼鳔内吸满空气，使身体向上浮；当身体想往下沉时，就把鱼鳔内的空气排出一部分，这样鱼就可以向下沉了。

鱼总是睁着眼睛，难道它不睡觉吗？

鱼从来都不会闭上眼睛，因为它没有真正的眼睑。鱼无论睡着还是醒着，眼睛都无法闭上，甚至鱼死了，它也只能睁着眼睛。另外，鱼在休息时，也与人类不同。人需要躺下来，而鱼只要在水中静止不动或轻微摆动就可以休息了。

39

奇思妙想玩出创造力

母鸡孵蛋时趴在鸡蛋上，鸡蛋为何不会碎？

爱迪生幼年时，曾经想学母鸡孵鸡蛋，结果压碎了一窝鸡蛋。那么，鸡妈妈孵化小鸡的时候，为何不会把鸡蛋压碎呢？

★ 了不起的动物 ★

接下来自己动手，来实现好创意吧！

把生鸡蛋竖着握在手掌中，下面接一个碗或者小盆，一只手用力捏鸡蛋。

实验工具

生鸡蛋

碗或小盆

到底会发生什么呢？

除非你非常强壮，而且特别用力，否则鸡蛋是不会被捏破的。

原来是这么回事！

这是因为鸡蛋具有圆顶形的蛋壳。母鸡孵蛋时，鸡身的重量被分散在蛋壳上，所以鸡的身体并没有在蛋壳的任何一个地方施加太大的压力，鸡蛋当然也就不会碎了。

奇思妙想玩出创造力

小鸡孵出来前,在蛋壳里不会**憋死**吗?

我们知道,小鸡从蛋壳中孵出来需要20天左右。但是,小鸡和人一样,活着就需要空气。那么,小鸡在封闭的蛋壳里是怎么获得空气的呢?难道小鸡是用了什么特殊的方法呼吸到了蛋壳外面的空气吗?

★ 了不起的动物 ★

接下来自己动手，来实现好创意吧！

在蛋壳上钻个小孔，用注射器把蛋中的蛋清抽去一些，然后往蛋中注射一些红墨水。再用空的注射器往小孔中打气，使蛋壳内的空气压力增大。

实验工具

生鸡蛋
注射器
红墨水

到底会发生什么呢？

你会发现，蛋壳外表的微孔中慢慢地渗出了一些红色的小水珠。

原来是这么回事！

如果仔细观察鸡蛋大的一头，你就会发现上面有一些圆形的小孔，这是空气进出的地方，被称为气室。当蛋被孵化的时候，小鸡呼吸的就是气室里的空气。在蛋壳上约有 7000 多个肉眼看不见的小孔，大多分布在气室附近，外面的空气通过小孔进入鸡蛋壳内，并贮存在气室里，供未出壳的小鸡呼吸。所以，小鸡是不会憋死的。

小鸡从鸡蛋的哪一头破壳而出？

鸡蛋一头大一头小。那么，小鸡到底是从鸡蛋的哪一头出来的呢？鸡蛋大的一头里会有一个充满空气的气室，当小鸡快从蛋壳出来的时候，小鸡的头就在大的一头里，小鸡的脚支撑在鸡蛋小的一头里。当它长到足够大的时候，就会啄破蛋壳出来了。

奇思妙想玩出创造力

壁虎在天花板上爬行，怎么不会**掉下来**？

壁虎的长相很奇怪，有些像蜥蜴，但身体却比蜥蜴小得多，一只成年的壁虎一般体长约12~16厘米，尾长10~14厘米。别看壁虎身材小，它可有一个绝技，它能在光滑的墙壁和天花板上跑来跑去。那么，壁虎是怎么做到可以倒挂在墙壁上而掉不下来的呢？

★ 了不起的动物 ★

接下来自己动手，来实现好创意吧！

先把吸盘贴在玻璃或瓷砖上用力一按，看它怎样吸在上面。再把两个吸盘互相对准，两只手向中间用力一压。试试拉一下吸在一起的吸盘。

到底会发生什么呢？

即使用很大的力气也很难把两个吸盘拉开。

实验工具

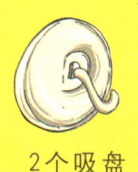

2个吸盘

原来是这么回事！

吸盘内部和外部之间的空气压力不同，气压差让吸盘可以吸住物体。仔细看吸盘，它有个凹腔，压在玻璃上或两个吸盘对准时，凹腔中的空气就会被排挤出来，气压降低。吸盘外面空气压力远远大于里面，所以它们能吸附在玻璃板上或互相吸住。壁虎脚趾粗大，脚趾下的皮肤形成很多横褶，像小吸盘一样让它可以在墙壁上行走。而且壁虎脚底长着很多极细的刚毛，与物体表面距离非常近会产生"范德瓦尔斯力"。这个作用力包含吸引力的作用，让壁虎可以紧紧贴在墙上不会掉下来。

壁虎遇到敌害，会怎样？

壁虎和我国其他的蜥蜴一样，都是无毒的动物。壁虎遇到敌害，会自行将尾巴断下来。由于断下来的那截尾巴里面有很多神经，因此还能跳动一段时间，起到转移敌害视线的作用，而壁虎可趁此机会逃之夭夭。

45

> 奇思妙想玩出创造力

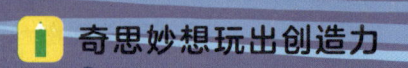

水母没眼睛又没耳朵,它是怎样**运动**的?

知道水母吗?我们常吃的海蜇,就是水母中的一员。从外形上来看,它好像既没有眼睛和耳朵,也没有手和脚,看起来像帽子,也像顶巨伞,下面长着许多细长的触手。它的身体移动时,触手就会跟着摆动。那么,水母到底是如何运动的,和它的触手有关系吗?

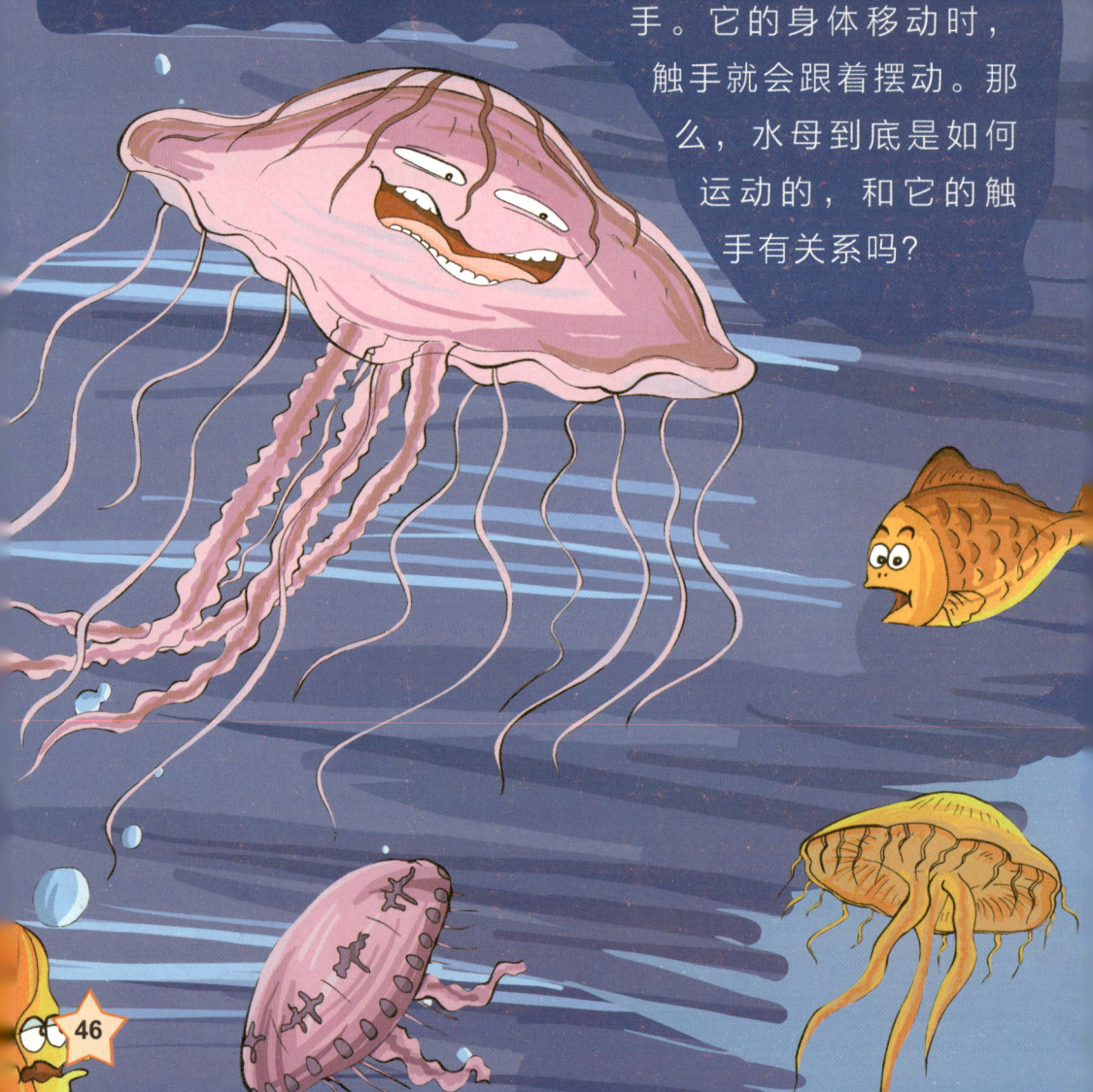

46

接下来自己动手，来实现好创意吧！

把彩纸剪成8条长长的带子。撑开雨伞，把它倒放在桌子上。用胶带将彩带粘在每个伞骨上（伞骨就是雨伞里面撑起雨伞的小杆子）。反复打开、关闭雨伞。

实验工具

彩纸
剪刀
雨伞
胶带

到底会发生什么呢？

你会发现雨伞合上时，彩带向上飘；雨伞打开时，彩带向下飘。

原来是这么回事！

雨伞好比水母的伞体，彩条好比水母的触手。当雨伞合上时，彩带向上飘；当雨伞打开时，彩带又向下飘。水母的运动姿态就像实验中的那样，伞体一伸一缩，下面触手游来游去。因为水母生活在水中，伞体伸缩时，会把体内的水排出体外，通过喷水推进的方法运动。这样水母就可以在水中游动了。

透明的水母为何会发光呢？

当水母在夜晚的海面上出没时，那些半透明的伞状物通常会闪耀出淡绿或蓝紫色的光芒。这是为什么呢？原来，水母的构造十分简单，没有骨骼，身体中大部分都是水。它发光靠的是一种名为埃奎林的特殊蛋白质。这种蛋白质和钙离子混合时，会发出蓝色的荧光。有的水母身体里面含有变色细胞，能使荧光颜色改变。水母体内的埃奎林越多，发出的光就越强。

> 奇思妙想玩出创造力

动物也会流汗吗？

炎热的夏天，人们总会热得汗流浃背。但是，你仔细观察一下会发现，我们身边的一些动物，好像都不会像人类那样流汗呢。这是怎么回事？如果动物们不出汗，它们又是怎么散发身体多余的热量的呢？下面，就让我们来仔细地观察几种动物吧！

★了不起的动物★

观察内容

1. 小狗夏天热了会怎么样呢?
2. 马儿会不会流汗呢?
3. 小猫咪也会流汗吗?
4. 牛在夏天会流汗吗?

到底会发现什么呢?

1. 狗会出汗,它的汗腺在皮肤和脚垫上,皮肤毛孔基本不会流汗,但是会从脚底肉垫上排汗,还会伸出舌头散热。
2. 马儿的汗腺分布全身,而且非常爱流汗,尤其是经过剧烈的运动后会满身大汗。
3. 猫会流汗,但身上的汗腺极不发达,也通过脚底肉垫进行排汗。
4. 牛在天热的时候,大力劳动的时候全身都会出汗的。

原来是这么回事!

恒温动物都像人一样会流汗。而且,恒温动物的体温一旦不能稳定,就没有办法以健康的状态生存下去。出汗是恒温动物散热的方法之一。

蛇为什么不会出汗?

鱼类、两栖类及爬行类等动物,因为不具有体温调节机制,体温会随环境的改变而变化。因此,它们被称为变温动物。蛇就属于变温动物,它没有汗腺,也就不会出汗。

奇思妙想玩出创造力

企鹅生活在寒冷的南极，它**不怕冷吗**？

企鹅生活的南极是全世界最冷的地方。在那里，人类和大多数动物、植物都无法生活，可企鹅为什么就可以呢？难道小小的企鹅有什么特殊的本领吗？

★了不起的动物★

接下来自己动手，来实现好创意吧！

右手伸入塑料袋中并托起一块黄油，把一块冰放在套着塑料袋的右手掌中的黄油块上面，并握住冰块。将左手伸进塑料袋，同样握住一块冰，在手里握1分钟，比较一下哪只手觉得更凉。

实验工具

- 黄油块
- 塑料袋
- 小冰块

到底会发生什么呢？

哪只手觉得更凉呢？当然是没有放黄油的左手了。

原来是这么回事！

脂肪有助于抵御寒冷。生活在寒冷南极的企鹅，在它们的皮下就有厚厚的脂肪层。企鹅还有一身重叠密集的鳞状羽毛，海水难以渗透，可以有效御寒。

寒冷的冬天，企鹅的脚就不怕冻吗？

企鹅脚上长有像鳞片一样厚厚的角质层，可以保护里面的软组织。企鹅脚上的小血管很多，血液循环速度足够维持温度，通过逆流热交换进行热量传递。（逆流热交换是指恒温动物在寒冷的环境下，为了减少热量散失，血管的排列变得特殊，使温暖的动脉血与寒冷的静脉血之间进行逆流热交换。）同时生化反应放热也能把热量传输到脚上。企鹅通常也会蹲着用腹部盖住脚面，这样也有一定的保温作用。所以，企鹅就算长时间在冰雪上站立或行走，也不会把脚冻伤。

51

奇思妙想玩出创造力

蝌蚪是怎样变成青蛙的？

初春，青蛙会在水草上产下很多黑黑的、圆圆的卵。随着池塘里的水渐渐变温暖，卵就会慢慢地变成一群大脑袋、长尾巴的蝌蚪，它们需要经过一段时间的成长才会长成青蛙的样子。那么，小蝌蚪是怎样慢慢变成青蛙的呢？

注意：用容器捕捞出小蝌蚪，观察完毕后要放回其原来的生活环境中。

★了不起的动物★

观察内容

观察水田或池塘里的小蝌蚪。

到底会发现什么呢？

2-4月份，青蛙会选择水田或浅沼泽地产卵，卵块是一团一团的。

3-5月份，青蛙卵就开始变成小蝌蚪，外形似鱼。

大约一个半月后，小蝌蚪的尾巴根部开始膨胀，一个星期后长出后肢。

接着前肢开始成形，尾巴同时缩短，慢慢地，小蝌蚪就变成了小青蛙。

原来是这么回事！

卵孵化变成的小蝌蚪，像小鱼一样有一条尾巴，还长着鳃，在水中游来游去。但是，过不了多久，它的身体开始发生变化。小蝌蚪先长出后肢，尾巴渐渐变短。大约经过两个月的时间，鳃完全被盖住，蝌蚪长成幼蛙。刚上岸的幼蛙还有一条很短小的尾巴，过几天就会消失。这样，蝌蚪就变成了青蛙。

青蛙蝌蚪和蟾蜍蝌蚪长得一样吗？

青蛙蝌蚪颜色较浅，尾巴较长；蟾蜍蝌蚪颜色较深，尾巴较短。

奇思妙想玩出创造力

动物身上的长毛有什么用?

许多动物的身上都长有长长的毛。家里的小猫咪常会用舌头梳理自己的毛,狗会不停地摇动毛茸茸的尾巴。那么,为什么大多数的动物都长有长长的毛呢?

哪些动物身上不长毛?

大自然中许多的动物是在一种身体近似裸露的状态下,使自己的种群渐渐壮大的。比如人们熟知的大象、犀牛以及河马,它们的身上几乎没有长毛。这些身上不长毛的动物大都生活在气候炎热的地区,赤裸的皮肤对它们来说是一种必要的生存手段,能让它们更好地适应生活环境。除此之外,还有一些人为选育的无毛宠物,例如:加拿大无毛猫,也称斯芬克斯猫。

★ 了不起的动物 ★

实验工具

温度计
棉花
2个玻璃杯
盒子

接下来自己动手，来实现好创意吧！

把一个玻璃杯放进盒子，并在杯子四周填满棉花，另一个杯子直接放在桌子上。同时向这两个玻璃杯中倒入温水。然后将两支温度计分别插入两个玻璃杯中。10分钟后，比较一下两支温度计上的读数。

到底会发生什么呢？

你会发现，用棉花包裹住的玻璃杯中的水温较高。

原来是这么回事！

棉花团能防止玻璃杯中的水的热量散发出去。同样的道理，动物身上的毛的作用也是为了保持体温，避免身体的热量大量散发出去。有了长而浓密的毛，动物们就可以轻松地抵御寒冷。毛发还可以保护身体不受伤。

55

奇思妙想玩出创造力

市场上为什么见不到活带鱼？

小朋友们，你和妈妈去过菜市场吗？经过卖鱼摊位的时候你有没有发现，鲤鱼、草鱼、鲶鱼等通常都是活蹦乱跳的，但带鱼是死的。那么，这是为什么呢？

海水是咸的，海鱼的肉为何不是咸的？

生活在海水中的鱼分为硬骨鱼和软骨鱼两大类。硬骨鱼类鳃内有一种功能特殊的泌盐细胞。这种细胞能够吸收血液里的盐分，然后把经过浓缩的盐分随黏液一起排出鱼体外。软骨鱼类的血液中含有高浓度尿素，这种物质可使其血液浓度比海水浓度高，从而维持着鱼体内的高渗压，减少盐分的渗入，而渗入的盐分会由肾脏排出。因此，海鱼的肉不是咸的。

★ 了不起的动物 ★

接下来自己动手，来实现好创意吧！

用锥子顺着塑料瓶壁从上到下钻出5个小孔。（注意安全！这个实验需要家长协助。）用橡皮泥封住小孔。往瓶子里倒满水。然后，揭去橡皮泥。看一看，会发生什么情况呢？

实验工具

橡皮泥
塑料瓶　锥子

到底会发生什么呢？

水从小孔里喷出来，最下面的小孔喷出的水最远，越往上水喷得越近。

原来是这么回事！

塑料瓶越往下的小孔水流越强，这说明水越深，压强越大。海水也是一样的。带鱼生活在较深的海水中，它们的身体结构和内脏已经适应了这种高压的生活环境，一旦离开海水，进入到空气环境中，空气中压力要比海水中压力小很多。压力突然降低，带鱼鱼鳔内的空气就会膨胀起来，造成鱼鳔破裂，然后带鱼很快就会死去。

奇思妙想玩出创造力

章鱼靠什么游得飞快？

章鱼是一种很奇特的动物，它长有8条感觉灵敏的触腕。而且，还有十分惊人的变色能力，可以随时变换自己皮肤的颜色，与周围的环境协调一致。不仅如此，章鱼还是游泳高手，可以突然游得飞快。那么，你知道章鱼是靠什么游得飞快吗？

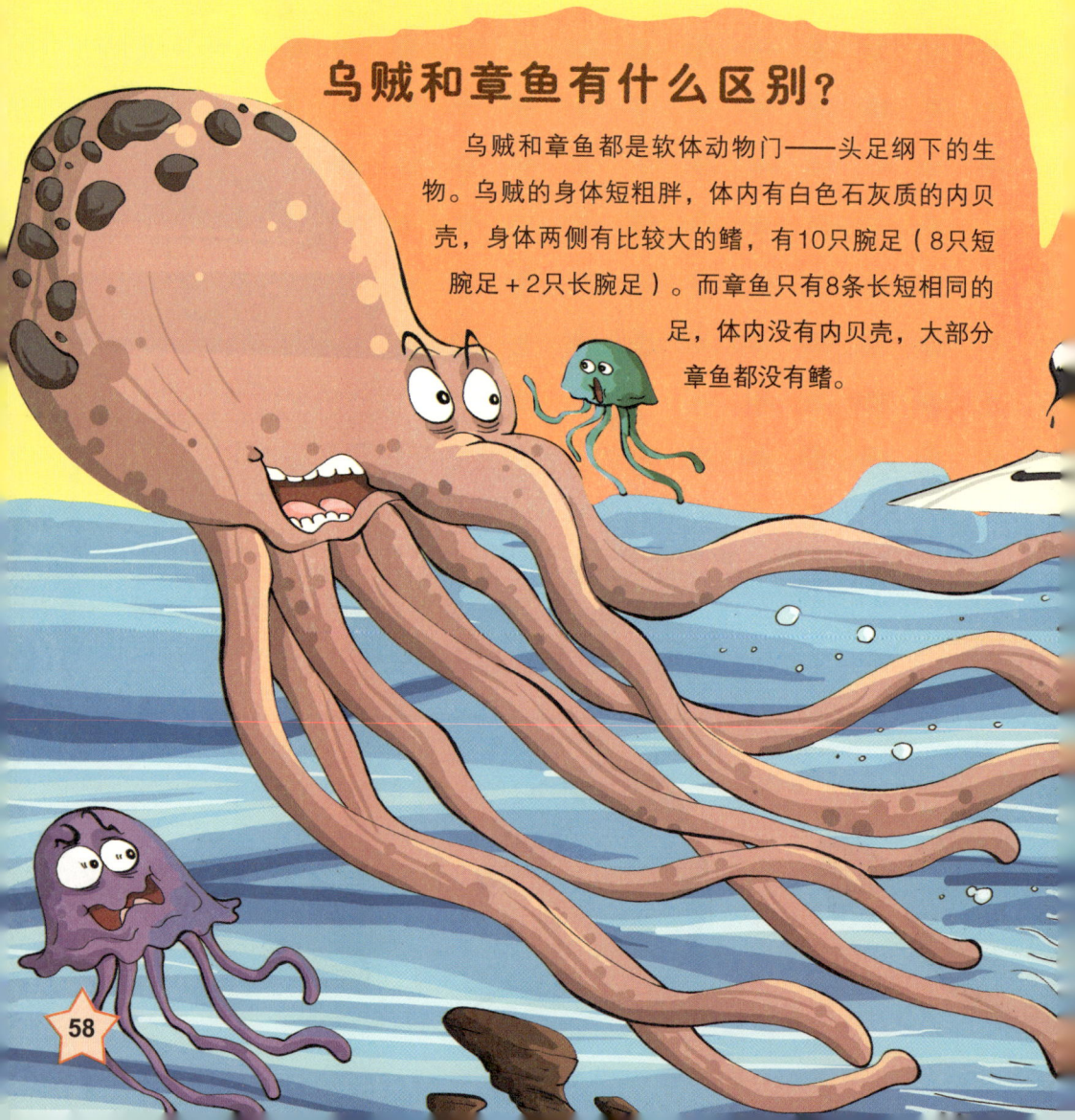

乌贼和章鱼有什么区别？

乌贼和章鱼都是软体动物门——头足纲下的生物。乌贼的身体短粗胖，体内有白色石灰质的内贝壳，身体两侧有比较大的鳍，有10只腕足（8只短腕足＋2只长腕足）。而章鱼只有8条长短相同的足，体内没有内贝壳，大部分章鱼都没有鳍。

★ 了不起的动物 ★

实验工具
气球

接下来自己动手，来实现好创意吧！

将手中的气球吹鼓，然后用手抓紧气球口，当你松开手后气球会怎么样呢？

到底会发生什么呢？

一松手，气球飞快地向上冲出去了，然后在空中乱飞，直到里面气体耗尽，落到地上。

原来是这么回事！

气球吹足气后，内部气体压强大于大气压强，气球口松开后气体高速冲出，空气流对气球的反作用力即反冲力成为气球飞行的动力。同样，当章鱼遇到危险时，体管向外喷水，利用喷水的反作用力，像火箭一样迅速逃走。

> 奇思妙想玩出创造力

鹦鹉为什么会说话？

鹦鹉不仅能学舌，而且学舌的本领还很高。它不但会学一句话，还会背唐诗、唱歌。更加神奇的是，只要你有意加以训练，鹦鹉还会说好几种语言呢！不过，鹦鹉说话只是一种模仿行为，它们绝不可能像人类那样，想说什么就说什么！那么，鹦鹉为什么会说话呢？

鹦鹉说话是依靠舌头还是喉咙？

鸟类的发声器叫鸣管。鹦鹉鸣管的构造与人类的声带构造很相近，而且，在鹦鹉的鸣管中有几块特殊的肌肉，叫鸣肌，它会在神经系统的控制下收缩或松弛，从而使鹦鹉能像人类一样发出不同的声音。鹦鹉的舌头也非常发达，圆滑并且肥厚柔软。鹦鹉是依靠鸣管和舌头发声的。

★ 了不起的动物 ★

观察内容

将鹦鹉放在笼子里，保持静止状态下观察鹦鹉的喉咙。然后教鹦鹉说话，这时必须要有食物作为奖励，让鹦鹉发出声音，观察鹦鹉发声时喉咙的变化。

到底会发现什么呢？

随着每一次声音的发出，鹦鹉的喉咙部位会发生起伏，有明显的震动感。

原来是这么回事！

鹦鹉说话并不是它本身有和人类一样的思维，而是因为鹦鹉有和人类声带相似的鸣管以及灵活的舌头来发音，再加上它有较强的记忆力，经过训练就能说话。

61

奇思妙想玩出创造力

螃蟹一上岸,为何老是**嘴吐泡沫**?

螃蟹是生活在水里的甲壳类动物,它和鱼一样,也是用鳃来呼吸的。它离开水后并不会立刻干死,还可以不停地呼吸。但是,过不了多久,螃蟹就会嘴吐泡沫,这是为什么呢?

螃蟹的血液是什么颜色的?

螃蟹的血液和它们的外壳颜色一样,是淡青色。其中的奥秘在于各种动物血液中含有不同的血色素,含铜质的血色素叫作血青素,血液呈青色。脊椎动物和人类的血液中有含铁质的血红素,血液就呈红色。所以,螃蟹是有血的,只是血的颜色不同于人们所常以为的红色。

★ 了不起的动物 ★

接下来自己动手，来实现好创意吧！

用剪刀剪一块大小适中的海绵，放到一个盛满水的杯子里。过一会儿将海绵拿出来，用手使劲地挤压海绵。

实验工具

剪刀　杯子

海绵

到底会发生什么呢？

从海绵里挤出了很多水。

原来是这么回事！

螃蟹的鳃像海绵一样，很容易吸水。因此，它离开水后，还可以利用鳃里的水分生存较长一段时间。但是，慢慢地，鳃里的水分和储存的氧气快用光时，它便感到很不舒服，就会拼命地抽动嘴和鳃，希望能吸到水分，然而吸到的只是空气。这些空气和它留在鳃里的水分混合在一起，就形成了许多气泡。于是，就会出现嘴吐泡沫的现象。

奇思妙想玩出创造力

鸟站在高压线上,怎么不会被电死?

当电流通过人或动物的身体时,往往会对其造成伤害,甚至有可能夺去他们的生命。但在生活中,你却经常可以看到一群群的燕子、麻雀或鸽子,飞到高压电线上站立,这真令人吃惊,它们为什么不会触电呢?

小鸟的粪便里常会有白色的物质,这种东西到底是什么?

我们如果看到鸟粪里面有白色的东西,经常会误以为那也是鸟粪。其实,那是鸟类的尿液。鸟类为了减轻飞行负重,身体产生了一些进化,由于没有膀胱储存尿液,所以它们的尿液和粪便是一起排出体外的。

★了不起的动物★

实验工具

- 电池
- 小灯泡
- 胶带
- 电线

接下来自己动手,来实现好创意吧!

将两根电线分别粘在电池的两端,两根电线的另两端接触小灯泡,观察灯泡是否亮起来。如图所示,把小灯泡连在电线上,把电线两端连到刚才两根电线中的一根上,另一根断开,观察灯泡亮不亮。

到底会发生什么呢?

经过实验后,你会发现,第一次,灯泡亮了;而第二次,灯泡却没有亮。

原来是这么回事!

由于第一次灯泡接在电源两端的正负极上,且电线是导体,正负极之间的电压会使电流通过灯泡,并使灯泡发光。而第二次由于电流没有形成回路,所以灯泡没有亮。同样道理,当小鸟站在一根电线上时,由于双脚落在同一条导线上,两脚之间的距离很小,电压很低,也没有形成电流的回路,小鸟的身体没有电流通过,所以它们不会触电。

> 奇思妙想玩出创造力

海鸥怎么总是喜欢追逐轮船？

轮船在茫茫大海上航行，身边常常会有一群白色的海鸥相伴。它们随着轮船翩翩起舞，给一望无际的海洋增添了无限乐趣。那么，海鸥为什么总是喜欢追逐轮船呢？

接下来自己动手，来实现好创意吧！

取一张图画纸，裁下一个长方形的纸片，粘成一个圆柱体纸筒。从剩下的图画纸上剪下两个大小合适的圆纸片，并粘在纸筒的两端。然后从一张报纸上，裁下一条长长的纸带，并把它整齐地卷在圆纸筒上，再把纸带的末端粘在一根竹筷上。把纸筒横放在桌子上，然后沿桌面迅速拉动竹筷，把纸带从圆筒上抽出来。

实验工具：图画纸、胶水、剪刀、报纸、竹筷子

到底会发生什么呢？

你可以看到纸筒先是沿着桌面滚动，然后就离开桌面飞了起来。

原来是这么回事！

迅速抽动纸带时，纸带上方气流通过的比下方气流快，速度快的气流压力比速度慢的气流压力小，因此纸带下方的气流压力要比上方的大，产生了一股向前向上的气流，纸筒就飞了起来。同样，当轮船在海上航行时，船尾同样带起一股向前向上的气流，这样，海鸥就能借助这股气流毫不费力地飞翔了。另外，轮船后面卷起的波浪中可能出现的鱼虾也吸引着海鸥。

海鸥是喝淡水还是喝海水？

我们都知道，靠肺呼吸的动物不能饮用含盐量很高的海水。但是，海鸥却可以，这是为什么呢？原来，海鸥并没有直接把海水喝下，而是存在喉管里透过黏膜转化为淡水，然后，海鸥把淡水吸收到身体内部，把剩下的高浓度海水再吐出来。

奇思妙想玩出创造力

蝙蝠是深度近视，它是怎么**捕食**的？

蝙蝠是一种神秘的动物，它白天喜欢躲起来，到天黑了才出来活动。后来经过研究和实验才发现，原来，这个家伙天生是深度近视。那么，眼神不好的它是怎样捕食的呢？

蝙蝠总是倒挂着，它拉便便怎么办？

蝙蝠总是倒挂着，大小便怎么办呢？原来，蝙蝠在大小便的时候，会用翅膀上的趾甲扣住头顶的石头或树枝，让身体转个180度，这样头就会朝上，然后它就可以大小便了。蝙蝠的粪便还是一种很不错的中药呢！

★了不起的动物★

接下来自己动手，来实现好创意吧！

请爸爸妈妈帮忙，往一个鱼缸里倒半缸水，放到桌子上。然后倒进去一些沙子，栽上水草，并把石子投进水中。

实验工具
鱼缸
水草　石子
沙子

到底会发生什么呢？

投入石子后，会看到水草随波纹来回摆动。

原来是这么回事！

蝙蝠虽然视力不好，但是听觉极发达。它在飞行的过程中不断发出超声波。就像水波遇见障碍物会反弹回来一样，超声波在空气中遇到障碍物时也会反射回来，把振动传递给蝙蝠。然后，蝙蝠通过对振动进行快速分析，来掌握前面的情况，从而发现捕食目标。

69

📝 奇思妙想玩出创造力

狗是怎样表达自己的**喜怒哀乐**的？

狗在兴奋或见到主人高兴时，就会摇头摆尾。其实，狗还有许多其他情绪，因为它们不会说话，也没有人类那么多面部表情和肢体语言，所以只能用尾巴的动作来表示内心的情绪。那么，你能看懂狗所传达出来的情绪吗？

动物是怎样交流的？

动物们会叫，但是并不能像人类一样说话。那么，动物有自己的"语言"吗？动物学家认为，动物也有自己的语言，不过，有些动物并不是用声音传递信息。比如，蜜蜂会跳一种复杂的舞蹈，告诉同伴往哪个方向飞才能寻觅到食物；大猩猩成群穿越森林时，领头的大猩猩通过连续捶打树，告诉其他大猩猩应该怎么走……

★了不起的动物★

观察内容

1. 狗对外界戒备时，尾巴会怎么样呢？
2. 狗愤怒时，尾巴又会怎么样呢？
3. 狗感到害怕时，会有什么反应呢？
4. 主人站在狗的面前，它会怎么样呢？

到底会发现什么呢？

1. 当狗有所戒备或怀疑时，就会把尾巴竖起来。
2. 当狗感到很愤怒时，就会向后伸直尾巴。
3. 当狗感到惊慌害怕时，就把尾巴夹在两腿之间。
4. 狗在主人面前，就会摇尾巴或躺在地上打滚撒欢。

原来是这么回事！

很多动物都会用尾巴来表达自己的感觉。之所以这么做，是因为在尾巴根部分布着肛门腺，这个腺体能散发出强烈的气味，包括自己的一些信息，摇尾巴可以散发出不同状况的气味信号。狗快乐时会不停地摇尾巴；猫感到自满或骄傲时会把尾巴高高地竖起来；当马感到精神抖擞、很想四处跑跑时，也会把尾巴扬起来。

奇思妙想玩出创造力

狗看到别的狗会大叫，它看到**镜中的自己**会叫吗？

现在，人们把狗养在家里，狗会把主人一家看成是自己群里的一个成员，如果有陌生人想进家门，就会大声吠叫着赶他走。那么，如果让它看镜子中的自己，它会叫吗？

★了不起的动物★

观察内容

让狗站在镜子前面，观察它看到镜子里的自己会有什么反应。

到底会发现什么呢？

狗看到别的狗时，都会大叫不已，但是，无意间看到镜中的自己时，却转来转去不会吠叫。

原来是这么回事！

狗的鼻子非常灵敏，它的嗅觉能力甚至比视觉能力更优秀。所以，当狗看到镜中的影像时，一定会感到奇怪。于是，狗就会用鼻子在镜子四周闻一闻，甚至绕到镜子后面，想要确定一下究竟是什么东西。当狗闻不出任何味道时，就会认为没什么东西，所以，也就不会吠叫了。

什么情况下，狗会情不自禁地吠叫起来？

狗遇到不认识的事物会大声叫唤，努力想把对方吓跑。当狗意识到主人要带它出去散步时，就会开心地叫起来。当狗肚子饿或心情不好的时候，也会嗥叫。

奇思妙想玩出创造力

猫为何经常咕噜、咕噜地叫？

猫很喜欢被人抚摩，你轻轻地抚摩它，它就咕噜咕噜地低声叫，那声音好像是从喉咙深处发出来的，如果你停下手，它会走到你身边，用身体摩擦你，继续咕噜咕噜地轻声叫唤。小朋友们是否知道，猫为什么会发出这样的声音呢？让我们一起观察观察吧。

★了不起的动物★

观察内容

观察一只大猫和一只小猫咕噜咕噜叫唤时，都会做些什么。

到底会发现什么呢？

1. 小猫咕噜咕噜地叫时，猫妈妈就会帮它舔干净身上的毛。
2. 小猫肚子饿时，也会咕噜咕噜地叫，让猫妈妈给它喂奶。
3. 成年的猫会用身体摩擦主人。

原来是这么回事！

小猫从开始吃猫妈妈的奶时就已经会咕噜咕噜地低声叫唤了，这就好像我们和好朋友高兴地谈话一样。大猫咕噜咕噜地朝着主人叫，是向主人表示友好。

小猫可以让刚生下宝宝的狗妈妈哺育吗？

自古以来猫和狗互不相容。不过，有人曾经成功地让母狗哺育小猫，这是怎么回事呢？猫与狗的母乳营养成分近似，所以，他就把母狗的尿液涂在小猫身上，偷偷放入母狗的窝中，并且尽量保持昏暗的光线，以免让母狗察觉出小猫不是自己的宝宝。

奇思妙想玩出创造力

天鹅能浮在水面上的**秘密**是什么？

天鹅身上长着一层厚厚的羽毛，它们就像船的外壳一样，可以让天鹅稳稳当当地漂浮在水面上。也许你会感到奇怪，天鹅漂浮在水面上只是因为有羽毛吗？它还有什么能浮在水面上的秘密吗？

为什么动物园里的天鹅不会飞走？

你知道吗？鸟类之所以能够飞翔，多亏了身上的飞羽和尾羽。飞羽由许多细长的羽枝构成，各羽枝又密生着成排的羽小枝，就像一面密不透风的挡风板。起飞前，鸟儿不停地扇动翅膀，在气流的推动下鸟儿就可以展翅高飞了。如果拔除或者剪掉天鹅的飞羽，会造成它飞翔时出现力的不对称，使它翅膀扇动没有力气。所以，动物园里的天鹅不会飞走。

★ 了不起的动物 ★

接下来自己动手，来实现好创意吧！

准备两团脱脂棉，一团表面沾了润肤霜（油脂），另一团没沾润肤霜，把它们分别放进两杯清水中。

实验工具

润肤霜

2杯水

脱脂棉

到底会发生什么呢？

你会发现没沾润肤露的脱脂棉沉入杯底，沾了润肤露的脱脂棉浮在水面上。

原来是这么回事！

像天鹅这样的水鸟，其身体结构有很多适应水中生活的特点，如体内有很多脂肪，尾部有尾脂腺，天鹅梳理羽毛时将尾脂腺分泌的油脂涂在羽毛上。下水后，油脂防止羽毛被水浸透，起到与水隔离的作用，而且身上饱满的羽毛充满空气，能增加浮力，这样它们就浮起来了。

77

奇思妙想玩出创造力

海狮能将一个球顶起，它是如何做到的？

你在海洋馆里看过海狮的表演吗？它们个个都身怀绝技，比如，有的海狮可以将一只球很轻松地顶起来，既不落下也不飘走。猜一猜，海狮是如何做到的呢？

★了不起的动物★

实验工具

硬纸

乒乓球

接下来自己动手，来实现好创意吧！

将准备好的硬纸，卷成一个细长的筒。把一个乒乓球放在筒口上并举起来。你可以在筒口下端连续吹气。观察乒乓球运动状态。

到底会发生什么呢？

你会发现乒乓球被气流顶起来了，但并没有被吹飞。

原来是这么回事！

吹气时，在球与纸筒之间的空隙处，气流向四周扩散使筒内气压变低，乒乓球上面的气压比筒内气压大，使它不被吹走。同样的道理，当海狮浮出水面进行呼吸时，呼出的气体向上吹球。这时的状况就像实验那样了，球的上方气压大使球不会被吹走，并且，海狮顶球时，鼻尖会对应小球的重心，使其保持平衡。因此球既不会被吹走，也不容易掉落。

海狮为什么要吞石块？

海狮、海豹和海狗都喜欢吞食光滑的小鹅卵石。这是什么原因呢？有人认为，这与禽类吞食小石子的情况类似，这些石块是用来磨碎食物，帮助它消化食物的。但是，在幼小的海狮胃中也发现了相当多的石子，这就令以上说法难以自圆其说。到目前为止，人们还没有找到一个令人信服的答案。

> 奇思妙想玩出创造力

鸟类是否拥有记忆力？

鸟类的脑袋看着虽小，但它们在觅食时却显得很聪明。鸟儿觅食时，会记得上次在哪儿吃到食物的吗？也就是说，鸟类有没有记忆力呢？让我们做一个小实验验证一下吧。

★ 了不起的动物 ★

实验工具

种子和小碗

10根树枝

锥子

接下来自己动手，来实现好创意吧！

在房间里放置10根树枝，每根树枝上都钻一些大小正好容纳一颗植物种子的洞，要在家长帮助下完成，总共钻50个洞。准备一个小碗，碗里装有10枚山雀爱吃的种子。把山雀放入房间里，看它藏好所有种子，然后把它关到另一间房间里。两个半小时后，把山雀放回这个房间。如果没有山雀也没有关系，直接看看下面的结果吧！

到底会发生什么呢？

山雀到了房间后去找藏起来的种子，它找种子并不盲目，因此速度很快，不一会儿就把种子全都找到了。

原来是这么回事！

实验证明，山雀记得自己把种子藏在哪些树枝的哪个洞里。如果没有记忆，山雀的寻找会很盲目，但山雀明显记得哪些洞是自己藏了种子的，哪些洞又是自己没有利用的。

这个实验是人们为了揭开山雀记忆的奥秘特意设计的实验，只是证明了它确实有记忆，但它记忆的基础是什么，还有待进一步探索。

鸟儿可以在天空自由飞翔，有没有飞翔时还睡觉的鸟呢？

鸟类的睡眠时间是不一样的，有的鸟非常爱睡觉，而有的鸟只需一点点睡眠就够了。比如雨燕，雨燕的一生几乎都是在天空中度过的，在空中进食、洗澡和交配。即使是睡觉，雨燕也只需在空中小憩一会儿就够了。

81

奇思妙想玩出创造力

金鱼**睡觉**吗？

虽然金鱼的外貌各不相同，但它们有一个共同的特点，那就是几乎所有的金鱼都睁着大大的眼睛，从来不会闭眼睛。那么，金鱼一直睁着眼睛，是不是也不会睡觉呢？

★ 了不起的动物 ★

观察内容

把自来水放在阳光下晒24小时以后,倒进有金鱼的鱼缸中,按时给金鱼喂一些鱼饲料、小水蚤和小蚯蚓等。每天最好把鱼缸放在阳光下1~2个小时,利用阳光的紫外线杀菌,这样可以减少疾病。晚上静静地站在鱼缸旁边,观察鱼缸里面的金鱼与白天有什么不同。

到底会发现什么呢?

晚上,鱼缸里面的金鱼和白天有明显的不同,晚上的金鱼会静静地停在鱼缸的底部一动不动。

原来是这么回事!

其实,这时候看到的鱼就是在休息!虽然它的眼睛是睁着的,但很可能它已经睡着了。由于鱼没有眼睑,所以它们是没办法闭着眼睛睡觉的。

83

奇思妙想玩出创造力

你知道乌龟是怎么**翻身**吗?

乌龟爬行的速度很慢,一旦遇到危险,就会把头和四肢迅速缩到自己厚厚的甲壳里,以此来躲避敌人的伤害。那么,你见过四脚朝天的乌龟是怎么翻身的吗?

★ 了不起的动物 ★

观察内容

把小乌龟拿起来放到地面上，翻个个儿，让它四脚朝天。观察一下它是怎么翻身的。

到底会发现什么呢？

乌龟一侧的前肢和后肢都会碰到地面，很快地，小乌龟的整个身体就会侧立起来，与地面大致呈90度角。这时，小乌龟的前肢弯曲，用脚掌接触地面，开始用力，终于翻过身来了。由原来的"四脚朝天"变成了现在的"四脚着地"。

原来是这么回事！

乌龟在遇到危险时，或是当它要休息时，都会把脚缩进壳里。它们的关节都很灵活，非常容易弯曲。而且，乌龟的壳和脊骨连在一起，肋骨扁平而宽阔，有较大的支撑力。

85

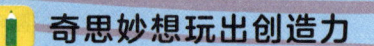

奇思妙想玩出创造力

兔子的耳朵为什么那么长？

提起小兔子，总会联想到它那白白的兔毛、三瓣嘴和两只竖着的长耳朵。你有没有想过这样一个问题，为什么兔子的耳朵会长那么长呢？

★ 了不起的动物 ★

接下来自己动手，来实现好创意吧！

将兔子放入一间空旷而安静的房子里面，自己躲在一个远远的角落观察它，一定不要让它发现哦。然后，轻轻地拿一根木棍在地上敲几下，这时，观察兔子有什么表现。

实验工具

木棍

到底会发生什么呢？

你会看到兔子会马上竖起它那长长的耳朵，并朝有声音的地方望去。如果把声音弄大一些，兔子就会迅速地跑开。

原来是这么回事！

兔子竖立着它那对长长的耳朵，这对耳朵非常灵敏。如果周围有动静，它马上就可以察觉到声音的来源。同时，它的耳朵上血管最丰富，还可以帮助调节体温。

奇思妙想玩出创造力

为什么青蛙不会淹死？

青蛙是游泳高手，连人类都模仿并创造了蛙泳这一体育运动。而且，有一点，人类不如青蛙，人类在游泳中有时会出现意外状况被淹死。可是，经常泡在水中的青蛙却不会被淹死。这是为什么呢？

接下来自己动手，来实现好创意吧！

把青蛙放在鱼缸中，倒入清水，再放些水草。然后将鱼缸放到有阳光的地方，让水草在阳光下进行光合作用，以增加水中的氧气含量。仔细观察青蛙，会看到它长有两个鼻孔。把青蛙放进小笼子里，再放入鱼缸内让它沉入水面下，使青蛙不能用鼻孔呼吸。

实验工具

鱼缸
小笼子
水草

到底会发生什么呢？

几天后，你会发现青蛙仍然活着，没有被淹死。

原来是这么回事！

青蛙可以靠肺呼吸，但只靠肺呼吸不能满足身体的需要，还要靠皮肤呼吸。青蛙的皮肤布满了丰富的毛细血管，能直接同外界进行气体交换，进行辅助呼吸。实验中放进水里的青蛙，虽然不能用鼻孔呼吸，但是能用皮肤进行呼吸，所以青蛙是不会被淹死的。

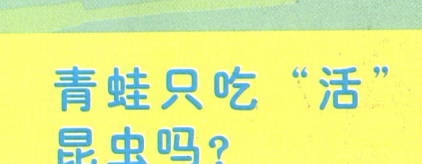

青蛙只吃"活"昆虫吗？

为什么有时我们把食物放在青蛙的眼前，它没有一点儿食欲，而我们将食物来回晃动，它却有了胃口呢？因为青蛙的眼睛有个特点，它对静止的物体反应慢，对活动的物体反应快。所以一旦昆虫活动起来，很快就会成为青蛙的美食了。

> 奇思妙想玩出创造力

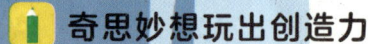

鸟儿是怎样走路的？

当鸟觅食时，潮湿的地面上常常会留下清晰的脚印。如果学会辨认这些脚印，就能知道哪种鸟从这里经过，还能分辨出它们的体形。那么，是否能从脚印中看出小鸟儿是怎样走路的？是跳着还是双脚步行呢？

如何从脚印分辨出鸟的种类？

大多数鸟有4个脚趾，但有些鸟用3个脚趾行走，鸟的脚趾通常是分开的，但鸭子或海鸥等游禽类水鸟的脚趾被蹼连在一起，后脚趾很短。麻雀、百灵等一些小型鸣禽有4个细长的脚趾，其中一个脚趾朝后。它们跳跃着移动，留下成对的脚印。

★ 了不起的动物 ★

接下来自己动手，来实现好创意吧！

在泥地上找一个清晰的小鸟脚印，印痕要潮湿而坚固。清理脚印附近的碎屑。把卡纸剪成条状，再把它卷成一个环，用曲别针固定住。把纸环压进泥里，扣住脚印的四周，确定没有缺口。在家长的协助下用水把石膏粉在杯子中搅拌成糊状，然后倒进纸环中，放置约15分钟使它凝固。

实验工具
卡纸
石膏粉
杯子
剪刀
曲别针
小刷子

到底会发生什么呢？

把凝固的石膏放置24小时，拆下纸环，清理掉上面的泥土，脚印就很清晰了。

原来是这么回事！

小鸟通常是跳跃着前进，大鸟一般走或者是跑。仔细看，就能看出它们的足迹不同，跳跃的鸟会留下成对的脚印，而行走的鸟则留下成行的单个脚印。跳跃的鸟通常较轻，因此它们的脚印有时很难发现；行走的鸟通常要重一些，它们留下的脚印会更清楚。

> 奇思妙想玩出创造力

小鸡是怎么**孵化**出来的？

小鸡全身毛茸茸的，就像可爱的小绒球。可是，你知道小鸡是怎么孵化出来的吗？这可是一个非常复杂的过程，让我们去看一看吧。

刚出壳的小鸡为什么不能喝水？

刚出生的小鸡身体抵抗力比较低，体温较高，如果此时给小鸡喝水，很容易把小鸡的绒毛弄湿，引起感冒。而且，如今的小鸡大多是通过孵卵器孵化的，温度较高，小鸡会非常渴，此时若让小鸡大量饮用凉水，容易造成急性肠炎，甚至导致死亡。

★ 了不起的动物 ★

观察内容

观察小鸡从鸡蛋里孵出来的全过程。（可以让爸爸妈妈或老师帮助寻找相关资料）

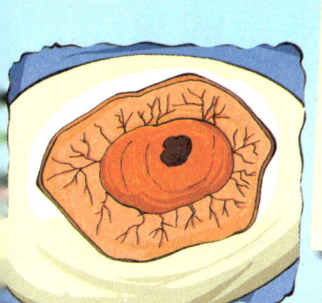

到底会发现什么呢？

在适宜的温度下，鸡蛋里的小生命开始生长。小鸡的胚胎发育到第4天的时候，看起来像蜘蛛；到了第5天，胚胎就会出现眼睛的雏形；到第8天以后，就能形成胚胎雏形，渐渐地就能分出嘴和爪子，胚胎内的血管也会加粗；到15天以后，胚胎内小鸡的身体长大，毛也逐渐长齐，鳞爪呈现；大约21天后，小鸡长得够大了，它们就一个个迫不及待地啄破蛋壳跑出来了。

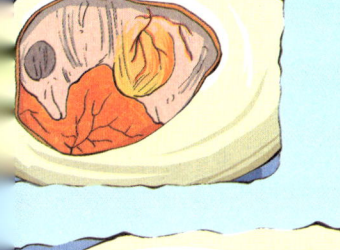

原来是这么回事！

生出鸡蛋后，鸡妈妈便小心翼翼地伏在上面保持鸡蛋温暖。鸡妈妈会经常检查鸡蛋，让所有鸡蛋的温度尽量保持一致。21天以后，小鸡发育成熟，便会破壳而出。

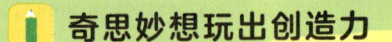

奇思妙想玩出创造力

兔子为什么都是三瓣嘴？

在兔子身上有许多可爱的特点，你能说出哪几个呢？是不是有长耳朵、短尾巴和三瓣嘴呢？那么，你知道兔子为什么都是三瓣嘴吗？

有没有短耳朵的兔子？

兔子经过长期的人工培育和繁殖，经常会出现变异品种。所以，人工繁殖的兔子是有短耳朵的。在野生环境中，兔子为了更清晰地获得声源，耳朵都长得比较长，短耳朵则不容易生存下去。

★ 了不起的动物 ★

接下来自己动手，来实现好创意吧！

准备一个笼子，在里面铺一些木屑或稻草，角落放上饲料碗和水碗，还可以在饲料里加一些麦片或磨牙的食物。让家长帮助挑选一两只健康的小兔子。兔子很爱干净，它会在固定地点大小便，所以要在笼子下方铺一些报纸，在它大小便的那个角落多铺几层，要经常更换。当然，别忘了喂小兔子，它喜欢吃空心菜、芹菜、胡萝卜等，每天要放它出来活动一到两个小时。

实验工具

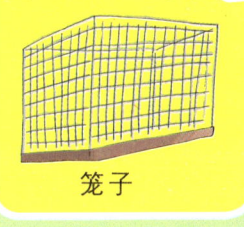

笼子

到底会发生什么呢？

通过饲养小兔子会发现，兔子的上嘴唇分叉，而且门齿很大，它在吃草的时候嘴巴总是不停地动，吃的速度非常快。

原来是这么回事！

兔子的三瓣嘴可以增强嘴唇的灵活性，能非常方便地将草吃进嘴里。如果上嘴唇不分开，低头吃草时，兔子的门齿会挡住口腔的一部分，影响吃草效率。

奇思妙想玩出创造力

鸭子是用什么**划水**的呢？

我们在河里划船时会用船桨划水，鸭子是长期生活在水里的，那么，它在水中是用什么划水的呢？

鸭子走路为什么左摇右摆？

鸭子的脚长在身体的后面部分，如果走路时把身体放平，就会显得前重后轻，根本无法站稳。为了保持平衡，鸭子只好尽量把身体向后仰，同时鸭子腿短，所以走路就显得摇摇摆摆了。

★ 了不起的动物 ★

接下来自己动手，来实现好创意吧！

实验工具
- 筷子
- 塑料袋
- 盆子

准备多半盆水，拿两根筷子，分开一点儿在水中划动。然后在筷子上套上一个塑料袋，再将筷子伸入水中划动，看看有什么现象发生。

到底会发生什么呢？

你会发现光靠两根筷子没什么推动力，套上塑料袋后，就会得到较大的推动力。

原来是这么回事！

塑料袋的作用和鸭子的脚蹼一样，都增加了表面积，而表面积的增加势必会使其受到的水的推力增大。因此，鸭子游起泳来很轻松。我们人类依据鸭子的脚蹼，制作出了可以在潜水时用的潜水鞋。

97

奇思妙想玩出创造力

老鹰为何不扇动翅膀也能高高飞翔？

如果你留意过老鹰的飞翔方式，一定会感到不可思议，老鹰不用扇动翅膀就可以自由翱翔，这是怎么回事呢？先别光顾着赞叹老鹰的飞翔能力了，让我们通过一个小实验来了解一下其中的奥秘吧！

★ 了不起的动物 ★

接下来自己动手，来实现好创意吧！

用笔在纸上画一个螺旋形图案，然后用剪刀沿着笔迹裁下来。如果裁剪不满意可以多试几次，也可请家长帮忙。用针线穿过纸条的中心并在背面打结，轻轻拽起。把做好的纸条放在点燃的酒精灯上方，你会发现什么呢？

实验工具
- 酒精灯
- 纸
- 笔
- 针
- 剪刀

到底会发生什么呢？

不可思议的事情发生了，酒精灯上的纸条会自己旋转着上升。

原来是这么回事！

空气被加热以后会上升并托住纸条上升。同样的道理，老鹰借助空气中的热气流来迅速爬升到很高的高度，再借助自身庞大的翅翼来尽情地滑翔，这样可以省力。

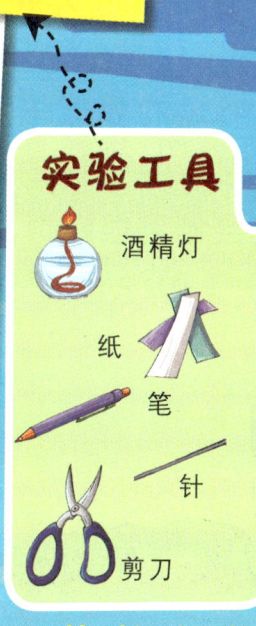

为什么老鹰的视力很敏锐呢？

老鹰可以在几千米的高空准确地辨别地上的动物，是因为它的眼部结构很特殊，其独特的视觉系统可将物体放大数倍，就好像望远镜一样。另外，鹰眼的感光细胞密度特别大。因此，鹰不仅比其他动物看得远，而且看得更清楚，被誉为动物中的"千里眼"。

奇思妙想玩出创造力

青蛙是怎样**冬眠**的？

青蛙在炎热的夏天总会呱呱叫,可是一到寒冷的冬天,它就会像熊、蛇、乌龟那样躲起来进行冬眠了。也许你会感到很好奇,青蛙是怎样冬眠的?

★ 了不起的动物 ★

接下来自己动手，来实现好创意吧！

在广口瓶内铺一层细沙石，倒入水，把青蛙放入瓶中，用纱布蒙住瓶口，并用橡皮筋扎紧。在纱布上插入温度计，把装有青蛙的广口瓶放在盆中，并把水温和测定的时间记录下来。把碎冰块放在广口瓶的周围，当温度接近5℃时，观察青蛙的活动状态。过一段时间，把广口瓶从冰水中取出，放在常温下，再观察青蛙的活动变化。

实验工具

广口瓶
温度计
橡皮筋
纱布
冰块
盆
细沙石

到底会发生什么呢？

你会发现，当广口瓶内水温下降到5℃左右，青蛙会减少活动，潜入水底、挖沙、停止活动，进入冬眠。而随着温度升高到25摄氏度时，青蛙逐渐苏醒，浮上水面，正常活动。

原来是这么回事！

青蛙是两栖动物，两栖动物又是冷血动物，它们的体温会受到气温的影响，随着气温的变冷，它们的体温也会逐渐下降。当气温下降到一定程度时，青蛙就钻进泥土里，不吃不动，处于睡眠状态，等到第二年春天温度升高后再出来活动。

青蛙吃东西时为何会眨眼睛？

青蛙每次吞咽食物的时候都会眨眼睛，这是因为它的眼眶底部没有骨头，眼球与口腔之间只隔着一层薄薄的膜，它也没有牙齿，只能把食物整个吞下去。吞咽时，青蛙的眼肌会同时收缩，所以，就会眨眼睛了。

奇思妙想玩出创造力

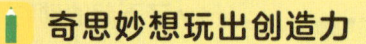

鸟儿的房子是什么样子的？

冬天过后，绝大多数鸟类开始各自忙于选择理想的地方求偶筑巢。在户外仔细寻找，你可能会在电线杆上发现喜鹊的巢，在树上找到啄木鸟的"家"，在河边的洞中发现翠鸟窝……那么，鸟儿的房子到底是什么样子的呢？

★ 了不起的动物 ★

实验工具

望远镜

观察内容

通过望远镜观察喜鹊、乌鸦、麻雀的巢是什么样子的。

到底会发现什么呢？

喜鹊的巢穴像个具有顶盖的"球""球"的侧面留出一到两个圆洞作为进出巢的"大门"。

乌鸦的巢穴像个"盆"。

麻雀的巢通常在屋檐瓦缝下和墙洞中，是由一团干草缠在一起的。

原来是这么回事！

不同种类的鸟筑巢所用的"建筑材料"有所不同，筑成的巢也千差万别。喜鹊的巢穴是用枯枝搭建、黏土粘合而成，巢内垫着枯草、纤维等柔软的材料；乌鸦的巢穴用粗树枝编成，枝条间也会用泥土加固，巢内衬上细枝、草茎，还会铺上兽毛、羽毛等；麻雀的巢穴则直接以草茎、羽毛等铺在细小的缝隙中，如屋檐下、墙洞或树洞中。

鸟类中的"建筑装潢大师"——园丁鸟

雄园丁鸟是鸟类中最著名的的"建筑装潢师"。园丁鸟对"新房"的要求很高，它会收集蜗牛壳、羽毛、花朵等小物件来装饰自己的巢。但这种鸟儿有些狡诈，如果看到其他园丁鸟的家有什么漂亮的东西，它就偷走放到自己的小窝里。当一切都满意的时候，它才会带雌园丁鸟去参观。

103

奇思妙想玩出创造力

乌龟是怎样生活的？

乌龟最喜欢爬到岸上或者石头上晒太阳。当它遇到石头的时候，有时还会用小脑袋将石头顶来顶去。有时，还会用身上的壳在石头上沙沙地磨来磨去，我们这时就会想了，乌龟平时是怎么生活的呢？

长寿的乌龟

乌龟的寿命很长，这和它的身体情况有关：第一，乌龟有厚厚的甲壳，可以保护内脏，减少身体的水分流失；第二，乌龟行动缓慢，一小时只能爬100多米，体力消耗少，所以新陈代谢也特别缓慢；第三，细胞的分裂代数要比其他动物细胞分裂代数多得多。所以，乌龟的寿命比较长。

★ 了不起的动物 ★

观察内容

在鱼缸中，养一只小乌龟，把鱼缸搬到有阳光照射到的地方，观察它平时是怎么生活的。

到底会发现什么呢？

乌龟在鱼缸中会一点点地伸出头和四肢，慢慢地爬行。用手碰一下乌龟壳，会发现它立刻将头和四肢缩进壳内，并且短时间内不会再出来。乌龟不运动的时候就是睡觉和吃东西，每当把鱼或虫子之类的放到它面前的时候，它会先确认周围是否安全，然后，才会慢慢地伸出头，突然一下叼住食物，一口吞下去。

原来是这么回事！

乌龟的生活跟气候有十分密切的关系。每年春天4月份的时候，乌龟就会开始吃东西，一直到夏天的6至8月份，体重会不断增加。等到天气逐渐变凉的时候，它就不再吃东西，开始进入冬眠状态。

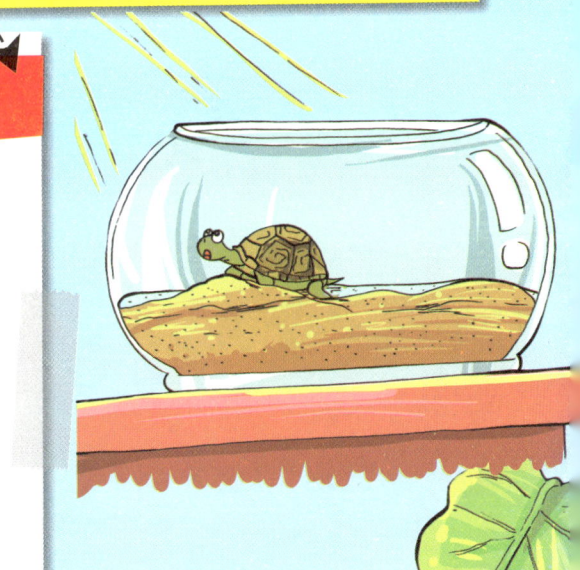

> 奇思妙想玩出创造力

小燕子是如何长大的？

每当春天来临，天气会渐渐变得暖和起来，在南方躲避寒冬的燕子也会飞回北方。它们很喜欢和人类做邻居，经常将巢建在我们的屋檐下。那么，小燕子是怎么长大的呢？

106

★ 了不起的动物 ★

观察内容

观察屋檐下的小燕子是如何慢慢长大的。

到底会发现什么呢？

燕子夫妇筑好巢之后，便开始交配产卵，一般每窝产4~6枚。半个月左右，幼鸟就会出壳，燕子夫妇会捕捉虫子来喂幼鸟。小燕子逐渐长大，大约20天之后，跟随着父母一块活动，冬天来了，便一同飞往南方过冬。

原来是这么回事！

其实，所有的鸟都要寻找安全的地方来筑巢，以便产卵和孵化幼鸟。燕子原来是在岩石和峭壁间筑巢的，可是自从人类盖房子以来，它们就在屋檐下筑巢，人们都很欢迎燕子来自己家。燕子的巢就像一个小碗，是由燕子夫妇用嘴衔来泥土、杂草和羽毛，与自己的唾液混合筑成的。燕子的巢经常会被小麻雀占领，燕子们就会共同抗击小麻雀，直到把它们赶走。

过冬后的燕子仍然能找到自己的燕巢

你知道吗？燕子过冬后飞回家乡时，还能顺利地找到自己去年筑的巢。它们是如何办到的呢？一般来讲，燕子有着超强的记忆力，当燕子南飞去度过寒冷的冬日时，它们会详细地记住飞行路线，当冬天一过，就又顺利地飞回旧巢了。

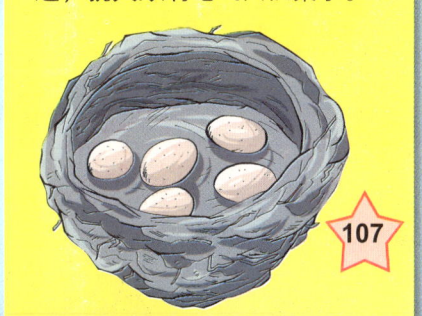

107

> 奇思妙想玩出创造力

蝾螈是如何听声音的呢？

蝾螈的头部扁平，浑身上下没有鳞片，还长着一条细长的小尾巴，四肢慢悠悠地爬行，看起来特别悠闲自在。但是，一旦遇到猎物便会毫不留情地捕食！蝾螈的视力非常差，它是如何听声音的呢？

★了不起的动物★

实验工具
- 铁盘
- 金属勺
- 盐粒

接下来自己动手,来实现好创意吧!

准备一个铁盘和一把金属勺,还有一些盐粒。首先把盘子倒扣于桌面,撒上盐粒,用金属勺试着敲打盘子中央,看会发生什么。

到底会发生什么呢?

当我们用金属勺敲打盘子中央时,敲打处的盐粒开始运动。振动由盘子中央沿盘底向四周传导扩散,使周围的盐粒也随之运动起来。

原来是这么回事!

从盐粒的运动可以看出,声音也是一种振动。蝾螈有内耳,可以感受到外界传来的振动。

可以再生的蝾螈肢体

蝾螈具有特别强的生命力,尤其是自愈能力。当蝾螈因为机械性的外伤而断肢时,不会像人类一样在断肢后的伤口结痂,而是由伤口长出一块小小的肉芽细胞,这种细胞被称作"胚基",它会逐渐地修复成断肢原先的状态,特别厉害吧!

奇思妙想玩出创造力

冬天,梅花鹿身上的"花衣服"哪儿去了?

在我们的印象中,梅花鹿总是穿着一身"花衣服"。可在冬天,如果来到动物园观察它,你会发现这时候的梅花鹿身上已经没有夏天的"花衣服"了,只留下了非常单调的颜色。它那美丽的"花衣服"去哪里了呢?

★ 了不起的动物 ★

观察内容

可以对动物园中的梅花鹿进行观察。也可由家长收集相关的视频资料，让孩子观察在冬季和夏季，梅花鹿身上的"衣服"有什么不同。

到底会发现什么呢？

夏天的时候，梅花鹿的体毛呈棕黄色或者栗色，没有绒毛，只在背脊两旁和体侧下缘会有许多排列有序的白色小斑点。到了冬天，梅花鹿身上美丽的"外衣"就会变成与枯草相近的烟褐色，身上的白斑就不明显了，颈部和耳背呈灰棕色，一条黑色的背中线从耳尖贯穿到尾巴。

原来是这么回事！

梅花鹿每年要换两次毛，当从冬毛换成夏毛的时候，它身体上有一部分的毛白色素非常多，看上去就呈现白色，并且，夏天梅花鹿身上的毛很稀薄，因此，这些毛构成的斑纹看上去会特别明显。当夏毛换成冬毛的时候，它们身上的白毛会减少，而且，它们的毛长得很长很厚，那些浅颜色的毛组成的斑纹看上去就不是很明显了。

> 奇思妙想玩出创造力

海葵是怎样吃东西的呢？

海葵是一种动物，外形却像菊花般美丽，人们称它为"海菊花"。它生活在礁石缝中，身体呈圆筒形，体表五颜六色，十分美丽。也许你会问，这么美丽的海葵，是怎样吃东西的呢？

★ 了不起的动物 ★

观察内容

观察海洋中美丽的海葵是如何捕食的（可以让爸爸妈妈或老师帮忙寻找相关视频资料）。

到底会发现什么呢？

海葵漂亮的触手像菊花一样绽放在海底，小鱼被这美丽的"花朵"所吸引，突然被快速收缩的触手所擒获。

原来是这么回事！

海葵的每只触手都能够判断接触的食物是否能吃，但不能将信息传递给其他触手。经判断可吃，触手就包围住小鱼的身体，因为触手的刺细胞有毒，所以小鱼会被麻痹，从而被海葵卷入口中，成为它的美餐。

与小丑鱼共生的海葵

海葵可以说是海洋中美丽的"杀手"，但是，它和一种名为小丑鱼的鱼类是好朋友。小丑鱼经常在海葵的周围觅食，当遇到危险时，海葵的触手就会来帮忙。就这样，海葵保护了小丑鱼，小丑鱼又为海葵引来了食物，它们就是以这样的关系共生的。

113

> 奇思妙想玩出创造力

蚌总是关闭着壳，它不会被**闷死**吗？

在软软的沙滩上，时常会看到被海水冲上岸的蚌。为了避免被太阳晒干，它们就死死地将蚌壳紧闭。蚌总是关闭着壳，它不会被闷死吗？它是怎样呼吸的呢？

★ 了不起的动物 ★

接下来自己动手，来实现好创意吧！

在玻璃缸里铺上一层细沙，放入水草，倒入大半缸水，将河蚌放入。去掉眼药水瓶的盖子，把红墨水滴到里面。取出河蚌，将眼药水瓶口靠近蚌壳开缝处的后缘滴红墨水。你发现了什么？

实验工具
- 玻璃缸
- 细沙
- 红墨水
- 水草
- 眼药水瓶

到底会发生什么呢？

蚌身体后端有两个孔，排水孔在背侧，吸水孔在腹侧，可以把红墨水吸入。之后，将蚌壳剖开观察，还会发现蚌内长着短而细密的纤毛。

原来是这么回事！

蚌虽然一直闭壳不动，但是，红墨水能被它吸收也能被它排放，这是因为蚌壳内的纤毛搅动四周的水流，从而有了这样的传递。它之所以能够生存，就是因为肚子里长有很多纤毛，纤毛可以搅动蚌四周的水流，从而使微生物随着水流送进壳内，蚌就是以这样的方式生活着的。

诞生于蚌中的珍珠

人们一直都很喜欢珍珠，它晶莹透亮，非常漂亮。珍珠是怎样诞生的呢？原来，当有泥沙等异物渗入蚌体内时，外套膜受到刺激，便会分泌出珍珠质将异物一层一层地包裹起来，经过一到两年的时间就变成珍珠了。

115

奇思妙想玩出创造力

你会饲养小松鼠吗？

你喜欢小松鼠吗？松鼠大多是生活在树上的，如果你碰一下树干，它们就躲到树枝底下，或者连蹦带跳地逃到别的树上去。那么如何饲养一只小松鼠来观察它的生活呢呢？

★了不起的动物★

接下来自己动手，来实现好创意吧！

可以在家长的帮助下，为松鼠准备高大的笼子，在笼子里固定一个水瓶和攀登用的树枝，在底部铺上报纸和干草，再放入里面有干草的巢舍、食盒、便器。便器大小适合松鼠进出就可以，可适当深一些。便器里面铺上一层沙子，同时要放一些能清除粪便和尿臊味的东西。爸爸妈妈如果能给你买到一只宠物松鼠，你就可以近距离地观察它了！

实验工具：笼子、树枝、沙子、水瓶、报纸、便器、食盒

到底会发生什么呢？

太阳出来后，松鼠总喜欢晒晒它的大尾巴，而且，总喜欢待在树枝上，跳来跳去。它喜欢吃嫩枝和树叶。到了秋天，它会把一些食物储藏起来。

原来是这么回事！

因为松鼠喜欢在白天活动，到了夜里为了让它安静入睡，可以用一个布罩把笼子罩上。刚开始时，要隔着笼子给松鼠喂东西吃，这样可以避免被它咬到。

蓬松的大尾巴作用大

松鼠可以在树干上灵活地移动，还能够在树冠之间跳跃。其实，它这么高超的技能，全靠大尾巴帮忙！它的尾巴又轻又软，在空中像降落伞一般，帮助它轻轻地落在地上不会跌伤。而且，松鼠在睡觉的时候，还可以把大尾巴当作一条又暖又软的棉被呢！

117

奇思妙想玩出创造力

小狗为什么要**吐舌头**呢?

在炎热的夏天,我们往往会汗流浃背。因此,如果想凉快一些,在路上行走的时候就需要撑一把太阳伞,或者在树荫下乘凉。如果,你在大街上看到一条小狗,它肯定是吐着舌头的。想一想,小狗为什么会吐舌头呢?是因为天气炎热吗?

★了不起的动物★

接下来自己动手，来实现好创意吧！

将棉球放在水中浸湿，拿出后，将水挤干。用湿棉球在手臂上轻轻擦一擦。抬起手臂，嘴巴在离手臂涂湿的地方大约10厘米的位置吹气。

实验工具

半杯水

棉球

到底会发生什么呢？

吹过气后，立刻会感觉到手臂涂湿的地方凉凉的。

原来是这么回事！

手臂上的水分蒸发的时候会带走热量，从而使手臂的温度降低，所以会感到凉凉的。小狗的皮毛使得散热不容易，它吐舌头是为了加速散热。

狗喜欢啃骨头，骨头真的很香吗？

如果给狗扔一根骨头，它会高高兴兴地啃上一天。骨头真的很香吗？狗啃骨头最主要的原因是为了磨牙，如果没有骨头可以啃，它也会啃鞋子、椅子扶手、沙发腿等。当然，比起气味不一定好闻的鞋子和难啃的家具，还是骨头更好吃一些。而且骨头含有钙质，啃骨头的同时还能够补钙，这真是一举两得呀！

119

奇思妙想玩出创造力

鲸鱼为什么会喷出雾状水柱？

鲸每次潜入水中之前，都需要憋一口气。不过不用担心，鲸的肺里能装入比人的肺多很多的空气，这也是为何它们能在水下长时间潜泳的原因。当它浮上水面换气时，强有力的气流会冲出鼻孔，形成水柱，看起来十分壮观。不知你是否发现，鲸鱼喷出的水柱是雾状的，这是为什么呢？

★ 了不起的动物 ★

实验工具
- 2根吸管
- 剪刀
- 打气筒
- 瓶子

接下来自己动手，来实现好创意吧！

用剪刀分别在瓶身上部和瓶盖上钻一个小孔，将一根长吸管插入瓶身上部的小孔中，然后向瓶中倒入水。接着将短吸管插在打气筒的出气口上，使短吸管与瓶口对接，并向瓶中快速注入空气。

到底会发生什么呢？

用打气筒通过短吸管向塑料瓶中充气时，水柱从长吸管中喷了出来。

原来是这么回事！

鲸虽然生活在海里，却用肺呼吸，呼吸孔在头顶两眼之间。它每次浮到水面换气时，先要把肺中含有大量二氧化碳的气体排出体外。由于胸腔内强大的压力，气流冲出呼吸孔时带着海水喷到空中，同时气流中的水蒸气也遇冷液化成水滴，这样就形成了一个雾状水柱。

121

奇思妙想玩出创造力

为何说**燕子低飞**要下大雨？

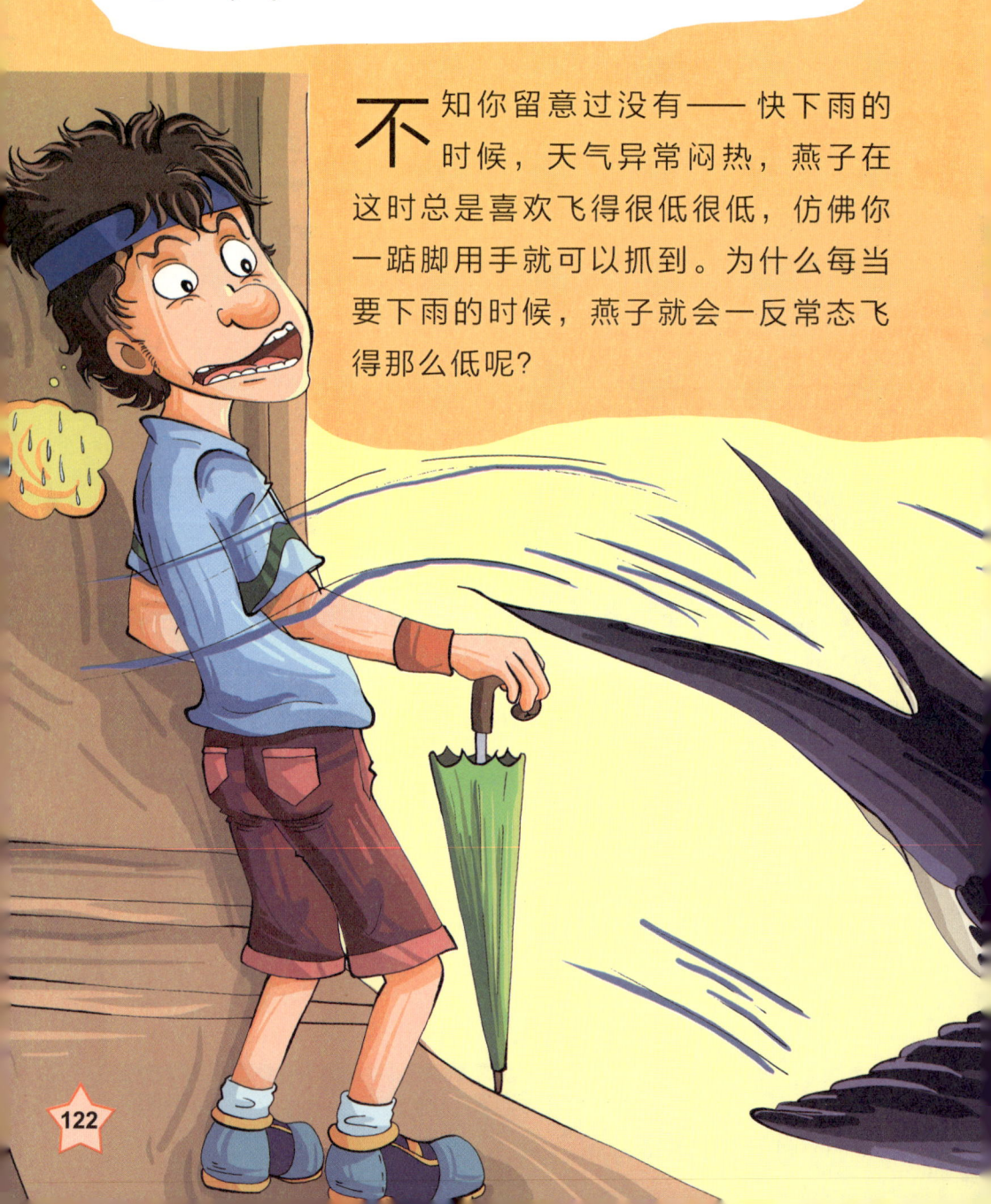

不知你留意过没有——快下雨的时候，天气异常闷热，燕子在这时总是喜欢飞得很低很低，仿佛你一踮脚用手就可以抓到。为什么每当要下雨的时候，燕子就会一反常态飞得那么低呢？

★ 了不起的动物 ★

接下来自己动手，来实现好创意吧！

用剪刀在白纸上剪两个一样的翅膀形的小纸片。拿其中一张小纸片放在水杯中沾一沾，使其表面沾上水。然后，站在高处（最好身旁有大人陪伴，一定要小心），手举这两张小纸片，同时松手，看看发生了什么？

实验工具

剪刀
1杯水　白纸

原来是这么回事！

实验之所以有这样的结果，是因为沾了水的纸片比没沾水的纸片重，在空气中下降的速度也就快一些。同样的道理，下雨前空气中的湿度较大，使得昆虫的翅膀变湿润，从而飞行高度大受影响，只能是贴在地面附近飞行。燕子平时是以昆虫为食，为了捕食昆虫，再加上空气湿润度对翅膀的影响，也只好降低飞行高度。

到底会发生什么呢？

两张小纸片会自然而然地下落，但是，沾了水的纸片明显比没有沾水的纸片下降的速度快。

哪些动物能预报下雨呢？

在动物界，有很多动物都能预报天气，比如，泥鳅、青蛙、蚂蚁、蜜蜂、蜻蜓、鱼儿等。在快下雨的时候，空气湿度发生变化，这些动物就会出现异常的行为。只要观察到这些异常现象，就能提前知道要下雨了。

123

图书在版编目（CIP）数据

奇思妙想玩出创造力. 了不起的动物 / 于秉正著. — 北京：中国和平出版社，2021.3
ISBN 978-7-5137-1941-4

Ⅰ.①奇… Ⅱ.①于… Ⅲ.①科学知识 – 少儿读物②动物 – 少儿读物 Ⅳ.①Z228.1②Q95-49

中国版本图书馆CIP数据核字(2020)第200573号

奇思妙想玩出创造力 了不起的动物　　　　　　　于秉正　著

责任编辑	刘晓静
版式设计	百闻文化
责任印务	魏国荣
出版发行	中国和平出版社（北京市海淀区花园路甲13号院7号楼10层 100088）
	www.hpbook.com　hpbook@hpbook.com
出 版 人	林　云
经　　销	全国各地书店
印　　刷	阳信龙跃印务有限公司
开　　本	710mm×1000mm　1/16
印　　张	48
字　　数	270千字
印　　量	1~10000册
版　　次	2021年3月第1版　2021年3月第1次印刷
书　　号	ISBN 978-7-5137-1941-4
定　　价	216.00元（全6册）

版权所有　侵权必究
本书如有印装质量问题，请与我社发行部联系退换 010-82093832

奇思妙想 玩出创造力

追着大人来提问

于秉正 著

中国和平出版社
China Peace Publishing House

目录

喷雾器是如何把液体变成雾状的？ 2
你了解老式电影放映机吗？ 4
打上浴液的浴花，为何有大量泡泡呢？ 6
乘坐电梯上行或下行时，为何会出现耳鸣？ 8
日光灯是怎样发出亮光的呢？ 10
能不能吹出各种形状的肥皂泡？ 12
能想办法让游泳池里的水变清澈吗？ 14
空调可以挂在墙的高处，暖气也可以吗？ 16
夏天，人们为何喜欢穿浅色的衣服？ 18
磁铁的两个端面为何不涂漆？ 20
为什么人们能通过光纤进行长途电话交流呢？ 22
你了解蒸汽火车前进的动力吗？ 24
有方形或三角形的水纹吗？ 26
霓虹灯为什么会闪烁各种不同颜色呢？ 28
向保温瓶里灌水，里面的声音为何有变化？ 30
大多数石桥为何都是拱形的？ 32
塑料袋可以装水，它能装油吗？ 34
太阳从树叶缝隙中投下的光斑为什么是圆形的？ 36
自行车刹车皮如果换成金属做的，会怎样？ 38
井水冬暖夏凉的秘密是什么？ 40
吸尘器为何能吸尘，它能不能吸水？ 42
吉他、提琴等乐器为何都有个共鸣箱，哨子也有吗？ 44
你听说过会爆炸的温度计吗？ 46

古代人没有手表，他们是怎么记录时间的？ 48
万花筒里为什么会有五彩斑斓的图案？ 50
生鸡蛋和熟鸡蛋，你能把它们分辨出来吗？ 52
你见过排箫吗？它为何能演奏出动听的曲子？ 54
热水瓶的内胆上为何要涂上银？能不能涂上铜呀？ 56
复印机为何能复印出相同的东西？ 58
为何布制衣服遇水会湿透，伞却能遮雨？ 60
用肥皂洗手，是因为肥皂能把手上的细菌杀死吗？ 62
包装箱为何大多选用瓦楞纸？ 64
把眼药水瓶倒置，眼药水为何不会自动流出来？ 66
糖葫芦的糖衣是怎么做出来的？ 68
太阳能热水器为何是斜着摆放的？ 70
蚯蚓没有眼睛，能感知光线吗？ 72
邮票的四周为什么有齿孔？ 74
打雷时，收音机怎么会出现杂音？ 76
你了解抽水马桶的秘密吗？ 78
茶锈到底从何而来？ 80
生活中常见的灭火器为什么能把火熄灭呢？ 82
微波炉工作时，转盘为何不停地转动？ 84
真菌、细菌都是"坏东西"吗？ 86
因纽特人的冰屋为何能保暖？ 88
井盖大都是圆的，可以是方形或三角形的吗？ 90
冷冻的食物在水中和空气中，哪个更易融化？ 92
皮鞋为何会越擦越亮？ 94
你了解抽水机把水抽出来的秘密吗？ 96

水是透明的，为何湖水结的冰是白色的？ 98
苍蝇拍上的小孔有什么作用？ 100
为什么大多数吸管都是圆柱形的？ 102
为何杯、罐、桶大多是圆柱形？ 104
医生做手术用的无影灯是怎样的原理？ 106
看病时医生为何要用听诊器？ 108
在海滩上行走，脚印为何是干的？ 110
风筝为何大都有一条长长的尾巴？ 112
通电后白炽灯为什么能够发出亮光？ 114
你见过常温下的液态金属吗？ 116
旧书报放久了，怎么会发黄？ 118
能不能把绿色的啤酒瓶，换成白色透明的？ 120
直升机在天空上飞，为什么还要有垂直的小螺旋桨？ 122

喜欢并善于发现奇妙问题的孩子，一起玩科学，做个生活小达人吧！一百多个有趣的观察、实验就藏在本书中！

> 奇思妙想玩出创造力

喷雾器是如何把液体变成雾状的？

我们经常用喷雾器来浇花，用它来缓解屋子里的空气干燥，等等。喷雾器的作用很大，可是大家在使用的时候，有没有注意到，它是如何把液体变成雾状的？

★ 追着大人来提问 ★

实验工具
瓶子
打气筒
锥子

接下来自己动手，来实现好创意吧！

准备一个带大塞的透明玻璃瓶，然后用小锥子在瓶塞上钻一个孔。往大瓶子里倒入少量的水，塞好瓶盖。用打气筒通过塞孔向瓶内打气，然后拿掉打气筒，立刻将瓶塞拔出，一定不要迟疑、拖沓，否则瓶中气体会渐渐逸出，影响实验效果。

到底会发生什么？

这时瓶内空气突然膨胀，你会听到瓶内有响声，仔细观察，会发现水散成小水珠，形成雾。

原来是这么回事！

当瓶内的空气迅速放出时，空气的流速大，当喷雾器里的空气从小孔迅速逸出时，小孔附近的压强就变小了，喷雾器里液面上方的空气压强增大，液体就会沿着小孔下方的细管往上升，从小口流出，然后受空气冲击成为细小的水滴，形成水雾。

水能变成雾，油也可以喷成雾状吗？

油也是可以喷成雾状的。在一些发动机上，雾状的油更容易燃烧，所以会有专门的装置，将油以雾态形式喷射，这样还可以提高发动机的效能。

奇思妙想玩出创造力

你了解老式电影放映机吗？

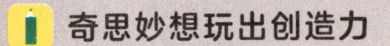

坐在电影院的大银幕前观看自己喜欢的电影，是多过瘾的一件事情啊！你知道吗？这是电影放映机的魔力！最初我们所看到的电影是用老式胶片电影放映机播放的，现在一起来了解一下吧！

★ 追着大人来提问 ★

实验工具

卡纸 
剪刀 
曲别针　铅笔

接下来自己动手，来实现好创意吧！

将彩色的卡纸对折成长方形，然后将其展开，用笔在卡纸的上半部分画小鸟的图案，下半部分画鸟笼的图案，并在卡纸的背面粘上双面胶。接着在卡纸中间的折痕中心的位置上剪开一个小孔，将一根铅笔插进去，粘住卡纸上下两部分，并用曲别针将其固定在一起。

到底会发生什么？

快速转动铅笔，我们可以观察到小鸟被"关进了"鸟笼子。

原来是这么回事！

这是一种"视觉暂留"的现象，其实胶片电影放映机也是利用这一现象来工作的。当画面在我们的眼前消失后，它会在视网膜上停留0.1～0.4秒。电影放映机的放映速度是每秒24个画面，前面的画面消失，下一个画面又会接着出现，连续不断，于是我们看到的画面就开始动起来了。

什么情况下，转动的电风扇会有倒转的错觉？

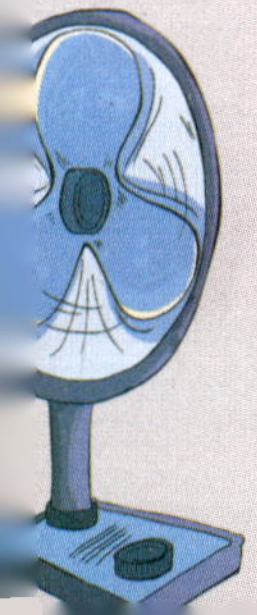

对高速旋转的电风扇，我们虽然看不清楚旋转的扇叶，但是却基本上能够分清它旋转的方向。但是，在某些特定的环境下，它也会让人产生扇叶其实是在倒转的错觉。比如电风扇转动时，在日光灯这种频闪光源的照射下，电扇叶片也会出现周期性的亮暗变化，就可能使人产生倒转的错觉。

奇思妙想玩出创造力

打上浴液的浴花，为何有大量**泡泡**呢？

洗澡的时候，我们喜欢把浴液打在浴花上，然后揉搓浴花，很快就会产生丰富的泡沫，可不要小看这些白色的泡沫，它们可以让我们的皮肤很容易变干净。想想看，把浴液打在浴花中，为什么会产生这么多的泡泡呢？

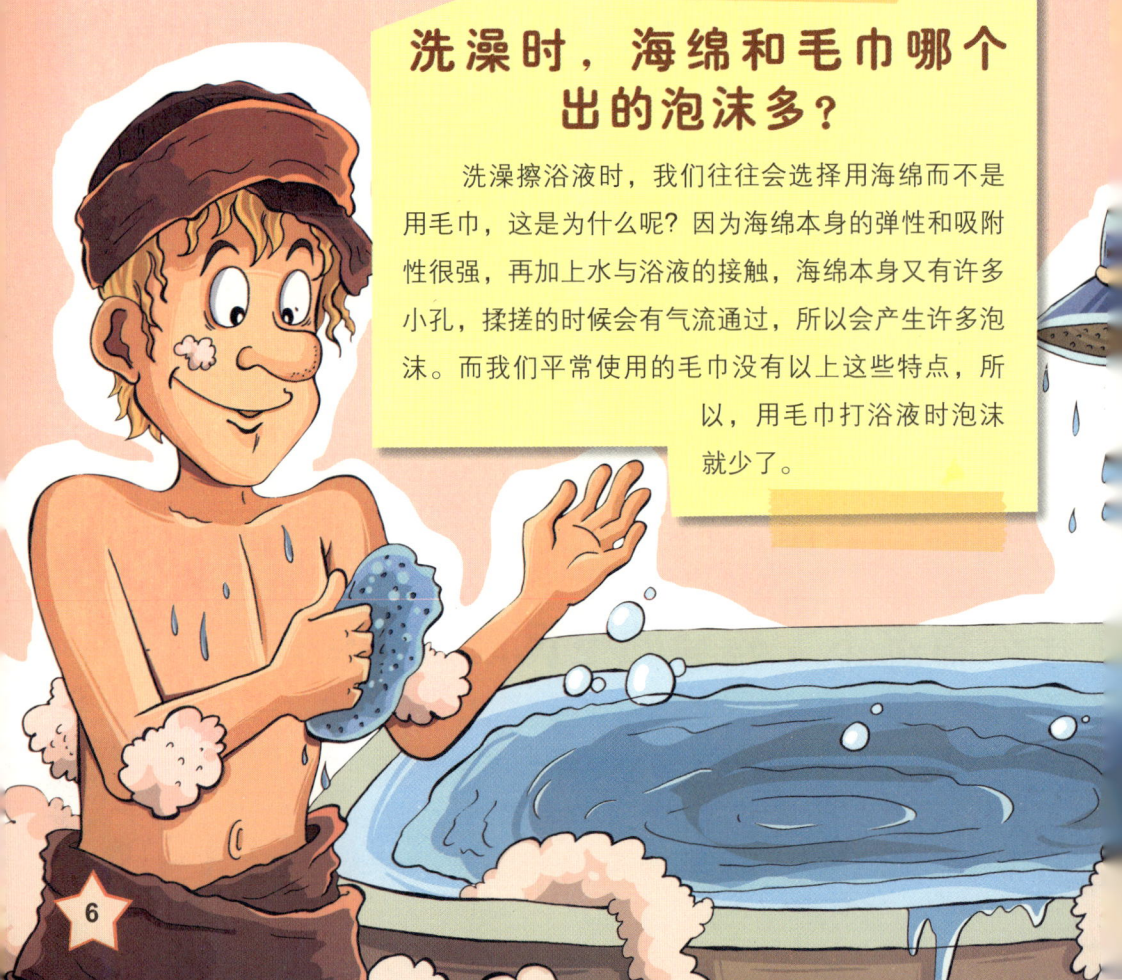

洗澡时，海绵和毛巾哪个出的泡沫多？

洗澡擦浴液时，我们往往会选择用海绵而不是用毛巾，这是为什么呢？因为海绵本身的弹性和吸附性很强，再加上水与浴液的接触，海绵本身又有许多小孔，揉搓的时候会有气流通过，所以会产生许多泡沫。而我们平常使用的毛巾没有以上这些特点，所以，用毛巾打浴液时泡沫就少了。

★ 追着大人来提问 ★

实验工具
玻璃瓶
吸管　浴液
托盘

接下来自己动手，来实现好创意吧！

往一个玻璃瓶里倒入1/2的水，在水中加入浴液，然后将玻璃瓶放在托盘上。把吸管插入瓶里，使劲往水里吹气。

到底会发生什么？

这时候你能看到水面上有很多的泡泡产生，而且这些泡泡都没有很快破裂。

原来是这么回事！

在我们往浴液水中吹气的同时也让空气进入到了浴液水里，这就相当于我们揉搓浴花时，会有空气进入浴花的道理一样。加了浴液的水，表面张力很强，当注入空气后，形成了我们看见的泡泡，同时这种张力也使得泡泡不会在产生的瞬间就破裂。

7

奇思妙想玩出创造力

乘坐电梯上行或下行时，为何会出现**耳鸣**？

你乘坐电梯上下的时候，会感觉耳朵在嗡嗡作响吗？一旦电梯停止，这种声音也会奇迹般地消失。好奇怪啊，这是怎么回事呢？是电梯里有什么奇怪的东西，造成了耳鸣吗？

★ 追着大人来提问 ★

实验工具
弹簧秤
重物

接下来自己动手，来实现好创意吧！

拿着弹簧秤和重物进入电梯，仔细观察秤上重量的变化。

到底会发生什么？

在电梯开始向上升的一瞬间，你会看到弹簧秤上所挂的重物似乎突然增加了重量；而在电梯开始下降的一瞬间，你会看到重物的重量突然减小了一些，弹簧秤上的数字发生了变化。

原来是这么回事！

在电梯开始上升的一瞬间，弹簧和电梯以同样的速度上升，物体还会保持原来的静止趋势，这时就会对弹簧有一个拉力，使得弹簧秤的读数变大。电梯下降的过程中，弹簧和上面的物体所出现的状况和电梯上升时正好相反。密封的电梯中有看不见的空气，它们也是有质量的。电梯中的空气在电梯运行过程中也像弹簧上的物体那样，受到电梯运行的影响，而其表现就是电梯内气压的改变。正是这种气压的改变，使空气压迫在我们耳膜上的压力有了改变，从而造成我们耳朵的不适。你可以简单地理解为，我们的耳朵内原本的空气压力就像电梯静止时的弹簧秤的状态，当电梯上升或下降时，耳内空气压力就像弹簧秤一样变化了，这种变化让我们产生了耳鸣。

坐飞机时耳朵发胀是怎么回事？

因为飞机上升时，自动增压系统会对舱内增加气压——这一切由计算机精确控制，而在飞机下降时，再逐渐减小机舱内的气压，直至内外气压相同。在这个过程中，当外界气压低于或高于人体内的气压时，就会使耳膜有鼓胀或压迫的感觉。而这种感觉达到一定程度后，就会产生耳鸣。

奇思妙想玩出创造力

日光灯是怎样发出亮光的呢？

爱迪生于1879年发明了白炽灯。可是科学家们渐渐发现，这项伟大的发明不能将电能完全利用，造成了很大的电资源浪费。于是，在1938年，人们发明了日光灯。比白炽灯更优秀的日光灯是怎样发光的呢？

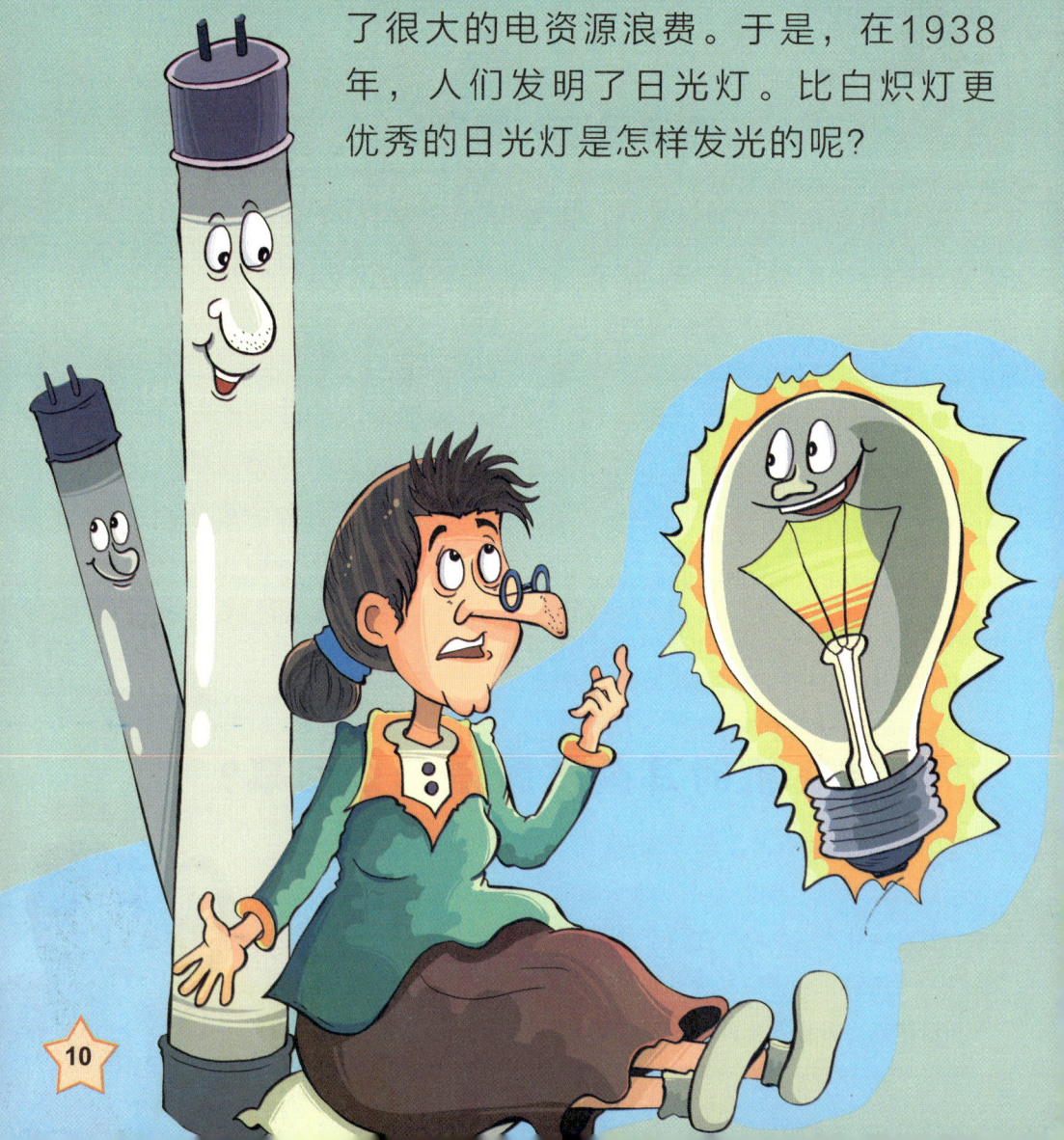

★ 追着大人来提问 ★

实验工具
- 湿布
- 日光灯
- 塑料纸

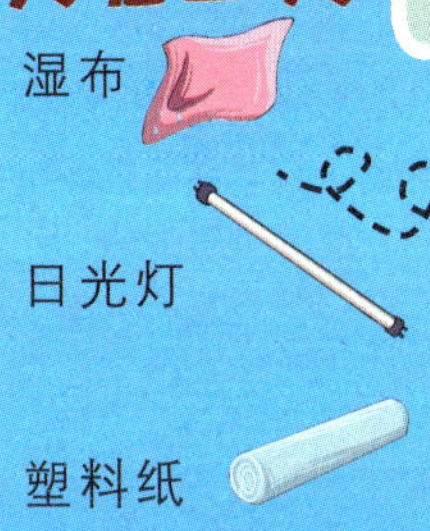

接下来自己动手，来实现好创意吧！

用湿布将一根日光灯管擦干净，使其晾干并保持干燥。来到一间暗房，将日光灯的一端立在地板上。一手握住灯管，另一手拿着干燥的塑料纸快速地在灯管上来回摩擦。

到底会发生什么？

你会发现，在摩擦灯管时，灯管开始发光，而且灯管的亮光会随着塑料纸的移动而移动。

原来是这么回事！

用塑料纸反复摩擦灯管，在塑料纸表面就会产生一些电子。这些电子会传递给灯丝之间的气体物质。日光灯管里这种物质从而也带上了电，带电的管内物质发出紫外线，紫外线照射灯管内壁上的荧光粉，激发它产生了我们看到的白光。

日光灯用久了，为何发黑的地方在两头？

日光灯的灯丝是由钨丝构成，在日光灯亮着的时候，位于灯管两头的灯丝在高温下会发生升华现象，日光灯被关掉以后，灯管体内气体的温度会下降，气态的钨发生凝固现象，于是使用的时间长了，经过累积，这两点附近会慢慢出现变黑老化，于是就在日光灯的两头出现变黑的现象。

奇思妙想玩出创造力

能不能吹出各种形状的肥皂泡？

你喜欢玩吹泡泡吗？只需要准备一根吸管，一杯稀释的肥皂水就可以了，吹起的泡泡漫天飞舞，有趣极了！可是，这些泡泡的形状为什么都是圆的呢？能不能吹出各种形状的肥皂泡？

★ 追着大人来提问 ★

实验工具

铁丝
细线
大头针
肥皂液

接下来自己动手，来实现好创意吧！

把一根铁丝的一端弯成直径5厘米的没有间隙的圆圈，另一端作为手柄握在手里。再用一根细线结个直径2厘米的圈，一端系紧在铁丝圈上。然后把铁丝在肥皂水中浸一下后缓缓取出，铁丝圈上就有层肥皂泡膜，而细线圈会呈不规则状附在膜上。用针（最好把针尖烧热）刺破细线圈中的肥皂膜。

到底会发生什么？

这时你会发现，细线圈被拉成圆形了。

原来是这么回事！

这是由于表面水分子之间具有张力，这个力会向各个方向均匀地拉紧泡泡，使其面积尽量缩小。你知道吗？在自然界中，体积相同的东西，圆球形的表面积是最小的，因此泡泡自然也就成了圆形。

对正圆形的肥皂泡施加外力也可以改变它的形状，比如，如果用两个环粘住肥皂泡，然后把两个环向两端拉，肥皂泡就可以变成圆柱形。但是，这种非圆形的肥皂泡体积越大就越容易破碎消失。一个很长很长的圆柱形肥皂泡中间会慢慢变细，继而分开，最终形成两个单独的圆泡。

13

> 奇思妙想玩出创造力

能想办法让游泳池里的水变**清澈**吗？

夏天，能够在游泳池中泡一泡，是很多人都喜欢的事情。但是时间久了，游泳池中的水里难免会有一些泥沙或是其他杂物，显得浑浊。这可怎么办？难道只能将游泳池的水放干净，然后再花费大量人工来清洗，注入新水吗？多浪费！有没有更好的让游泳池里的水变清澈的方法呢？

★ 追着大人来提问 ★

实验工具
- 溪水
- 明矾
- 小棒子

接下来自己动手，来实现好创意吧！

用玻璃杯取一杯溪水，或者小河边含泥沙的水。把研细的明矾粉末慢慢加入水中，用棒来回地搅动，然后静置一段时间。观察水中泥沙的变化。

到底会发生什么？

将明矾加入水中静置一会儿，你将发现水中的泥沙会向下沉，水变得更加清澈。

原来是这么回事！

游泳池里有的时候也会放入适量的明矾，明矾主要起到吸附作用，可以吸附游泳池里面那些混杂的泥沙或者其他小杂物，并形成沉淀，所以游泳池的水看起来比较清澈，但是明矾的味道酸涩，很容易就能闻到它的味道，因此我们有时在游泳池内闻到的那种奇怪的味道，就是明矾在"捣乱"了。

游泳池的水为什么会是蓝色的呢？

游泳池在净化过程中，在适当的时候使用了硫酸铜，还有次氯酸钠和明矾，铜离子呈蓝色。化学药剂里的蓝色离子反射光线后，就会呈现出蓝色。硫酸铜主要作用是灭藻，对游泳池的藻类进行清除，氯酸钠可以消毒，明矾主要起到沉淀作用。

奇思妙想玩出创造力

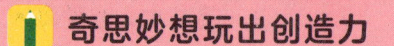

空调可以挂在墙的高处，暖气也可以吗？

在房屋内，安装空调和暖气是很有用的，空调可以驱赶夏日的炎热，暖气可以温暖严寒的冰冷。它们真是生活的好帮手，不过大家有没有注意过它们的安装位置呢？为什么一个要挂在墙上，另一个要安放在窗户下呢？用一个小实验来揭开其中的奥秘吧！

★ 追着大人来提问 ★

接下来自己动手，来实现好创意吧！

实验工具
- 广口瓶
- 纸片
- 火柴
- 冰箱

把小纸片卷起来用火柴小心点着。等到纸片燃烧最旺的时候，吹熄火焰，并将纸片扔入广口瓶中，赶快将瓶子盖住。把瓶子放进冰箱的冷藏室里。10分钟后，把瓶子拿到不通风的房间中，打开盖子。（该实验在操作过程中，瓶子有可能会裂开，请家长从旁协助操作。）

到底会发生什么？

当打开广口瓶的盖子时，你会发现几乎没有烟冒出来。而当你将瓶口朝下，你会发现烟气随即倒流出来。

原来是这么回事！

通过观察实验中广口瓶内的变化，可以得知：原来暖气安装在墙壁的窗户下面，当冷空气从窗户进来后就会吸收热量，冷空气就会变成热空气，热空气就会沿着房子的顶部流向房间的各个角落，散发刚才得到的热量。当热空气冷却后就会下沉，下沉到暖气处，暖气又给它加热，这样，反复加热、散热，反复对流，整个房间就变得很暖和了。空调安在高处，是因为冷空气重，会下沉，因此当夏天打开空调时，更容易让室内迅速变凉。

奇思妙想玩出创造力

夏天，人们为何喜欢穿浅色的衣服？

炎热的夏天来到了，人们可以不用再穿着厚重的衣服，身体终于可以获得"自由"了。黑色、棕色、深灰色等深颜色，在彩色的T恤衫和五彩的裙子中也非常少见了。俏丽的白色、淡淡的米黄、嫩嫩的粉色，还有淡绿、浅灰、卡其色等浅色成为了人们首选的服装颜色。这些颜色不仅漂亮，还会让人在炎炎的夏天，感觉更凉快一些。但是你知道吗，为什么在夏天穿一些浅色的衣服会感觉更凉快呢？

★ 追着大人来提问 ★

实验工具

黑纸
白纸
冰块
盘子

接下来自己动手，来实现好创意吧！

从冰箱里取出两块大小相同的冰块。用黑纸包一块冰，用白纸包一块冰，并分别放在两个盘子里，放在阳光照射的地方。看哪个包里的冰块先融化。

到底会发生什么？

通过观察你会发现，黑色纸里的冰会融化得快一些。

原来是这么回事！

其实物体吸收太阳或其他物体所发出来的热量的本领跟物体表面颜色的深浅是有关系的，黑色的表面很容易吸收热量，所以夏天穿深色或者黑色的衣服就会觉得很热，穿颜色像白色等浅色的衣服，不容易吸收热量，因此我们夏天穿浅色的衣服时，就会感觉到凉快一些。

为什么宇航服是白色的？

看电视，我们的宇航员飞上了月球，在月球上穿着白色的宇航服来回地走着，这让我们多么的羡慕，可是为什么他们的宇航服是白色的呢？其实，在大气层外辐射非常强，其中包括宇宙射线、X射线等，而白色最不容易吸收辐射，可有效地防辐射，所以为了自身的安全，他们都穿上了白色的宇航服。

19

奇思妙想玩出创造力

磁铁的两个端面为何不涂漆？

磁铁的功能想必大家都知道。条形、蹄形磁铁通常是用钢或某些铁合金制成的。钢铁易生锈，所以人们在磁铁上涂漆，以防生锈。一般N极涂红色，S极涂蓝色，颜色鲜明，便于区别。不过你如果细心观察，就会看到，磁铁的两个端面上一般是不涂漆的。这是什么原因呢？

把磁铁烧红，它的磁性有变化吗？

磁铁之所以能吸引铁钉，是因为具有磁性的磁铁在靠近铁钉时，磁铁的磁场使铁钉磁化，相互间产生吸引力，铁钉就牢牢地与磁铁"粘"在一起了。但是，当磁铁和磁石的温度升高到某个数值时，剧烈的分子热运动会完全破坏磁铁或磁石中电子运动方向的规律性，磁铁的磁性便消失了。

★ 追着大人来提问 ★

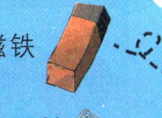

实验工具
- 磁铁
- 回形针
- 纸片

接下来自己动手，来实现好创意吧！

取一个条形磁铁，在磁极下依次吸一串回形针，直到不能再吸起为止。记下被吸起回形针的数目。在磁极端面上贴一张厚纸片，再依次吸引回形针，并记录被吸回形针的数目。

到底会发生什么？

通过比较两次实验的结果你会发现，在磁极端面上贴一张厚纸片后，磁铁能吸起的回形针的数目显著减少了。

原来是这么回事！

原来磁铁的两端磁性最强，可用来吸起铁制重物。而磁铁的吸引力随着磁极与被吸引物体之间距离的加大而减弱。实验表明，如果有一个条形磁铁，它与回形针直接接触时能吸起好多。但是，在磁铁上贴一层厚纸片，会增加磁极与吸引物之间的距离，因此吸引力就要减小，只能吸引少量的回形针。根据这一道理，若在磁铁端面上涂漆，漆层的厚度将降低其吸铁能力，因此磁铁两极的端面不涂漆。

| 奇思妙想玩出创造力

为什么人们能通过**光纤**进行长途电话交流呢？

现在长途电话都是通过光纤通信方式使相隔很远的人能够交流。

光纤通信是指各种电信号对光波进行调制后，通过光纤进行传输的通信方式，它是现代通信网的主要传输手段，现在已成了我们现代化生活中的一个必不可少的工具。光纤是怎样传递信号的呢？

★ 追着大人来提问 ★

实验工具
- 塑料罐
- 黑色硬卡纸
- 双面胶
- 美工刀
- 螺丝刀
- 手电筒

接下来自己动手，来实现好创意吧！

将塑料罐的顶部和包装剪去，留下圆柱状瓶身。把黑色的硬卡纸用双面胶紧紧粘在瓶身上。用美工刀在瓶身下部切一个小口，再用螺丝刀将小口钻成小圆洞。用手指堵住小洞向瓶子里注水。在较暗的屋内用手电筒从瓶上边向水照明，并放开堵住瓶身上小洞的手指。

到底会发生什么？

通过观察你会发现，当你用手电筒从瓶子上边向水中照的时候，"发光"的水从瓶身的小洞里流了出来，水流弯曲，光线也跟着弯曲。

原来是这么回事！

光在不同物质中的传播速度是不同的，所以光从一种物质射向另一种物质时，在两种物质的交界处会产生折射和反射。折射光的角度会随入射光的角度变化，当水流弯曲，光线也弯曲。当入射光角度超过某一角度时，折射光会消失，入射光全部被反射回来，这就是光的全反射。光纤通信就是基于以上原理而形成。长途电话发出的信号通过光调制器变成光纤能传递的信号，然后光纤传递到另一端的接收机上进行解调制，还原成电话能接收的信号，光纤传递的速度非常快。因此尽管相距很远，我们也可以通过电话联系！

23

奇思妙想玩出创造力

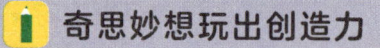

你了解蒸汽火车前进的动力吗？

在课本里，大家都学过关于蒸汽机的故事。在当时，蒸汽机最卓越的应用之一是推动了火车的前进，让人类走进了火车的时代。在蒸汽火车已经开始淡出人们视线的年代，你想了解蒸汽火车前进的动力是什么吗？那就通过下面的小实验，了解一下其中的秘密吧！

★ 追着大人来提问 ★

实验工具

- 空易拉罐
- 剪刀
- 曲别针
- 水壶

接下来自己动手，来实现好创意吧！

把易拉罐的铝皮剪成圆形，再剪出同样大小的8瓣，并把每一瓣铝皮都按同样方向扭转60°，做成叶轮。稳固中心钻出小孔，穿在已经拉直的曲别针上。往水壶里加水，将水烧开。水壶壶嘴喷出水蒸气时，将叶轮放在壶嘴处，观察情况。（此实验需在家长协助下完成。）

到底会发生什么？

当你把叶轮放在壶嘴时，你会看到叶轮逐渐旋转了起来。

原来是这么回事！

水蒸气有着巨大的力量，不仅能带动实验中的叶轮旋转，还能带动蒸汽火车里的蒸汽机工作，然后依靠许多精巧的机械联动部件，火车就能在铁轨上奔跑。由于火车前进的动力由蒸汽提供，所以蒸汽火车上需要准备大量的煤和水。

航空母舰的蒸汽弹射器是怎么回事？

航空母舰上的蒸汽弹射器，是为了让飞机能够在航空母舰的短距离跑道上起飞而设计的。重型飞机要想从航空母舰上起飞，必须有蒸汽弹射器。从概念上来说，蒸汽弹射器只是一个大型蒸汽汽缸和一个蒸汽控制系统。弹射的时候，蓄压罐内的蒸汽由弹射阀门释放到弹射汽缸内，使其内部压力上升从而推动活塞前进，最终产生足够的推力使飞机升空。

在实际应用当中，蒸汽弹射器是一项复杂的系统工程，除了弹射器本身的设备，还有海水淡化设备、贮水池、高压水泵、锅炉、加热装置等诸多附属设施。

奇思妙想玩出创造力

有方形或三角形的水纹吗？

有没有试过向湖水里掷瓦片？瓦片落进水里后，就会有水纹从瓦片入水的地方向外荡漾开来，一圈圈圆形的波纹由近到远。然而，瓦片并不是圆形的，为什么水的波纹是圆的呢？试着找些不同形状的瓦片掷入湖水中，你会发现波纹依旧会漾出一圈圈圆形。想一想，这是为什么呢？

石头抛到水里，为何会起水波？

也许很多朋友对池塘并不陌生，我们在那里钓鱼、戏水、扔石头。可是大家注意到被抛出去的石头的形状了吗？为什么石头抛进水里会有水波呢？原来我们将石头抛入水中后，小石子的能量由水的微粒一个挨一个地传递，这种传递能量的方式就叫波动，有了波动的影响，就形成了我们所看到的水波。

★ 追着大人来提问 ★

接下来自己动手，来实现好创意吧！

实验工具
小石子　方形物品　三角形物品

到湖边或者池塘边，向水中投入小石子，观察水面上散开的水波。试着拿一个方形的东西投入水中，看看水波的形状。再选一个三角形的东西投入水中。记录下每次投掷后水波的形状。（注意：观察结束后要用工具捞回投掷物以防污染环境。）

到底会发生什么？

从实验中可以看出，不管扔进去什么形状的物体，我们所看到的波纹都是圆形的。这是为什么呢？

原来是这么回事！

当你投一块石头到水中，会看到一个以入水点为圆心所形成的一圈圈的水纹。也就是说，不管你投进水中的是圆球还是不规则的瓦片，水波的起点都是以该物体的入水点为圆心，产生圆环形水纹。这是由于水在水面上是各向同性的，产生的振动向四面传播开的速度是相同的。

27

> 奇思妙想玩出创造力

霓虹灯为什么会闪烁各种不同颜色呢？

作为国际化大都市，北京、上海等城市五颜六色的霓虹灯也成为城市中的一大景观。霓虹灯不仅给夜空增添了不少姿色，就连夜空中的宁静也被这种彩虹似的光线所划破，闪闪烁烁像天空中悬挂的星星，映衬着周围的建筑群，这样的景致是其他景物所不能比的，为什么霓虹灯能闪烁出各种不同颜色呢？

★ 追着大人来提问 ★

实验工具
试电笔
电源插座

接下来自己动手，来实现好创意吧！

观察从试电笔里面取出来的氖泡（此步骤需家长协助），你会发现氖泡两端各有一个金属电极，两个极片在泡内接近而不相连。用试电笔的笔尖接触带电插座的火线（此步骤需要家长进行操作），用手触及试电笔尾端的金属部分。

到底会发生什么？

可以看到氖泡内红光闪烁。

原来是这么回事！

实验中氖泡内闪烁红光，是因为氖气通电就会产生红光，这和灯管能够发出彩光的原理一样，灯管中如果充满氖气会发红光，如果充入汞，就会发蓝色的光。通过气体放电使电能转换为五光十色的光谱线，气体放电是霓虹灯工作的基本过程。霓虹灯的灯管被充入了不同的惰性气体，当向两个电极间施加一定电压时，玻璃管就会发出五颜六色的光。

谁发明的霓虹灯？

世界上最早研制开发霓虹灯照明的，是法国的物理学家乔治·克劳德。1910年2月3日，在巴黎汽车展览会上，乔治·克劳德首次展出了他的科研作品，这就是用两根长3.5米、直径45毫米的灯具作为照明的物品。当时一位广告商杰克·冯塞克劝告乔治·克劳德说，如果用它来制作广告，将会得到更好的利用。1912年，在蒙马尔特区4号大街的理发店门口，装置了最早的霓虹灯广告，是用红色的大字组成的"豪华理发店"。

29

奇思妙想玩出创造力

向保温瓶里灌水，里面的声音为何有变化？

万物生灵，都会发出不同的声响，有的嘈杂喧嚣、有的悦耳动听、有的低沉微小、有的高亢洪亮。总之，生活中到处都有声音在陪伴。比如说流水的声音，一般人会用涓涓细流来形容，那么，大家有没有仔细听过往保温瓶里灌水的声音呢？

保温瓶里的茶和汤，哪个凉得更快？

如果你做过这个实验，就会发现茶水可以更长时间地保持热的状态，而相比之下汤会凉得更快些。这是为什么呢？

原来，物体热传导的能力与物质有着紧密的联系，这就是物质的比热容——它表示在1个标准大气压下，1千克的某种物质温度改变1摄氏度所需的热量。茶水与汤相比，茶水的比热容要大一些，因为汤中含有脂肪类物质以及固态物质，这些物质的比热容很低。比热容大的物质在温度改变时可以吸收或排出更多的热量，这些热量可以保证茶水不会凉得更快，而汤的温度在下降的时候，排出的热量没有茶水多，汤自然就会比茶水凉得快一些。

★ 追着大人来提问 ★

实验工具
玻璃杯
勺子

接下来自己动手，来实现好创意吧！

找三只玻璃杯，分别往杯子里装入不同分量的水。用勺子敲第一个玻璃杯的下部，用勺子敲第二个玻璃杯的下部，用勺子敲第三个玻璃杯的下部，听一听它们发出的声音有什么差别。

到底会发生什么？

通过实验你会发现，水最多的玻璃杯声音最低，水最少的玻璃杯声音最高。

原来是这么回事！

我们把物体每秒钟振动的次数叫作频率，频率高声音就尖，频率低声音就闷。在实验当中，装水多的杯子空气柱短振动频率最低，所以发出的声音最低。当我们向保温瓶里灌水的时候，水逐渐增加，空气柱长短会发生变化，因此声音的高低也会发生变化。所以我们只要一听声音就能判断出瓶里的水到底有多少。

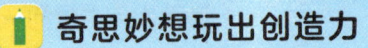

> 奇思妙想玩出创造力

大多数石桥为何都是拱形的？

跟着爸爸妈妈一起去参观名胜古迹的时候，你有没有留意到，那些用石头建成的精美石桥大多数都是拱形的。是过去的工匠在建造桥梁时有固定的模式吗？还是有其他原因呢？跟我们一起在实验中寻找答案吧！

★ 追着大人来提问 ★

实验工具

鸡蛋壳
铅笔
玻璃瓶

接下来自己动手，来实现好创意吧！

取半个鸡蛋壳，先让它凸面朝上放在桌子上。取一支削得不太尖的铅笔，在离凸面顶部15厘米高处垂直落下，撞在蛋壳顶部，观察结果。然后把蛋壳翻过来，使凹面朝上，放在一只玻璃瓶的瓶口上。仍用刚才用过的那支铅笔，让它在距蛋壳底部约15厘米高处垂直落下，再次观察结果。

到底会发生什么？

通过观察实验你会发现，当不太尖的铅笔撞在鸡蛋壳顶部，蛋壳毫无损伤。而同一支铅笔，撞在凹面上，鸡蛋壳很容易就被笔尖戳穿了。

原来是这么回事！

原来，由于蛋壳的外形弯曲均匀而且对称，能使蛋壳在某一部分受到的压力均匀地传给其余各部分，并且巧妙地相互"抵消"。但是，当这个压力是从蛋壳内向外施加时，蛋壳各部分所受到的便是拉力了，所以就容易破碎。蛋壳虽然很薄很脆，却能承受外来的较大压力，是由于拱形结构承受压力强的特点。

奇思妙想玩出创造力

塑料袋可以装水，它能装油吗？

把塑料袋里装上水做成水弹，在夏天的院子里打水仗，是很多男孩子玩过的游戏。既然塑料袋可以装水，那么在塑料袋里装油应该也没问题吧？想知道结果吗？那就一起来试一试吧！

★ 追着大人来提问 ★

实验工具
- 塑料袋
- 油
- 水

接下来自己动手，来实现好创意吧！

用两个同样的塑料袋，一个装油，一个装水，24小时后观察两个塑料袋分别有什么变化。

到底会发生什么？

经过观察实验结果你会发现，装水的塑料袋没有什么变化，而装油的塑料袋外面可以摸到一层油。这是怎么回事呢？

原来是这么回事！

由于塑料的主要成分为聚氯乙烯或聚乙烯，这两种成分都是高分子化合物，属于有机物。油是脂肪酸甘酯，也属于有机物。油可以溶解塑料袋，另外塑料袋本身有极小的肉眼看不到的孔，所以油能从塑料袋中渗出来。

> 奇思妙想玩出创造力

太阳从树叶缝隙中投下的光斑为什么是圆形的？

夏天可真热啊，我们赶紧躲到阴凉处休息休息吧！在树荫下乘凉时，我们可以看到阳光从树叶缝隙里穿过，落在地上形成斑斑点点的光斑。这些光斑为什么都是圆形的呢？

★ 追着大人来提问 ★

实验工具
纸板
电灯
白纸
剪刀

接下来自己动手,来实现好创意吧!

在纸板正中间用剪刀穿一个直径约1毫米的小孔。在桌面上放张白纸。在距桌面30厘米处点盏电灯,把纸板放在灯下,使小孔对准灯泡。仔细观察,会看到桌面白纸上有条弯曲的光斑。

到底会发生什么?

光斑的弯曲和灯泡中发光的灯丝一样,但方向相反,小孔离灯丝越近,光斑越大。

原来是这么回事!

树荫下面的光斑和实验中的光斑反映的都是"小孔成像"的原理。光是以直线的形式传播的,实验中,发光物体的光线经过小孔后继续沿着直线前进,到达白纸上,形成光斑,灯丝左边发出的光线通过小孔落在白纸的右边,灯丝右边发出的光线经过小孔落在白纸的左边,最后灯丝各处的光线都经过小孔落在纸上,合成一个和灯丝一样弯曲但方向相反的像。树下的光斑和实验中的光斑的形成原理是一样的,光斑所成的像是太阳的像,因为太阳是圆的,所以光斑也是圆的。

奇思妙想玩出创造力

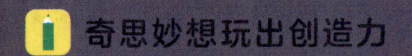

自行车刹车皮如果换成金属做的，会怎样？

当你骑着自行车风驰电掣的时候，却遇到了突然出现在路中央的小狗，你一定会一边惊慌失措地大喊着："快闪开！快闪开！"一边猛攥刹车。刹车皮是好东西，它在帮你享受自行车带来的便捷的同时，还带给你安全保障。可是，你有没有发现，自行车的刹车皮都是用橡胶制成的，从没有看到过金属做成的刹车皮。这是为什么呢？

★ 追着大人来提问 ★

实验工具
- 书
- 纸板
- 铅笔
- 橡皮
- 圆铁片

接下来自己动手，来实现好创意吧！

把几本书垫在纸板底下。把铅笔、橡皮放在纸板上最高处。逐渐抬高纸板，看哪个先往下滑。再加一个圆铁片，重复刚才的步骤。

到底会发生什么？

通过观察你会发现，圆铁片最先下滑，橡皮最后才下滑。

原来是这么回事！

实验说明，橡皮的摩擦力比较大。橡皮是用橡胶制成的，橡胶即使是在光滑的平面也不容易滑动。所以，自行车的刹车用橡胶来做。捏刹车时，橡胶紧贴在车轮的钢圈上，摩擦产生巨大的阻力，使车轮减速并停住。

最早的自行车是什么样子？

最早的自行车出现在1791年夏季,一位名叫孔特·德·希拉克的男士坐在一只奇怪的装着轮子的"木马"上，两只脚以奔跑的动作蹬踏着地面,狂奔过路易十六王宫的大草坪,人们为希拉克的"滚动木马"所轰动和吸引，称之为"快行脚"，真正的自行车历史从此开始。

到1863年的一天，法国人皮埃尔·米乔克斯实现了不用双脚蹬踏地面骑自行车，脚蹬开始出现。1869年，在法国举行的第一届自行车车展上，出现了前轮大、后轮小的自行车。在1885年，苏格兰的约翰·博伊德·邓禄普研制成功充气轮胎自行车。1888年制造的杜威赛斯（Deux Vicesses）自行车是早期的两速自行车之一，宣告变速自行车诞生。从那以后，现代自行车的雏形已经基本完成。

奇思妙想玩出创造力

井水冬暖夏凉的秘密是什么？

我们把一年很明显地分成了四个季节，那是因为它们的气候在各个季节都不相同，夏热冬凉，春秋温度适中，今天要告诉大家一个很奇怪的现象，那就是井水冬暖夏凉，恰恰与季节相反，你知道是什么原因吗？

★ 追着大人来提问 ★

实验工具
碗

接下来自己动手，来实现好创意吧！

准备3个碗，一杯热水和一杯凉水。在一个碗中倒入热水。在另一个碗中倒入凉水。在第三个碗中倒入热水、凉水各半，合成温水。把一只手伸到热水中，另一只手伸到凉水中，等候片刻，把双手拿出，再放入温水中。

到底会发生什么？

将双手伸进温水碗中，这时你会感到双手虽在同一个温度的水中，但原来放在凉水中的手感觉很热，而原来放在热水中的手感觉很凉。

原来是这么回事！

从实验中可知，我们对同样温度的水产生了不同的冷热感觉，那是因为第一碗热水中的手的温度比温水高，就会觉得温水凉；而在凉水中的手的温度比温水低，就会觉得温水热了。其实这碗水的温度是一样的，会出现两种不同的感觉，是根据不同的参照物相对而言的。同理，井水在地下很深的地方，不论冬夏，温度都差不多，它并不会自动调节温度，只是冬天地面上的温度很低，我们就觉得井水暖和；而到了夏天，地面上的温度很高，我们又会觉得井水比较凉快，这就是井水冬暖夏凉的原因了。

41

> 奇思妙想玩出创造力

吸尘器为何能吸尘，它能不能吸水？

吸尘器长得很奇怪，它不仅有一个大大的肚子，还有一个长鼻子，从正面看活像一个人的大脑袋，而嘴巴自然就是吸尘的入口了。舒适的家居环境，不但要看着漂亮，更要给人光洁无灰尘的感觉，所以，就让吸尘器快点行动起来，把它空空的肚子塞满吧！这时，我们不妨想一想，吸尘器为什么会有这种特异功能呢？

吸尘器是谁发明的？

1901年，英国土木工程师布斯到伦敦莱斯特广场的帝国音乐厅参观美国一种车厢除尘器示范表演。这种机器用压缩空气把尘埃吹入容器内，布斯认为这种办法并不高明，因为许多尘埃未能被吹入容器。后来，他反其道而行之，用吸尘法。布斯做了个很简单的实验：他用手帕蒙住自己的嘴巴和鼻子，趴在地上用嘴猛力吸气，结果使手帕附上了一层灰尘。于是，他制成了吸尘器，用强力电泵先把空气吸入软管，再通过布袋将灰尘过滤出来。

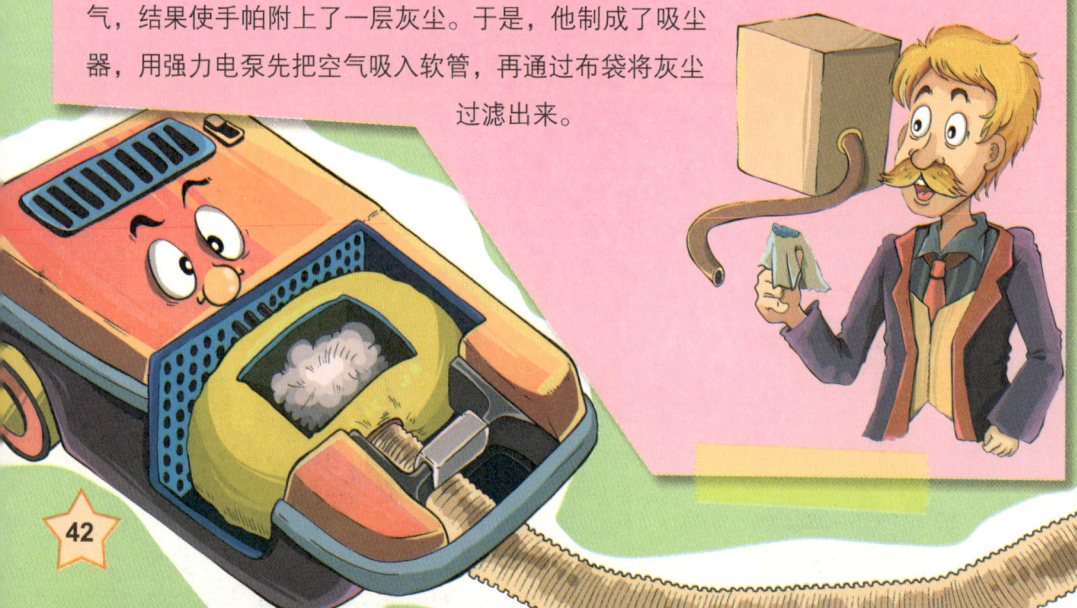

★ 追着大人来提问 ★

实验工具
圆铁片
盘子
蜡烛
玻璃杯

接下来自己动手，来实现好创意吧！

把圆铁片放入盘子内。往盘子中倒入水，使水刚好能淹没圆铁片。在盘子上立起一支蜡烛，将蜡烛点燃，用玻璃杯罩住点燃的蜡烛。

到底会发生什么？

蜡烛很快熄灭。这时，杯子中的水面上升，圆铁片也露出了水面。

原来是这么回事！

蜡烛由于被罩在杯子里缺少充足的氧气而熄灭，但它释放的二氧化碳保留在杯子里并溶解于水中，所以杯中的气体减少了，气压减小，这样外面的水就被吸了进来，杯子中的水面就上升了。同理，吸尘器靠电动机高速驱动叶轮旋转，使空气高速排出，而风机前端吸尘部分的空气不断地补充风机中的空气，致使吸尘器内部产生瞬时真空，使风机中的压力降低，和外界大气压形成负压差，在此压差的作用下，吸入含灰尘的空气，经滤尘器过滤，排出清净的空气，这就是吸尘器的工作原理了。

根据吸尘器的设计原理是不能吸水的，会损坏吸尘器，严重时会造成人员损伤。不过随着科技的发展，如今已经有了干湿两用吸尘器。这种吸尘器比普通的干式吸尘器多了一个离心室，当灰尘和水被吸入离心室时，重量较重的水被高速旋转甩向离心室后流入下面的集水桶。而较轻的灰尘经过离心室后，会进入过滤袋内。

奇思妙想玩出创造力

吉他、提琴等乐器为何都有个**共鸣箱**，哨子也有吗？

你知道吉他弦后面大大的箱子是什么吗？那是共鸣箱，可以增强音响效果。其实很多乐器都有这个共鸣箱，比如提琴、钢琴等。但是，我们常见的哨子有共鸣箱吗？如果没有，它怎么会发出那么大的声音？如果有共鸣箱，那么哨子的共鸣箱又在哪里呢？

★ 追着大人来提问 ★

实验工具
- 泡沫板
- 铁钉
- 空饼干盒
- 铅笔
- 橡皮筋

接下来自己动手,来实现好创意吧!

在泡沫板上相距30厘米处钉上两枚铁钉,拉紧橡皮筋绷在铁钉上。用手拨动橡皮筋,听一听发出的声音。把橡皮筋套在空饼干盒上。同样地,在相距30厘米处,在橡皮筋和饼干盒之间各垫上一支铅笔。再用手拨动橡皮筋,听一听发出的声音,并和第一次的声音作比较。

到底会发生什么?

把橡皮筋直接拉紧绷在铁钉上,用手拨动能听见非常微弱的声音。在橡皮筋和饼干盒之间各垫上一支铅笔。再用手拨动橡皮筋,会听见橡皮筋发出响亮的声音。

原来是这么回事!

在实验中分别以不同的方式拨动了橡皮筋,发现两次发出的声响是不相同的,后者的声音比较响亮,前者的声音比较低沉,这是因为后者的橡皮筋在振动时,带动了饼干盒内的空气一起振动,发出的音就比较高,我们把这种现象称为"共鸣",很多的乐器都要有共鸣箱,才能发出洪亮悦耳的声音。哨子为什么会响?哨子能发出响声的主要原理也是共鸣。哨子里面放小球的地方是一个共鸣腔,吹动哨子时,小球会在里面不停运动,就等于在不断调整共鸣腔的形状,因此就不断改变发音频率。

45

奇思妙想玩出创造力

你听说过会爆炸的温度计吗？

温度计是专门用来测量各种温度的，它的种类有很多，如水银温度计、酒精温度计、煤油温度计、热敏温度计、红外线温度计等等。世界上诞生的第一个验温器是由意大利科学家伽利略发明的，后来荷兰的物理学家、仪器制造商华伦海特制造了酒精温度计，有人说，这种温度计会引发爆炸，这是什么原因呢？

★ 追着大人来提问 ★

实验工具
- 小药瓶
- 酒精
- 玻璃杯

接下来自己动手，来实现好创意吧！

在一个小酒杯或者是空的小药瓶中倒入少量酒精。再往酒精中滴两滴红墨水，以便观察。在玻璃杯中加入沸水（此实验需家长协助）。立即把装有酒精的小酒杯或小药瓶小心地放入玻璃杯中。观察酒精有什么变化。

到底会发生什么？

通过仔细观察你会发现，放入热水中的小酒杯或小药瓶里的酒精很快沸腾了起来。

原来是这么回事！

酒精放入沸水中，为什么会立即沸腾起来呢？这是因为酒精的沸点比较低，通常酒精的沸点在78.5摄氏度左右（根据浓度不同，会有些许浮动），放在比它温度高的水里，就会极快地沸腾起来，所以酒精温度计不适合测高温物质。一般的酒精气温表，能测量的最高温度不超过50摄氏度，如果测的温度太高，会引起爆炸，所以提醒大家千万不要用酒精温度计测开水的温度。如果要测高温，一般选用水银温度计，因为水银的沸点在一个标准大气压下约为356.72摄氏度，这样比较安全。

在寒冷的地区测温度，是用酒精温度计还是用水银温度计？

因为水银在大概零下38摄氏度就凝固了，而酒精的凝固点要低得多，是零下117摄氏度。在寒冷的北方，气温很低，水银容易凝固，使水银温度计失去效用，因此常选用酒精温度计而不用水银温度计。

奇思妙想玩出创造力

古代人没有**手表**,他们是怎么记录时间的?

　　一阵清脆的铃铃铃的响声,把你从梦中叫醒。这是小闹钟在叫你起床。吃过早饭,看看闹钟,已经7点多了,该去上学了。现代人的生活被小小的闹钟、手腕上的手表等计时工具分成了一段一段有规律的生活。那么,没有手表、闹钟的古代人,又是用什么记录时间,规划生活的呢?

★ 追着大人来提问 ★

接下来自己动手，来实现好创意吧！

实验工具
白色硬纸
木棍
透明胶

▶ 在白色硬纸上挖一个洞，然后把木棍一头插进去，下面用透明胶固定好，放在户外。木棍与硬纸呈90度，一个很简单的模型就做成了。在光照充足的上午，把模型放在室外。当整点的时候，沿木棍投下的阴影画一道线，并在旁边注上时间。

▶ **到底会发生什么？**

白天时，每个整点画一次。这样，你的模型上就有了均等间隔的一组线。用你的模型测量时间，模型只有在晴天时才起作用，而且你始终要把它放在同样的位置。

原来是这么回事！

模型上的指针投下阴影的位置随太阳在天上的移动而变化。随着太阳的移动，木棍的影子也在不停地移动，就像时钟的指针一样。古人就是利用这种方法来确定时间的。

北京时间就是北京当地的时间吗？

其实北京时间并不是北京当地的时间，而是东经120度，也就是距离北京以东约340公里处的地方时间，北京时间是我国行政管理、生产、交通运输等工作时间的计量标准。假如我们没有统一的时间标准，而是各用各的时间，生产、交通运输等活动就不能有条理地进行，会致使整个社会的工作、生产秩序混乱。

奇思妙想玩出创造力

万花筒里为什么会有五彩斑斓的图案？

玩过万花筒的朋友，一定会觉得它很神奇，普普通通的外表，长着一个很不起眼的小孔，透过小孔却能看到盛开的五颜六色的美妙图案。随着手指的转动，小孔里还会变幻出多种不同的图案，就像盛开在天空中的烟火，五彩斑斓，漂亮极了。想想看，它靠的是什么原理？怎么会如此神奇呢？

★ 追着大人来提问 ★

实验工具

镜片
糖纸碎片
胶带纸
硬纸片
透明塑胶片

接下来自己动手，来实现好创意吧！

▶ 把3块镜片的镜面朝内，合成三角形筒，用胶带纸粘好，防止手被划伤。在筒的两端分别用胶带纸粘上两块和筒口面积一样的三角形透明塑胶片。一端封闭前，从筒口放进一些彩色的糖纸碎片。最后再在三角形镜筒外用硬纸片做个圆筒。转动一下做好的圆筒，看里面的变化。

到底会发生什么？

转动做好的圆筒，你会看到，里面由糖纸碎片组成的图案，正随着你的转动在变化。

原来是这么回事！

万花筒的主要结构是由三面玻璃镜子组成的一个三棱镜。实验中彩色的糖纸碎片经过三面玻璃镜子的反射，会出现对称的图案，看上去就像一朵又一朵盛开的花朵。万花筒的原理在于光的反射，而镜子就是利用光的反射来成像的，这种成像原理早在我国远古时代就已被掌握，我们看到的那些漂亮的图案，只是光的一种反射形式，也是万花筒为什么会有五彩斑斓图案的原因。

中国什么时候有的万花筒呢？

大约100多年前，由英国人发明的万花筒进入中国。早先的万花筒，里面所看到的花是剪成碎片的彩纸，透明度很差，后来有人尝试使用更透明的彩色碎玻璃。随着时间的推移，万花筒里面的"花"，变成了彩色塑料片、光滑的玻璃珠，反射用的三块玻璃也换成了更先进的三棱镜，这就是我们现在见到的万花筒了。

51

奇思妙想玩出创造力

生鸡蛋和熟鸡蛋，你能把它们 分辨 出来吗？

生鸡蛋很脆，一不小心的磕碰就容易使它受伤，稍微用力一些的磕碰还会使它碎裂开来，所以刚刚买回来的生鸡蛋往往都会小心翼翼地被放进竹筐里，或者是收进冰箱专门放鸡蛋的格子里。相比之下，人们对待熟鸡蛋的态度可就完全不一样了，熟鸡蛋不像生鸡蛋那么脆，不需要太多的保护。但是，熟鸡蛋和生鸡蛋从外表上来看没有什么太大的区别。如果一不小心把它们混在一起，该怎么分辨呢？其实，几个小办法，就能让你轻易地分出生鸡蛋和熟鸡蛋。一起来学一学吧！

★ 追着大人来提问 ★

实验工具
- 生鸡蛋
- 熟鸡蛋
- 碟子

接下来自己动手，来实现好创意吧！

把生、熟两个鸡蛋分别放在桌面上或碟子里。让鸡蛋立起来，然后，用手指轻捻，使鸡蛋旋转起来。注意观察两个鸡蛋的旋转情况。

到底会发生什么？

你会发现，能旋转起来的是熟鸡蛋，只会摇摇晃晃动几下的是生鸡蛋。

原来是这么回事！

其实，生鸡蛋在煮熟之后，蛋白和蛋黄就凝固为固体了，而且和蛋壳融为一体，转动它时，蛋黄、蛋清和蛋壳整体保持一致，能同时转动起来，所以转得很快。而生鸡蛋内部都是液体，流动性比较大，旋转时不可能随蛋壳做整体运动，只能晃动几下。凭借这个道理，我们就可以很快地将生、熟鸡蛋区别开来。

储存鸡蛋时，要不要把鸡蛋洗干净？

从市场里买回的鸡蛋大多一副脏兮兮的模样，要不要洗干净呢？一种观点认为，刚生出来的鸡蛋，壳外面有一层薄薄的胶质，这层胶质堵住了蛋壳表面的小孔，能防止蛋壳内水分蒸发和细菌的侵入。如果鸡蛋被水洗过，那么这层胶质就会受到破坏，所以不要洗。另一种观点认为鸡蛋表面可能有病毒，如果手接触蛋壳，又去碰触其他食物会形成交叉污染，所以要洗一下。其实可以将鸡蛋进行"干洗"，用布擦去污渍，尽量让保护膜完整。在吃鸡蛋之前，清洗一下就可以了。

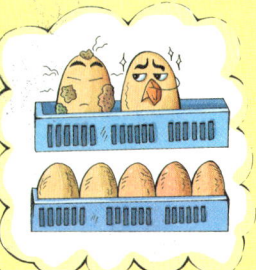

奇思妙想玩出创造力

你见过**排箫**吗？它为何能演奏出动听的曲子？

经常喜欢听音乐、看电视的你，一定熟悉排箫这种乐器！它的外表非常朴实，由长短不等的竹管、绳子、竹篾片编织而成。从它的做工上看不出有什么特殊之处，可发出的声音却非常好听，婉转、悠扬、柔美，意韵深长，耐人寻味，使人听了浮想联翩，既然用它演奏出的音乐如此美妙，那就很有必要研究一下这动听的声音的来源了。

实验工具

吸管
打火机
夹子
透明胶带

接下来自己动手，来实现好创意吧！

将8根吸管依次剪短，最长的82毫米，最短的42毫米。如果想增加音域，可以适当增加吸管的数量，但须保证每7根为一组，下一组的第一根的长度是第一组第一根的一半。将吸管的一端用打火机烧一下，在变软的一瞬间马上用夹子捏紧。将8根吸管按由长到短，依次用透明胶带粘好，做成排箫的形状。做完后的吸管排箫将外面用纸板粘好，再用透明胶带固定纸板就完成了。吹一吹做好的排箫，看看能不能发出声音。

到底会发生什么？

吸管越短发出的音调越高。吸管能发出的声音是有规律的，吸管必须达到一定的长度。do音的长度约为82毫米，它在一半长度约42毫米发出的声音是高一个八度的do。

原来是这么回事！

任何管乐器发音原理都是一样的。实验中，吸管里的空气压缩引起空气振动产生了声波，我们就能听到声音，振动的次数越多音调越高。做排箫的吸管长短不一，吸管的气柱的长短也会随之改变，因此音调也会发生变化。音调高低又取决于管的长短，气柱越长振动越缓慢，发出的声音也越低，排箫用的就是这个原理，所以能吹出非常动听的曲子。

> 奇思妙想玩出创造力

热水瓶的内胆上为何要涂上银？能不能涂上铜呀？

热水瓶是生活中必不可少的贮水工具。在寒冷的冬天，从热水瓶里倒一杯热气腾腾的开水喝，马上就可以感到温暖。热水瓶这种保温的功能来源于它里面银光闪闪的内胆。大家对瓶胆并不陌生，可你知道热水瓶内胆的表面为什么要涂上一层银吗？

实验工具

- 口香糖
- 温度计
- 胶带
- 台灯
- 白纸

接下来自己动手，来实现好创意吧！

从口香糖上取下包装用的铝箔。用铝箔把一支温度计的头包紧，用胶带粘牢。打开台灯，把温度计小心地靠近灯泡，烘烤2分钟。用白纸包紧另一支温度计，用胶带粘牢。打开台灯，再把温度计小心地靠近灯泡，烘烤2分钟。比较哪支温度计的读数高。（此实验需家长协助。）

到底会发生什么？

通过比较实验结果你会发现，用铝箔包着的温度计的读数低一些。

原来是这么回事！

铝箔表面光亮，有很强的反射能力，能把灯泡的热辐射挡在外面，使热量难以传递到温度计上。同样的道理，热水瓶内胆上涂上一层薄薄的银，能阻隔热辐射，将热量保存在瓶胆内部，这样就可以起到保温的作用了。

热水瓶胆的"小尾巴"起什么作用？

热水瓶内胆是双层的，就像北方的双层玻璃窗户一样，只不过更精致一些，而且中间是真空的。瓶胆的尾巴就是在制造过程中，抽取夹层中的空气时留下的痕迹，如果小尾巴坏了或掉了，夹层中就有可能进入空气，让热水瓶变得不保温。所以，热水瓶胆"小尾巴"的作用是阻止空气进出从而防止散热。

奇思妙想玩出创造力

复印机为何能复印出相同的东西？

在日常办公中，复印机对文字工作做出了不可磨灭的贡献，它那小小的身躯可以吞下不计其数的字迹，然后一字不差地把内容复制并打印出来，只需几秒钟的时间就能完成，有了它的帮忙，我们节约了不少书写上的麻烦，既省事又省时，想一想，它是靠什么原理以最快的速度完成任务的呢？

★ 追着大人来提问 ★

实验工具

棉花
痱子粉
电视机

接下来自己动手，来实现好创意吧！

把电视机开上几分钟，然后关掉。用手指在屏幕上写几个字再取一团棉花，蘸些痱子粉，在屏幕前轻轻拍打棉花。然后，观察屏幕的情况。

到底会发生什么？

当你将棉花上的痱子粉拍打到空气中后，你会看到飞扬的痱子粉纷纷被吸附在电视屏幕上，但是屏幕上你手指划过的地方却几乎没有痱子粉。这是怎么回事呢？

原来是这么回事！

原来，电视屏幕上分布着大量静电荷，而手指划过地方的电荷被消除了。当屏幕吸附痱子粉时，你写过的字迹就显现了。复印机的工作原理大致也是这样，复印纸相当于电视屏幕，先让它表面按照要复印的文件样子分布静电荷，再让黑色的碳粉吸附在纸上有静电的位置上——实际过程当然要复杂得多。

世界上第一台复印机是谁发明的？

第一台复印机由美国物理学家切斯特·卡尔森发明，并于1950年投放市场。切斯特·卡尔森在20世纪30年代设计了一套工序，他用墨水在一块玻璃板上书写了几个字，又使一块涂硫金属板带上电荷，然后隔着写有字的玻璃板，在泛光灯下将这块金属曝光3分钟，字便在板上显示出来了。接着，卡尔森又把一张蜡纸平压在涂硫金属板上，纸上也复印出了相同的字。

奇思妙想玩出创造力

为何布制衣服遇水会湿透，伞却能遮雨？

我们穿的布制衣服遇到水就会湿透，更别说遮雨了。可是伞却能成为遮雨的工具，即便下着倾盆大雨，伞也丝毫不会漏水。开动脑筋想一想，为什么伞遇雨不会湿透，反而能遮雨呢？

★ 追着大人来提问 ★

实验工具
- 玻璃杯
- 圆铁片

接下来自己动手，来实现好创意吧！

▶ 往玻璃杯中注入水，直到水面与杯口齐平。小心地往杯子里投入一个又一个圆铁片，并把视线放在与水面平行的位置上。观察水面的情况。

到底会发生什么？

当你把玻璃杯中的水加到与杯口齐平时，你会发现水面竟然隆起成一个弧形。把一个一个的圆铁片小心地投入到杯子中，你会发现圆铁片投得越多，水面的弧度就越大。继续加入圆铁片，这层看不见的"水膜"的张力最终会超过极限而破裂，使得水往外流了出来。

原来是这么回事！

通过上面的实验得知：在水的表面是有一层张力的，这层张力能够承受一定的重量。雨伞的布料多选用尼龙布，当我们把伞撑开时，伞面的纤维之间会出现许多小孔。当雨水落在小孔上，由于雨水表面的张力而结成一层薄膜，这层薄膜会封住伞纤维间的小孔，帮助伞挡住雨水。所以，伞就可以帮我们遮雨了。为了增强伞的防雨效果，人们会先将制作雨伞的布经过防水剂浸泡、处理，这样雨伞就更不容易漏水了。

为什么有个时期的雨伞被称为油纸伞？

中国人用伞的历史已经有4000多年了。而中国伞的发明非常偶然。在倾盆大雨中，有个孩子顶着一张荷叶挡雨。可是，凹面向上的荷叶积了不少雨水，渐渐顶不住了。孩子灵机一动，把荷叶翻过来扣在头上。一顶凸面朝上的伞形帽子就出现了。早期的雨伞是用树叶或草编织成的，后来出现了用油纸做的伞，因此，被称为油纸伞。

61

奇思妙想玩出创造力

用肥皂洗手，是因为肥皂能把手上的细菌杀死吗？

我们的生活离不开肥皂，香皂是肥皂的一种，肥皂是所有清洗皂类的总称。人们常说："病从口入"，一般人吃下不洁净的食物会生病，饭前便后都需要用香皂清洗双手，以保证卫生健康。而洗衣皂可用于清洗衣物，经过洗衣皂的一番大扫除，很脏的衣服像变了个脸似的，露出了干净、鲜艳、柔滑的一面，还飘着淡淡的香味，这是什么原因呢？肥皂为什么会有如此大的功效呢？让我们用一个小实验来找到答案吧！

★ 追着大人来提问 ★

实验工具

杯子
肥皂
油

接下来自己动手，来实现好创意吧！

把水和油倒入杯子。水和油会变成互不相溶的两层。然后加入肥皂水不停地搅拌。这时水和油会互相混合在一起。

到底会发生什么？

仔细观察，你会看到杯子中的液体变得非常混浊。

原来是这么回事！

杯子里的液体最后变得很混浊，这是因为油被肥皂水分解成许多小油滴，小油滴又被肥皂水死死地包围起来，分散在水中，所以杯中的液体看起来非常混浊。同样，用肥皂洗手时，肥皂分子把油、污垢的粒子以及细菌包围起来，经过人的来回搓揉，就会把污垢、细菌等，从手上分离出来溶于水中。

肥皂是什么时候出现的？

据说在5000多年前，古埃及一位给国王做饭的厨师，不慎把一盆油打翻在木炭灰里，当他赶忙挽救时，无意中粘了这种粉末，后来洗手时发现手洗得特别干净，他觉得很惊奇，于是抓来一些粉末让其他厨师试用，发现这种粉末去油污效果确实很神奇。国王知道后便叫人去仿制，这就是肥皂的雏形。到了公元70年，罗马帝国学者普林尼第一次用羊油和草木灰制取块状肥皂获得成功。后来这项技术传到英国，英国女王伊丽莎白一世下令建厂，用煮化的羊脂、烧碱等原料生产肥皂，但这种技术成本很高。直到法国化学家卢布兰首先用电解食盐的方法制取烧碱后，才使制造肥皂成本大大降低，从此，肥皂逐渐走进了人们的生活。

63

奇思妙想玩出创造力

包装箱为何大多选用瓦楞纸？

相信大家对于瓦楞纸都不会陌生，因为我们生活当中一般的包装箱都是用这种纸做成的。其实，这种纸与一般纸的不同之处并不在于材质，而在于其内部的波浪状结构。这样的结构有什么特别的地方吗？为什么人们都喜欢用这种纸来做包装箱呢？我们不妨亲手做个实验来找找原因吧！

★ 追着大人来提问 ★

实验工具
硬纸书 
圆铁片

接下来自己动手，来实现好创意吧！

把硬纸放在两本相距数厘米的书之间，形成一座纸桥。把数枚圆铁片放在硬纸上，仔细观察纸的变化。再把纸密密地折叠几次，形成连续的W状。像下图那样将折叠好的纸放在两本书之间。然后把圆铁片再次放在硬纸上，观察纸的变化情况。

到底会发生什么？

通过观察实验结果，你会看到，当圆铁片放在水平的纸上时，纸会明显向下弯曲；而把圆铁片放在折叠后的纸上时，纸桥没有发生变弯的现象。

原来是这么回事！

实验结果说明，折叠的纸能够承受更大的压力。同样的道理，我们用内部为波浪形的瓦楞纸包装物品，可以抵抗一定的外界压力，更好地保护里面的物品。

瓦楞纸最早出现在什么时候？

顾名思义，瓦楞纸板就是以瓦楞纸为主要原料制成的纸板。瓦楞纸板最早始于18世纪末。19世纪，人们发现瓦楞纸板不仅质轻性能坚牢，价格较一般材料更为低廉，而且制作工艺简易，用途更为广泛。

65

奇思妙想玩出创造力

把**眼药水瓶**倒置，眼药水为何不会自动流出来？

眼睛干涩不舒服吗？给眼睛滴几滴眼药水吧！细心的你一定会发现，打开瓶盖，把眼药水瓶自然倒置，眼药水并不会自动流出，只有挤压瓶身才能使药水滴出，这是为什么呢？其实，一个小实验就能让你明白其中的奥秘。

★ 追着大人来提问 ★

实验工具
矿泉水瓶
小锥子

接下来自己动手，来实现好创意吧！

把水倒入矿泉水瓶内，拧紧盖子。请家长帮忙用锥子在瓶底钻一个2~3毫米的小孔。将瓶底向下，观察瓶内水的情况。再把瓶盖拧开，观察瓶内水的情况。

到底会发生什么？

将瓶底向下，你会发现水流不出来。把瓶盖拧开，水便从小孔中流出来了。

原来是这么回事！

通过实验我们发现，要想让瓶中的水流出，一定要让空气进入瓶中。开口较大时，可以一边出水一边进空气；开口较小时，出水和进空气很难同时进行。这是因为，瓶底小孔处的大气压会把水堵在瓶中，水就流不出来。当瓶盖拧松后，空气从瓶口进入瓶子，瓶中的水所受到的向下的压力，正好和瓶底小孔的大气压力相互抵消，瓶中的水依靠自身重量就流出来了。眼药水的原理也是如此，当瓶内压力较小时，对瓶身施加压力，眼药水才能滴出。

用什么方法可以保护眼睛？

保护眼睛不仅要让它们充分休息，而且还要让它们运动起来，通过促进血液循环来缓解疲劳。可以让眼珠上下左右旋转，这个方法简单却对轻微眼疲劳很有效果。经常做眼保健操，也是一种很好的保护眼睛和缓解疲劳的方法。

奇思妙想玩出创造力

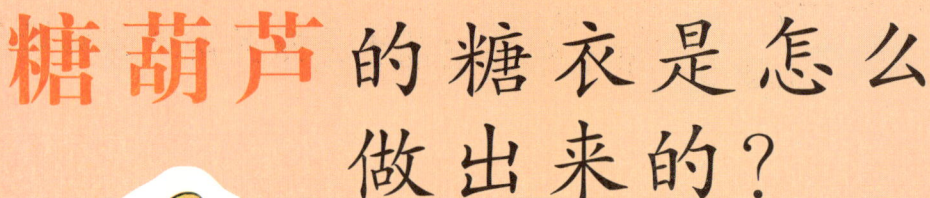

糖葫芦的糖衣是怎么做出来的？

冰糖葫芦是老北京的特色小吃之一，那脆脆的糖衣，酸酸甜甜的山楂果，让很多人都垂涎。你知道冰糖葫芦脆脆的糖衣是怎样做成的吗？让我们从下面的实验中寻找答案吧！

68

★ 追着大人来提问 ★

实验工具

砂糖、铁勺、蜡烛、牙签、食用油、碗

接下来自己动手，来实现好创意吧！

把砂糖放入铁勺中，然后加入水。将铁勺放在蜡烛火焰上面加热。（注意：要有家长帮助，用火时要十分小心。）持续加热，等砂糖的颜色变成透明的黄色时停止。在碗底涂上食用油，再放上一根牙签。把加热好的糖液倒在碗中，放置并观察其变化。

到底会发生什么？

放置一会儿后，你会看到碗中的糖液凝固成了棒棒糖。你可以咬一口，感觉一下脆度。

原来是这么回事！

在实验中，当用蜡烛给勺子加热的时候，勺子中的糖慢慢熔化，变成了黄色的透明状液体，将糖液倒进涂有食用油的碗里，随着温度的降低，糖液会重新凝固，变成一根棒棒糖。冰糖葫芦就是这样做成的：先用竹签将一个个山楂穿起来，表面蘸上一层熔化的糖液，糖液凝固后，就形成了甜甜、薄薄、脆脆的糖衣。

你知道冰糖葫芦的由来吗？

在南宋绍熙年间，宋光宗最宠爱的黄贵妃生病了。她面黄肌瘦，不思饮食，御医用了许多贵重药品，也没有什么效果。皇帝只好张榜求医，一位江湖郎中揭榜进宫，为贵妃诊脉后说："只要用冰糖煎熬成糖浆，以红果（即山楂）蘸食，每顿饭前吃五至十枚，不出半月病准见好。"开始大家还将信将疑，好在这种吃法还合贵妃口味，贵妃按此办法服后，果然如期病愈了。后来这种做法传到民间，老百姓把山楂串起来卖，就成了冰糖葫芦。

> 奇思妙想玩出创造力

太阳能**热水器**为何是斜着摆放的？

太阳能是公认的清洁能源，利用太阳能来作为动力的设备也越来越多。有一段时间，家庭用的太阳能热水器极为普遍。太阳能热水器给人们带来了很大的便利，而且那一排排斜立在楼顶上的太阳能热水器，已成为住宅区一道独特的风景。你知道它们为什么要斜着摆放吗？

★ 追着大人来提问 ★

实验工具
玻璃缸
小瓶
塑料袋
牙签

接下来自己动手，来实现好创意吧！

▶ 在玻璃缸中倒入适量冷水。在小瓶中装满热水，并加入几滴红色染料。用塑料袋将小瓶口裹住。把封好的小瓶放入玻璃缸中。用牙签在小瓶口处扎一个小孔，并观察结果。

到底会发生什么？

当你用牙签在小瓶口处扎出一个小孔后，你会发现有红色的水从小孔处喷出。

原来是这么回事！

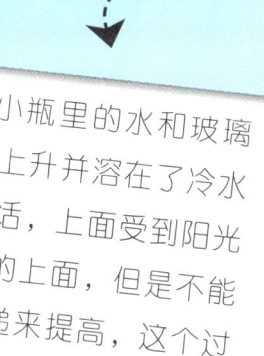

在这个实验中，由于热水比冷水轻，小瓶里的水和玻璃缸里的水形成了对流，结果热的经染色的水上升并溶在了冷水中。同样的道理，如果太阳能热水器平放的话，上面受到阳光照射的水温度升高，密度减小，停留在管子的上面，但是不能和冷水形成对流，冷水的水温只能通过热传递来提高，这个过程会很缓慢。竖放虽能形成对流，但是接受光照的时间和面积却会受到影响。而斜放则既能形成对流，又能较好地利用阳光，因而水温升高得也快。

太阳能热水器的储水箱为什么要装在上面？

储水箱装在热水器的上面，是因为热水会向上运动，而密度大的冷水会下降，形成对流，这样可以保证温度高的热水始终位于储水箱里，要用热水时就很方便。

71

奇思妙想玩出创造力

蚯蚓没有**眼睛**，能感知光线吗？

蚯蚓其实是没有眼睛的，如果你在土地上发现了它并仔细观察它，它是不会知道的。不过就算蚯蚓没有眼睛，它也是可以感知光线的。到底它们是如何做到的呢，下面我们就一起动手做个实验看一看吧！

蚯蚓能再生吗？

当蚯蚓被扯成两段时，体内各个组织的细胞会进行大量有丝分裂。这样，随着细胞的不断增生，缺少头的切面上，会长出一个新的头来；缺少尾巴的切面上，会长出一条新的尾巴来。所以，蚯蚓是可以再生的。

★ 追着大人来提问 ★

实验工具

- 手电筒
- 湿纸巾
- 红玻璃纸
- 白纸
- 鞋盒

接下来自己动手，来实现好创意吧！

▲ 分别在两个鞋盒的一侧开一个比手电筒直径小的洞，并在鞋盒内侧各贴一张白纸，盒底各放几张叠起来的湿纸巾。往两个盒子里靠近开口的地方各放几条蚯蚓，盖上盖子。在一个盒子的开口处用手电筒照，然后在另一个盒子的开口处先贴几张红色玻璃纸，再用手电筒照。等一段时间以后，打开盖子。

到底会发生什么？

你会发现没有贴红色玻璃纸的盒子里，蚯蚓逃离原地，躲在被白纸隔开的较暗的地方；而红光下的蚯蚓基本在原地没动，或稍稍偏离原地。

原来是这么回事！

▲ 蚯蚓喜欢黑暗的地方，它的神经不发达，没有眼、耳等明显的感觉器官。蚯蚓对白光等刺激可以做出反应，但对红光不够敏感。

73

邮票的四周为什么有齿孔？

小小的一方邮票，不仅能在想念朋友的时候，帮我们把写满思念和情意的书信寄给朋友，一些特殊的邮票还具有很高的收藏价值。小小的邮票还有一个十分有意思的特点，那就是它的四周长有许多齿孔。你知道这是为什么吗？

★ 追着大人来提问 ★

实验工具
剪刀
纸片
打孔器

接下来自己动手，来实现好创意吧！

用剪刀在白纸上剪两个大小一样的长方形纸片。试着用手撕其中一个纸片，看看撕得是不是整齐。用打孔器在另一个纸片的中间竖着打一排小孔。用手顺着打好的竖排小孔撕纸片。比较一下用两种方法撕出来的纸片哪个更整齐。

到底会发生什么？

通过实验你会发现，沿着小孔撕开纸片，要比直接撕开纸片轻松得多，而且撕开的纸片也更加整齐。

原来是这么回事！

原来邮票四周的齿孔是为了方便我们撕下邮票。据说，过去的邮票并没有齿孔，出售邮票时，得用剪刀一枚枚地剪开，很不方便。后来，有个人要寄信，因没有剪刀，就用西装领带上的别针在邮票间刺了一行行的小孔，很快就把邮票撕开了。人们由此得到启发，便发明了带齿孔的邮票。1854年，英国最先发行了有齿孔的邮票，从那以后，各国的邮票都有了齿孔。

你知道世界上的第一枚邮票吗？

世界上第一枚邮票计划成形于1839年8月17日，在这一天，英国议会通过了实行均一邮资制的预付邮资制度，并且公开征求对邮资凭证的意见和图稿，其中一枚名为"黑便士"的邮票应运而生，它的面值以便士计量，由黑色油墨印制，图案为英国的维多利亚女王像。由于准备不足，这枚邮票于次年5月6日才正式启用。

75

奇思妙想玩出创造力

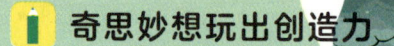

打雷时，收音机怎么会出现杂音？

夏日的午后，当你正在收听收音机里播放的广播剧时，伴随着一阵电闪雷鸣的狂风暴雨，你除了从收音机里听到了优美的声音，还听到了什么？对，是杂音，这是收音机受了雷电的影响而发出的声音。我们都知道在雷雨天要拔了电脑、电视机的插头，以免对电器造成影响。但是，像收音机这样的小东西并没有连接插座，也会受到雷电的影响，出现很严重的杂音，你知道这是为什么吗？

★ 追着大人来提问 ★

实验工具
气球
收音机

接下来自己动手，来实现好创意吧！

打开收音机，把音量调小。把气球吹大，扎紧气球口。把气球在毛衣或干净的头发上摩擦数次。将气球靠近天线（不要碰到天线），注意听收音机发出的声音。

到底会发生什么呢？

当摩擦过毛衣或干净的头发的气球靠近收音机的天线时，你会听到收音机里发出了刺耳的声音。

原来是这么回事！

收音机能够接收电台的电波信号，然后通过电能将电波信号转化成声音信号。实验中，气球经摩擦后，表面聚集了很多电子，靠近收音机天线时，会产生类似于闪电的电磁波，从而干扰收音机接收到的电台电波信号，使收音机发出杂音。同样的道理，夏天打雷时，云层和地表间的电荷也会对收音机收到的电波信号产生电磁干扰，从而出现杂音。

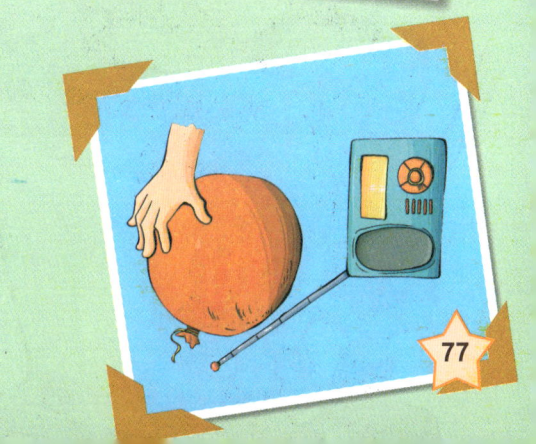

手表为什么不能放在收音机旁？

因为手表的零件大多是用钢制的。收音机开着时，会产生电磁，使手表的零件也带上磁性而相互吸引。这样，手表就会走得不准了。

77

奇思妙想玩出创造力

你了解抽水马桶的秘密吗？

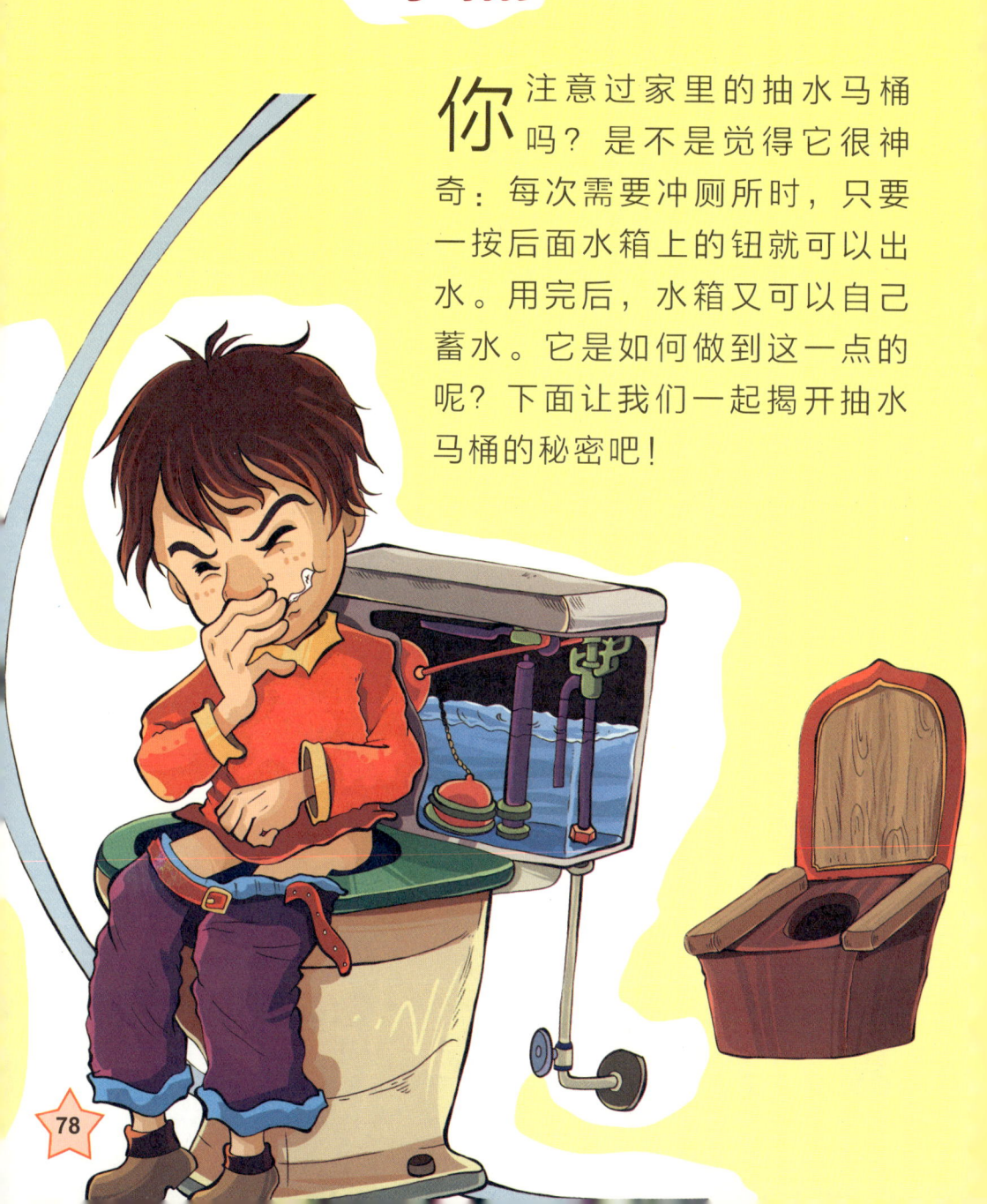

你注意过家里的抽水马桶吗？是不是觉得它很神奇：每次需要冲厕所时，只要一按后面水箱上的钮就可以出水。用完后，水箱又可以自己蓄水。它是如何做到这一点的呢？下面让我们一起揭开抽水马桶的秘密吧！

★ 追着大人来提问 ★

实验工具
- 塑料瓶
- 剪刀
- 弹珠
- 烧杯

接下来自己动手，来实现好创意吧！

把塑料瓶的顶部剪下来并给它翻一个身，使它变成一个"漏斗"。把弹珠放入"漏斗"内，让它正好能盖住"漏斗"的出口。用手握住"漏斗"，并垂直放入一个盛满水的烧杯里，观察"漏斗"里的现象。再把"漏斗"垂直提出水面，观察一下"漏斗"里又会发生什么现象。

到底会发生什么？

在实验中，弹珠和"漏斗"组成了一个最简易的阀门。当把阀门垂直按入水中时，我们可以看到水绕过弹珠进入了"漏斗"；当把"漏斗"拿出水面时，弹珠又下降并堵住"漏斗"口，阻止了水的流出。

原来是这么回事！

抽水马桶的水箱中就有一个类似的阀门，实现进水和放水。水箱上的按钮连接着阀门的开关，当然结构要比实验中用弹珠和"漏斗"制作的阀门复杂一些，不过基本工作原理是一样的。

你知道抽水马桶是谁发明的吗？

抽水马桶是英国人发明的。据说，在16世纪，英国一位贵族约翰·哈灵顿发明了第一个实用的马桶——一个有水箱和冲水阀门的木制座位，不过由于当时的排污系统不完善，所以没能得到推广应用。直到1861年，英国一位管道工人托马斯·克莱帕发明了一套先进的节水冲洗系统，现代化的抽水马桶才得到广泛使用。

奇思妙想玩出创造力

茶锈到底从何而来？

爷爷和奶奶要回来了，给他们沏上一壶他们最喜欢喝的茶，他们一回来就能喝到，该有多开心。可是，爷爷奶奶经常用的茶壶里，怎么会积淀了一层暗红色的物质，这多影响品茶时的心情。这种暗红色的物质是什么呢？其实，这种物质就是茶锈。茶锈很难用水清洗干净，而且若不及时清理，还会越积越多。那么，茶锈到底从何而来呢？其实，一个简单的小实验，就能帮你找到答案。

实验工具

- 玻璃杯
- 茶叶
- 铁钉
- 毛笔
- 白纸

接下来自己动手，来实现好创意吧！

在透明的玻璃杯中放入少量茶叶，冲入2/3杯开水。过一会儿，茶色便显现出来了。把生锈的铁钉浸入茶水里，泡两三天。两三天后，茶水变得很黑，很像黑墨水。用毛笔蘸一些黑色的茶水，在白纸上写字。

到底会发生什么？

通过实验你会发现，用毛笔蘸黑色的茶水，在白纸上写字，居然和墨水差不多！

原来是这么回事！

实验中，茶水里的单宁酸（鞣酸）和铁锈发生反应，产生了黑色的物质，就像黑墨水一般。这种物质就是我们看到的茶锈。但我们沏茶水时，谁也不会去放一个铁钉，为什么会产生这种物质呢？原来开水中富含铁离子，茶叶中含有大量单宁酸（鞣酸），泡茶时，单宁酸（鞣酸）与开水中的铁离子发生反应，会产生一种不溶于水的黑色物质，就是我们看到的茶锈。

牛奶可以与茶水同饮吗？

饮茶有益于健康，但向茶水中加入牛奶，或茶与牛奶同时喝，会破坏茶叶中有益健康的成分。而且，牛奶中含有丰富的钙，茶叶中的单宁酸会阻碍钙离子在肠胃中的吸收，这样也削弱了牛奶本身的营养功效。

奇思妙想玩出创造力

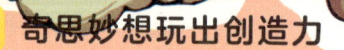

生活中常见的灭火器为什么能把火熄灭呢？

天干物燥，又有大楼着火了！消防员们迅速赶到现场，冒着极大危险去救灾。火势很大，给人们带来了不小损失。这火灾是多么的可怕啊！我们平时就应该防患于未然。因此在生活中常常看见楼道里摆放有灭火器，如果看到有地方着火，在火势不大时，就可以用它迅速的将火熄灭。你知道这种常见的灭火器里面装的是什么吗？为什么能够很快把火熄灭呢？让我们做个小实验来了解一下吧！

★ 追着大人来提问 ★

实验工具
火柴
蜡烛
小苏打　食醋
玻璃杯

接下来自己动手，来实现好创意吧！

首先准备好两只玻璃杯，把蜡烛放入第一只玻璃杯中，用火柴点燃，然后在第二只玻璃杯中放入一些小苏打，再加入一些食醋。在家长的帮助下把第二只玻璃杯中产生的气体倒入第一只玻璃杯中，注意，不要超过蜡烛的高度。

到底会发生什么？

第二只倒入小苏打的玻璃杯在加入食醋后，小苏打开始冒泡，产生一种气体。将第二只玻璃杯中产生的气体倒入有燃烧蜡烛的第一只玻璃杯，尽管这种气体没有超过蜡烛的高度，火焰还是熄灭了。

原来是这么回事！

小苏打可以和食醋发生反应，它们反应后产生的气体就是二氧化碳。二氧化碳这种气体不能燃烧，也不支持燃烧。所以第一只玻璃杯中燃烧的蜡烛，接触到这种气体后就熄灭了。根据二氧化碳的这种性质，人们研制出了各种二氧化碳灭火器，在我们生活中最常看见的就是这种灭火器。二氧化碳灭火器也分很多种，有些里面装的就是液体的二氧化碳，有的则类似我们做的小实验，里面装有两种特别物质，通过这两种物质反应生成二氧化碳气体。而这种灭火器平时正常放置时，这两种物质会泾渭分明，互不接触，不发生任何化学反应。当有需要时，就把灭火器倒立，这时它们就会混合在一起，产生大量的二氧化碳气体了。这种灭火器是泡沫灭火器。

奇思妙想玩出创造力

微波炉工作时，转盘为何不停地转动？

在现代人的生活当中，微波炉已经成为厨房中加热食物，或进行简单烹调的必备工具之一。这种电器能在很短时间内加热食物，十分方便。同学们是否注意到，微波炉里有一个转盘，加热食物时，这个转盘会不停地转动，这是为什么呢？

★ 追着大人来提问 ★

实验工具

玻璃瓶
传真纸
微波炉
冰箱
酒盅

接下来自己动手，来实现好创意吧！

在玻璃瓶中倒入一些热水，用玻璃瓶压住传真纸。过一段时间，你会发现传真纸变黑了，说明发黑的那面对热敏感。把传真纸剪成微波炉炉盘大小，放在微波炉中。关上炉门，用高火加热两分钟左右。将传真纸取出，并观察传真纸有何变化。如果传真纸燃烧起来，不要打开炉门，只要关闭电源即可，做这个实验一定要有家长陪同。

到底会发生什么？

通过观察你会发现，经过微波炉加热的传真纸上出现了一副"地图"。

原来是这么回事！

传真纸上出现的"地图"其实是微波炉热量的分布图，黑的地方温度较高，白的地方温度较低。这说明微波炉里有一些加热部位比另一些部位更热，转盘不停地转动，就是为了使物体能均匀受热。

为什么微波炉不能加热用金属包装的食品？

微波是一种超高频的电磁波，这种电磁波遇到陶瓷、玻璃、塑料时，会像光线通过玻璃那样透过去；遇到水、脂肪类的食物时，会被吸收转化成热量；而当这种电磁波遇到银、铜、铝、铁等金属时，会像光遇到镜子一样被反射回去。我们知道，用探照灯照镜子，会把自己的眼睛灼伤。同样，如果在微波炉里放入金属，会使发射微波的磁控管烧坏，甚至还会发生爆炸。因此，千万不能用微波炉加热金属包装的食品。

85

奇思妙想玩出创造力

真菌、细菌都是"坏东西"吗？

提起真菌、细菌，总不免让人联想到肮脏或疾病，这也使得人们总认为它们是"坏东西"。这可是大大的误解。我们的生活根本离不开真菌、细菌。如果没有它们，我们就吃不到面包、酸奶等各种美食；如果没有细菌，我们的肠胃就无法消化；如果没有细菌，河水就没有自净功能……通过下面的实验，你将更能体会到细菌在我们生活中的作用了。

86

★ 追着大人来提问 ★

实验工具
面粉
酵母粉
白糖

接下来自己动手,来实现好创意吧!

将面粉、酵母粉、白糖加水和成面团。将和好的面团放在30摄氏度左右的地方发酵半个小时。将发好的面团搓成球状。然后放在烤盘里醒发大约45分钟。面团醒好后,放入烤箱,在220摄氏度的温度下烤20分钟左右。一个香喷喷的面包就做成了。

到底会发生什么?

把制作好的面包取出来,你会发现,它要比原来放进烤箱的面团大了很多。

原来是这么回事!

在实验中,酵母粉含有酵母菌,而我们爱吃的很多美食,除了实验中制作的面包,还有馒头、酸奶、腐乳、乳酪、酱油等食品也都需要酵母菌的参与。除了用来生产一些食品外,细菌还可以分解污水中的部分有机物、生产多种抗生素、杀灭一些害虫等。所以,我们一定要改变真菌、细菌是"坏东西"的观念,其实很多真菌、细菌对我们的生活是有益处的,是人们离不开的。

细菌是什么东西?

细菌为原核生物的一类,是一种结构简单的微生物,多以二分裂方式进行繁殖,是自然界中分布最广、个体数量最多的有机体,也是大自然物质循环的主要参与者。它们参与了很多重要的生物过程:比如腐生菌是土壤里的活动家,能分解粪、动植物尸体里的蛋白质,使蛋白质变成硝酸盐,供给植物需要;还有乳酸菌,它会使萝卜、白菜等发酵,可用来制作酸菜……因为这些细菌对我们有益,所以叫有益菌。还有一些细菌,会通过使食物腐烂或者寄生在人体中等方式危害人类健康,这些叫作致病菌。

87

奇思妙想玩出创造力

因纽特人的冰屋为何能保暖？

以北极为故乡的因纽特人，就地取材，发明了用冰制作的冰砖来搭建房屋。可是，冰总是冷冷的，用冰做的屋子是怎样起到保暖防寒作用的呢？

你知道因纽特人的冰屋里有什么吗？

住在北极地区的因纽特人在建成冰屋以后，为了抵御寒冷，还要在屋顶上盖一层厚厚的野草，上面再覆盖一层海豹皮，并且要在屋里的墙壁上挂满兽皮。此外，他们还会用透明的海兽肠子做遮蔽物，这种屋子只透光不透气，别具特色。因纽特人一般会在冰屋里储藏一些食物，特别是他们打猎来的肉类。在冰屋最深处，用冰筑成的高台状的床，是他们休息、吃饭的地方。

★ 追着大人来提问 ★

实验工具
橡皮泥
纸杯　塑料杯
酒盅
冰箱

接下来自己动手，来实现好创意吧！

把装有橡皮泥的小纸杯放在塑料杯里，并在塑料杯和小纸杯的夹层里注入水。然后放在冰箱里冷冻。1小时后，将塑料杯和小纸杯都拿走，一个"冰屋"就出炉了。在两个小酒盅内加入同样温度的水，一个扣在"冰屋"下面，一个自然暴露。把它们拿到冰箱里再次冷却。几分钟后，检查"冰屋"里水的变化。

到底会发生什么？

通过观察你会发现，放在"冰屋"里的水没有结冰，而另一个酒盅里的水却结了一层薄冰。

原来是这么回事！

在实验中我们很清楚地看到，放在"冰屋"下面的水没有结冰，说明我们做的"冰屋"可以阻挡冰箱里的寒气，再加上冰是热的不良导体，能很好地隔热，所以具有很好的保温效果。因纽特人的冰屋能保暖也是同样的道理，由于冰屋结实不透风，能够把寒风拒之门外，屋里的热量又几乎不能通过冰墙传导到屋外，这样住在冰屋里的人就可以免受寒风的袭击。另外，因纽特人冻结成一体的冰屋，没有窗子，门口挂着兽皮门帘，这样可以大大减少屋内外空气的对流。正因为如此，冰屋内的温度可以保持在零下几摄氏度到十几摄氏度，这相对于零下50多摄氏度的屋外要暖和多了。

奇思妙想玩出创造力

井盖大都是圆的，可以是方形或三角形的吗？

上下学时走在马路上，细心的小朋友应该会发现，过不多远就会看见一个井盖，这本是司空见惯的事，但是你有没有想过，为什么这井盖一定是圆的呢？难道不能做成方形的或者三角形的吗？有这样疑问的话就与我们一起动手做一个小实验，寻找其中的秘密吧。

★ 追着大人来提问 ★

实验工具

硬纸
剪刀
笔

接下来自己动手，来实现好创意吧！

分别在硬纸上面画一个圆，一个三角形，一个正方形。试着滚动手里的硬纸片，看哪个更容易滚动。试着把剪下来的纸片放回到原来的位置。拨动这些小硬纸片，试着使它们从剪下来的洞里掉下去。

到底会发生什么？

通过实验发现，相对于其他形状的硬纸片，圆形的硬纸片很容易在地上滚动，而且不容易从剪开的洞口处掉下。

原来是这么回事！

实验之所以有这样的结果，是由于圆的直径是一样长的，所以，架在剪开的洞口处无论向任何方向旋转都没有掉下去的可能，而方形的对角线明显长于其每条边的长度，所以方形的井盖很容易沿井口的对角线掉下去，三角形也是一样的。同样，井盖要支持很大的重力，因为随时会有车辆行人经过，所以井盖非常重，圆形的井盖可以由一个人滚动，其他形状的井盖至少需要两个人来抬。如果井盖被经过的车辆碾压过去，圆形井盖由于直径一样长，所以不论如何旋转，井盖都不会掉到井里去，而其他形状的都有掉下去的可能，为了避免安全隐患，把井盖做成圆形最为合适。

> 奇思妙想玩出创造力

冷冻的食物在水中和空气中，哪个更易融化？

哎呀！停电了！冰冻在冰箱里的果味棒冰，会不会不化了呀？要不要把它拿出来呢？要不然，就学那些卖冷饮的人，把棒冰放入凉水盆里，毕竟冷水温度低，应该能够减缓冰的融化速度吧。奉劝你可千万不要这么做，因为实际上冷冻的食品在水中比在空气中更容易融化。你知道这是为什么吗？

★ 追着大人来提问 ★

实验工具
冰
碗

接下来自己动手，来实现好创意吧！

从冰箱里拿出两块相同大小的冰。把其中一块冰放在碗中的常温水中，另一块直接放在碗中。10分钟后，观察冰的融化情况。

到底会发生什么？

通过观察你会发现，水中的冰已全部融化。空气中的冰还没有完全融化。

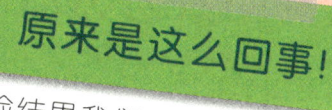

原来是这么回事！

从实验结果我们可以看出，放在水中的冰要比放在空气中的融化得快一些。这是因为在相同水温下，1千克水的温度降低1摄氏度所释放的热量要远远大于相同质量的空气，所以实验中相较于空气，水降温后释放的热量更多一些，也就更容易让冰融化了。而且热量通过水来传递要比通过空气快，所以冷冻的食品在水中当然就比在空气中融化得快一些。

冷冻的食物能用热水化冻吗？

冷冻的食物最好不要用热水来化冻，这是因为食物在冷冻过程中，其汁液中所含的很多营养物质也会被冻成冰。如果缓慢解冻，汁液的结晶会慢慢融化，还原成汁液渗入食物内，从而保持原有的营养与美味。如果用热水解冻，食物的汁液晶体就会很快融化，来不及渗入食物就流到热水里了，这不仅会降低食物的营养价值，也会使味道受损。

93

奇思妙想玩出创造力

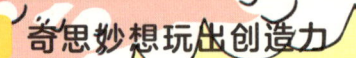

皮鞋为何会越擦越亮？

配学生装用的皮鞋已经穿了很长时间了，表面上已经有了很多灰尘，看上去灰蒙蒙的。没关系，你只要给皮鞋上涂些油，然后再来回擦几下，皮鞋顿时改头换面，变得锃亮。你知道这是为什么吗？

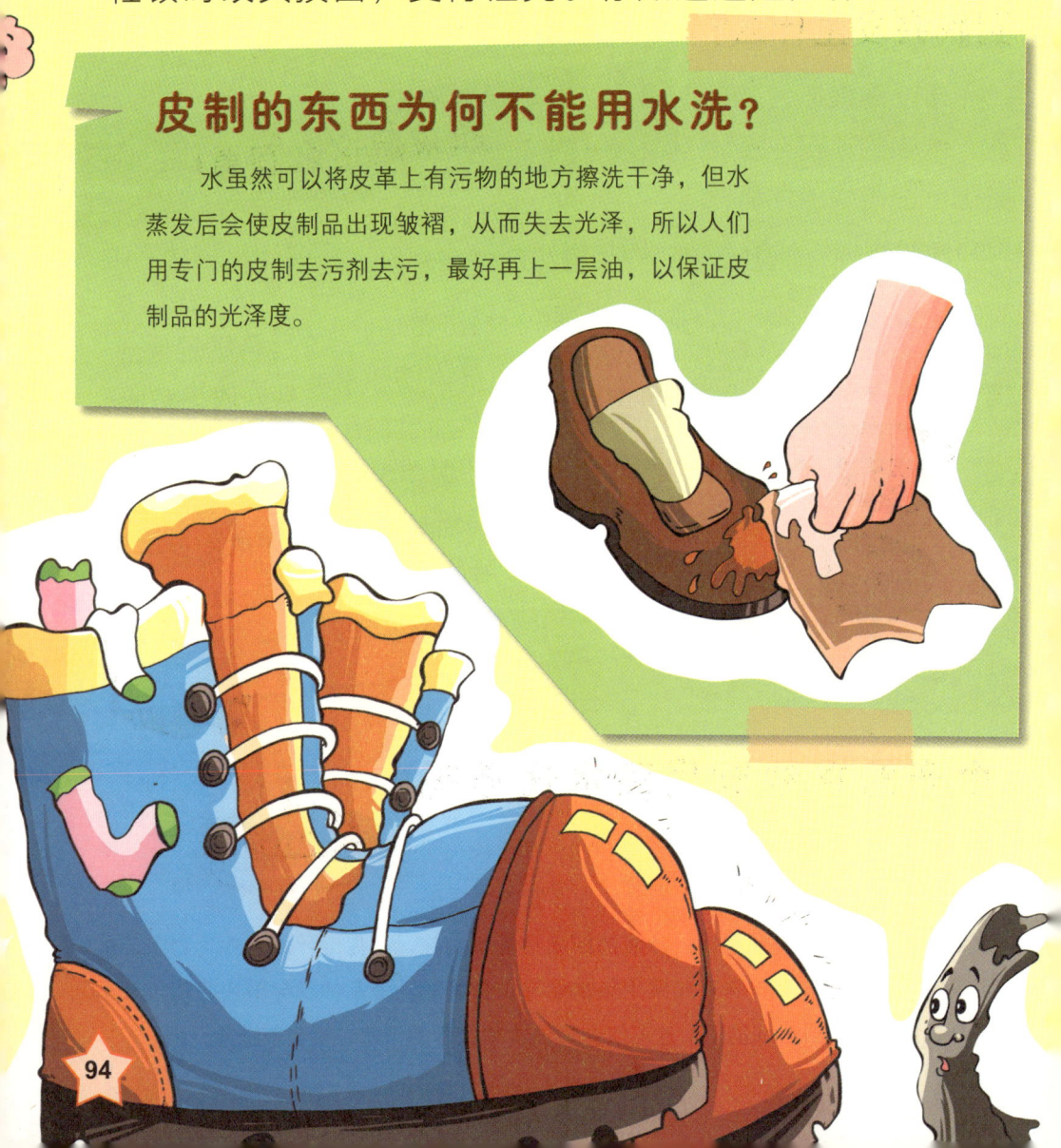

皮制的东西为何不能用水洗？

水虽然可以将皮革上有污物的地方擦洗干净，但水蒸发后会使皮制品出现皱褶，从而失去光泽，所以人们用专门的皮制去污剂去污，最好再上一层油，以保证皮制品的光泽度。

实验工具

皮革

磨砂纸

鞋油

接下来自己动手,来实现好创意吧!

找一块皮革,并用剪子把它剪成同样大小的两块,标上a和b。用磨砂纸把a的表面打磨得较粗糙。用手触摸两块皮革,发现b的表面比a光滑很多。a和b都涂上鞋油,仔细擦一擦。然后,对比a和b的情况。

到底会发生什么?

通过对比你会发现,擦过后,实验中的a虽然亮了许多,但仍无法与b相比。

原来是这么回事!

上面的实验说明皮革的亮度与表面的光滑程度有关。表面越光滑,光亮就越明显。穿过的皮鞋表面是不平的,而鞋油中有一些小颗粒,擦鞋时这些小颗粒正好填入这些凹凸中去,使得原本不平的皮鞋表面变得平整光滑,这样鞋面就更均匀有光泽了。

> 奇思妙想玩出创造力

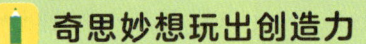

你了解**抽水机**把水抽出来的秘密吗？

春天，农忙的季节又开始了，走过乡村田野，你会看到农民叔叔在田里辛勤地忙碌着。不时从远处传来的嗡嗡声音也来凑热闹，仔细一看，原来是抽水机在工作。它们是为了帮助大地能及时地喝上清爽的地下水而忙碌着——抽水机的特有功能，你了解吗？

★ 追着大人来提问 ★

实验工具
玻璃杯
凡士林
蜡烛
塑料管
纸片

接下来自己动手，来实现好创意吧！

取两只玻璃杯放在桌子上。点燃一支蜡烛，把它固定在左边的玻璃杯底部，在右边的玻璃杯里倒上水。在放了蜡烛的玻璃杯边涂上凡士林，盖上纸片。把塑料管折成门框的样子，其中的一头穿过盖在杯子上的小纸片。然后，仔细观察，看看到底会发生什么。

到底会发生什么？

通过观察你会发现，水从右边的杯子流到了左边的杯子里。

如果没有重力，抽水机还能用吗？

抽水机的工作原理就是利用大气压将地下深处的水抽到地面上，而大气压产生的原因就是大气受重力的作用以及大气具有流动性。所以，一旦没有了重力，抽水机就没有办法使用了。

原来是这么回事！

实验最后，水从右边的杯子流向了左边的杯子里，这是因为蜡烛燃烧时用掉了左边杯子中的氧气，杯子中的气压降低了，右边杯中的大气压力使水向左边的杯子流动，最后直到两个杯子的水面受到的压力相等。在这个时候左边杯子的水面高于右边杯子的水面。抽水机有活塞式、离心式和轴流式三种，其中，离心式抽水机和我们的实验是同样的道理。抽水机起动前，泵壳内被灌满水，使壳内的空气排出。起动后，叶轮高速旋转，使泵壳里的水被甩入出水管内，叶轮周围的压强大大减小，于是大气压将低处的水压上来，推开底阀进入泵壳。这样循环下去，就可以不断地把水抽上来并甩向高处。

97

奇思妙想玩出创造力

水是透明的，为何湖水结的冰是白色的？

初春是冰雪消融的时候，湖里的冰块在和煦的阳光照射下，逐渐融化成水。到了冬天，湖面上又结上了厚厚的冰。那么，冰既然是水的固体，可为什么透明的可以看见湖底的湖水，结成的冰却是白色的呢？

湖水结冰时，为何从表面开始？

冬天气温开始下降时，上层湖水的温度随之降低。此时，湖水上层的冷水就会与下层水温较高的水形成对流，上层冷水下沉，而底层相对温度较高的水往上升。这种循环对流，使全部湖水不断冷却。因为水的温度在0摄氏度~4摄氏度之间会出现反常膨胀，当整个湖水的温度都降到4摄氏度时，湖水的上下层对流就停止了。所以，当气温继续下降，直到上层湖水温度降到0摄氏度，并继续放热时，湖面开始结一层薄冰。而湖水最底层的温度还在4摄氏度左右。这就是湖水从表面开始结冰的过程和原理。

★ 追着大人来提问 ★

实验工具
- 烧杯
- 三脚架
- 酒精灯
- 塑料花
- 石棉网

接下来自己动手，来实现好创意吧！

把烧杯放在三脚架的石棉网上，并往烧杯里倒入2/3杯的水。（在家长的帮助下进行。）点燃酒精灯，加热至水沸腾。把一朵塑料花放在烧杯内，并将开水倒进去，淹没花朵。在另一只烧杯中放入塑料花，并用冷水将花淹没。把两个烧杯同时放入冰箱。

到底会发生什么？

第二天，你会发现，开水结的冰透明干净。而冷水结的冰，呈现出不透明的白色。

原来是这么回事！

在没有放入冰箱之前，两个烧杯里的花朵都清晰可见，但当水凝固成冰后，冰的颜色却有差异，相较于开水结成的透明的冰，冷水结的冰是很明显的白色。这是因为，水里面含有一定的空气，这些空气使得水冻结后是白色的冰，而开水赶走了水里大部分的空气，这样，它结的冰就是清澈透明的了。自然界中，不管是河流还是湖泊中的水，都溶解了空气，因此，结的冰就不是完全透明的了。

奇思妙想玩出创造力

苍蝇拍上的小孔有什么作用?

看到屋子里的某处有苍蝇,相信你的第一个想法就是用苍蝇拍拍死它。在人们发明了这样或那样的方法来消灭苍蝇的时候,苍蝇拍仍然是很多人的首选。然而,有多少人真正地了解过苍蝇拍的秘密呢?比如,苍蝇拍上为什么要有那么多的小孔?这些小孔对于苍蝇拍,又有什么作用呢?让我们做一个小实验,来了解一下苍蝇拍的秘密吧!

★ 追着大人来提问 ★

实验工具
- 硬纸板
- 透明胶
- 筷子
- 苍蝇拍

接下来自己动手，来实现好创意吧！

在硬纸板上剪两张同样大的长方形纸片。把纸片对折，再用透明胶粘好。把一根筷子插进纸片对折缝里，用透明胶粘好。另一张纸片也对折粘好，用打孔器打一些孔。用相同的方法把筷子插进去，并用透明胶固定。两个不同的苍蝇拍就做好了，试试看它们哪个打的苍蝇更多。

到底会发生什么？

制作完两个苍蝇拍之后，你会发现：打了孔的苍蝇拍打的苍蝇多一些。

原来是这么回事！

之所以有孔的苍蝇拍打到的苍蝇多一些，是因为苍蝇有非常灵敏的感觉，我们用不带孔的拍子会带动空气，苍蝇能很快感觉到。而如果苍蝇拍上有很多小孔，就会减少苍蝇拍在拍向苍蝇时空气对苍蝇产生的冲击力，以免引起苍蝇的警觉，使它逃跑，而且这样也能提高挥动苍蝇拍的速度，使灭蝇更有把握。

苍蝇为何总喜欢"搓脚"？

每当苍蝇停落在某处时，我们就会发现一个奇怪的现象，它们总是不停地搓着脚。其实，那是苍蝇在做清洁呢！由于苍蝇总会落在不干净的地方，所以，它们的脚上常常沾满了不干净的东西。如果不清除干净就会影响它们爬行和飞行的速度。苍蝇爪的基部长有爪垫盘，内部充血，下面凹陷。当苍蝇逗留在平滑的墙壁时，爪垫盘和平面之间产生真空，苍蝇便牢牢地吸附在平面上。如果沾上东西，这种特殊技艺就很可能用不成了。另外，苍蝇的脚上还有一个小秘密。它们的脚上长有味觉器官，在品尝食物之前，它们都会用脚先"尝一尝"味道。过于肮脏的脚，会影响苍蝇的味觉。所以，苍蝇一有空就会搓脚。

101

奇思妙想玩出创造力

为什么大多数吸管都是圆柱形的？

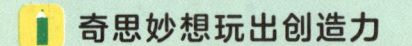

经常用吸管喝饮料的你，用过四棱柱状、三棱柱状或是其他形状的吸管吗？是不是在考虑这个问题的时候，你才会发现，你用过的大多数吸管都是圆柱形的呢？但是你知道为什么大多数吸管都被设计成圆柱形的吗？让我们用一个小实验来找出原因吧。

★ 追着大人来提问 ★

实验工具

透明胶
纸
沙土

接下来自己动手，来实现好创意吧！

准备3张白纸，分别折叠成三棱状、四棱柱状和圆柱状，并用透明胶带固定好。把3种形状的柱体分别立在桌子上，并往里面倾倒沙土。比较一下这3种形状的柱体，哪个装的沙土多。

到底会发生什么？

经过比较你会发现，3个柱状体中，圆柱体中所装的沙土最多。

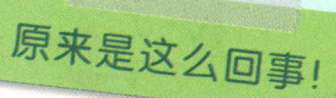

原来是这么回事！

把吸管设计成圆柱形，是因为与其他形状相比，圆柱形的吸管容积最大，这样有利于把饮料更快地吸到嘴里。另外，制作同样容积的吸管时，圆柱形吸管使用的材料最少，其他形状吸管的成本要比圆柱形的高。所以，大多数吸管都要做成圆柱形的。

103

奇思妙想玩出创造力

为何杯、罐、桶大多是圆柱形？

每天你都会用杯子喝水,但你有没有注意过,无论杯子设计成什么样子,杯子的主体形状都是圆柱形的。或许你曾经有过疑问,为什么杯子会选择这种形状?或许你认为,这原本就是天经地义的事。但是,这圆柱形的杯子里,真的有一些秘密。不妨和我们一起去揭开这些秘密吧。

★ 追着大人来提问 ★

实验工具
胶带
硬纸
沙子
玻璃杯
剪刀

接下来自己动手，来实现好创意吧！

用胶带、剪刀等工具，分别把3张面积相同的硬纸制作成高度一样的三棱柱、四棱柱、圆柱体形状的3种容器。分别往3个容器里面装满沙子或土。把3个容器中的沙子或土分别倒入3只玻璃杯内。观察哪个容器倒出来的沙子多，哪个容器倒出来的沙子少。

到底会发生什么？

通过实验发现，面积相同的硬纸材料做成的容器，容器的高度一样时，圆柱形的容器装的沙子是最多的。

原来是这么回事！

用纸面积相同且高度一样的情况下，三棱柱底部三角形周长最小而圆柱体底部的圆形周长最大，所以圆柱形的容器容量最大。另外，圆柱形的容器还不容易破碎，因为和其他形状的容器相比，圆柱形的容器能承受更大的压力。综合了这么多优点，圆柱形自然成为了杯子形状的最佳选择。

有没有比圆柱体容积更大的形状？

圆柱形容器是生活中比较常见的一种容器，但圆柱形容器并不是容积最大的容器，还有比圆柱形容器容积更大的形状，那就是球形容器。用同样多材料做成的球形容器能装更多的东西。但球形容器放不稳，容易滚动，所以不实用。

奇思妙想玩出创造力

医生做手术用的无影灯是怎样的原理？

医生动手术，总是让人觉得紧张又严肃，毕竟有些手术是关乎人命的，一定要做好万全的准备。手术室的设备当然也是需要准备最好的，尤其是用来照射的无影灯，它可以避免影子的产生，确保医生能够看清楚需要做手术的身体部位。无影灯是怎样的原理呢？让我们自己模拟一下吧。

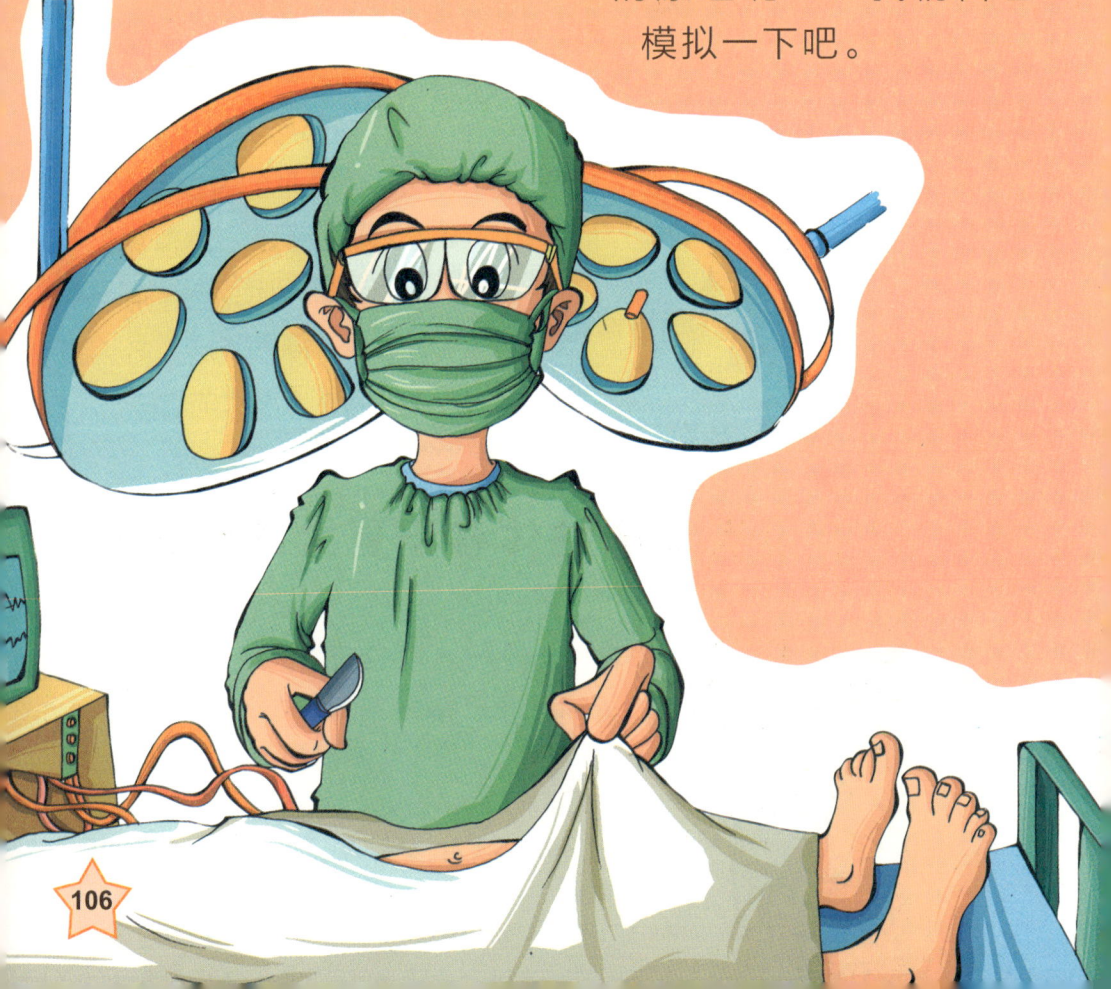

★ 追着大人来提问 ★

接下来自己动手，来实现好创意吧！

实验工具
- 易拉罐
- 蜡烛

找1个易拉罐，把它放在桌子上。关灯，点1根蜡烛放在易拉罐的旁边，会看到1个很长的阴影。再点1根蜡烛，放在第1根的旁边，观察易拉罐影子的情况。点着第3、第4根蜡烛，观察易拉罐影子的情况。依次点12根蜡烛，尽量等分放在易拉罐的周围，我们发现，易拉罐的影子不见了。

到底会发生什么？

仔细观察点燃1根蜡烛时的影子，你会发现影子中部特别黑暗，而四周稍浅。这中部特别黑暗的部分叫本影，四周灰暗的部分叫半影。如果再点上1根蜡烛，就会形成两个相叠而不重合的影子，两影相叠的部分完全没有光线射到，就是本影，本影旁边就是半明半暗的半影。如果点燃3支甚至4支蜡烛，本影部分就会逐渐缩小。如果蜡烛足够多的话，本影会完全消失，半影也淡得看不见了。

原来是这么回事！

手术用的无影灯所依据的原理就是实验中的原理。它将发光强度很大的灯在灯盘上排列成圆形，合成一个大面积的光源。这样，就能从不同角度把光线照射到手术台上，既保证手术时视野有足够的亮度，同时又不产生明显的本影，保证让手术中医生不会出现视觉上的错误。

107

奇思妙想玩出创造力

看病时医生为何要用 听诊器？

如果你因为感冒或咳嗽而到医院去看病，医生会拿着听诊器在你的胸前听一听肺里的异常呼吸音。那么你有没有想过，为什么要用听诊器呢？难道这样可以使微弱的异常呼吸音更清楚吗？如果你也有这样的疑问的话，可以和小朋友一起，亲自体验一下听诊器的作用吧。

★ 追着大人来提问 ★

接下来自己动手，来实现好创意吧！

实验工具
剪刀
纸杯

先把耳朵直接贴在一个小朋友的胸口，听一听对方心跳的声音。小心地用剪刀把纸杯的杯底剪去，再将纸杯的杯口贴近小朋友的胸口，将自己的耳朵贴近杯子的另一边，这时你再听对方的心跳声音。请对方在原地做运动几分钟，再听他的心跳，并与第一次作比较。

到底会发生什么？

通过比较你会发现，对方的心跳声要比第一次听时增大了。

原来是这么回事！

通过实验可以发现，用剪去杯底的纸杯去听同学的心跳，要比直接把耳朵贴近对方胸口听得更清楚，这就是声音被纸杯集中放大的结果。医生所使用的听诊器也是利用了这个原理，听诊器的拾音部分（胸件）是一个面积较大的膜腔，心跳等体内器官发出的声波带动膜腔后，听诊器内的密闭气体随之振动，而听诊器的传导部分（胶管）由于腔道细窄，气体振动幅度就比前端大很多，由此放大了患者体内的声波振动。同时遮蔽了其他声音，使戴着听音部分（耳件）的医生听得更清楚。

> 奇思妙想玩出创造力

在海滩上行走,脚印为何是干的?

赤着脚踩在被海水冲刷过的沙滩上的感觉,总是让很多生活在内陆的人非常向往。当你真的和大人一起到海边玩,在沙滩上散步,你就会发现,在海边潮湿的沙子上行走时,留下的脚印却是干的。你知道这是为什么吗?来做一个小实验,去寻找答案吧。

★ 追着大人来提问 ★

实验工具
气球　皮筋
漏斗
沙子
水　吸管

接下来自己动手，来实现好创意吧！

利用漏斗，把沙子和水倒入气球内，混合成湿沙子，模仿我们走在海滩上的湿润沙子。将透明吸管插入气球中，用皮筋将气球口扎紧。再在吸管中加水，使吸管中的水面超过气球口。轻轻地挤压气球，观察吸管中的水面是不是发生了变化。

到底会发生什么？

通过实验不难看出，当挤压气球的时候，气球中的沙子被挤成了一团，然后可以看到透明吸管里的水位上升了。因为沙子被压缩后，它们之间的水被挤出了，因此水位上升。

原来是这么回事！

潮湿的沙滩其实就像实验中的沙子一样，当我们踩到沙滩上时，沙子被压实，被压实部分的沙子间的水被挤走了，因此脚印表层的沙子看起来似乎变干了。但过了一会儿，水又会慢慢渗回来的。然后脚印部分的沙子又变湿了。

海边的沙子和沙漠的沙子有何不同？

沙漠的地表覆盖的是一层很厚的细细的沙子。海边的沙子和沙漠的沙子是不一样的，形成的原因也不同：一个是水的长期作用，而另一个是风的长期作用。沙漠中风力大，大风不断侵蚀地表，年深日久，渐渐风化成沙砾。海边的海浪拍击、侵蚀岩石，并最终形成沙子。

111

> 奇思妙想玩出创造力

风筝为何大都有一条长长的尾巴？

"儿童散学归来早，忙趁东风放纸鸢。"这句诗中的纸鸢，便是现在我们常常在广场上放的，拖着长长的尾巴的风筝。特别是在春天的节假日，广场上一个个放风筝的人都拉着长长的线，跑着、走着，周围的人也都抬头欣赏着天空中五颜六色、形状各异的风筝。可是大家有没有注意到，每个风筝都会有一根或长或短、或粗或细的尾巴？你知道这是做什么用的吗？

★ 追着大人来提问 ★

实验工具
白纸
线
胶布

接下来自己动手，来实现好创意吧！

找一张打印用的白纸，从纸上剪一个长方形的纸条。把线用胶布贴在纸条一头。拿着线另一头，然后前后摇动。再在剩下的白纸上剪两张细长的纸条。把纸贴在原来那张纸的另一头。再提着线来回摇动这张纸。

到底会发生什么？

实验中的纸条一开始总会不停地摇摆，而贴上细纸条后，纸条就飞得比较平稳。

原来是这么回事！

纸条运动时会有气流急速通过，气流使纸条的底部向上提升，通过它的气流和压力不稳定，所以纸条不停地摇摆。当纸条后面有尾巴的时候，气流也相对稳定，纸条就不会摇摆得很厉害了。风筝的尾巴也是这个道理。风筝的下边常常拖着很长的"尾巴"，它不光使风筝飞舞时显得好看，也能使风筝在天空中飞得更平稳。

113

奇思妙想玩出创造力

通电后白炽灯为什么能够发出亮光？

电灯在我们的生活中扮演着重要角色。当黑夜来临时，家里就会打开开关，将电灯点亮。白炽灯就是我们家庭中最常用来照明的一种灯，它能够发出温暖的光，让黑夜变得不再可怕。那你知道白炽灯为什么能发出亮光吗？

★ 追着大人来提问 ★

实验工具

电池
小电珠
电线

接下来自己动手，来实现好创意吧！

找到一个完好的小电珠，然后将小电珠的两极分别与电池的两极用电线相连。

到底会发生什么？

你会发现，小电珠出现了亮光，这亮光开始还不显眼，但随后渐渐越变越亮。

原来是这么回事！

小电珠的灯光是里面细细的灯丝发出的。通电之后，小电珠的灯丝就被电能加热，渐渐加热到可见光状态，这就是通电后小电珠能发亮的原因。

常见的白炽灯是用耐热玻璃制成泡壳，能够让灯发亮的功臣——灯丝也是用钨丝制成的。白炽灯的泡壳里，会把空气抽去，这是为了防止灯丝氧化，还会充入一种特殊的气体，减少钨丝受热蒸发。这样能够延长钨丝的使用时间。

在同样的情况下，霓虹灯为什么比白炽灯的发光效率高？

这是因为普通光源如白炽灯必须把钨丝烧到高温才能发光，而霓虹灯是依靠灯管两端的电极，在高压电场下将灯管内的惰性气体电离而发光的，它不同于大量电能以热能形式被消耗掉的普通光源。因此，用同样多的电能，霓虹灯具有更高的发光效率。

奇思妙想玩出创造力

你见过常温下的 液态金属 吗？

提起金属，我们总是很自然地想到冰冷、沉重的硬块。这大多是因为在常温下，我们看到的金属都是有形状的固体。一般要很高的温度才能将其熔化，转化为液体。可是，有一种金属即使是在常温下，也呈液体的形态，这种金属就是汞，俗称水银。那么，你知道水银在生活中到底有什么用途吗？

★ 追着大人来提问 ★

实验工具
体温计
荧光灯
水银气压计

接下来自己动手，来实现好创意吧！

观察体温计、水银气压计、荧光灯。

到底会发现什么？

体温计中闪着银白色金属光泽的液态物质就是水银。水银柱（即中间指示读数的细线）的长度会随着体温的升高而发生明显的变化。水银气压计就利用水银柱的高低变化来指示气压。荧光灯是利用低气压的汞蒸气在通电过程中释放紫外线，从而使荧光粉发出可见光的原理而发光的。

原来是这么回事！

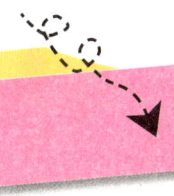

上面所提到的工具都含有一种特殊的金属物质，叫作汞，俗称水银。它呈银白色，反光性好，易流动，是常温下唯一的液体金属。但要注意，汞是有毒的。水银的熔点很低，只有零下38.8摄氏度，远远低于常温。它虽然是一种金属，但却呈液体的形态。体温计、水银气压计、日光灯等都含有汞的成分。由于汞易流动，所以体温计、水银气压计能利用汞的流动性来测量人的体温和血压。

> 奇思妙想玩出创造力

旧书报放久了，怎么会**发黄**？

旧书报堆放久了，长时间不去收拾，就会泛黄，这是为什么呢？我们都知道，纸张大多是以木材为原料制成的。纸变黄跟木头有关吗？还是跟它所处的环境有关呢？带着这个疑问，让我们先来做一个小实验吧！

★ 追着大人来提问 ★

实验工具
木块
绿色瓶子
砂纸

接下来自己动手，来实现好创意吧！

将准备好的两个浅色松木块用砂纸打磨光滑。从打磨好的木块中拿出一个，放在阳台上晒。将另外一块木块放在绿色瓶子中。一个月以后对比两个木块。

到底会发生什么？

通过对比发现，两个木块的颜色因放置在不同的环境而发生了不同的变化。相比之下在阳台上晒的木头的颜色明显发黄。

原来是这么回事！

实验中，阳台上晒的木头之所以颜色明显发黄，是因为木块含有木材纤维素，纤维素本来是白的，但在阳台上放置久了，就在空气中的氧气和阳光的作用下变成了黄色。同理，纸张主要的原材料是木材，其中的木纤维也会由于氧气和光的作用变硬变黄。再加上纸张一般会用二氧化硫等物质来生成不稳定化合物达到漂白的效果，这些不稳定的化合物会逐渐分解。正是这些原因使得纸张放久了会变黄。

奇思妙想玩出创造力

能不能把绿色的**啤酒瓶**，换成白色透明的？

在日常生活中，我们见到的啤酒瓶大多数不是白色透明的，而是呈褐色或绿色，这些颜色的啤酒瓶能够很好地遮蔽光线，减少光的照射，从而可以保持啤酒的质量。那么，和啤酒一样，还有哪些饮品也需要避光保存呢？带着这个疑问，让我们一起观察一下需要避光保存的饮品吧！

★ 追着大人来提问 ★

实验工具

葡萄酒、啤酒、鲜牛奶、鱼肝油

接下来自己动手，来实现好创意吧！

观察啤酒、葡萄酒、鲜牛奶和鱼肝油以及其包装，并了解其特点。

到底会发现什么？

啤酒对日光特别敏感，如果长时间暴晒在日光下，会产生一种特殊的气味。温度对葡萄酒的口感影响很大，葡萄酒一般需要避光保存。鲜牛奶也要避光保存，因为光线会破坏鲜牛奶的营养成分。存放鱼肝油的瓶子是棕褐色的，也起到了避光的作用。

原来是这么回事！

原来，啤酒在阳光照射下会产生反应，影响口感，采用有色玻璃瓶可以避光保存。光线尤其是紫外线，对葡萄酒的品质是有损伤的，所以除了防止阳光直射，也应避免霓虹灯和白色灯光的照射。鲜牛奶也要避光保存，因为光线会破坏鲜牛奶的营养成分，造成维生素B和维生素C的损失。而鱼肝油内含有维生素A和维生素D两种成分。维生素A和维生素D在阳光的照射下容易受到氧化而变质，所以必须避光存放，而选用棕褐色的瓶子能起到保护作用。

121

> 奇思妙想玩出创造力

直升机在天空上飞，为什么还要有垂直的小螺旋桨？

直升机的旋翼急速旋转，好像风扇的扇叶一样。它既可以垂直升降，也可以停在半空不动，甚至可以向后飞行，在很多场合能够大显身手。那么它机尾上垂直的小螺旋桨有什么作用呢？也能起到让直升机飞上天的作用吗？

★ 追着大人来提问 ★

实验工具

卡纸
剪刀
有橡皮帽的铅笔
图钉

接下来自己动手，来实现好创意吧！

将卡纸剪成3厘米×40厘米的纸条，再把纸条折成V形，V形顶点应该是纸条的中点。将图钉插入V形纸条的中点，然后再插入铅笔的橡皮帽中，这样"直升机旋翼"就做好了。（注意实验中，要确定图钉始终紧紧地定在橡皮里。）最后将铅笔放在手中，双手快速搓动然后松手。（为了实验效果更好，可请家长帮忙站在较高的地方做实验。）

到底会发生什么？

再松手之后，我们会发现所做的模型会一边旋转一边下落。

原来是这么回事！

直升机的旋翼在转动时会把空气下压，空气反过来为它提供一个向上的反作用力，这使直升机上升。同时，直升机也会获得使机身旋转的力。如果直升机只有一个大旋翼，那么机身就会以旋翼转动相反的方向旋转。没有尾翼的直升机是不能稳定下来的，所以机尾侧面的小螺旋桨就起到了阻止机身旋转的作用。虽然在这个实验里我们的"直升机旋翼"并不会上升，不过在其逐渐变慢的下落过程中，我们也能观察到铅笔也在随着旋转。

123

图书在版编目（CIP）数据

奇思妙想玩出创造力. 追着大人来提问 / 于秉正著. -- 北京：中国和平出版社，2021.3
ISBN 978-7-5137-1941-4

Ⅰ. ①奇… Ⅱ. ①于… Ⅲ. ①科学知识 – 少儿读物 Ⅳ. ①Z228.1

中国版本图书馆CIP数据核字(2020)第200569号

奇思妙想玩出创造力 追着大人来提问　　　　　　　于秉正　著

责任编辑	刘晓静
版式设计	百闻文化
责任印务	魏国荣
出版发行	中国和平出版社（北京市海淀区花园路甲13号院7号楼10层 100088）
	www.hpbook.com　hpbook@hpbook.com
出版人	林　云
经　销	全国各地书店
印　刷	阳信龙跃印务有限公司
开　本	710mm×1000mm　1/16
印　张	48
字　数	270千字
印　量	1~10000册
版　次	2021年3月第1版　2021年3月第1次印刷
书　号	ISBN 978-7-5137-1941-4
定　价	216.00元（全6册）

版权所有　侵权必究
本书如有印装质量问题，请与我社发行部联系退换 010-82093832